河添房江
皆川雅樹《編》

「唐物」とは何か

舶載品をめぐる文化形成と交流

出版

「唐物」とは何か
舶載品をめぐる文化形成と交流

河添房江
皆川雅樹《編》

第II部◆日本文化のなかの唐物

[序言]

「唐物」の文化史的意義を問い直す

河添房江

かわぞえ・ふさえ――東京学芸大学名誉教授。『源氏物語』を中心に平安文学を専攻。唐物を媒介に、古典文学と東アジアの関係も研究している。主な著書に『性と文化の源氏物語』（筑摩書房、一九九八年）、『源氏物語時空論』（東京大学出版会、二〇〇五年）、『源氏物語と東アジア世界』（NHKブックス、二〇〇七年）、『光源氏が愛した王朝ブランド品』（角川選書、二〇〇八年）、『唐物の文化史』（岩波新書、二〇一四年）、『源氏物語越境論　唐物表象と物語享受の諸相』（岩波書店、二〇一八年）、編著に『新装版　唐物と東アジア――舶載品をめぐる文化交流史』（共編著、勉誠出版、二〇一六年）などがある。

奈良から平安、中世や近世にかけて受容されてきた舶載品は「唐物」とよばれ、その研究は歴史学、美術史、日本文学など、様々な分野で進展してきた。しかし、その内容は多種多様にわたり、異なる分野で唐物に対する理解が必ずしも十分に共有されてきたとはいいがたい。

そこで本書は、二〇一一年に刊行された『アジア遊学』の「唐物と東アジア」特集の第二弾として、規模を拡大して、歴史学、美術史、日本文学の第一線で活躍される研究者の方々にお願いして、「唐物」について縦横に論じていただくことにした。「唐物」の概念の成立や展開、歴史的・文化史的な意義を改めて検討しながら、唐物の受容や海外流通に関する研究の現状と課題について提言をいただき、領域を超えた問題意識の共有をはかりたいと思った次第である。その甲斐あって、本書は、

Ⅰ　唐物の成立と展開

Ⅱ　日本文化のなかの唐物

の二部構成で、古代から近代まで海を渡ってきた交易品やその模造品の流通、また逆に日本から海を渡る交易品の流通や、諸外国との比較受容史など、論考やコラムを合わせて計二十六もの原稿を収載することができた。

まさに充実したラインアップとなったことを喜びたい。

ところで本書を編む別の切っ掛けとなったのは、最近の国風文化論のシンポジウムの盛行や関連書の刊行（『国風文化』岩波書店、二〇二一年）にあって、「唐物」の位置づけの変化である。唐物は単なる「消費財」であり、同時代の文化状況にはほとんど影響をあたえなかったとする論調がみられるようになった。しかし日本文化史のなかで、「唐物」は本当に「消費財」に過ぎなかったのか、それを通念としてよいかという点については、まだまだ検討の余地があるのではないか。本書では、久保智康氏がそのような「唐物」理解の反論として、古代から近世の金属工芸品について詳述されている。

そこから連想するのは、「唐物」にあって重要な位置を占める書籍の役割である。国風文化論では舶来の書籍を「唐物」ではなく「文物」の範疇で捉えて、遣唐使以降は新しい文物の輸入は殆どなかったとする論考も見受けられる。しかし、リアルタイムで輸入された書籍の影響力は、西本昌弘氏（「「唐風文化」から「国風文化」へ」『岩波講座　日本歴史　五』二〇一五年）をはじめ指摘されるところで、やはり「唐物」の範疇で捉えるべきではないか。

本書では、堀川貴司氏が禅僧の無学祖元に注目し、唐物としての書物を書とともに扱っている。氏が最後に、書物にはモノとテクストが一体化した宗教性・芸術性とともに、時代の要請により政治的・経済的に利用されたとするのは重要な視点であろう。

そこで思い浮かぶのは、藤原道長と舶載書籍との関係である。本書でも山崎覚士氏が、道長が孔雀を飼育するにあたり、北斉時代の類書『修文殿御覧』を参照していたことを指摘している。ほかにも寛弘三年（一〇〇六）十月、宋商の曾令文から『五臣注文選』（『文選』の注釈書）や『白氏文集』を贈られるなど、舶載書籍との関わりは『御堂関白記』に散見される。寛弘七年（一〇一〇）十一月、新造の一条院に移る一条天皇に、道長は貴重な宋版の摺本の『注文選』と『白氏文集』を贈っている。それらが曾令文の献上品なのか、それとも別のルートで入手したものか定かでないが、摺本とは写本ではなく宋で作られた版本で、日本ではまだ希少であり珍重されたのである。摺本の芸術性が、道長と一条天皇をつなぐ贈与財として有効に機能していたことがうかがわれる。

少し遡って寛弘元年（一〇〇四）八月にも、道長は『群書』十帖五十巻を一条天皇に献上している。『群書』とは『群書治要』のことで、古代から晋代までの六十七種の典籍から、治世の上で参考にすべき文言を抜き書きした類書であり、唐の太宗の勅命によって編纂された。仁明天皇・清和天皇・醍醐天皇に一部が講義されたという記録があり、いわば帝王学のテクストである。これもまた舶載の書籍やその写本が芸術性とともに政治的に利用された典型といえよう。このように唐物の書籍贈与を政治的に利用した例として、ほかにも平清盛と『太平御覧』の関係などが思い浮かぶ。

「唐物」で次に顧みられるべきは、異国のモノが日本に招来された時に起きる新たな文化的価値の創造である。本書では小山順子氏が、鸚鵡が日本で『文選』「鸚鵡賦」などのイメージで受容される一方、『枕草子』という国風文化時代の作品を契機に、新たに「人まねをする鳥」という文化的価値が見出されたことを明らかにしている。モノが国境を超えて移動する時、本国と違った文化的価値がいかに付与されるのか、時代は下がるがその典型として「曜変天目」に注目してみたい。曜変天目は南宋の時代に製作された茶碗で、黒釉茶碗の内側に大小の斑文があり、その周囲に瑠璃色の虹彩が現れて、あたかも満天の星のように神秘的な美しさをたたえている。世界を見渡しても日本に三点しかなく、すべて国宝になっている。ところが生産地の中国ではまったく残っていないどころか、忌み嫌われたらしい。

この謎については、彭丹氏の分析（『中国と茶碗と日本と』小学館、二〇一二年）があり、中国で曜変天目が残らなかったのは、窯の中の予測不能の変化によってできる窯変が、陰陽五行説からは不吉な前兆とされて、窯を出るとすぐに壊される運命にあったからとされる。つまり曜変天目で現存する三点は、なんらかの理由でかろうじて破壊をまぬがれて、海商により日本にもたらされたことになる。しかも中国ではそもそも窯変天目であったのが、日本では「曜変」という、ともに光り輝くという意味の美しい名称に変えられて、足利将軍家の御物として重んじられた。唐物が日本に移植されて、国内で独自な文化的価値づけを得た例といえるだろう。

もう一つ例をあげるならば、名物茶器の「つくも茄子」が思い浮かぶ。「つくも茄子」は、唐物の茶入（抹茶を入れる容器）で、本国にあっては小さな容器に過ぎなかったものが、足利義満の所持品となり、足利義政に受け継がれて「東山御物」となった。その後、山名政豊、村田珠光、朝倉宗滴、松永久秀と持ち主が変わる度に高値となり、松永久秀から織田信長に献上された際には、その見返りとして大和一国を統治する権利を得たほどであった。茶入というささやかなモノが所有者により権威づけられ、文化的価値を増していき、政治的にも利用された。本書では松永和浩氏が、室町期の唐物を「文化を政治に変換する装置」として「場の政治史」から論じているが、「つくも茄子」もその典型といえよう。ボードリヤール風にいえば（『消費社会の神話と構造』）、「つくも茄子」はモノとして限りなく記号化され、権威化したのである。川本慎自氏が鄴瓦硯を中心に、唐物が新たな寺宝として権威化することを指摘した点も同様に考えられるであろう。

このように日本に移動した舶載のモノが、〈漢〉を体現する文化装置として機能し、本国にあった時以上に権威化する例もある一方、〈和〉の文化として再定位、再創造される場合もあった。たとえば薫物は、元々は唐の時代に流行した練香の製法が日本に輸入され、四季の美学という日本的な美意識と融合し、また他の要素から独特の発達を遂げていく。薫物の原材料はすべて舶載の香料であったが、入手困難なため代用品を使ったり、国産化が試みられたことを、本書で田中圭子氏が明らかにしている。こうして出来た薫物は、本国からみたら模造品であるが、それが〈和〉の文化として受容されたことも否定できない。

唐物の歴史を追うところから見えてくるのは、日本文化における〈和漢〉の構図と、その中に占める唐物の役割のバリエーションである。一見すれば、異国からやって来た唐物は〈和〉の文化ではなく〈漢〉の文化に位置づけられるようにみえるが、ことはそう単純ではない。唐物には、模造品もふくめて異国の品としてありつづけた唐物、すなわち〈漢〉の権威となりステイタス・シンボルとなるものと、〈和〉の世界にとり込まれ変容したものがあり多様である。そこには、まさに交易品による異文化の受容・交流・変容というべき現象がみられるのである。

そのようにオリジナルな文化からの変容としての「唐物」現象が様々な様相を呈するのは、しかし日本だけのことであろうか。また変容があるとすれば、日本とどのように相違しているのか。その問いに答えるのが、塚本麿充氏のコラムである。氏は中国様式の受容について、ベトナムや高麗に注目しながら、高麗と日本での「山水画」における規範性の持続の相違に言及している。またイスラムやヨーロッパのコレクションとの比較から、中国絵画の日本的受容の特徴も炙り出している。こうした比較受容史の視点は重要であり、前回の「唐物と東アジア」の特集で積み残した課題の一つでもあった。

今後の唐物研究の展望として、日本の「唐物」現象から世界の「唐物」現象へ対象を広げる際には、国際的な研究のネットワークも必要であろう。唐物は今後も人文諸学の垣根をこえて展開しうる学際的な研究対象であり、関係するデータベースの整備・拡充を願うとともに、各国の研究者と連携する国際化の道を模索するべきである。そのためにも出会いの僥倖を待つだけでなく、研究者相互の情報共有が上手くなされる工夫も必須であり、本書がその一助となれば幸いである。

最後に、編者の非力と紙幅の関係もあって、力作揃いの論考・コラムのすべてに触れえなかったことをお詫びするとともに、充実したラインアップを企画された共編者の皆川雅樹氏と、精力的に編集作業を進めてくださった勉誠社の黒古麻己氏に深く謝意を表する次第である。

[総論]

人・モノ・情報の移動・交流からみた「日本文化」

――「唐物」と「国風文化」をめぐる研究の狭間から考える

皆川雅樹

みながわ・まさき――産業能率大学経営学部准教授。専門は日本古代史。日本列島を中心とした古代東アジアにおけるモノの交流史などを研究している。主な著書に『日本古代王権と唐物交易』（吉川弘文館、二〇一四年）、編著に『新装版　唐物と東アジア――舶載品をめぐる文化交流史』（共編著、勉誠出版、二〇一六年）、『歴史教育「再」入門――歴史総合・日本史探究・世界史探究への挑戦』（共編著、清水書院、二〇一九年）、『持続可能な学びのデザイン――公共・歴史総合への架け橋』（編著、清水書院、二〇二一年）、『失敗と越境の歴史教育――これまでの授業実践を歴史総合にどうつなげるか』（共編著、清水書院、二〇二二年）などがある。

はじめに

「人物」という用語は、今日では人そのものを指すが、本来の意味は「人と物」を合わせたものである。人の手によって物が動かされ、物を移動させるために人が行動する。その物の中には、形をとる衣食住に関わる品物、工芸品などの美術品や書籍のようなものもあれば、形をとらない技術や情報のようなものも含まれる。なお、前者をモノ（もの・物）、後者を情報（文化）と表したりすることが多い。

人は、ふだんから膨大なモノや情報に囲まれており、それらと関わりながら生活を営んできた。人の活動や移動によって、モノや情報がつくられたり、集められたり、交換されたりする。しかし、捉え方によっては、モノや情報が人の活動や移動を促しているとも言える。[1] また、ウイルスや細菌もモノととらえるとすれば、その存在によって人の活動や移動を制限することは、いま現在のコロナ禍によって私たちは知っている。したがって、モノや情報が「主体」となって、人を媒介として移動しているのであろう。[2]

筆者はこれまで、平安時代を中心に、「日本」に舶来された「唐物（からもの）」を研究してきた。[3] 当時の人々（特に、天皇や貴族を中心とした人々）が、香料・絹織物や貿易陶磁器など容易には入手できない「唐物」に魅了されたり、その希少性を利用して贈与したりすることなどを、対外関係史や政治史などに位置づけて考察することによって、「唐物」の歴史的意義を見出すことを試みてきた。「唐物」をめぐり、人がどのように活動したり、移動したりしていたのかを研究してきたわけである。

小稿では、近年議論が活発となっている「国風文化」研究における「唐物」の位置づけを確認した上で、「唐物」と「日本文化」との関係性を探る手がかりを見出してみたい。

一、「国風文化」研究における「唐物」

(1) 人・モノ・情報の移動・交流と「唐物」

田中史生氏は、日本古代の対外交流史を考える上で「人・モノ・情報」に関わり、次のように述べている。[4]

例えば、正倉院宝物は、使用された素材や意匠を含むモノに表された空間でみれば、東アジアを越え、東南アジア・西アジアにまで及ぶ広がりを持つ。けれどもそこに示された国際性は、あくまで、アジア全域から唐に集約された物資と思想・文化・技術を日本が部分的に継受した国際性に過ぎないという側面も無視できない。これは平安期の日本において唐土を超える国際色豊かなモノが、結局は「唐物」と呼ばれて威信財たりえたという問題とも通じる。モノの移動を軸に浮かび上がる空間的な広がりと、そのモノにある一定の価値を見出す主体を軸に浮かび上がる空間的な広がりは、必ずしも一致しないのである。少なくともここでは、ユーラシア規模のモノの移動が、古代日本では「唐」の中心性のなかで解釈された背景や構造が問われなければなるまい。

「唐物」は産地だけを確認すれば、ユーラシア世界とのつながりは明らかであるが、古代日本、特に十〜十一世紀前後の「国風文化」と呼ばれた時期においては、「唐物」のあり方をどのように捉えればよいのか。

『竹取物語』『源氏物語』はともに「国風文化」を代表する文学作品として、高等学校の日本史の教科書などに登場する。両物語が、当該期の貴族社会をイメージした上で、「唐物」を意識的に埋め込んだ物語になっていることは間違いない。また、両物語の間の時期に成立した『うつほ物語』（十世紀後半成立）においても「唐物」に対する同様の意識が確認できる。[5] さらに、藤原道長を代表とする摂関家の人々が、「唐物」を巧みに利用して権力基盤を確固たるものにしていくことも明らかである。[6]

近年の「国風文化」論では、「日本の独自性」とともに「中国文化」の影響についても意識的に論じられることが多い。その点において、当該期の王権や貴族の世界において、「唐物」が「文化」にも影響を与えてきたことは否定できないと考えている。しかし、それについては近年の研究では否定的な意見が目立ってきている。

（2）「国風文化」研究における「唐物」の位置づけ

米田雄介氏は、日本独自の文化としての「国風文化」を強調することによって、日本における「唐物」珍重の事実や中国の文化的影響を軽視しかねないとし、当該期の文化を「貴族文化」の展開として叙述した。[7] また、榎本淳一氏は、「民間貿易展開による中国文物の流入量の増大は、当然日本の文化のありようにも影響を与えずにはおかなかった」とし、貴族の生活や文化活動に「唐物」などの輸入物資が欠かすことができない存在であり、それらを基礎・背景として「国風文化」が成立したことを指摘する。[8] さらに、河添房江氏は、「そもそも国風文化とよばれる時代の内実を支えていたのが、東アジア世界をつなぐ交易圏であり、国風文化とは、鎖国のような文化環境で花開いたものではなかった」とし、「国風文化とは、明らかに唐風の奢侈品を享受する環境の中で醸成された文化といえよう」と述べている。[9] 米田・榎本・河添三氏は、「国風文化」とは「唐物」なくしては成立しない「文化」であることを強調する。

しかし、佐藤全敏氏は、「国風文化」における「唐物」の影響について疑義を抱き、中国系海商によってもたらされた「唐物」が当時の貴族文化にとって欠かせない一要素であるとしつつ、「唐物」は日常生活で用いられる消費財にすぎず、当時の文化的な基盤を揺るがすものではないとした。そして、前代の唐代の文化は愛好するが、「国風文化」の時期の大陸文化には背を向ける中で生まれたのが「国風文化」であったと説明する。[10] さらに同氏は、「「国風文化」とは、「すでに中国では失われたり、流行しなくなっていた古い唐風の文化」と、「倭のなかにあった文化」とが並立・融合し、そこに、「唐風文化を実践・演出するために必要な唐物（消費財）」、および「断片化したいくぶんかの同時代の中国文化（文物）」とが加わって展開していった文化である、ということになるだろう」とも述べる。[11]

また、皿井舞氏も美術史学の立場から、九世紀末以降の日本にもたらされた「唐物」は文化的潮流に決定的な影響を及ぼしておらず、それは「モード」であり消費の対象でしかないとした。そして、「十世紀後半以降もなお、大陸との交流は絶えず、そこからもたらされるものに対する憧憬は失われてはいなかった」が、「見逃してはならないのは、大陸の文物がもつ造形的規範性はすでに失われていたのではなかったか」と「国風文化」の時期の大陸文化は、選択的に受容されていたことが特徴であることを提示した。[12]

加えて、渡邉誠氏も皿井氏と同様に、日本側の「文化」受容について、「摂関・院政期には、唐風文化の文化的価値を究極的に承認しながらも、その単純な模倣ではなく、それと同質・同等の価値を日本文化の中に見出していこうとする一種のナショナリズムとしての「本朝意識」が昂揚してくる」と言及している。[13]

さて、佐藤・皿井・渡邉三氏の見解に共通するのは、「国風文化」における「中国文化」「大陸文化」の内実は「唐」代の文化であり、「国風文化」が展開した時期の「中国文化」ではないという点である。[14]「中国文化」といったときの「中国」に注目した見解とも言える。

一方で、西本昌弘氏は、近年の「国風文化」研究について、次のように指摘する。[15]

近年の研究動向は、国風文化における「漢」の要素を重視すべきか、「和」の要素を重視すべきかによって、大きく議論が分かれていることが判明する。ただし、国風文化という歴史用語が二十世紀以降に登場し、一九三〇年代から戦後にかけて定着したことを思うと、この用語にはナショナリズムの影が二重三重にまとわりついている。唐風文化が問題であったように、国風文化も問題なのであり、議論を相対化するためには、弘仁・貞観文化のような年号を冠した文化呼称を案出する必要があろう。

西本氏は、「国風文化」という用語の問題性および「唐風文化」から「国風文化」へという単純図式について、疑問を呈している。

一方、「中国文化」「国風文化」といったときの「文化」については、それほど注意が払われていないように思える。この点について、河内春人氏は、「文化というのはその時代を代表する文学や芸術品を意味するのではな」く、「その時代の生活の様相そのものである」とし、その生活に用いるモノの原材料の供給やそれが生み出す音や仏教儀礼において不可欠な香料が持つ匂いといった文化的現象において「唐物」は欠かせないものであり、単なる消費財ではなかったことを主張する。[16] 佐藤氏による「唐物」は「日常生活で用いられるごく限られた種類の消費財ばかりであって、文物と呼ばれるような商品はほとんど含まれていなかった」や、皿井氏による「「唐物」がいわば新しい「モード」として摂取されるものであり、消費の対象にしかすぎなくなっていた」とするのと相反するわけである。このような対立は、「文化」のとらえ方によって現れていると考えている。

二、「文化」を捉えるために

(1)「文化」の意味

そもそも「文化」とは何か、確認しておきたい。

「文化」という言葉がつけられた事象は多様であり、それらにおける「文化」の意味は統一的ではない。ただ何となく「経済」でも「政治」でもない、私たちの感情や意識、アイデンティティに関わる事象を一括りに「文化／カルチャー」と呼ぶことが多い。[17]

『日本国語大辞典』第一版・第二版（小学館）の「ぶんか【文化】」には、次のように書かれている。

①権力や刑罰を用いないで導き教えること。文徳により教化すること。
②世の中が開け進んで、生活内容が高まること。文明開化。
③自然に対して、学問・芸術・道徳・宗教など、人間の精神の働きによってつくり出され、人間生活を高めてゆく上の新しい価値を生み出していくもの。

④（他の語の上に付いて）便利である、ハイカラ・モダンである、新式であるの意を表わす語。

①は、諸橋轍次『大漢和辞典』（大修館書店）における「文化」の説明として、「刑罰威力を用ひないで人民を教化すること。文治教化」とあることと共通する。①の「文化」は、中国漢籍渡来の歴史的意味を持つものとして理解できる。[18]

②は、福沢諭吉に代表されるcivilizationの訳としての「文明」「文明開化」の意味と共通する。明治時代における「文化」と「文明」の意味の違いは、あいまいであったと言われている。例えば、大槻文彦『言海』（一八九一年）において、「文化」は「文学教化ノ盛ニ開クル事」とあり、「文明」は「文学、知識、教化、善ク開ケテ、政治甚ダ正シク、風俗最モ善キ事」とあり、両者の区別はつけがたい。[19]

③は、近代西欧におけるcultureの意味と通じる。「文化」という概念は、近代西欧におけるcultureの訳語として使用されている場合が多く、cultureはラテン語で「耕作」を意味する*cultura*に由来し、その語源のcolereは「住む」「耕す」「守る」「崇める」などの意味を含んでいた。やがて、cultureは、単に土地を耕すような自然を対象にするだけではなく人間の精神を耕すという意味を帯びるようになり、これが今日的な「文化」概念につながっていく。[20] これに関わり、西川長夫氏は、「文化は国民国家が形成されてゆく過程のなかで形成された概念であり、国民国家の時代の世界観を表している」とし、「文化を常に変化し移動する動的なものとしてとらえるという観点」を強調している。[21]

④は、③のように「文化」はつくり出すものであることに対して、便利・ハイカラ・モダン・新式といった流行的・消費的な面がクローズアップされている。大正時代および戦後直後に、ジャーナリズムや知識人・政治家などによって「文化〇〇」（文化住宅、文化国家など）という言葉が流行したことが例としてあげられる。[22]

③との関連で、大隅和雄氏は「文化」を「社会」とも置き替えられるとし、「「文化」とは、人間が自然の状態から脱する過程で生み出してきたもの、「自然」にはたらきかけて生産したものであるとすれば、社会とその制度は、まさしく文化そのものということができる」と説明する。[23] また、家永三郎氏は「文化」について、広義では「「自然」と区別される人間のいとなみがすべて文化」、狭義では「学問や芸術や宗教や思想・道徳などの領域を指す」とし、

「文化とは、人間、すなわち社会またはそれを構成する個人がつくり出し、かつ享受するものであるから、文化には、つくり出すはたらきと、つくられたものと、享受するはたらきとの三つの面がある」と説明する。[24]

このような大隅氏や家永氏および先述の河内氏による「文化」についての説明は、「後天的に学習され、集団成員によって分有され、世代を通して継承されてゆくような行動様式と価値観」という文化人類学における「文化」の定義[25]とも通じる。

以上のように、多様な意味を持つ「文化」について考えると、「文化的な基盤を揺るがすもの」「文化的潮流に決定的な影響」「文化的価値を究極的に承認」などと表現する場合の「文化」の意味について、改めて考え直す必要があろう。

(2)「文化」と「交流」を捉え直す

荒野泰典・石井正敏・村井章介編『日本の対外関係』(全七巻、吉川弘文館、二〇一〇~一三年)の「刊行にあたって」に、次のような説明がある(iv頁)。

対外関係史の視角は、「日本らしさ」とか「日本的」とかいう、論証不能な指標――思いこみ――で日本文化を語る本質主義(エッセンシャリズム)的幻想からの解放をもたらしてくれる。さまざまに設定されうる「内」と「外」。その干渉の場で多様な文化が生み出され、それが列島上の各地に根づき、響きあって「日本文化」を形づくっていくものであろう。最初から「日本文化」という固まったなにかがあって、それが「外」の文化とどう接触したか、ということではなく、「外」との交流の場そのものが「日本文化」の母胎なのだ、という観点で語りたい。

また、荒野泰典・村井章介編『対外交流史』(山川出版社、二〇二一年)の「序」では、上記の文章を引用した上で、「対外交流」の語をタイトルに用いることについて「文化交流を広く包摂しうる語として適切なものという受け止めがあった」とした上で、「そこにはまた、「文化史」を政治や貿易と切り離して叙述するのではなく、通史のなかに不可欠の構成要素として織り込んでいきたい、という課題意識があった」と説明する(iv~v頁)。

本質主義的な見方ではないところから、「「外」との交流の場そのものが「日本文化」の母胎なのだ」という前提で文化交流の歴史を探ろうとすることが示されているわけである。

さらに、渡辺靖氏は人類学の立場から「日本文化」について、次のような考え方を提示する。[26]

日本文化については「外来文化を融合しながら独自の文化を発展させている」(中略)といった特徴づけをされることが多いが、構築主義はそうした特質を直ちに所与の本質と捉えることはしない。むしろ、例えば、①日本以外の社会にも認められる特質ではないか、②そうした特質とは正反対の事象も存在するのではないか、③地域差や階層差、男女差、世代差といった点を考慮すると「日本」という大きなカテゴリーで一括りにするのは乱暴ではないか、④価値基準そのものがエスノセントリック(自民族中心的)ではないか、⑤そもそも誰が、誰に対して、何の目的で、こうした言説を生産し、流布しているのか、といった点への留意を求める。

渡辺氏は、「文化」とは何か、「日本文化」とは何か、を問う上で、その本質を考える前に、①〜⑤の問いに基づきその営為を客体化し解き明かすことを提案する。

(3)「日本」の「国風文化」を越えて

渡辺氏の問い①「日本以外の社会にも認められる特質ではないか」に関わり、「国風文化」を分析する立場としては河上麻由子氏の研究が注目できる。河上氏は、日本で国風文化が最盛期を迎える十世紀後半〜十一世紀半ばにおける北宋、高麗、北部ベトナム(前黎朝・李朝期)の文化について検討し、高麗、北部ベトナム、日本における共通点として、「1　現実の中国、具体的には北宋の文化がそのまま規範視されることは少なかった」「2　過去の中国、具体的には唐や漢の文化が理想とされることは多かった」という二つをあげている。[27] さらに、「唐物」と「文化」の関係について、次のように指摘する。[28]

高麗と李朝ベトナムと日本とは、それぞれが文化的に異なる状況に置かれながら、しかし、北宋から唐物を多く輸入・消費した。既成の文化の中で唐物を消費するという環境が、東アジア全体に整ったが、しかし唐物の消費そのものが、この時期の東アジア諸国の文化を根本から規定することはなかった。

先にふれた佐藤氏や皿井氏の日本における「唐物」と「文化」との関係性について、高麗と李朝ベトナムにおいても確認できることを指摘している。なお、河上氏のような四つの地域を同時に比較する研究スタイルについて、榎本淳一氏は、次のように述べている[29]。

河上の今回の論文では、日本と五代・北宋、高麗、ベトナムにおける唐滅亡後の文化状況を比較しているが、他者の研究成果を借り物的に利用するのではなく、自ら四つの地域の「専門家」として取り組んでいる。いろいろな分野の研究を専門的に行うことは極めて困難であるが、より精度の高い確かな研究成果に結びついていると思われる。また、比較史は日本・国風といったナショナルなテーマを相対化する上でも有効な研究手法と考える。河上は日本古代史から出発し、仏教交流史という汎アジア的な研究テーマに取り組むようになったということもあり、広い視野と知見を兼ね備えているので可能であったとも言えるが、多くの分野の専門性を獲得するという研究のあり方は時代の要求とも言えるだろう。

これに関連して、河上氏は次のようにも述べている[30]。

周辺諸国家に多大な影響を与えた帝国が崩壊した後、残された者たちが滅んだ帝国の文化を継承すること、また文化の継承によって王権の正当性を主張することは、世界史で普遍的に認められる。今後は、帝国の崩壊と文化の再編について、東アジアの視野を限ることのない研究が生み出されねばならない。

「日本」の「国風文化」という狭いカテゴリーを、「世界史」の問題として捉えようとする姿勢は見習わなければならない[31]。

(4)「消費」と「文化」

ただし、「消費」と「文化」の関係性については、もう少し慎重に考えてみたい。

草光俊雄氏は、イギリス史における「長い十八世紀」が、消費社会の成立の起点となるとした上で、人びととの消費について次のように説明する[32]。

人びとが消費をするという行為は、もちろん経済的行為として現れるが、その背後にはさまざまな文化的要因が存在する。消費の要因を考えるということは、経済学の問題にとどまらず、政治的、社会的、文化的な記号を解明することによって、その背後にある政治、社会、文化の行動原理を明らかにすることになる。

「消費」という行為が、近代以降の「消費社会」を考える上でのキーワードであるという。「国風文化」との関連で、「唐物」の「消費」は、必然的に「文化」につながらない図式が強調されつつあるが、「文化」の捉え方とともに「消費」の捉え方についても再度検証が必要ではないか。

例えば、佐々木恵介氏は、受領と呼ばれる国司の任国下での活動やそれにともなう都鄙間交通が「国風文化」や「唐物」の入手につながるという。[33]「国風文化」が「貴族文化」であるとしても、地方社会の影響がないわけではなく、社会全体を考慮した検証が必要である。[34]このような「社会」との関わりで考えると、九〜十世紀の地震・津波や火山噴火などの災害や少雨（乾燥）と多雨（湿潤）が短期間に繰り返される気候変動やそれによる被害なども、[35]「文化」への影響という点では無関係ではなかろう。

(5)「室町文化」研究から学ぶ

近年、「室町文化」研究を複眼的に検証していく作業が進められている。例えば、芳澤元編『室町文化の座標軸——遣明船時代の列島と文事』（勉誠出版、二〇二一年）があげられる。同書は、第一部「文化を育てる社会構造」（室町時代に文化が展開する前提として、海域—地域—中央という全体的な文化の循環の見取り図となる社会構造・政治体制のかたちに視線を向ける）、第二部「室町文化の知識の源泉」（あらゆる文化現象を形作る〝養分〟となった和漢の知識体系や思想を探索するべく、出典論を中心とした論考を聚めた）、第三部「諸芸の展開とその時代」（文化を組み立て生成する社会構造や知識を前提として実践された室町文芸の諸相やそれを取り巻く時世に関する論考群である）の三部で構成されている（「序」（6）〜（11）頁）。同書の総論において芳澤元氏は、「文化」について、次のように述べている。[36]

「文化」が社会生活や心性をめぐる幅広い概念であるとしても、それを成立させるヒトの往来、技術や知識情報の伝来、陸海路の物流を形作る社会構造は、政治支配体制と同根のものである。この二十数年で室町政治史研究とともに隆盛した日明・日朝関係史の成果も、室町文化史を深めるうえで無視しえない。朝貢儀礼や貿易構造に関する検証はいずれも緻密だが、文化史的にはその成果を国内史に還元することが依然大きな課題であり、その作業はまさに端緒についたばかりである。文化の地域的偏差を論じる際、声高に大合唱される東アジアを視野に入れることは必要だが、所詮グローバルな歴史空間といえども個別ローカルの集合体である。その個別ローカル世界の大きさや形状が、一色塗りにできぬモザイク状の多様性を内包する点を見失えば本末転倒となる点は忘れてはならない。

「文化」の成立は、政治支配体制と同様に、人・モノ・情報の移動によって作られる社会構造が前提であること、日明・日朝関係史研究は進展しているが室町文化史を深めるための「国内」史研究は端緒についたばかりであること、「東アジア」という一括りだけで考えるのでなく個別ローカルの集合体として各地域を見ていく必要があることを指摘している。「国風文化」の時代である平安時代史研究においても、この二十数年で対外関係史研究は進展しているが、その成果と日本列島「内」への影響を探る作業は必ずしも進んでいるとは言えない。「唐物」研究は、このような「内」「外」のつながりの意義を探る上で有効ではあるが、「内」への影響を緻密に検証しきれていないことを、先述の佐藤氏・皿井氏や渡邊氏などの「国風文化」研究は指摘しているのであろう。「唐物」とは何か、問い続けていくことが改めて求められているのである。

おわりに

西嶋定生氏は、日本史と東アジア世界の関係のあり方の問題について、次のように述べている[37]。

ここでの問題は二つある。その一つは、日本の歴史は東アジア世界のなかで展開したために、どのような文化的特性をもったか、という問題であり、他の一つは、それにもかかわらず日本の歴史には日本独特の文化的特性があるのはなぜか、という問題である。第一の問題をもっともよく示すものは漢字の使用であり、第二の問題を示すものは、たとえば和歌や俳句、あるいは茶の湯や生花などのいわゆる和風文化、すなわち独特の日本文化である。前者は日本のみの現象ではなくて、中国・朝鮮・ヴェトナムにも共通する文化現象であるが、後者は日本独特の文化である。日本の歴史を東アジアのなかで理解しようとすると、前者は理解しやすいが、後者はいささか困難である。

第一の問題は、西嶋氏が提唱した「東アジア世界」論における「東アジア世界」に共通する指標としての①漢字文化、②儒教、③律令制、④仏教について触れたものと理解できる。[38] 同氏は、「「東アジア世界」は文化圏として完結した世界であるとともに、それ自体が自律的発展性をもつ歴史的世界なのである」[39] とも述べており、「東アジア世界」は「文化」を見出すための重要な論であることがわかる。

一方、第二の問題であげている「日本文化」ついて、西嶋氏は次のようにも述べている。[40]

わが国の文化は、そのときおりに朝鮮、あるいは中国からもたらされながらも、招来された文化がそのまま定着したものではなく、在来の文化と融合して独自の文化を創成した。なかんずく一〇世紀以後において大陸との正式な交渉が杜絶すると、それにともなって国風文化が成立したことは周知のところである。また鎌倉仏教の成立にせよ、あるいは室町時代以降の能・狂言や茶道・華道、さらには江戸時代の俳句・歌舞伎にせよ、それらは日本独自の文化として成立したものであることには贅言を要しないであろう。

西嶋氏は、「日本独自の文化」として「国風文化」を位置づけ、「東アジア世界」のなかに位置づかない「文化」としての「日本文化」を見出している。これについて、李成市氏は「西嶋がめざしたのは、日本史、日本文化を孤立化して自己完結的にみるのではなく、東アジア世界という広域の世界の中で、その展開をとらえようとするもの」であったが、「その試みは、必ずしも成功しているとはみなしがたい」[41] と評価している。西嶋氏は、「東アジア世界」の構造が性格的に大きく変容するのは、十世紀初頭における唐の滅亡以後であるとし、「「東アジア世界」の整一性は政治の面でも文化の面でもまったく失われてしまったかのごとくである」とする一方で、五代十国の分裂期の後に成立した「宋王朝は依然として「東アジア世界」の中心であり、この世界の支配者であ」り、「政治の面ではなく、経済と文化の面においてであった」と指摘する。[42] ここにおいて、文化圏としての「東アジア世界」が前提となり得るかどうか検証する必要がある。

さらに、「日本文化」を問い続けていくうえで、現在の「日本」に含まれている北海道・サハリンや奄美・沖縄地域の「文化」についてどのように考えるか。それぞれの地域で独自の「文化」が展開していることは間違いないことだ。北海道・北東北や南島・南九州といった「日本」の周縁史におけるモノについて、鈴木靖民氏は次のように述べている。[43]

周縁にはほかの地域社会にみられない求心性、求心力がある。その典型は中央の皇族、貴族に象徴的な、鉄などを携えて周縁への進出、交流であり、その交易活動は北方の毛皮や南方の貝製品など、珍貴な物資の獲得による経済的利潤を求めて、即物的には威信財・奢侈品の入手に目的があった。この物資は唐や新羅・渤海からもたらされる唐物のような舶来品にも匹敵する政治的性格も込められていた。この場合、周縁が中継地の役割を経て中心化することがあり、居住する周縁的、境界的な人々にはより主体性、さらに遠心性を帯びる動きがみられる。

「唐物」研究の視点に立つと、古代・中世を中心とした「唐物」を含めた様々なモノの価値体系を、日本列島をとりまく広汎かつ具体的な交易関係の中に位置づける必要がある。[44]

人・モノ・情報の移動・交流をめぐる「文化」のあり方は、「日本」や「東アジア」といった括りだけで問うことには、どうやら限界がありそうである。人類の「移動性」という視点から、「文化」を問うことを改めて考えた上で、「日本文化」とは何かを問い続けていくことが今後も必要であろう。[45]

注

（1）床呂郁哉・河合香吏編『ものの人類学』（京都大学学術出版会、二〇一一年）など参照。

（2）桃木至朗責任編集・中島秀人編集協力『MINERVA世界史叢書5　ものがつなぐ世界史』（ミネルヴァ書房、二〇二一年）など参照。

（3）皆川雅樹『日本古代王権と唐物交易』（吉川弘文館、二〇一四年）、同「香薬の来た道・社会」（鈴木靖民監修・田中史生編『古代日本と興亡の東アジア（古代文学と隣接諸学1）』竹林舎、二〇一八年）、同「ユーラシアと「唐物」との関係からみた「文化」――『竹取物語』を題材として」（『横浜ユーラシア文化館紀要』七、二〇一九年）、同「平安時代における「唐物」の「価値」――貿易陶磁器と「秘色」を中心に」（『貿易陶磁研究』三九、二〇一九年）など。

（4） 田中史生「ヒト・モノ・文化の移動をどう捉えるか――移動史の主体と空間」（鈴木靖民・金子修一・田中史生・李成市編『日本古代交流史入門』勉誠出版、二〇一七年）一五～一六頁。なお、成瀬正和「正倉院宝物を考える――船載品と国産品の視点から」（奈良国立博物館編『正倉院宝物に学ぶ2』思文閣出版、二〇一二年）によると、正倉院宝物の中で船載された可能性が高いモノは、総点数九〇〇〇点のうち五パーセントにも満たないという。

（5） 河添房江『唐物の文化史――舶来品からみた日本』（岩波新書、二〇一四年）、同『『うつほ物語』の異国意識と唐物――「高麗」「唐土」「波斯国」』（同『源氏物語越境論――唐物表象と物語享受の諸相』岩波書店、二〇一八年、二〇〇九年）など。

（6） 大津透『日本の歴史06 道長と宮廷社会』（講談社学術文庫、二〇〇九年、初出二〇〇一年）、山内晋次『NHKさかのぼり日本史 外交篇［9］平安・奈良 外交から貿易への大転換――なぜ、大唐帝国との国交は途絶えたのか』（NHK出版、二〇一三年）、前掲注5河添著書など。

（7） 米田雄介「貴族文化の展開」（『講座日本歴史』第2巻、東京大学出版会、一九八四年）。

（8） 榎本淳一「文化受容における朝貢と貿易」（同『唐王朝と古代日本』吉川弘文館、二〇〇八年、初出一九九二年）二七七～二七八頁。

（9） 河添房江「高麗人観相の場面――東アジア世界の主人公」（同『源氏物語越境論――唐物表象と物語享受の諸相』岩波書店、二〇一八年、初出二〇〇六・二〇〇八年）六四～六五頁。

（10） 佐藤全敏「国風とは何か」（鈴木靖民・金子修一・田中史生・李成市編『日本古代交流史入門』勉誠出版、二〇一七年）三〇九頁。

（11） 佐藤全敏「国風文化の構造」（吉川真司編『国風文化――貴族社会のなかの「唐」と「和」』岩波書店、二〇二一年）八一～八二頁。

（12） 皿井舞「解説 日宋交流と彫刻様式の転換」（『新編森克己著作集第4巻 増補 日宋文化交流の諸問題』勉誠出版、二〇一一年）三七二～三七五頁。また、同「国風文化期の美術」（吉川真司編『国風文化――貴族社会のなかの「唐」と「和」』岩波書店、二〇二一年）も参照。

（13） 渡邊誠「年紀制に関する補説――河内春人・中村翼両氏の批判に対する回答を中心に」（『史人』六、二〇一五年）一二四～一二五頁。

（14） 「中国文化」の受容とその内実については、小塩慶「国風文化期における中国文化受容――異国描写を手掛かりとして」（『史林』一〇〇―六、二〇一七年）なども参照。

（15） 西本昌弘「「唐風文化」から「国風文化」へ」（『岩波講座日本歴史 第5巻 古代5』岩波書店、二〇一五年）一五四頁。なお、「国風文化」という用語の歴史的背景については、西村さとみ「唐風文化と国風文化」（吉川真司編『日本の時代史5平安京』吉川弘文館、二〇〇二年）、坂口健「戦前・戦後期の歴史教育における平安文化の位置」（『歴史教育史研究』一五、二〇

一七年)、吉川真司「〈国風文化〉への招待」(同編『国風文化——貴族社会のなかの「唐」と「和」』岩波書店、二〇二一年)、皆川雅樹「国風文化」(鈴木靖民監修・高久健二・田中史生・浜田久美子編『古代日本対外交流史事典』八木書店、二〇二一年)など参照。

(16) 河内春人「国風文化と唐物の世界」(佐藤信編『古代史講義——邪馬台国から平安時代まで』ちくま新書、二〇一八年)二二五~二二六頁。

(17) 吉見俊哉『現代文化論——新しい人文知とは何か』(有斐閣アルマ、二〇一八年)六~七頁。

(18) 柳父章『文化』(三省堂、一九九五年)一〇頁。

(19) 前掲注18柳著書、三四~四〇頁。前掲注17吉見著書、八九~九四頁。

(20) 前掲注17吉見著書、七~八頁。culture(文化)については、テリー・イーグルトン(大橋洋一訳)『文化とは何か』(松柏社、二〇〇六年、原著二〇〇〇年)も参照。

(21) 西川長夫『[増補]国境の越え方——国民国家論序説』(平凡社、二〇〇一年、初出一九九二年)四五〇頁。

(22) 前掲注18柳著書、五~六頁・五四~五七頁。

(23) 大隅和雄『日本文化史講義』(吉川弘文館、二〇一七年)四~五頁。

(24) 家永三郎『日本文化史 第二版』(岩波新書、一九八二年、初出一九五九年)一~四頁。

(25) 米山俊直「文化人類学を学ぶということ」(同・谷泰編『文化人類学を学ぶ人のために』世界思想社、一九九一年)七頁。『文化人類学事典』(弘文堂、一九九四年)「ぶんか 文化」の項(吉田禎吾氏執筆)も参照。

(26) 渡辺靖『〈文化〉を捉え直す——カルチュラル・セキュリティの発想』(岩波新書、二〇一五年)一五六~一五八頁。

(27) 河上麻由子「唐滅亡後の東アジアの文化再編」(吉川真司編『国風文化——貴族社会のなかの「唐」と「和」』岩波書店、二〇二一年)一四五頁。

(28) 前掲注27河上論文、一四六頁。

(29) 榎本淳一「吉川真司編『シリーズ古代史をひらく 国風文化——貴族社会のなかの「唐」と「和」』を読んで」(『歴史学研究』一〇二五、二〇二二年)三一~三二頁。

(30) 前掲注27河上論文、一四六頁。

(31) 桃木至朗『市民のための歴史学——テーマ・考え方・歴史像』(大阪大学出版会、二〇二二年)第4章「ローカルな歴史とグローバルな歴史」なども参照。

(32) 草光俊雄「消費社会の成立と政治文化」(同・眞嶋史叙監修『シリーズ消費文化史 欲望と消費の系譜』NTT出版、二〇一四年)五頁。

(33) 佐々木恵介『受領と地方社会』(山川出版社、二〇〇四年)八五~九五頁。

(34) 村井康彦「国風文化の創造と普及」(同『文芸の創成と展開』思文閣出版、一九九一年、初出一九七六年)、木村茂光『「国風文化」の時代』(青木書店、一九九七年)など。「社会」と「文化」の関係を考える上で、ピーター・バーク(長谷川貴彦訳)『文化史とは何か〔増補改訂版〕』(法政大学出版局、二〇一〇年、原著二〇〇八年)、リン・ハント編(筒井清忠訳)『文化の新しい歴史学』(岩波書店、二〇一五年、原著一九八九年)、同(長谷川貴彦訳)『グローバル時代の歴史学』(岩波書店、二〇一六年、原著二〇一四年)、佐藤健二・吉見俊哉編『文化の社会学』(有斐閣アルマ、二〇〇七年)などが参考となる。

(35) 安田政彦編『生活と文化の歴史学8 自然災害と疫病』(竹林舎、二〇一七年)、中塚武監修、伊藤啓介・田村憲美・水野章二編『気候変動から読みなおす日本史4 気候変動と中世社会』(臨川書店、二〇二〇年)など。

(36) 芳澤元「総論 室町文化論構想ノート――都鄙関係・境界地域からの見直し」(同編『室町文化の座標軸――遣明船時代の列島と文事』勉誠出版、二〇二一年)七~八頁。芳澤氏の見解については、橋本雄『中華幻想――唐物と外交の室町時代史』(勉誠出版、二〇一一年)などにも通じる。

(37) 西嶋定生『中国史を学ぶということ――わたくしと古代史』(吉川弘文館、一九九五年)一二頁。

(38) 西嶋定生「序説――東アジア世界の形成」(同著・李成市編『古代東アジア世界と日本』岩波現代文庫、二〇〇〇年、初出一九七〇年)。

(39) 前掲注38西嶋論文、四頁。

(40) 前掲注37西嶋著書、二〇頁。

(41) 李成市「近代国家の形成と「日本史」「日本文化」の発生」(同『闘争の場としての古代史――東アジア史のゆくえ』岩波書店、二〇一八年、初出一九九六年)二九頁。

(42) 前掲注38西嶋論文、二三~二四頁。

(43) 鈴木靖民『日本古代の周縁史――エミシ・コシとアマミ・ハヤト』(岩波書店、二〇一四年)、二七一頁。

(44) 蓑島栄紀『「もの」の交易の古代北方史』(勉誠出版、二〇一五年)など参照。

(45) 一方、北方や南方の社会が必ずしも国家に収斂されていくわけではなく、「国家化に抗する」ととらえ、その「移動性」や「生業に基づく祭儀」による「生存戦略」に注目することによって、新たな「文化」のあり方が見えてくるかもしれない。北條勝貴「ホモ・モビリタスの問う〈歴史〉――定住を内面化する物語りの死へ向けて」(東京歴史科学研究会編『歴史を学ぶ人々のために――現在をどう生きるか』岩波書店、二〇一七年)参照。例えば、人類による定住は、個体間・集団間の軋轢を解消するため、法律や宗教、芸能や娯楽などの諸制度を生み出してきたことは、「文化」の成立にもつながっていくことになろう。

「唐物」の成立

河内春人

こうち・はるひと――関東学院大学経済学部准教授。専門は日本古代史・東アジア国際交流史。アジア遊学での執筆では、『契丹［遼］と10～12世紀の東部ユーラシア』（一六〇号、二〇一三年）、『前近代の日本と東アジア――石井正敏の歴史学』（二一四号、二〇一七年）、『中国学術の東アジア伝播と古代日本』（二四二号、二〇二〇年）などがある。

九世紀初頭に史料上初めて現れる「唐物」ということばは、いかなる意味を込められていたのか。八世紀における「新羅物」は「唐物」といかに結びつくのか。「中国からもたらされた」という説明では表しきれない「唐物」という概念の定義について再検討を加える。

一、問題の所在――唐物の定義をめぐって

本稿に与えられた課題は、「奈良・平安時代史からみた唐物」である。本書は古代から近世までの長いスパンで唐物の歴史を扱っているが、「唐物」という概念が史料上に最初に登場するのは後述のように平安初期にあたる九世紀初頭である。すなわち本稿は、その最初期における唐物のありようがいかなるものであったのかということを基本的な論点とする。そこで「唐物史」の起点という観点から、唐物という概念の出現に焦点を当てて考察したい。その概念がいかにして形成され、後世を規定していくのかということを課題として設定する。

唐物についてもっとも早く言及した研究は、日宋貿易研究の先駆者である森克己であろう。森克己は唐物を「唐物即ち（日本の）輸入品」と簡潔に述べている。(1)この説明はシンプルであるが、それゆえに大きな問題点を内在している。そもそも森克己の説明はあくまでも日宋貿易という枠の中での定義である。ところが、「唐物」という概念は日宋貿易のみならず長期的に現れる概念である。つまり、森による「輸入品」

という位置付けは、「唐物」概念の一部であっても同一ではない。

そこでさしあたって問題となるのは次の二点である。第一に、唐物とは輸入品であるという定義は正しいのか。第二に、唐物という概念の出現は史料上の初見に従って九世紀初頭とみなしてよいのか。

近年の唐物研究の進展は目を瞠るものがある。そこでは唐物はどのように説明されているか、代表的な見解をいくつか確認しておこう。その起点は、中世史の立場からそれに取り組んだ関周一氏から始まる。関氏は、唐物を「中国大陸・朝鮮半島・琉球などからの輸入品（舶来品）」と定義した。[2] 後に「実際の生産地にかかわらず、中国（唐）のものと認識された高級舶来品。またはそれに匹敵する価値があると日本でみなされた、朝鮮王朝などから輸入された高級舶来品」[3] と再定義している。こうした研究に刺激を受けて古代史の立場から、皆川雅樹氏が「外来品、ただし、「渤海人」や「新羅人」が齎すモノが「唐物」と称されない」[4] とする。また、文学の立場から河添房江氏は、「本来は中国からの舶来品、もしくは中国を経由した舶来品を指す言葉であったが、それが転じて、広く異国からの舶来品全般を総称するものとなった」という。[5] さらに佐藤全敏氏は平安時代の国風文化研究の観点から「中国海商の舶載品は、一般に「唐物」と称される」と説明する。[6]

古代史・中世史・文学・文化史それぞれの視点における代表的な唐物の解説を挙げた。これらの見解に共通するのは、舶来（舶載）品・外来品ということである。

その一方で、その前提には違いも見られる。関氏は輸入という言葉を用いており、佐藤氏も海商の関与を強調している。これらは唐物が交易によってもたらされたということを前提とする。先述の森克己の理解の延長線上に位置づいている。これに対して、皆川・河添両氏は外来であることは共通するものの、貿易・交易といった用語の使用を慎重に避けている。換言すれば、経済活動としての交易に限定されない国際交流のなかでもたらされた品という理解を示しているように見える。

これらはどちらが正しいという問題ではないことはいうまでもない。関・佐藤両氏の所論は、平安期以降、モノの流通における交易の比重がそれ以前に比べて飛躍的に増大しているという社会的背景を前提にしている。特に中世において交易は、外交と影響しあいながらも政治的統制に完全にコントロールされることはなく、恒常的な社会的関係の一端を構成していた。一方、佐藤氏の所論は平安期を対象にしているものの、国風文化というテーマのなかでの唐物の役割を考察するものであり、モノの流通総体を論点とするものではない。国風文化の形成・展開に影響を及ぼした舶載品を唐物と位置付けるものである。

これに対して皆川・河添両氏の立場は、唐物の始まりを論ずるというスタンスであり、九世紀初頭の国際交流を念頭に置いていると考えられる。海商という概念が明確化するのは八三〇年代以降のことであり、それに先行する時期について交易による舶来品の獲得以外のあり方を念頭に置いているのであろう。

ただし、九世紀初頭以前の段階で国際交易がなかったとはいえない。八世紀後半以降、東アジア海域は不安定化しており、そうした状況で外交によらない人の移動が活発化する。それに対して律令国家は外交以外の人の移動を想定していないため、海商のような国をまたいだ移動を行なう人々を実態に即して評価できず、律令制における概念である「流来」を適用した。(7) そうであれば初期の唐物は交易以外の手段による獲得であったという想定を再検討する必要が生じるであろう。歴史的実態と史料的表記は必ずしも一致するものではなく、弁別する必要がある。

二、「唐物」の初見記事

そもそも「唐物」は歴史的にどのように登場したのか。その初見記事を分析してみる。

> 勅すらく、「聞くならく、『大嘗会の雑楽伎人等、専ら朝憲に乖き、唐物を以て飾と為す』と。令の行なはざるは往古譏る所なり。宜しく重ねて禁断を加へ、許容するを得ず」と。
>
> (『日本後紀』大同三年(八〇八)十一月戊子条、原漢文)

右では大嘗会の楽における禁制の対象として唐物が挙げられている。文脈からしてこの記事以前、つまり八〇八年を下限とするある時点で「唐物」という概念が成立していたことになる。

この記事における唐物について、皆川・河添両氏は延暦の遣唐使(八〇四入唐、八〇五帰国)がもたらしたものという理解を示している。すなわち、初期の唐物は遣唐使によって入手されたものということになる。しかし、こうした理解には一考を要する。

当該記事をめぐる状況を確認しておく。八〇六年に即位した平城天皇は順当であれば八〇七年十一月に大嘗会を行なうはずであった。ところが八〇七年十月に伊予親王事件が発生したことにより、大嘗会は延期されて八〇八年十一月に挙行された。なお、大嘗会の期間は十四日卯日より十七日午日までである。『延喜式』践祚大嘗祭によれば、卯日に古風（吉野国栖）・国風（悠紀・主基歌人）を奏す。次いで辰日に国風、巳日に和舞（中務省内舎人）・風俗楽（六位以下）・田舞（多治比氏・内舎人）、午日に久米舞（大伴・佐伯氏）・吉志舞（阿倍氏）・大歌（雅楽寮か）・五節舞（貴族子女）・解斎舞（神服女・神祇官官人）が奏される。当該条の「大嘗会の雑楽」とはこれらの舞楽を指すというのが一般的な理解のようである[8]。

　ただし、これらの歌舞が全て「雑楽」に該当するとは限らない。『日本後紀』では辰日の国風については「風俗歌舞」、午日には「雑舞并に大歌・五節舞」と記しており、「楽」と「歌」「舞」は区別されている。それゆえ、初見記事の「雑楽」に唯一該当するのは巳日の風俗楽ということになる。それに供奉するのは「六位已下」であり、彼らが唐物を身につけたと解釈すべきであろう。

　そこで次に問題となるのが、六位以下は唐物をどのようにして入手したのかということである。唐物は禁制の対象とされていることから律令国家からの貸与・提供はあり得ない。換言すれば、六位以下が唐物を保有するような社会的状況が八〇八年の時点で出現していたということになる。六位以下という社会的階層が唐物を率先して獲得していたとは考えにくいので、唐物は六位以下を含む広範囲の支配者層の間に流通していたという状況を想定すべきである。

　加えてもうひとつ留意すべきが、唐物禁制の出された日付である。戊子は十一日であり、平城の大嘗会開催に際して前もって出された禁制であった。そのため前掲記事で「唐物を以て飾りと為す」と述べた事態は八〇八年の大嘗会のことではない。記事の内容を整理すると、①唐物の装着に関する禁制（「朝憲」）が出される、②雑楽伎人が大嘗会で唐物を身につける、③再度禁制が出される（戊子条）、④平城の大嘗会が実施される、という時系列となる。これをふまえると、②の大嘗会は桓武の時かそれ以前ということになる。そして、①の禁制はそれよりさらに遡るのであり、唐物という概念は七世紀後半には成立していた可能性が高い。

　これらのことから唐物の初見とされる大嘗会の記事について、そこに言及される唐物を延暦の遣唐使がもたらしたものとする理解は慎重に考える必要がある。もちろんそれは唐物が遣唐使によってもたらされることがあったということを否定するものではない。延暦の遣唐使以前、たとえば宝亀の遣唐使が将来したモノが流通していたことは十分考えられる。

それでは遣唐使は唐からいかにしてモノを入手していたのか。

第一に外交上の正式な贈答品である信物についてみてみると、外交上の贈り物は慣例的に定まっているものと、状況に応じて贈られる特賜品に分けられる。これらは唐皇帝から天皇への贈り物であった。外交上の信物の扱いについては史料上では多くは語られていない。遣唐使が帰国すると、信物は山陵や有力寺社に奉献されたことが大宝・天平勝宝・延暦の遣唐使の事例から判明する。山陵や有力寺社は天皇の権威の源泉であり、こうした行為は天皇の権威を補完するものとして位置づけられていたと考えられる。そうした儀礼の後、天皇がそれを貴族らに分与することはあっただろうが、量的に多いとは思われない。こうした行為は外来品に王権が一次的に関与して分配するという点で、令制前の威信財の再分配や十世紀以降の唐物御覧とその後の唐物分与と比較検討するべきテーマである。

　第二に、遣唐使人が唐朝から私的にモノを贈与されるという事例が想起される。その場合、使人の私物として扱われる。これは私覿《してき》と呼ばれるものであり、遣唐使においては唐に訪問した使節が、個人的に皇帝や唐の貴族と贈答を行なうことである。[9]具体的な事例としては秦朝元の麝香が挙げられよう。

　右の件の王卿等、詔に応へて歌を作り、次に依りて奏しき。登時其の歌を記さずして漏失せり。但し秦忌寸朝元は、左大臣橘卿謔れて云はく、「歌を賦するに堪へずは麝を以ちて贖へ」といふ、此に因りて黙已をりき。

（『万葉集』）

　秦朝元は入唐学問僧弁正が在唐中に儲けた子であり、父と別れて帰国後に遣唐使に任じられ再び唐の地を踏んだ。その時に父の縁で玄宗に謁見して麝香を授与されたらしい。朝元が麝香を持っていたことを貴族たちは知っており、和歌を詠めない朝元に対して代償として麝香を求めたという逸話である。ここでは朝元が玄宗から麝香を授けられたことを貴族たちが知っており、かつ麝香が朝元の私物として蔵されていたことが確認できればよい。ただし、このような私覿による贈答品の分量はやはりそれほど多かったとは思われない。

　第三に、遣唐使が市で購入した物品が挙げられる。[10]遣唐使は唐に到着後、到着地に滞在するグループと皇帝に謁見するために長安に赴くグループに分かれ、それぞれが都市の市で求める物品を購入した。到着地（地方都市）の市での購買活動については九世紀になるが『入唐求法巡礼行記』に言及されている。日本から持参した代価品（布や砂金）を市で唐銭に交換して取引した。ただし、禁制品の購入や取引上のトラブルなどによって唐の役人に拘束されるなど、円滑な交易ばかりではなかったらしい。一方、長安での取引は記録がほとんどない。また、法隆寺献納宝物中の香木にはパフラヴィー文字の刻銘、ソグド文字の焼印を有するものがあり、七六一年以前に日本にもたらされた(11)。これが都と地方都市のいずれで入手したものかは判別しがたい。刻印や焼印があることから、国家管理ではなく商人からの購入と捉えて問題ないだろう。香木は法隆寺が遣唐使に委託して入手したものであり、遣唐使が市場購入するモノは明確な購入計画が立てられていたと見なすべきであろう。逆にそうだからこそ、リスクを冒して禁制品を購入しようとしたといえる。

遣唐使によって唐の品物が日本に将来される経路として想定されるのは概ね以上の通りである。これらの方法によってもたらされる唐の物品の価値は、信物、私覿、市場購入の順となる。しかし、市場購入にしても香木など価値の高いモノを注文を受けて購入しており、帰国後の買い手の不明瞭な購入は実際問題として多くなかったであろう。こうした状況をふまえると、日本国内において遣唐使由来の唐の物品の入手は、六位以下の人々にとってそれほど簡単なものではなかったということになる。

三、買新羅物解と唐物

唐物の出現について従来の理解より少し遡り、八世紀後半の可能性があることについて述べた。一方で「唐物」について遣唐使将来品の国内入手は難しいということも確認した。この両者を矛盾なく理解することが必要となる。そこで注目すべきが、七五二年の買新羅物解に見られる「新羅物」である。本節では新羅物と唐物の関係について考える。

買新羅物解は、七五二年に到来した新羅使と日本の貴族の交易において発生した文書である。東野治之氏が二十六通の文書を詳細に分析され(12)、さらに皆川完一氏が『千古遺響』所収の四通を紹介、東野氏が取り上げたもののうち断片の五通について認定を保留された(13)。その後、池田温氏が両氏の研究を整理されて二十六通とした(14)。そして、李成市氏がそのうち内容の残っている十七通を取り上げて八世紀半ばの交易について詳細に分析された(15)。

先行研究のうち買新羅物解の交易品について特に注目しているのが東野氏の研究であり、その品目を香料・薬物・顔料・染料・金属・器物調度・その他に分類している。これらが国際的な流通において日本に流入してくるものである。これに外交使節による将来品が加わる。重複しないところで品目を挙げると、鸚鵡・驢などの動物、貂皮・羆皮などの毛皮、漢籍が主たる内容物である。

補足すると、動物は新羅からもたらされるものがほとんどである。それは七世紀から行なわれており、新羅に生息するカササギなどのケースもあるが、ほとんどが孔雀や鸚鵡など東アジアにはいない動物であった。新川登亀男氏は、新羅の先進性や広域的な交易圏を誇示する目的であったことを指摘している。[16]

毛皮は渤海との外交で日本にもたらされた。遡ると七世紀に高句麗使が羆皮を持ち込んで市で売ろうとしたが、倭国はすでに多くの毛皮を保有していたため使者が売却を断念したという記事が『日本書紀』にある（斉明五年是歳条）。この時に倭国が毛皮を保有していたのは斉明朝の北方遠征によるものである可能性が高く、毛皮の入手は高句麗・渤海だけではなく蝦夷やその北方というルートも存在した。蓑島栄紀氏は七・八世紀における北方との交流で交易が有効に機能していたことを指摘しており、毛皮はそのなかでも象徴的なモノであったと見なされる。[17]

漢籍・仏典が遣唐使によって将来されたことは詳しく述べるまでもないだろう。

ところで、こうした外交・交易を截然と区別できない八世紀の外来品と唐物はつながるものか否かということが問題となる。そこで試みに、七五二年の新羅物と十世紀の唐物を比較してみよう。比較については範囲を明確化するため、物尽しとして唐物を列挙する『新猿楽記』を用いることにする。

『新猿楽記』には唐物として五十二品目が挙げられており、種目としては香料・薬物・顔料・染料・木材・毛皮・器物調度・繊維品・その他となる。[18]種目の特色としては、木材・毛皮や繊維品といった新羅物では確認できない品が唐物として扱われている。これは、木材は赤木など南島系、毛皮は先述のように東北アジア系であったことによるものであろう。ただし、新羅物は必ずしも新羅産ではなく、産地に拘泥することは避けるべきである。また、繊維品は八世紀には遣唐使が唐に持って行ったモノ、あるいは新羅との交易の支払いに充てられるなど日本が海外に持ち出すものであった。それゆえ買新羅物解では新羅側の品目として現れにくかったという事情が想定される。

さて、唐物の象徴ともいえる香料、薬物、顔料について詳細を確認しよう。

香料について比較すると、唐物は沈・麝香・衣比・丁子・甘松・薫陸・青木・龍脳・牛頭・鶏舌・白檀の十一種が挙げられている。これに対して新羅物は、麝香・白檀・沈香・丁子香・零陵香・鬱金香・甘松香・薫衣香・龍脳香・鶏舌香・安息香・薫陸・和香・青木香・裛衣香・藿香・薫香・衣香・雑香の十九種である。唐物として挙げられている香料は全て新羅物のなかにも確認され、新羅物と唐物の親和性はきわめて高いといえる。

　薬物は、唐物では麝香・白檀・紅雪・金液丹・銀液丹・紫金膏・巴豆・雄黄・可梨勒・檳榔子・犀生角・空青・丹の十三種、新羅物では麝香・白檀・太黄・牛黄・犀角・畢撥・呵梨勒・甘草・桂心・宍縦容・人参・畢抜・臘蜜・遠志の十四種である。品目数はほぼ同じであるが、重なるのは麝香・白檀・犀角・呵梨勒の四種となる。もちろん買新羅物解や『新猿楽記』にたまたま現れなかっただけの可能性もあり、重複していないものが非新羅物・非唐物と断定できるわけではない。それにしても香料と比べると、親和性が低いという印象は否めない。

　顔料は、唐物では銅黄・紺青・緑青・朱砂・胡粉の五種を数えられ、新羅物では朱沙・金青・同黄・烟子・鉄青・胡粉・口脂・曾青・黄丹・雌黄の十種となっている。重複するのは銅黄（同黄）・紺青（金青）・朱砂・胡粉であり、唐物五種のうち四種まで新羅物で確認することができる。親和性の高さは香料に匹敵するといってよい。

　このようにみると、薬物は新羅物と唐物で異なるものがいささか目立つが、香料と顔料では高い確率で重複している。すなわち、八世紀の新羅物と十世紀の唐物は別物ではなく、新羅物の延長線上に唐物が出現するとみてよい。

四、「からもの」の成立

　従来九世紀初頭と考えられてきた「唐物」概念の出現は、八世紀後半にさかのぼると考えられる。一方、七五二年には新羅との交易で得られた品物を新羅物と呼んでおり、その品目は唐物と大きく異なるところはない。そこで次に問題とすべきことは、新羅物と唐物は概念的に連続するものであるのか、換言すれば八世紀の新羅物が九世紀に唐物へとその呼称を変化させたのかということになる。

　確かにこの間の七七〇年に新羅との外交が途絶するという情勢をふまえると、新羅物が消え、唐物が出現する契機として妥当のように見えなくもない。しかし、そのような説明は次の点から難しい。「新羅物」が新羅との交流において得られた外来品であることは間違いない。そして、その「新羅」は原産国を示すものではない。新羅物の中に中央アジア産や東南アジア産の物品が多く含まれているが、その名で呼ばれることはない。原産国の所在は問われないことは明らかである[19]。この論理からすれば、唐物は唐との交流において獲得された外来品ということになる。

　ところが、これにそぐわない事例がある。『続日本後紀』

によると、天長十年（八三三）十二月に「唐物」を後田原・八島・楊梅・柏原（以上乙酉条）・長岡（庚子条）の山陵に奉納している。この直前に唐から人が到来したということは確認できず、また遣唐使が派遣されていないことはいうまでもない。一方、天長八年九月に新羅人が交易目的で到来するのをコントロールしようとする太政官符が出されている（『類聚三代格』夷俘「応検領新羅人交関物事」）。『安祥寺資財帳』には天長十年に大宰府・筑前国講師として赴任した恵運のもとに「新羅商客頻々往来」と記している。これらの状況を総合すると、八三三年の「唐物」は新羅商人がもたらしたものであり、本来ならば「新羅物」と記されるべきところである。

それではなぜそれは「唐物」と記されたのか。この矛盾の根底には「唐」に対する理解の齟齬があると考える。唐物における「唐」は中国王朝の唐のことであるというのが、従来の理解では自明のこととされてきた。たとえば次のような説明からも窺える。(20)

「から」「からくに」は、「加羅」を指す語から朝鮮半島の国々全体（特に半島統一後の新羅）を指す語へ、そして八世紀となり遣唐使が再開されると、中国＝唐を指す語へと拡大し、転用されていった。こうして「からもの」とは中国からもたらされた、あるいはさらに遠方の別の国から中国を経由して運ばれたモノを指す言葉となっていったのであろう。

この説明に則れば、唐物の「唐」とは中国王朝のことである。そして、唐物とは原産地は問わないが中国からもたらされたモノということになる。

しかし、唐物の「から」は中国王朝の唐と同定してよいのだろうか。王朝である「唐」は和語において「から」であったのか。それを確認できる史料をいくつか列挙してみる。

九世紀末から十世紀初頭の『日本書紀』の写本である岩崎本では、「唐」に付されている訓は「から」ではなく「もろこし」である。また、『万葉集』所収の山上憶良の好去好来歌には「勅旨《おほみこと》 反云大命 戴持《いただきもち》弖《て》 唐能《の》 遠境《とほきさかひ》尓《に》 都加播佐《つかはさ》礼《れ》 麻加利伊麻勢《まかりいませ》」という歌句がある。この「唐」は五七の語調から推定すると、「もろこし」と読むほかない。同様に『続日本後紀』嘉祥二年三月庚辰条に所収されている仁明天皇四十算の際に奉献された長歌には、「此国乃《このくにの》 本詞尓《もとつことばに》 逐倚天《おひよりて》 唐乃《の》 詞乎不假良須《ことばをからず》 書記須《ふみしるす》」という歌句の「唐」も「もろこし」と読むべきであろう。『古今和歌集』元永本では九九三番歌の題詞に、藤原忠房が八九四年の遣唐使において「もろこしの判官」となったことが記されている。(21)

以上、八世紀前半（あるいは七世紀）から九世紀終わりにかけて唐王朝は一貫して「もろこし」とよばれている。すなわち、唐から持ち込まれた外来品は「もろこしもの」と称されるべきである。しかし、九世紀はすでに「からもの」が出現している。それは、「もろこし」から「から」へ、というシェーマで語られるべきではないということを意味する。「もろこし」と「から」は同時に並行して存在した概念であり、そこには違いがあったはずである。

そこでもう一度「から」について見直すと、「から」とは加羅であり韓であり漢であり唐であった。すなわち、「から」とは中国や朝鮮半島を含めた日本の外側を指す包括的な概念であったと想定される。八世紀の後半には外部を意味する「から」と「唐」の字が結びつき、「唐《から》」が成立した。しかし、それは決して中国のみを指すものではなかったのである。

換言すれば、八世紀半ばには「新羅物」という概念がみえることから、外来品を総称する「からもの」は成立していないと考えられる。唐からのモノ（唐国貨物）、新羅物、渤海物などはそれぞれ区別されていたのであろう。しかし、その内実は原産国を指すわけではなかったので重複が生ずる。そのためそれを解消し、総合する概念が生み出された。それが唐物だったのである。

なお、「から」の外部性は中国や朝鮮半島にとどまるものであったと推定される。それは『新猿楽記』の本朝物に「鷲の羽」が挙げられていることによる。蝦夷など北方集団との交易の産品は外部のモノとは捉えられなかったのであり、「から」の外部性の限界が見て取れる。

そして、「から」の語義の拡大は唐までで止まる。唐物概念がすでに確立した後に出現した宋は、「から」に組み込まれることはなかった。それゆえ一部の例外はあるにせよ、宋代の産物が唐物として見なされることはなかったのであろう。

唐物についてこれまで「唐」という文字に中国を見出し、それをふまえた理解がなされてきた。しかし、「唐物」＝「からもの」の意味は文字と音声の間で重なりながらもズレが存在する。これまでの「唐物」概念の理解は文字に偏重しており、それゆえに理解にミスリードが生じたといえる。

九世紀の「唐物」とは、異国（中国・朝鮮半島）の総称としての「から」からもたらされたモノであった。十世紀以降、文字としての「唐」に理解の比重がかかり、「中国から」という解釈が進行する。そのようにみると、「唐物」はその初めから時代に応じて変容する概念であったといえるのである。

注

（1）『新訂日宋貿易の研究』（勉誠出版、二〇〇八年、初出一九四八年）。

（2）関周一「唐物の流通と消費」（『国立歴史民俗博物館研究報告』九二、二〇〇二年）。
（3）関周一「序章」（『中世の唐物と伝来技術』吉川弘文館、二〇一五年）。
（4）皆川雅樹「九世紀における唐物の史的意義」（『日本古代王権と唐物交易』吉川弘文館、二〇一四年）。
（5）河添房江『唐物の文化史――舶来品からみた日本』（岩波新書、二〇一四年）。
（6）佐藤全敏「国風とは何か」（鈴木靖民ほか編『日本古代交流史入門』勉誠出版、二〇一七年）。なお、佐藤氏は「中国の商人（中国海商）たちが中国と日本との間を頻繁に往来し、「唐物」と呼ばれる商品を日本に大量にもたらしていた」とも述べている。佐藤全敏「国風文化の構造」（吉川真司編『シリーズ古代史をひらく　国風文化』岩波書店、二〇二一年）。
（7）田中史生「「帰化」と「流来」と「商賈之輩」」（『日本古代の民族支配と渡来人』校倉書房、一九九七年）。
（8）『訳注日本史料　日本後紀』（集英社、二〇〇三年）では頭注で「和舞や風俗楽・田舞などが奏された。これらの舞楽に奉仕したのが雑楽の伎人」と説明している。
（9）石見清裕「唐朝外交における私覿について」（『日本古代の王権と東アジア』、吉川弘文館、二〇一二年）。
（10）石井正敏「遣唐使の貿易活動」（『石井正敏著作集2　遣唐使から巡礼僧へ』勉誠出版、二〇一八年）。
（11）東野治之「香木の銘文と古代の香料貿易」（『遣唐使と正倉院』岩波書店、一九九二年）。
（12）東野治之「鳥毛立女屏風下貼文書の研究」（『正倉院文書と木簡の研究』塙書房、一九七七年）。
（13）皆川完一「買新羅物解拾遺」（『正倉院文書と古代中世史料の研究』吉川弘文館、二〇一二年）。
（14）池田温「天宝後期の唐・羅・日関係をめぐって」（『東アジアの文化交流史』吉川弘文館、二〇〇二年）。
（15）李成市『東アジアの王権と交易』（青木書店、一九九七年）。
（16）新川登亀男「調と別献物」（『日本古代の対外交渉と仏教』吉川弘文館、一九九九年）。
（17）蓑島栄紀「古代日本と北海道・東北北部の交易・交流」（『「もの」と交易の古代北方史』勉誠出版、二〇一五年）。
（18）なお、たとえば麝香や白檀は香料かつ薬物であり、一つの品目の用途が二種目にわたることもある。そのため本稿における種目別の品数はおおよその目安という程度にとどめる。
（19）十二世紀に現れる「日本商人」や「高麗綱首」が、帰属ではなく交易地からみた商人の進発地を表すに過ぎないという指摘と同一の論理に基づくと考えてよい。榎本渉「宋代の「日本商人」の再検討」（『東アジア海域と日中交流』吉川弘文館、二〇〇七年）。
（20）前掲注5河添著書。なお、ほぼ同様の説明が『時代別国語大辞典　上代編』（三省堂、一九六七年）に見える。
（21）e国宝・古今和歌集（元永本）下巻147/199、https://emuseum.nich.go.jp/detail?content_base_id=100171&content_part_id=002&langId=ja&webView=null、二〇二一年五月三十一日閲覧。

考古学からみた古代から中世の唐物交易の変遷

菅波正人

すがなみ・まさと――福岡市経済観光文化局埋蔵文化財課。専門は日本考古学。主な論文に『中世都市博多を掘る』（共編著、海鳥社、二〇〇八年）、「鴻臚館と博多」（『古代日本と興亡の東アジア』古代文学と隣接諸学1、竹林舎、二〇一八年）、「鴻臚館交易の発展と衰退――公貿易から私貿易へ」（『西日本文化』五〇〇号西日本文化協会、二〇二一年）などがある。

対外関係の変化に伴い外交使節の行き来が停滞し、代わりに新羅や唐などの海商が交易を求めて来航するようになると、鴻臚館は唐物交易の場に変容する。博多に拠点が移った後も十二世紀前半まではその管理体制は引き継がれた。やがて、武家や寺社などの権門の台頭により、その体制は終焉を迎える。

はじめに

古代の博多湾は大宰府の外港であり、そこに設置された施設が筑紫の鴻臚館である。

鴻臚館は、七世紀末から十一世紀中ごろまで、対外交渉の窓口として、東アジア海域との結節点となった。当初は大宰府の外交施設として、出入国管理・迎賓などを行った。その後、対外関係の変化に伴い、外交使節の行き来が停滞し、代わりに新羅や唐などの海商が交易を求めて来航したことにより、鴻臚館は唐物交易の場に変容する。

鴻臚館焼失後の十一世紀後半以降、新たに博多が交易の拠点となる。博多では宋の海商が唐房と呼ばれた居住域を形成し、唐物交易を担うことになる。

本稿では唐物の集散地であった鴻臚館跡、博多遺跡群における近年の調査成果を概観し、文献史料の研究成果を参考に、九世紀から十三世紀の貿易陶磁器を通して、唐物交易の変遷をみていく。

一、鴻臚館における唐物交易の様相

(1)鴻臚館の変遷

鴻臚館の変遷過程は五期に区分されている。[1] 第Ⅰ~Ⅱ期(七世紀末~八世紀末)は筑紫館と呼ばれ、大宰府の外交施設として役割を担った時期である。交易品は外交使節によってもたらされる。この時期では新羅土器や唐三彩陶枕などが若干出土しているが、使節が将来した交易品は経由地である鴻臚館には留まらず、京に運ばれた。

第Ⅲ~Ⅴ期(九世紀初~十一世紀中ごろ)は施設の役割が次第に変質し、新羅や中国の海商との交易の場となった時期である。交易品は外交使節に代わり、海商によってもたらされることになる。

(2)唐物交易の開始――第Ⅲ期(九世紀初~後半)

第Ⅲ期の前半は、黄海に交易ネットワークを構築した新羅の海商が交易を求めて来航するようになる。しかし、清海鎮大使の張宝高の暗殺が契機となり、承和九年(八四二)、新羅の海商の入境が禁じられ、九世紀後半以降、中国の海商が交易の担い手となる。

海商との交易に関しては、それまでの律令制の規定を援用した管理制度下で行われた。海商が来航すると大宰府から朝廷に報告され、朝廷の判断を待って鴻臚館に安置供給される。海商の積み荷はいったん府庫に納められ、そのリストが朝廷に上申される。その後、積み荷のうち、朝廷が必要な物(「適用之物」)を大宰府が選別したうえで京進し、それ以外のものは大宰府の管理の下、民間の交易が行われるというものであった。九世紀後半から十一世紀までは海商との交易は朝廷から派遣された唐物使が担当することになり、国家の優先的な交易(官司先買)が行われることになる。

海商との唐物交易が始まると、鴻臚館で一定量の貿易陶磁器が出土するようになる。[2] 量はそれほど多くないが、越州窯系青磁や邢窯系白磁の碗や皿を主体として、他の器種では、青磁の灯盞(燈明皿)、四耳壺、水柱、白磁の托、壺類がある。越州窯系青磁については、精製品と粗製品の二種類に大別され、前者が浙江省産、後者が福建省産とされる。出土品の大半は前者である。その他、長沙窯製品の褐彩黄釉水注、碗などあるが、青磁や白磁に比べるとかなり少ない。

(3)唐物交易の活況――第Ⅳ期(九世紀後半~十世紀前半)

第Ⅳ期以降は、海商の来航の記事が多くみられ、第Ⅳ期では呉越国から承平五年(九三五)の蒋承勳、天慶八年(九四五)の蒋袞の来航が知られる。この場所が唐物交易の場として、活況を呈していたと推測される。

この時期の遺構では、貿易陶磁器を大量廃棄した土坑が見られる。そこから出土するものには火を受けて釉がはがれた完形品が多く見られる。おそらく、倉庫等に保管されていた商品が被災して廃棄されたものであろう。また、その組成は輸入時に近い様相を示すものと考えられ、例を挙げると、福建省産とみられる粗製の越州窯系青磁碗が過半数を占めるものや、青磁碗だけではなく、産地の異なる様々な器種から構成されるものがあり、積み荷の内容に相違があったことがうかがえる。

出土する貿易陶磁器の量、種類とも前代より激増し、福建産も含んだ越州窯系青磁が大量に持ち込まれている。この背景には陶磁器の産地である呉越国（浙江）や閩国（福建）は海外貿易を盛んに行い、窯業にも力を入れていたことにあるとされる。海商の来航もそのことに繋がるものであろう。

越州窯系青磁は、大半は供膳具である碗や皿で、水注や四耳壷、鉢などが見られる。福建産の青磁碗は粗製品であったためか、九州以外ではほとんど流通していない。海商が持ち込んだ商品が必ずしも国内の需要にあうとは限らないということであろう。この時期になると、邢窯系白磁は激減するが、代わりに定窯白磁が見られるようになる。このほか、褐彩陶器の水注や鉢、褐釉陶器の灯盞や香炉、無釉陶器の茶碾輪、朝鮮半島産無釉陶器などが見られる。貿易陶磁器以外の唐物を考古学的に確認は困難であるが、このような容器や道具類の存在から、香料や薬品類などもあわせて持ち込まれたことが推測できる。

この時期では北は秋田城、南は喜界島など各地に見られるようになるが、その出土量は少なく、稀少品であったことがわかる。やはり、分布の中心は大宰府周辺や平安京など畿内で、供膳具以外の器種も出土する。

（4）鴻臚館の終焉——第Ⅴ期（十世紀後半〜十一世紀前半）

第Ⅴ期になると、華南の景徳鎮窯白磁が出現し、越州窯系青磁は減少傾向となる。白磁は口縁を折り返して玉縁状にした碗や皿といった供膳具が主体となる。青磁は前代には見られなかった、毛彫りや片彫りの劃花文を施した碗や水注などが見られるようになる。

この時期の貿易の相手先であった北宋は積極的に海外貿易を奨励し、主要な貿易港である広州・杭州・明州、泉州などに市舶司を常置し、貿易の管理を行った。この方針を受けて、海商は各地に活動の場を広げていく。来航した海商の記録では、長和元年（一〇一二）の周文裔や長和五年（一〇一六）の周良史などは、六〜八年と長期に滞在して、朝廷や有力寺社との関係を深めながら交易をおこなっていたことが知られる。

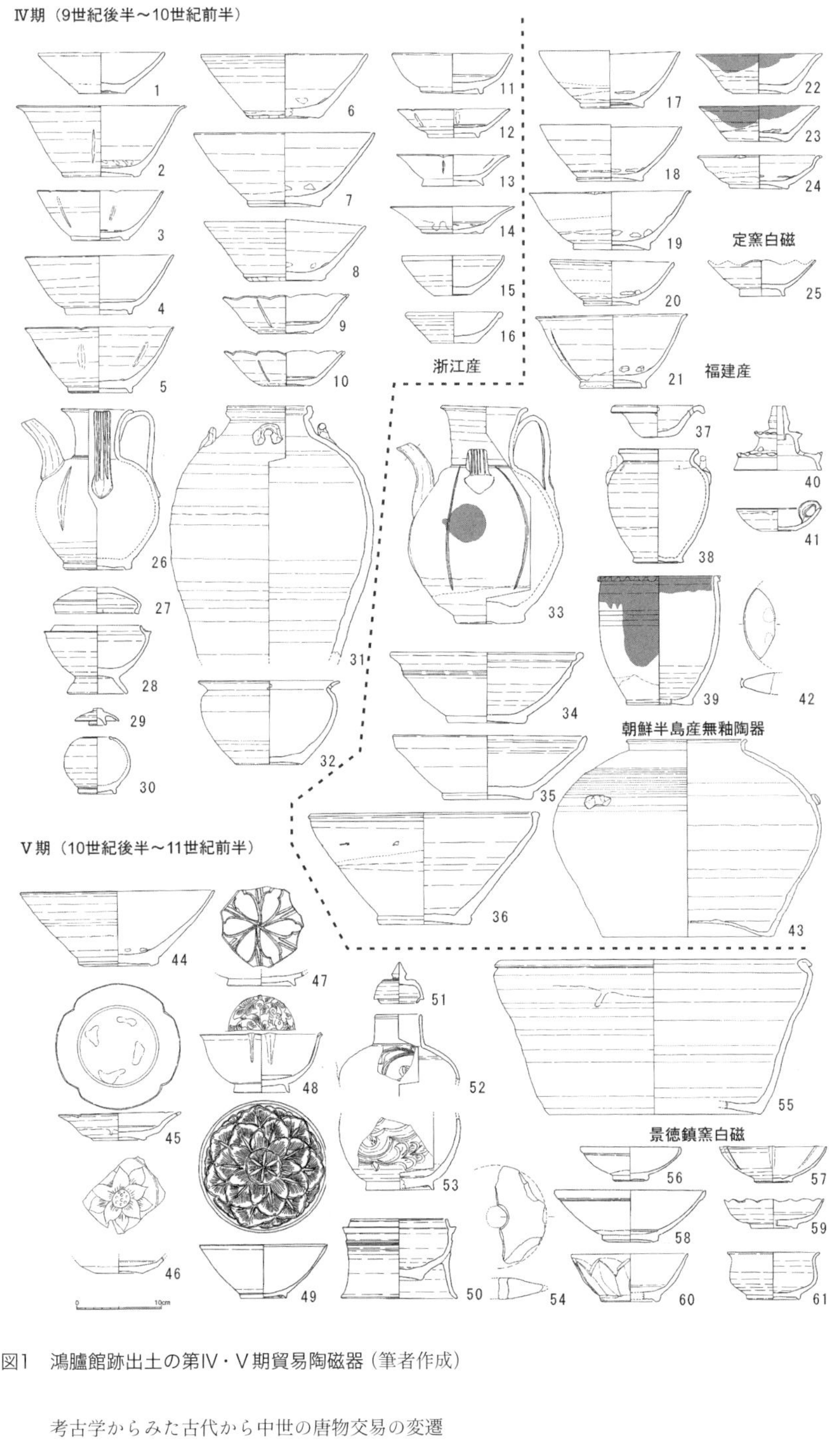

図1　鴻臚館跡出土の第Ⅳ・Ⅴ期貿易陶磁器（筆者作成）

長期の滞在となったのは、年紀制の規制の中で最大限利益を上げるため、規定年数まで居住した後、わずかな年数だけ帰国し再び来航するという形態をとった結果と考えられている。(3)

鴻臚館にはそうした常駐化する海商の存在が想定されており、これは後の博多における「住蕃貿易」に繋がるものとして評価されている。鴻臚館跡で出土する商船の船主を示す「綱」や中国人名の「呉」「李」「鄭」などを記した墨書陶磁器の出土はその傍証と言えよう。

十一世紀中頃以降は、『扶桑略記』永承二年（一〇四七）の「大宋国商客宿房」放火犯人の捕縛の記事と整合するかのように、鴻臚館に関わる遺構や遺物は皆無となり、焼失した鴻臚館は再建されず、貿易の拠点は博多に移ったと考えられている。

二、博多における唐物交易の様相

(1) 貿易拠点の移行――鴻臚館から博多へ

博多の名称は、『続日本紀』天平宝字三年（七五九）三月二十四日条の「博多大津」と登場し、古代より重要な港であったと考えられている。

博多遺跡群の発掘調査では、八世紀以降、区画の溝や竪穴住居跡、井戸などの遺構、官人層の存在を示す帯金具や墨書土器、硯などの遺物が確認されている。また、鴻臚館跡には数量的には劣るものの、越州窯系青磁・邢窯系白磁・長沙窯の製品、イスラム陶器など初期貿易陶磁器も出土している。遺構や遺物の様相から鴻臚館に関わる公的施設や官人層の居住域があったと推定されている。

十世紀後半から十一世紀前半になると、鴻臚館跡で多く出土している、見込みに花文を施した越州窯系青磁碗が、遺跡群の北西側の那珂川河口域で集中して出土するようになる。このことから鴻臚館での公的交易の後に行われた民間交易との関連が指摘されている。(4)

民間交易に関する遺跡は博多だけではなく、筥崎宮の創建に伴い展開した福岡市箱崎遺跡をはじめとして、博多湾岸には花文を施した越州窯系青磁が出土する田村遺跡や元岡・桑原遺跡などの遺跡が点在しており、鴻臚館を中心に博多湾岸に展開した交易のネットワークの存在が想定される。最近の研究では、中世における博多湾は沿岸の港湾が貿易都市博多を中心に相互に補完しあう「港町複合体」として、大規模な貿易を展開したと指摘されている。(5) 交易のネットワークの継承として捉えることもできよう。

(2) 博多綱首の時代

大宰府による管理貿易は十二世紀前半頃まで続いたとされ

る。民間交易の場として利用されていた博多が、鴻臚館に代わる新たな管理貿易の拠点として選ばれたことは、自然な流れとして理解できよう。

貿易の拠点が鴻臚館から博多に移った、十一世紀後半から十二世紀前半、『散木奇歌集』には、永長二年（一〇九七）、大宰権帥源経信が没したときに「はかたにはへりける唐人ともの、あまたまうてきて、とふらひける」と記されており、宋人が多く居住していたことが知られる。また、博多に居を構えた宋海商は「博多綱首」と呼ばれ、墨書陶磁器の底に見られる「綱」や「王」「丁」「孫」などの中国人名は彼らを指すものとされる。彼らの居住区は「筑前国博多津唐房」（一一一六年『両巻疏知礼記』記載）と呼ばれた。唐房の比定地は、遺跡群の南西にあたり、港湾施設が見つかった第二二一次調査地点周辺と推定されている。

この周辺ではこれまでの調査で貿易陶磁器の大量廃棄遺構が検出されている。第一四次調査では波打ち際に破損した大量の白磁を廃棄した遺構が検出された。また、第五六次調査では一メートル四方の箱に破損した四〇〇点以上の白磁碗のほか、中国産の陶器の盤や四耳壷、瓶や大型の甕などを廃棄した土坑が検出された。このほか、第七九、九七、一七二次調査で同様の遺構が検出されている。これらの遺構分布は、「綱」や中国人名の墨書陶磁器の分布の中心とも一致する。

この時期に出土する貿易陶磁器は、広東産や福建産の白磁の碗や皿が大半を占め、その出土量は白磁の洪水と表現されるほどで、他の貿易陶磁器を圧倒する。白磁以外では初期龍泉・同安窯系青磁、景徳鎮窯の青白磁、連江窯系青磁などが見られる。中には博多以外では出土しない陶磁器類も見られ、鴻臚館と同様、国内の需要に合わないものもあったようである。また、天目碗もこの頃から見られるようになる。十二世紀末に栄西が日本に宋風の点茶の風習を伝えたとされるが、博多在住の宋海商の間ではその風習が伝わっていたと推測されている。陶器は水注や盤、四耳壷、瓶、大型の甕、こね鉢などがある。このうち、四耳壷や瓶、大型の甕などは、薬品や香料などの品物を運んだ容器であったと考えられる。

ところで、博多では歙州（安徽省）や端渓（広東省）産の石材で作ったと推定される硯が出土している。これらは海商によってもたらされたものと考えられるが、十二世紀前半の博多では端渓の石材と同様の輝緑凝灰岩である赤間石（山口県南西部産）を使用した硯製作が始まる。その製作は海商とともに来航した硯工による可能性が想定されており、その後、十三世紀後半では博多の出土硯の一角を占めるようになる。赤間石を使用した硯製作は硯の需要の高まりに呼応した現象

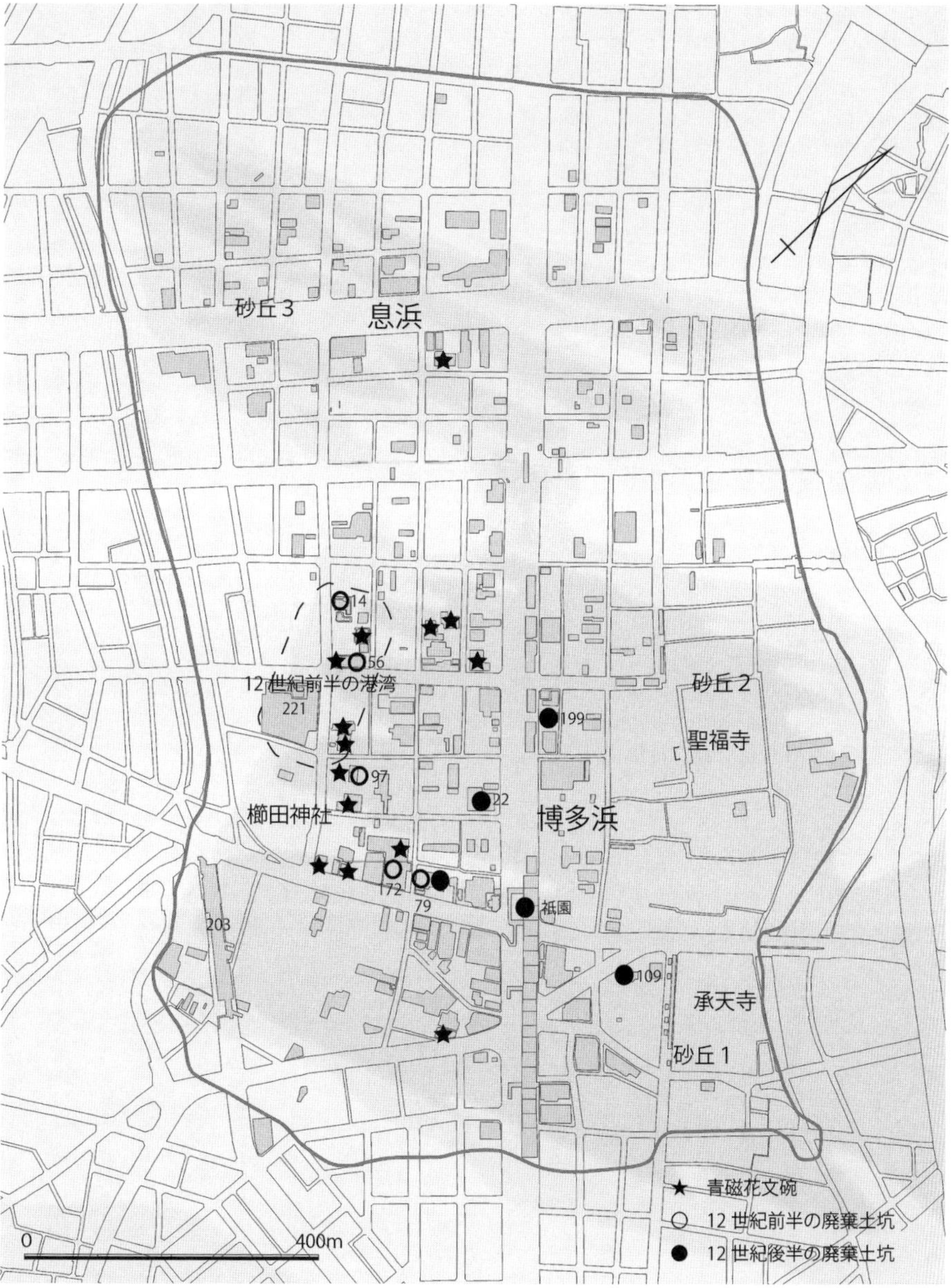

図2　博多遺跡群遺構分布図（筆者作成）

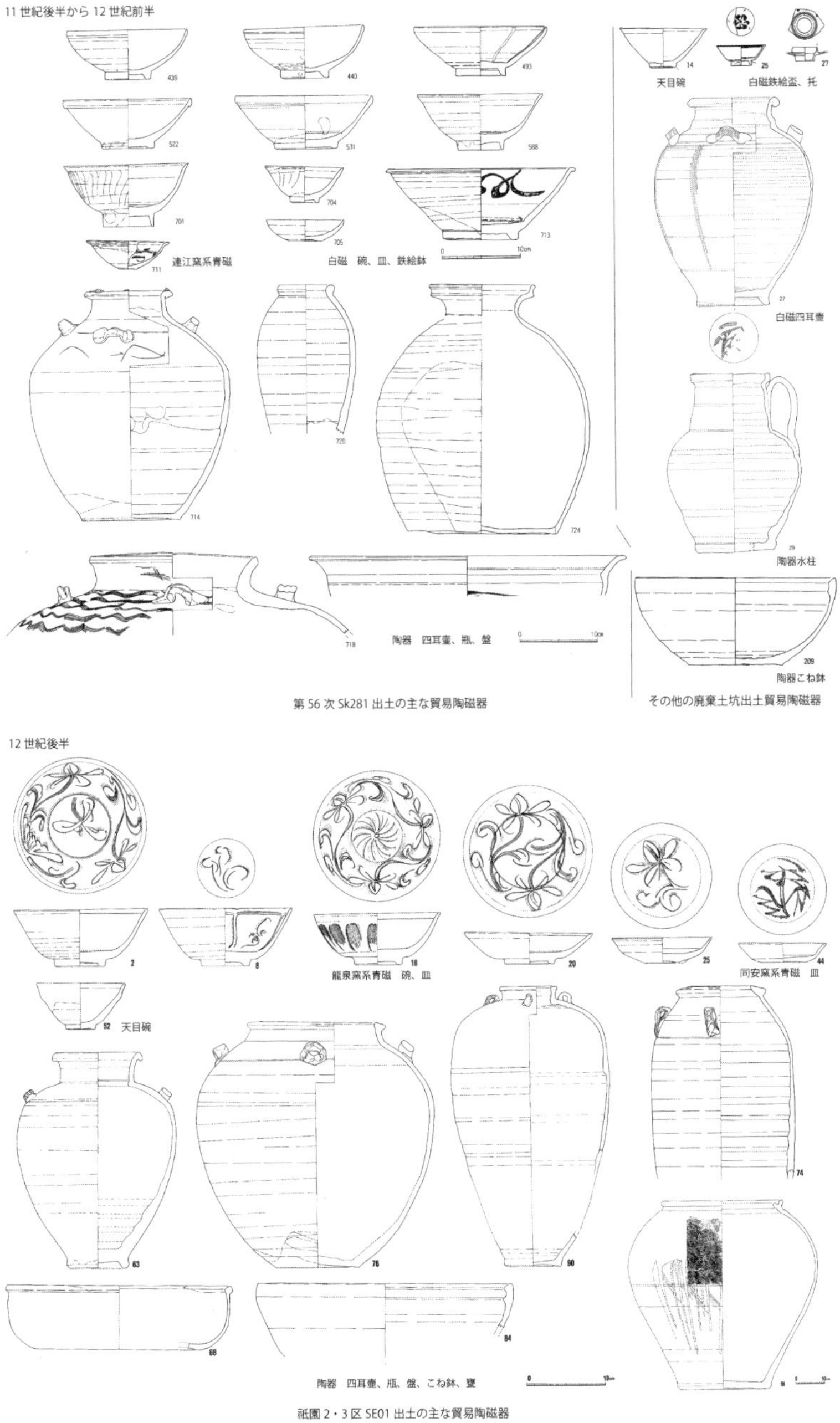

図3　博多遺跡群出土11世紀後半から12世紀後半の貿易陶磁器（筆者作成）

と捉えられている。[6]

また、第二〇三次調査では小玉や丸玉、平玉、容器などの製品のほか、中国産の陶器を転用したガラス坩堝や原料と考えられる珪石、製造過程の所産と考えられる鉛塊も出土した。この時期のガラス生産や製品の加工などは国内では見られず、出土したガラスの組成カリウム鉛ガラスという、中国の宋で発明され、発達したものであることなどから、宋からの持ち込まれた技術の可能性が指摘されている。[7] このように中国からの技術の導入により制作された品々があることは唐物を考える上でも注目される。

一方、この時期は大宰府の管理貿易が終焉に向かう時期で、長承二年（一一三三）、宋人周新が肥前国院領神崎荘に来着した時に平忠盛が院宣と号して大宰府府官の管理を排除する事件が起こっている。また、博多の綱首の中には宋人龔三郎のように大宰府の大山寺（竈門山寺・有智山寺）の貿易活動に関わっていたものが登場しており、国内流通においては、有力寺社に帰属する神人や寄人などの交易集団との役割分担も想定されている。博多は大宰府管理下の国家的貿易港から諸権門の共同貿易港に性格を変えていったと考えられている。[8]

（3）管理貿易の終焉

十二世紀後半になると、前代までの白磁に加え、龍泉窯系青磁I類や同安窯系青磁が出土するようになる。白磁は広東産のものが見られなくなり、新たな器形を加えた福建産のものが主体となる。

貿易陶磁器の出土は博多浜全体に広がるとともに、息の浜の西端も見られるようになる。祇園駅出入口二・三区調査では三〇〇点近くの火災にあった陶磁器の廃棄遺構が検出された。他にもそれまでの博多浜の西側にしか見られなかった廃棄遺構が博多浜の中央から東側にも広がる。このことは宋商人の居住域も東側に広がったことを示すものと考えられており、大宰府の管理貿易から権門主導の貿易への移行に関連するのであろう。

十三世紀になると、全国的に多く見られる、外面に蓮弁文を施した龍泉窯系青磁II類が出土するようになる。

この時期の博多では、貿易陶磁器の大量廃棄遺構は見られなくなり、出土量も相対的に減少する。権門主導の貿易により、国内需要に応じた商品調達が行われるようになり、在庫として海商のもとに残ることなくなったためと考えられている。[9] 調査地点のごとの出土量の検討により、前代と異なり、博多浜の東側の聖福寺、承天寺周辺に多くなることが判明している。[10] 寺社勢力と貿易との関わりを示すものと考えられる。

（4）博多綱首の消滅

十三世紀後半では、鎬蓮弁をもつ龍泉窯系青磁碗Ⅲ類、福建産の口禿の白磁碗Ⅸ類などが出土するようになる。遺跡内での出土量は前代にも増して、寺社周辺に集中する。

十一世紀後半以降、博多を拠点に東アジア海域で活発な貿易活動を行ってきた博多綱首であるが、この時期になると活動が見られなくなる。その理由として、国内的には日本商人の活動に押されたことや鎌倉幕府の貿易制限などが挙げられているが、一二八一年の南宋の滅亡による故国との交通遮断や二度の蒙古襲来により、彼らの活動の基盤が崩壊したことが大きな理由と考えられている。[11] 十四世紀以降、発掘調査により、博多を南北に縦断する基幹道路と町割りが整備され、貿易の拠点が博多浜から北側の息浜に徐々に移っていくことが確認されている。博多における約二〇〇年間に及ぶ綱首による貿易形態は大きな転換期を迎えることになる。

おわりに

鴻臚館跡、博多遺跡群の発掘成果を通じて、唐物交易の変遷を見ていくと、いくつかの画期が見られた。鴻臚館跡で貿易陶磁器が大量に出土するようになる九世紀後半、博多で唐房が形成される十一世紀後半、唐房の範囲が拡大する十二世紀後半である。これらは集散地の場の機能にも関わるもので、考古学的視点から唐物の流通と拡散などを考える上で注目したい。

注

（1）菅波正人「鴻臚館跡二五――総括編」（『福岡市埋蔵文化財調査報告書』第一三八三集、福岡市教育委員会、二〇一九年）。

（2）田中克子「鴻臚館時代の貿易陶磁器と交易」（『よみがえれ！鴻臚館――行き交う人々と唐物』福岡市博物館、二〇一七年）。

（3）渡邊誠「鴻臚館の盛衰」（『日本の対外関係三　通交と通商圏の拡大』吉川弘文館、二〇一〇年）。

（4）菅波正人「鴻臚館と博多」（『古代日本と興亡の東アジア――古代文学と隣接諸学』竹林舎、二〇一八年）。

（5）伊藤幸司「中世の箱崎と東アジア」（九州大学出版会編『アジアのなかの博多湾と箱崎』勉誠出版、二〇一八年）。

（6）大庭康時「博多遺跡群出土の中世石硯について」（『博多研究会誌』第一二号、博多研究会、二〇一四年）。

（7）比佐陽一郎「金属製品・生産関連資料等について」（『博多一七〇―博多遺跡群第二〇三次調査報告――福岡市埋蔵文化財調査報告書』第一四〇五集、第四分冊、福岡市教育委員会、二〇二一年）。

（8）林文理「博多綱首の歴史的位置――博多における権門貿易」（『古代中世の社会と国家　大阪大学文学部日本史研究室創立五十周年記念論文集』上巻、大阪大学文学部日本史研究室、一九九八年）。

（9）大庭康時「博多綱首の時代」（『歴史学研究』七五六号、歴史学研究会、二〇〇一年）。

（10）田上勇一朗「博多遺跡群」（福岡市史編集員会編『新修福岡市史資料編考古二　遺跡からみた福岡の歴史 東部編』福岡市、二〇二〇年）。

（11）前掲注8と同じ。

鎌倉時代の唐物と文化伝播

大塚紀弘

おおつか・のりひろ――法政大学文学部准教授。専門は日本中世史、仏教史。主な著書に『中世禅律仏教論』(山川出版社、二〇〇九年)、『日宋貿易と仏教文化』(吉川弘文館、二〇一七年)などがある。

異国性を帯びた唐物の工芸品、書画などは、非日常的な空間を演出する要素として重宝された。貿易商人や僧侶の日中往来により、新奇な唐物が輸入されるとともに、中国文化が博多の他、鎌倉や京都の禅院などに移入され、異国的な宋風文化が形成された。その一部が貴族社会や武士社会へと波及し、伝統文化たる国風文化が刷新された。

はじめに

唐という言葉は、唐王朝が滅びた後も中国を指す呼称として使われ続けた。日中は海で隔てられており、両国間の貿易は、日本で唐船と呼ばれた商船が担った。唐船によって中国から輸入された舶来品が、本稿で対象とする唐物である。鎌倉時代には、日本の唐船が中国(南宋・元)まで航行して貿易が行なわれ(拙著)[1]、唐物が輸入された。それでは、鎌倉時代の日本で、唐物はどのような位置づけにあったのか。

平安時代の貴族社会では、日本の独自性が色濃い国風文化の枠組みのもと、唐物は不可欠な要素となっており[2]、鎌倉時代にも継承されたと考えられる。唐物が輸入、活用された実態については、当時の史料から垣間見ることができる。一方、特に鎌倉時代に、日本の文化・社会に大きな影響を及ぼすようになった唐物にも、目を向ける必要があろう。平安時代以上に多種多様な様相を見せるようになった唐物のうち、日本の文化・社会に変容をもたらしたのは何だったのか。この点に着目することで、鎌倉時代史における唐物の歴史的な意義が浮かび上がるであろう。

以上のような問題関心から、本稿の第一節では、考察の前提として、鎌倉時代の用例に基づいて唐物の語義を確認し、日中間で行なわれた貿易の構造について整理する。その上で第二節では、鎌倉時代の代表的な唐物を取り上げ、輸入と活用の実態について概観する。そして第三節で、鎌倉時代の社会・文化に変容をもたらした唐物に注目し、最後にその歴史的な意義を提示しよう。

一、鎌倉時代の唐物と日中貿易

(1) 唐物の語義

唐物という語句は、鎌倉時代にどのように用いられたのか。平安時代後期にさかのぼるが、藤原明衡の『新猿楽記』では、商人の首領である八郎真人が扱う商品が、本朝物と唐物に区分して列挙されている(3)。また、公卿源師時は、日記の長承三年(一一三四)条に、仁和寺に蔵を設けて金銀の他、多くの唐物と和物を納めていた人物に言及している(4)。南北朝時代の『庭訓往来』では、国内各地の産物を総覧した後、「異国唐物・高麗珍物」と付記している(5)。唐物は本朝物=和物に対応する言葉で、日本の物と区別すべき、中国から来た物という語義が読み取れる。

鎌倉時代の史料では、次のような用例が挙げられる。①建保三年(一二一五)の後鳥羽上皇逆修進物注文には、播磨守藤原忠綱が進上した織物等の一覧があり、その中の「色々唐綾八十段」に「唐物也」と注記されている(6)。和物の唐綾もあるため、それと区別するための注記とみられる。舶来品の綾に似せて日本で織られた綾も、唐綾と呼ばれたのだろう。②徳治三年(一三〇八)の制符では、女房の「裳今着」について、美絹を止め、麁絹や薄物顕文紗などを用いるように規定され、唐物などは停止すると補足している(7)。紗(絹織物)には日本の物と中国から来た物の両者があるため、後者を除外したのだろう。③正和四年(一三一五)の院庁年預安倍資重注文には、「道々輩」として日吉社(大宮)神宝のうち、錦織と綾織を担った教願が挙げられ、御帳、浜床、御茵は唐物であると注記されている(8)。和物の絹織物もあるため、これら三者は唐物を使用したと説明されているのである。

以上のように唐物は、同種の物が日本にもある対象について、中国から来た物であることを示す呼称として用いられた。同種の物が日本にない場合、中国から来た物であることが明らかなため、殊更に唐物と呼ぶことは少なかったと考えられる。逆に、当時の人々が中国から来た物と確実に知っていたのであれば、用例が確認できなくても、唐物の範疇に入れることができるのである。

(2) 日中貿易と唐物

唐物が和物と対照的な区分として存立したのは、日中間の貿易が持続し、中国からの舶来品が絶えることがなかったからである。鎌倉時代の日中貿易は、金、硫黄、水銀といった鉱物資源、木材のような森林資源を輸出し、対価として銅銭、陶磁器といった中国の産物、香薬、蘇芳といった東南アジア地域などの産物を獲得して輸入するという構図で行なわれた(拙著)。中国で希少価値の高い資源を輸出し、中国で生産された加工品と東南アジア地域などの産物が輸入された。需要と供給のバランスが均衡していたため、鎌倉時代を通じて日中貿易は活発であり続けたのである。

こうした中、鎌倉時代の人々は、唐物をどのように見ていたのか。兼好法師の『徒然草』によると、「唐のもの(唐物)」は、薬以外は無くても問題はない[9]。中国の書物はすでに日本に流布しているため、書写して利用すればよいという。そして、「もろこし舟(唐船)」が、無用の物を多く積み込んで日本にもたらしている現状を批判している。ここでは、唐船に搭載された商品が念頭にあり、鎌倉時代末期に日中貿易によって様々な唐物が輸入されていた状況を伝えている。

二、唐物の輸入と活用

(1) 唐物の輸入と流通経路

唐船で輸入された唐物は、日本社会でどのように流通したか(拙著)。平安時代後期、京都の荘園領主は、九州地方の在地領主(武士)を通じて唐物を入手した。有力寺社に帰属する特権商人(山僧、日吉神人、八幡神人など)は、博多在住の中国系貿易商人の他、在地領主から陶磁器などの唐物を購入して流通させたのだろう。鎌倉時代になると、京都の荘園領主は中国系貿易商人と直接的に結びつき、貿易の利潤として銅銭を獲得するようになった。鎌倉時代後期には、貿易代理人の貿易参加により、唐物の流通経路に変化が生じた。京都や鎌倉の荘園領主は、在地領主を介さず、貿易代理人を派遣して必要な唐物を入手するようになった。この頃、特権商人は、寺院を含む荘園領主からも唐物を購入し、流通させるようになったのだろう。

貿易代理人は僧侶から選ばれたため、彼らの属する有力な寺院には、多くの唐物が集められた。その一つである武蔵国の称名寺は、西大寺流の律院で、北条氏一門金沢家の菩提寺だった。文保年間(一三一七~一九)頃に金沢貞顕が称名寺住持の剣阿にあてた書状からは、唐物を見せてもらおうという熱意が伝わってくる。[10] また、同じく西大寺流の律院だった鎌倉極楽寺に関わる唐物が、市で売却されるという情報を得たことも読み取れる。幕府の有力者が関心を持つほど、称名寺や極楽寺は唐物を集積していたのである。それ以前、両律院の僧侶が貿易代理人として中国に派遣されており（拙著）、様々な唐物を輸入したはずである。この他、鎌倉の禅院では、南北朝時代の『仏日庵公物目録』から、円覚寺仏日庵が唐物の書画や工芸品を多数保有していたことが分かる。[11]

寺院が唐物を入手する経路としては、貿易代理人による輸入以外に、武士や貴族などからの寄進もあったはずである。寺院では、必要に応じて唐物を贈答に用いたり売却したりした訳で、これは唐物を保有する武士や貴族にもあてはまる。特権商人に限らず、寺院などから唐物を購入した商人一般がその流通を担ったとみなすことができよう。

(2) 素材の輸入と活用

先述の『新猿楽記』に挙げられた唐物の多くは、何かを作るための素材が占めている。筆頭に見える沈（沈香）、麝香などは、香料と薬種に併用されるため、あわせて香薬と呼ばれた。それらの多くは、東南アジアなどの産物だったが、中国経由で輸入されたため、唐物とされた。多種の香薬を原料に、加工・調合して薫物や薬が作られ、[12] 貴族社会や僧侶社会で使用された。着色に用いる銅黄、緑青などの顔料、布地として利用する綾、錦などの絹織物、笛に加工する呉竹、甘竹も、素材と位置づけられる。これらの入手経路としては、在地領主からの献上あるいは商人との取引が想定される。治承四年（一一八〇）、摂津国の大輪田泊に唐船が来航すると、藤原忠親が京都から使者を派遣し、薬種を購入させている。[13] これは貿易商人との直接取引を示している。

武士社会でも、香薬は生活に不可欠の要素として希求された。先述した『徒然草』の記述からも、薬種の社会的な重要性がうかがえる。弘安四年（一二八一）の『異国降伏祈禱記』によると、密教修法（如法尊勝法）の開始に際して、必要な香薬の調達ができなかった。[14] 担当の雑掌は、近年唐船の往来が滞り、薬種が入手できていないと説明した。その後、遅れて香薬は届けられたという。当時、モンゴルの南宋侵攻に始まる変動の影響で、一時的に日中間の貿易が中断していた（拙著）。密教修法に香薬は不可欠で、例えば鎌倉では、正応六年（一二九三）に醍醐寺僧の親玄は、担当した愛染王護摩で、蘇合、鬱金、白檀、薫陸、紫金（丁子）、紫鉱の六種香をすり合わせ、塗香および散香に用いている。[15] また、これらの六種香を蜜で練り合わせて丸香にしたという。

元亨三年（一三二三）の『北条貞時十三年忌供養記』には、

六十五種もの薬種が挙げられている。[16]鎌倉円覚寺の手配で用意され、多額の代金は同寺修造料所の年貢があてられたという。禅院でも、仏事などで用いる薬種は不可欠で、貿易代理人を派遣して輸入した他、商人からも購入したとみられる。同じ頃、鎌倉には医道に秀でた智光という唐人がおり、蘇香円という丸薬を調合していたという。[17]

鎌倉時代には、顔料の群青も中国から輸入されるようになった。[18]治承六年に完成した東大寺の四天王像などを彩色するための顔料は、南宋から輸入されたという。[19]

(3) 工芸品・書画の輸入と活用

鎌倉時代には、平安時代から引き続き、工芸品や書画が中国から輸入された。工芸品では、先述の『新猿楽記』に見える唐物のうち、茶垸は陶磁器（白磁・青磁）、瑠璃器はガラス器を指し、他に漆器、銅器なども挙げられる。[20]これらの唐物は、酒宴や仏事の機会で、酒器や仏具として使用され、その異国性によって、非日常的な空間が演出されたとみられる。藤原定家の日記から、その一端をうかがい知ることができる。[21]すなわち、安貞元年（一二二七）の連歌会では、唐綾を懸けた机に、六つの白琉璃器が置かれ、梅や桜の花が盛られた。また、唐綾の折敷に青琉璃酒器が据えられた。寛喜元年（一二二九）の連歌会では、唐墨や茶垸物が前に置かれた。

正和五年（一三一六）の『東福寺普門院常住什物目録』には、京都東山の禅院東福寺の塔頭である普門院にあった什物が列挙されている。[22]その中には、経蔵分に「茶垸花瓶一対」「同（茶垸）香炉」「茶垸花瓶片方〈瓢形〉」、羅漢殿分として「茶垸花瓶一対」「同（茶垸）香四〈大小〉」が見える。花瓶や香炉は、寺院で仏前を荘厳する仏具として不可欠で、異国性を帯びる唐物が重宝されたようである。正和二年、連句の勝負で敗れた公卿源資栄は、山水と杜甫の姿が描かれた唐絵を花園天皇のもとに持参している。[23]貴族は、保有する唐物の書画を、来客の折などに披露した。[24]

(4) 動植物の輸入と活用

平安時代には、中国から鸚鵡、孔雀などの鳥類、羊などの動物が輸入された。[25]鎌倉時代には、これらと異なる種類の鳥類などの動物も輸入され、貴族社会や武士社会で愛好されたようである（拙著）。嘉禎二年（一二三六）、六波羅探題北方の北条時氏が、唐鳥を将軍藤原頼経に献上した。同年、石清水八幡宮の祀官から藤原定家に、生麝（ジャコウネコ）と鸚歌という鳥が届けられた。鸚歌は、インコ科の鳥と推測される。唐鳥や鸚歌は、中国から輸入されたという。定家はこの年の日記に、去年から今年にかけて富豪が競って中国の鳥獣を飼育し、京都に満ちているという情報を書きとめ、「唐船任意之輩」が輸入したと推測している。日本での嗜好に合わせて、中国で珍しい動物が選ばれて輸入されたのだろう。

水牛や唐犬も、京都や鎌倉にもたらされた。すなわち仁治三年（一二四二）、西園寺公経は、大量の銅銭に加えて、能言鳥（鸚鵡）、水牛を含む「種々珍宝」を輸入したという。元亨元年（一三二一）、花園上皇のもとに新渡の唐犬が献上され、元弘二年（一三三二）には、貿易代理人が輸入した犬が、幕府の有力者に献じられている。

次に、中国から新たにもたらされた植物として、菩提樹とイチョウが知られる。菩提樹は、インド原産（クワ科）ではなく、中国原産（シナノキ科）のボダイジュである。重源が東大寺に植えたのが確実で、建久元年（一一九〇）に栄西が天台山の菩提樹を筑前国香椎宮に植えた後、東大寺に移植したとの伝承もある。[26]日本でのイチョウの初見は、近衛道嗣日記の永徳元年（一三八一）条とみられ、庭の銀杏と槙を足利義満の邸宅に移植させられたとある。[27]南北朝時代の『異制庭訓往来』にも銀杏が見える。[28]少なくとも葉や種は、すでに鎌倉時代に渡来していた可能性が高い。[29]

三、唐物の輸入と文化・社会の変容

(一)貿易商人・僧侶による中国文化の伝播

国際的な交流を分析する際、対象は人・物・知（情報・文化）に大別できる。知の体系たる文化については、そのままのかたちではなく、一定の選択や変容を経て他国に伝播する。異文化の伝播によって、自文化に新たな要素が加わるが、従来の伝統文化（古典文化）は変容しつつも、根本的に駆逐される訳ではない。異文化が伝播すると、一旦は重層的な文化構造となるが、次第に伝統文化と同化していく。前章で対象としたのは、伝統文化たる国風文化の枠組みに即して活用された唐物である。鎌倉時代には、日中貿易によって新奇な唐物が続々と供給され、従来の国風文化は更新されていった。その一方で、中国文化の伝播によって、国風文化とは一線を画する異国的な文化の層として宋風文化が形成された。

文化の伝播には、やはり人の往来が不可欠である。平安時代後期、唐船を運航する中国系貿易商人が博多に集住し、中国文化の一部を移入した。鎌倉時代になると、栄西、俊芿を嚆矢として、貿易商人の唐船に同乗して中国江南地方の寺院に留学する僧侶が増加していった。[30]彼ら入宋僧は、南宋の寺院を参考にしながら、新しい類型の寺院である禅院、律院を建立した。特に禅院は中国との交流が活発で、中国から渡来した禅僧が住持を務めるほどとなった。入宋僧、渡来僧とその門流は、南宋の寺院を規範として尊重したため、中国の世俗的な文化もまた、仏教文化に付随して伝播するに至った。こうして、鎌倉や京都などの禅院、それに俊芿が開山となった京都東山の泉涌寺などの律院は、中国仏教のみならず、中国文化を受容する上で先進的な窓口となった。

　榎本渉氏は、十二世紀後半から十三世紀前半にかけて、それまで博多やその周辺のみに伝来していた中国の生活文化が、共時的に日本全国で受容されるようになったと指摘している[31]。その具体例として挙げるのが、宋銭、中国陶磁器、結桶、宋式喫茶文化、南宋仏教である。先述した唐物流通の経路や僧侶の往来をふまえると、鎌倉時代を通じて、博多では受容されなかった中国文化が、京都や鎌倉などに伝播するようになったことも想定される。また、生活文化の枠には入らない文化的な要素も視野に入れるべきである。それでは、中国文化の伝播に、唐物はどのような役割を果たしたか。そして、日本の文化、社会にどのような変容をもたらしたのだろうか。

（2）仏教文化の伝播と唐物

　仏教文化を構成する主要な要素として、仏像、仏書、仏画、仏具、仏塔が挙げられる。現存作例からすると、鎌倉時代にも平安時代までと同様、仏像や仏具はほどんど中国から輸入されなかったとみられる。対して、南宋時代から元時代の仏書（版本）や仏画は、多数が日本に伝存しており、貿易商人や僧侶が輸入に関わったと考えられる。唐物の仏書を介して、新しい仏教の教学や思想が伝播した。これは、儒書、医薬書などの外典にも当てはまり、中国で発展した儒学、医学、薬学などの学問が伝来した[32]。仏画については、唐物の様式的な影響が大きく、羅漢図、十王図、涅槃図などは転写によって新たな図像として定着した[33]。仏像の造立でも、中国仏画が参照された他[34]、平安時代まではなかった伽藍神像や法衣垂下像が、鎌倉の禅院を中心に造立されるようになった[35]。

　仏具では、中国に由来する雲版という梵音具が使用され始めた[36]。道元の門流が導入した後、渡来僧によって鎌倉の禅院に設置され、次第に五山派の禅院に広まっていった。僧侶の往来によって、図像を介して伝播したとみられる。

　仏塔では、中国で製作された薩摩塔と呼ばれる石塔などが、貿易商人によって九州地方で造立されたようだが、全国に広がることはなかった[37]。一方、中国に由来する石造仏塔のうち、宝篋印塔、無縫塔は墓塔として全国的に定着しており（拙著）、図像の請来に基づく仏教文化の伝播と位置づけられる。なお、中国人石工が渡来し、石材の加工技術が伝播したため、五輪塔や宝篋印塔などの石塔が、堅固な石材で造立されるようになった[38]。

(3) 世俗的文化の伝播と唐物

鎌倉時代に貿易商人や僧侶が、中国から日本に伝えた世俗的な文化（習俗）として、①喫茶文化、②言語文化、③建築文化、④書画文化、⑤食文化、⑥石碑文化、⑦版本文化、⑧経済文化、⑨工芸文化が挙げられる。①から⑦は、主に仏教文化に付随して伝播したとみられる。以下、唐物との関わりを念頭に概観していこう。

①喫茶文化　中国で広まった抹茶を用いた点茶の習俗が博多に移入された後、僧侶の往来により禅院を中心に受容された[39]。茶具として用いる陶磁器などの工芸品が不可欠で、唐物の輸入と文化の伝播が連動した事例とみなせる。

先述の金沢貞顕は、延慶二年（一三〇九）以前に書いたとみられる書状で、「当時鎌倉中、茶以下唐物多々」と述べている[40]。貞顕は京都にいる息子の貞将にあてた書状で、「から物茶」がこれまで以上にはやっており、そのための「くそく（具足）」を用意すべきと伝えている[41]。茶寄合（茶会）では、唐物の茶具を用いることで、先述の酒器や仏具と同様、非日常的な空間が演出されたと考えられる。鎌倉時代後期から南北朝時代には、武士社会や貴族社会で茶の産地を当てる飲茶勝負（十種茶）を中心とする茶寄合が流行した[42]。賭物や飲酒が伴う遊興的な寄合という点で、香料の種類を当てる十種香を含む香寄合と共通する。中国の喫茶文化を導入することで、従来の国風文化が刷新されたと言えよう。

②言語文化　禅院では、渡来僧が中国語で対話・説法した他、中国語を習得し、漢詩文に長けた僧侶も現れた[43]。その結果、漢字の新しい発音（宋音）が禅院に伝来した後、蒲団《ふとん》、饅頭、暖簾などの語句は世俗社会でも受容された[44]。

③建築文化　中国建築を模倣した新しい建築様式が、中国寺院に倣って構成された禅院で採用され、南北朝時代以降に継承された[45]。あわせて、新たに製材用の鋸が伝来した可能性もある[46]。また、中国で発達していた椅子文化が、僧侶によって日本の禅院や泉涌寺流の律院などで受容され、曲彔を含む椅子が儀礼などで用いられた[47]。禅僧や律僧の肖像画、肖像彫刻では、椅子に座った姿が表現されている。さらに、回転式の経蔵である輪蔵の造立が禅院で始まり、室町時代には禅院以外の寺社でも造立されるようになった（拙著）。

④書画文化　中国から書画とともに書法が伝来し、従来の書法である和様と併存するようになった[48]。先述の『東福寺普門院常住什物目録』には、経蔵分に「墨絵観音一幅」「墨絵

釈迦三幅」が見え、前者には「唐」と注記されている。[49] いずれも水墨画の仏画を指し、前者は唐物、後者は和物とみられる。中国水墨画は日本の禅院で積極的に受容され、水墨画に長けた禅僧も現れた。[50] また、書画に使用する墨や筆の他、[51] 竹紙の臘箋も中国から輸入され、その文様などを模した料紙が製造されるようになった。[52]

⑤食文化　弘安八年（一二八五）、渡来僧の大休正念が鎌倉円覚寺住持となった際の儀式で、執権北条貞時は昼食に饅頭を供している。[53] これが日本での饅頭の初見だろう。[54] 嘉元元年（一三〇三）に亀山上皇が南禅寺を訪問した際、住持の規庵祖円は方丈坊に「唐料理」を用意してもてなしている。[55] 南北朝時代の『庭訓往来』や『異制庭訓往来』に点心として中国料理が列挙されており、[56] 禅院で受容された後、一部が日本社会に定着したとみられる。徳治三年（一三〇八）頃に鎌倉幕府に仕える文士の中原政連は、北条貞時に提出したとされる諫草で、毎日のように僧侶を招き、多くの薬種を使った「唐様之膳」の食事でもてなす現状を批判している。[57]

⑥石碑文化　中国古来の石碑文化に基づく仏教関係の石碑が造立され始めた（拙著）。南北朝時代の禅院では、中国石碑と同じ様式で、木製の塔銘（僧侶の伝記）碑が塔頭に造立されるようになった。

⑦版本文化　中国から来た書物を意味する唐本は、ほとんどが版本で、最も大部のセットが、主要な仏教典籍を集成した一切経だった（拙著）。中国版本の一部は、禅院や律院で覆刻によって再刊され、修学や法会で活用された。[58] 中国版本の装丁は、従来の巻子装とは異なり、折本装または胡蝶装（粘葉装）で、同様の版本が禅院や律院で刊行された。

⑧経済文化　中国の銅銭（宋銭）は、平安時代末期から輸入され始め、博多で受容された後、次第に京都周辺、そして全国へと流通していった（拙著）。梵鐘、仏像などの銅製品を鋳造する素材としても利用された。[59] 人々が貨幣として銅銭を持ち歩くようになったため、寺院堂舎の造立や仏像の建立などを目的とする仏教的な募金活動が円滑化した他、南北朝時代には寺社で散銭（賽銭）の慣行も生まれた。[60]

⑨工芸文化　唐物の陶磁器が一部の窯に影響を与え、尾張国の瀬戸窯では、点茶に不可欠な天目、茶入の器形が模作された。[61] 抹茶を作るための茶臼（石臼）も、唐物を模倣して生産されるようになった。[62] 平安時代末期には、唐物のガラス製品が輸入されるとともに、博多などで製造・加工されるようになった。[63] 唐物の漆器や銅器も、需要をまかなうため、後に模作されるようになった。[64] 木製容器では、中国で一般に使用されていた結桶が、平安時代末期に博多で受容された後、鎌

倉時代に全国に広がった[65]。

おわりに

中国から来た物を意味する唐物は、鎌倉時代に唐船が中国に出向くかたちで行なわれた貿易により持続的に供給された。香薬、顔料といった素材、陶磁器、ガラス器といった工芸品、動植物など、貴族や武士の嗜好に合った唐物が輸入された。新奇で異国性を帯びた唐物は、非日常性を演出する要素として重宝され、従来の国風文化を更新していった。

一方、貿易商人や僧侶の日中往来によって、唐物が輸入されるとともに、中国文化の一部が伝播し、異国的な文化の層として新たに宋風文化が形成された。すなわち、すでに平安時代末期に貿易商人によって博多に移入されていた中国の生活文化のうち、経済文化や工芸文化の一部が、全国へと広がっていった。また、唐船に同乗して日中を往還した禅僧を中心とする僧侶の主導で、新しい僧侶集団が形成・成長するに伴って、中国の仏教文化が積極的に日本に移入された。

仏教文化に付随し、鎌倉や京都の禅院を中心に、喫茶、言語、建築、書画、食、石碑、版本にわたる世俗的な文化の一部も伝播した。特に喫茶文化は、貴族社会や武士社会で唐物の茶具とともに受容され、国風文化を刷新した。言語、書画、食の文化も、その一端が禅院などから貴族社会、武士社会へと波及した。それぞれの文化に不可欠な唐物が輸入される場合が多く、必要に応じて日本で模作された。

平安時代には、国風文化の枠組みで唐物が活用され、中国文化の受容は貿易商人が集住した博多などにとどまった。鎌倉時代になると、僧侶の日中往来によって唐物とともに中国文化も禅院などの寺院に移入された。貴族社会や武士社会では、僧侶社会との接点で中国文化が選択的に受容された。その中で、経済文化すなわち唐物たる銅銭の流通は、社会全体を変容させたように見える。勿論、中国との相違点も多く、さらなる検証が必要だが、銅銭輸入の歴史的意義は大きいように思える。国際的な観点から、鎌倉時代に歴史学的な画期を設定するのが有効か、さらに考察を深めていきたい。

注

（1）拙著『日宋貿易と仏教文化』（吉川弘文館、二〇一七年）。以下、拙著は本書を指す。
（2）榎本淳一『唐王朝と古代日本』（吉川弘文館、二〇〇八年）。
（3）「新猿楽記」（日本思想大系『古代政治社会思想』）。
（4）「長秋記」長承三年五月二日条（増補史料大成）。
（5）「庭訓往来」四月状返（新日本古典文学大系『庭訓往来 句双紙』）。
（6）「伏見宮記録利五十八」（『鎌倉遺文』二一六二号）。

(7)「柳原家記録八十五砂巌」(『鎌倉遺文』二三二一一号)。
(8)「公衡公記」正和四年四月二十五日条(史料纂集)。
(9)「徒然草」第一二〇段(角川ソフィア文庫)。
(10)「金沢文庫文書」(『鎌倉遺文』二九三二一号)。
(11)「仏日庵公物目録」(『美術研究』二四、一九三三年)。
(12)皆川雅樹「香薬の来た道・社会」(田中史生編『古代日本と興亡の東アジア』竹林舎、二〇一八年)。
(13)「山槐記」治承四年十月十日条(増補続史料大成)。
(14)「明王院文書」(『神奈川県史　資料編』九二一号)。
(15)「親玄僧正日記」正応六年七月四日条(『中世内乱史研究』一五、一九九四年)。
(16)「円覚寺文書」(『神奈川県史　資料編』二三六四号)。
(17)「夢中問答集」上(講談社学術文庫)。
(18)杤津信明「顔料が語る中世筑波の文化交流」(茨城県立歴史館編『中世東国の内海世界』高志書院、二〇〇七年)。
(19)「東大寺続要録」造仏篇(国書刊行会)。
(20)根津美術館編『宋元の美』(同館、二〇〇四年)、久保智康「中世日本における倣古銅器の受用と模倣」(同編『東アジアをめぐる金属工芸――中世・国際交流の新視点』アジア遊学一三四号、勉誠出版、二〇一〇年)。
(21)「明月記」安貞元年三月二十日条(国書刊行会)。
(22)「東福寺文書」(『鎌倉遺文』二五七一九号)。
(23)「花園天皇宸記」正和二年四月十八日条(史料纂集)。
(24)前掲注23「花園天皇宸記」元応元年七月二十九日条。
(25)皆川雅樹「動物の贈答」(『日本古代王権と唐物交易』吉川弘文館、二〇一四年)。
(26)「南無阿弥陀仏作善集」(『美術史研究』三〇、一九三四年、小林剛編『俊乗房重源史料集成』吉川弘文館、一九六五年)、「元亨釈書」巻第二、伝智二(新訂増補国史大系『日本高僧伝要文抄　元亨釈書』)。
(27)「後深心院関白記」永徳元年十月七日条(大日本古記録)。
(28)「異制庭訓往来」(『日本教科書大系　往来編　第四巻　古往来　第四』)。
(29)西岡芳文「歴史のなかのイチョウ」(『年報三田中世史研究』五、一九九八年)。
(30)拙稿「東アジアのなかの鎌倉新仏教運動」(荒野泰典他編『日本の対外関係4　倭寇と「日本国王」』吉川弘文館、二〇一〇年)。
(31)榎本渉「宋元交替と日本」(大津透他編『岩波講座日本歴史　第7巻 中世2』岩波書店、二〇一四年)。
(32)久須本文雄『日本中世禅林の儒学』(山喜房仏書林、一九九二年)、小曽戸洋『新版漢方の歴史』(大修館書店、二〇一四年)。
(33)高崎富士彦『日本の美術　羅漢図』(至文堂、一九八五年)、中野玄三編『日本の美術　涅槃図』(至文堂、一九八八年)、神奈川県立歴史博物館編『十王図』(同館、二〇二一年)。
(34)水野敬三郎「宋代美術と鎌倉彫刻」(『日本彫刻史研究』中央公論美術出版、一九九六年、初出一九七七年)。
(35)東京国立博物館他編『鎌倉　禅の源流』(日本経済新聞社、二〇〇三年)。
(36)拙稿「鎌倉南北朝期の雲版と禅院・律院」(『日本宗教文化史研究』二四―二、二〇二〇年)。
(37)井形進「九州の中国渡来の石造物」(大庭康時他編『九州の中世4　神仏と祈りの情景』高志書院、二〇二〇年)。
(38)川勝政太郎『日本石材工芸史』(綜芸舎、一九五七年)。
(39)橋本素子『日本茶の歴史』(淡交社、二〇一六年)。

(40) 『金沢文庫古文書』五一号。
(41) 「金沢文庫文書」(『鎌倉遺文』三一〇六三号)、『金沢文庫古文書』二三七九号。
(42) 前掲注23「花園天皇宸記」正慶元年六月五日条、「二条河原落書」(日本思想大系『中世政治社会思想 下』)、「建武式目」(日本思想大系『中世政治社会思想 上』)。
(43) 拙稿「無学祖元」(『歴史と地理 日本史の研究』二六六、二〇一九年)。
(44) 沖森卓也『日本語全史』(筑摩書房、二〇一七年)、拙稿「中世禅院の「のれん」」(日本史史料研究会編『日本史のまめまめしい知識 第三巻』岩田書院、二〇一八年)。
(45) 太田博太郎『日本建築史論集3 社寺建築の研究』(岩波書店、一九八六年)。
(46) 渡邉晶『大工道具の日本史』(吉川弘文館、二〇〇四年)。
(47) 拙著『中世禅律仏教論』(山川出版社、二〇〇九年)。
(48) 宮崎肇「中世書跡の「和様」と「唐様」」(『明月記研究』一四、二〇一六年)。
(49) 前掲注22「東福寺文書」。
(50) 海老根聰郎『日本の美術 水墨画――黙庵から明兆へ』(至文堂、一九九四年)。
(51) 「東大寺所蔵因明論義抄裏文書」(『鎌倉遺文』一六八八号)。神奈川県立金沢文庫編『鎌倉への海の道』(同文庫、一九九二年)参照。
(52) 高橋裕次「「から紙」について」(『古代中世史料学研究 下巻』吉川弘文館、一九九八年)。
(53) 「念大休和尚語録」偈頌雑題(『大日本仏教全書』九六)。
(54) 木宮泰彦「入宋僧・帰化宋僧と文化の移植」(『日華文化交流史』冨山房、一九五五年)。
(55) 「実躬卿記」嘉元元年七月十四日条(大日本古記録)。
(56) 前掲注5「庭訓往来」十月状返。前掲注28「異制庭訓往来」。
(57) 佐藤進一他『日本中世史を見直す』(悠思社、一九九四年)。
(58) 拙稿「中世鎌倉における中国文化の受容」(中世都市研究会編『鎌倉研究の未来』山川出版社、二〇一四年)、同「中世律家の出版事業と律法興行」(『仏教史研究』五四、二〇一六年)。
(59) 拙稿「鎌倉大仏の鍍金と鎌倉幕府」(『日本歴史』八八七、二〇二二年)。
(60) 相田二郎「中世社寺の賽銭」(『神社協会雑誌』二七―四、一九二七年)、保立道久「腰袋と『桃太郎』」(『物語の中世』東京大学出版会、一九九八年)。
(61) 今井敦『日本の美術 宋・元の青磁・白磁と古瀬戸』(至文堂、二〇〇〇年)。
(62) 桐山秀穂「中世前期の茶臼」(永井晋編『中世日本の茶と文化――生産・流通・消費をとおして』アジア遊学二五二号、勉誠出版、二〇二〇年)。
(63) 井上暁子「平安時代のガラス関連資料と博多出土ガラス」(『日本ガラス工芸学会誌』五五、二〇〇〇年)。
(64) 神奈川県立歴史博物館編『鎌倉彫名品展』(同館、二〇一〇年)、前掲注20久保論文。
(65) 鈴木康之「日本中世における桶・樽の展開」(『考古学研究』四八―四、二〇〇二年)。

［コラム］

鎌倉の「唐物」——金沢北条氏ゆかりの称名寺伝来品

梅沢　恵

うめざわ・めぐみ——神奈川県立金沢文庫主任学芸員。専門は日本・東洋美術史（絵画史）。主な論文に「日本に伝来した陸信忠画——称名寺本陸信忠筆十王図を中心に」（『アジア仏教美術論集　東アジアⅣ　南宋・大理・金』中央公論美術出版、二〇二〇年）、「鬼神を主題とする中世絵巻——「辟邪絵」・「勘当の鬼」・詞書断簡」（『美術研究』四三六号、二〇二二年）、「円覚寺の文化財——宝物が語る円覚寺史」（『國華』一五一九号、二〇二二年）などがある。

はじめに

唐の物は、薬の外は、なくとも事欠くまじ。書どもは、この国に多く広まりぬれば、書きも写してん。唐土舟のたやすからぬ道に、無用の物どものみ取り積みて、所狭く渡しもて来る、いと愚かなり。「遠き物を宝とせず」とも、また「得がたき貨を貴まず」とも、文にも侍るとかや(1)

兼好法師は『徒然草』一二〇段で、唐船は困難な航路を通り、薬のほかは役に立たないものばかり次々に輸送してくる、と鎌倉時代の唐物ブームを批判している。この段で注意されるのは、中国の書物はすでに多く日本に広まっており、それを写せば足りるとも述べている点であり、大陸文化の移入は、同時代の交易によりもたらされた文物の受容にとどまらないということにあらためて気付かされる。

武州金沢の別業に金沢文庫を創設した北条実時（一二二四～七六）は、自ら『白氏文集』の抄録『管見抄』（国立公文書館内閣文庫所蔵）を遺しているように、文人であり、地方官僚でもあった白居易に憧れを抱き、杭州の西湖の景観に擬えて金沢の風光明媚な水景を愛でた(2)。実時は、福州から七千巻の宋版一切経を二組請来して、西大寺と称名寺に寄進した。そして、書物を輸入するとともに、すでに国内に所在する写本の収集も行っている。橘嘉智子（七八六～八五〇）の命を受けて入唐した恵蕚《えがく》が会昌四年（八四四）に蘇州の南禅院を訪れ、白居易が自ら奉納した『白氏文集』を書写して日本に請来した菅家伝来本もとに、鎌倉時代に豊原奉重が書写し、唐本を以て校正をされた写本が金沢文庫旧蔵本『白氏文集』である。また、称名寺に伝存するものとして、唐代の『文選』の注釈書の平安時代の古写

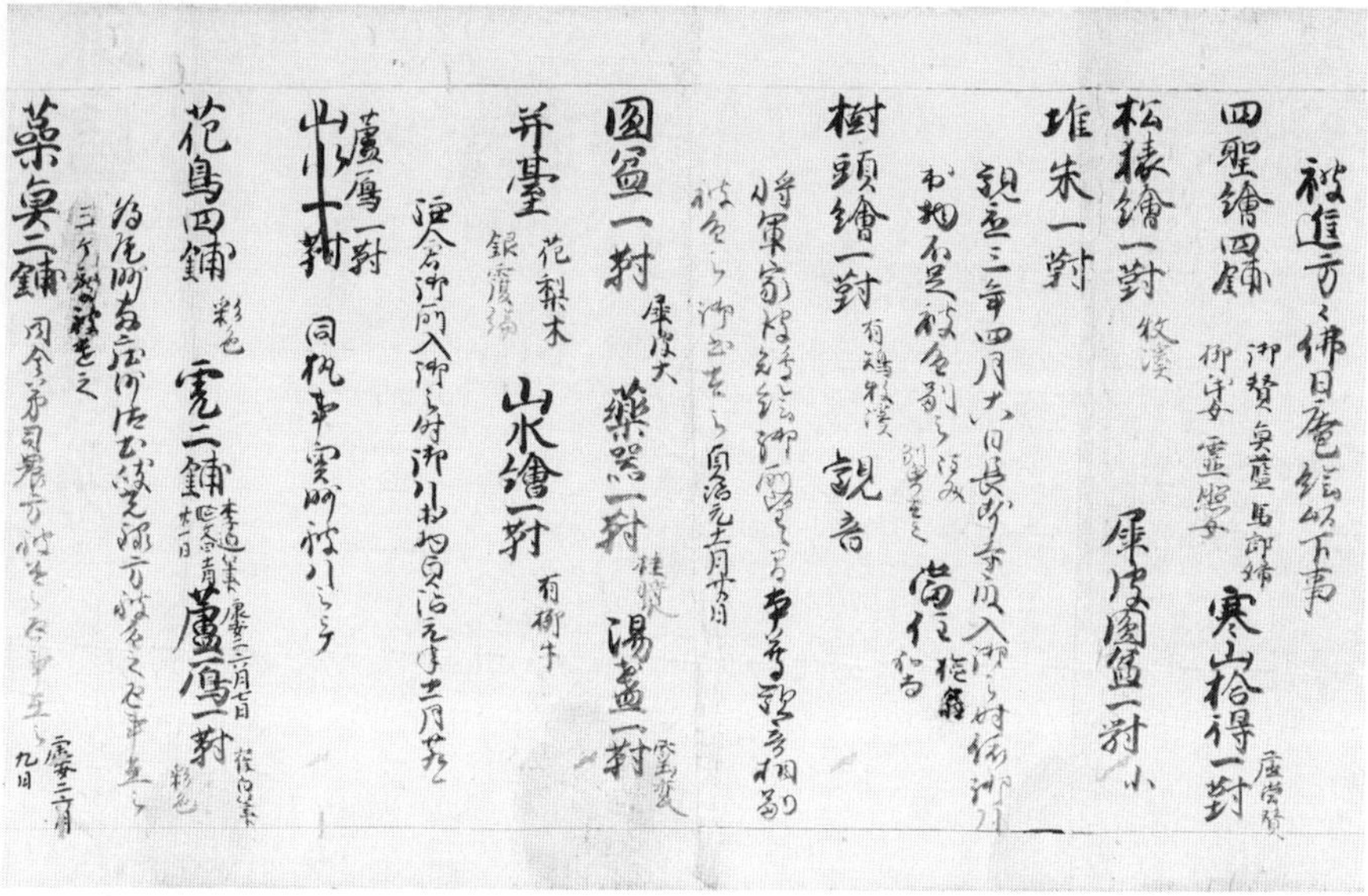

図1　仏日庵公物目録（部分）（円覚寺蔵）

本である『文選集注』などがある。(3) このような営為もまた、「唐物」収集の一環といえよう。

　ところで、兼好は出家前の一時、鎌倉幕府の要職を勤めた金沢北条氏の右筆であったと考えられている。(4) 兼好が金沢北条氏と関わりをもっていた時期は、実時の孫である金沢《かねさわ》貞顕《さだあき》（一二七八～一三三三）の時代である。貞顕もまた、和漢の書籍の収集に努め、称名寺に伝来する唐物にも関与していたと考えられる。本小稿では、称名寺伝来品を中心に鎌倉時代の唐物について概観したい。

一、北条得宗家の唐物

　鎌倉の円覚寺は、弘安五年（一二八二）、鎌倉幕府執権北条時宗（一二五一～一二八四）により創建された禅宗寺院である。無学祖元《むがくそげん》（一二二六～一二八六）を開山に迎え、宋式の伽藍、規式が導入された。

　鎌倉幕府の滅亡により、同寺は大檀越を失ったが、その後も足利氏により寺領は安堵された。貞治二年（一三六三）に、円覚寺塔頭仏日庵の法清が記した『仏日庵公物目録』（図1）（以下、『目録』）からは、南北朝期までに同寺に集積された北条得宗家の唐物をうかがい知ることができる。(5)

　『目録』には、巻頭の三十九幅もの頂相をはじめ、中国僧の墨跡、唐絵、堂内を荘厳した具足として青磁の花瓶や香炉、堆朱の香合など夥しい唐物が記載されている。しかし、『目録』の書き入れから、贈答や、盗難に遭うなどして散逸したものも多いことがわかる。現在、この『目録』に記載された唐物に該当する品はほとんど遺されていない。このことは、寺院の宝物がいかに流動的なものであったかを物語っている(6)。一例として、「被進方々仏日庵絵以下事」の項目に記される牧谿画についての記述を次に挙げる。

樹頭絵一対〈有鶏牧谿〉観音〈将軍家被鶏絵御所望候間、本尊観音相副、被進之御書在之、貞治元十一月廿日〉

これによれば、貞治元年（一三六二）に、足利義詮（一三三〇～六七）が所望した牧谿《もっけい》の「樹頭絵」一対に、さらに本尊として観音像を添え、進上されたことがわかる。また、「一、細々具足〈在宝蔵〉」の項目には、十六羅漢箱一合〈小〉、五百羅漢箱一合〈廿三鋪〉、十八羅漢箱一合、十王箱一合〈十一鋪〉、羅漢十六補が、「一、預承仕細々具足」として本尊一補〈尺迦〉が記載されており、仏日庵の宝蔵には、四組の羅漢図と十王図などの仏画が所蔵されていたことがわかる。先の牧谿画とは異なり、これらの仏画は「細々具足」の項目に分類されていることから、贈答のための唐物というよりは、法会の本尊として用いられた実用の品であったといえる。『目録』には、五百羅漢図が記載されているが、「廿三鋪」とあることから、一幅に二十五尊ずつ羅漢を描いた二十幅仕立ての五百羅漢図と釈迦三尊像の組み合わせであると考えられる。つまり、円覚寺に現存する五十幅仕立ての五百羅漢図とは別本であると考えられる(7)。

また、「十王箱」には十一鋪という記載があるため、地蔵菩薩像を伴う地蔵十王図であったとみられる。中国の寧波（浙江省）で制作され、日本に多く伝来する陸信忠《りくしんちゅう》の地蔵十王図であることが推測されよう。しかし、『目録』には舶載された著色仏画が含まれている可能性があるが、作者や制作地についての記述はみられない。管見の限り、十四世紀までの史料に、舶載仏画の作者についての言及は見いだせず、著色仏画の作者について関心が向けられるようになったのは、『君台観左右帳記』が編まれた室町時代後期に「唐物」として価値付けられて以降のことであると考えられる(8)。

『君台観左右帳記』は室町将軍家の唐物を管理した同朋衆の手控えで、能阿弥、相阿弥周辺で成立したと考えられている(9)。室町将軍家の会所を飾った宋元画の画人の名が記載されており、画人を格付けし、出身地と画題を付記する。本書は『図絵宝鑑』などには未収録の仏画家についても、落款を基に採録している。このことから、室町時代後期には、寧波仏画は水墨画や花鳥画などと同様に、唐物として珍重されていたといえるだろう。いわゆる「寧波仏画」と称される著色仏画の制作時期は十三世紀から十四世紀半ばに集中しており、それ以降、寧波地方に仏画制作の場が存続していたのかどうか、実態はよくわかっていない。[10] 時代を経て、「古画」となったことも「唐物」としての価値付けに関係したとみられる。このような著色仏画はどのようにして室町将軍家に蓄積されたのであろうか。その中には、鎌倉時代（十三〜十四世紀）に鎌倉地方に所在した「唐物」も含まれているものとみられる。

　現在、称名寺には、鎌倉地方に残存するほぼ唯一の寧波仏画の遺例として陸信忠の十王図（**図2**）が伝来しており、同寺の代表的な唐物として知られている。[11] しかし、本図が鎌倉時代に称名寺の忌日法要などに用いられたという記録は金沢文庫古文書には見いだせない。ただし、慶長六年（一六〇二）に称名寺塔頭一室院の高俊が舎利殿や柄香炉とともに「信忠筆地蔵之絵一覆」を称名寺に寄進した高俊寄進状（金文五七一七）（**図3**）が注目される。[12]「地蔵之絵」に該当する図が現存しないのが惜しまれるが、「信忠」とは、陸信忠のことと考えられ、中世末期には（真筆かどうかは別として）舶載仏画として受容されていたことになる。

図2　陸信忠筆　十王図（平等王）（称名寺蔵）

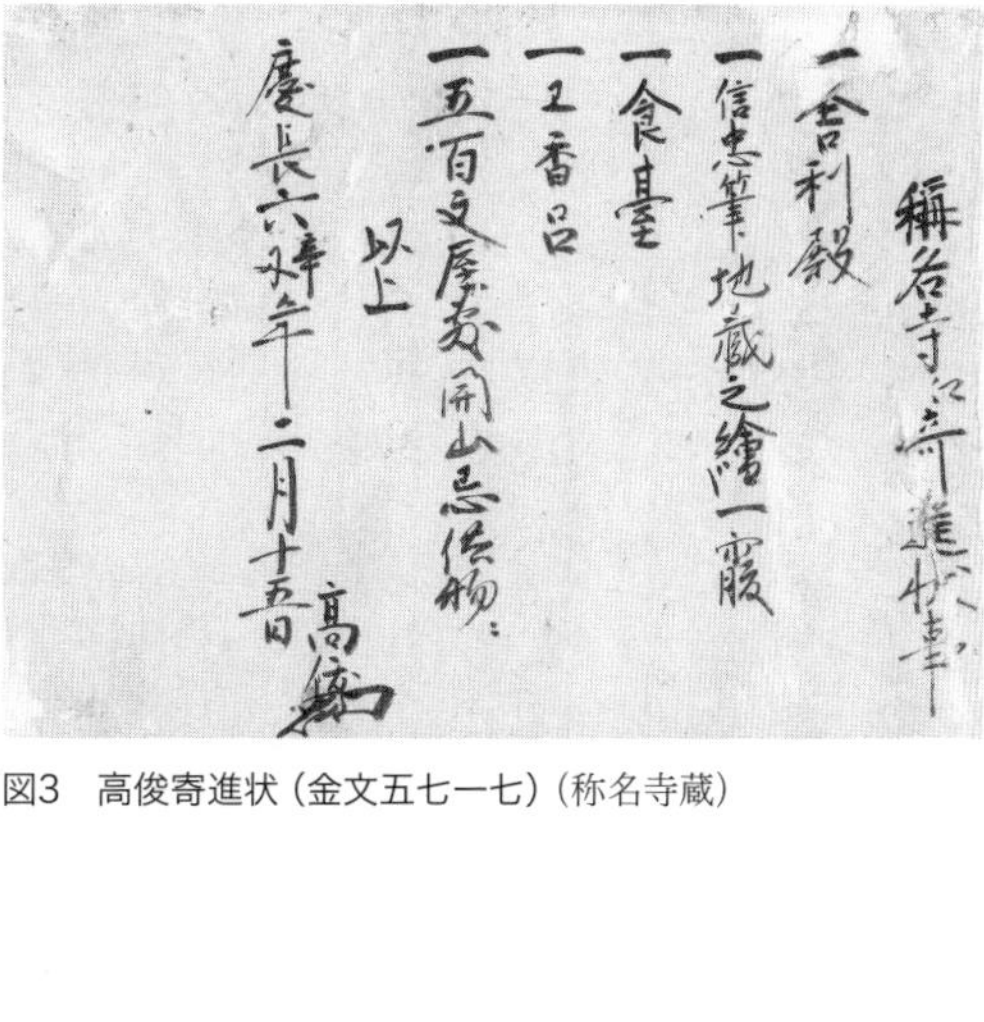

稱名寺江寄進状事
一 舎利殿
一 信忠筆地蔵之繪一覆
一 食臺
一 エ香呂
一 五百文 廣教開山忌供物
以上
慶長六辛丑年二月十五日　高俊

図3　高俊寄進状（金文五七一七）（称名寺蔵）

二、金沢北条氏と交易船の派遣

大陸との交易は、武家政権の拠点であ

る鎌倉に大きな経済効果と国際色豊かな文化を形成した。鎌倉幕府が開かれた鎌倉には、東京湾に面し、自然の地形を生かした良港として発展した金沢の六浦津と、遠浅の海岸に大型船を入港させるため人工的に築かれた和賀江島という二つの港があった。代々、鎌倉幕府の要職についていた金沢北条氏は鎌倉の外港として栄えた六浦津を管理し、交易船を少なくとも四度にわたり派遣している。金沢顕時（一二四八～一三〇一）が実時の遺志を継いで、正安三年（一三〇一）に改鋳した称名寺の梵鐘銘には「入宋沙弥円種」とある。また、実時請来の宋版一切経に書き入れられた注釈や奥書から、称名寺の入宋した学僧の活躍をうかがうことができる。[13]

また、称名寺には聖教の紙背文書として伝えられた約四千点に及ぶ中世文書「金沢文庫文書」（国宝）が伝来する。唐物に関する史料も多く含まれ、鎌倉地方の唐物の流通の実態を伝えている。[14]

交易船に乗船した称名寺の俊如房という僧が多くの唐物とともに無事に帰朝したことを伝える貞顕書状（金文五二〇）、無事の帰着を喜びつつ、なお鎌倉までの途上の安全を気遣う書状（金文五六三、金文二六三四）などがあり、外洋のみならず博多から鎌倉までの海路もまた容易でなかったことがうかがえる。

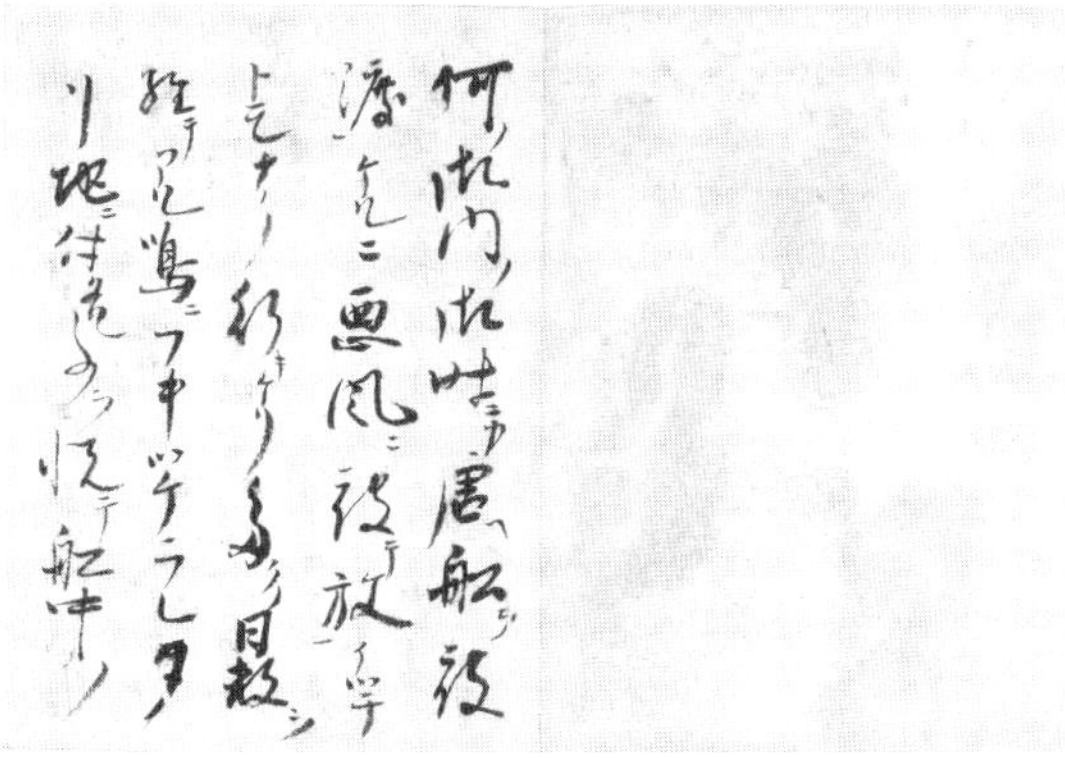

図4　『観音利益集』のうち「唐船観音」（称名寺蔵）

称名寺二世の釼阿（一二六一～一三三八）所持本とされる『観音利益集』には、「唐船観音」や「鳥の島」など、観音の海難救助の利益に関する説話が含まれている。[15]「唐船観音」（**図4**）は、悪風に吹き流されて航路を外れ、真水（飲み水）をきらしてしまったが、観音を念じると塩水が真水に変じ難を逃れたという説話である。「鳥の島」は、顔は人、足は鳥の様な姿の異形が漂流した船を引っ張る恐ろしい海難に遭った際、船乗りが観音を念じたところ潮が満ち、唐土に無事着岸できたという説話である。鎌倉時代には、大陸との往来が頻繁となり、入元する僧や交易に携わる人々がより身近な存在となった。海の安全を祈念する存在としての観音菩薩が切実に求められ、人々の関心事となっていたことがわかる。

唐船の帰還の知らせに、早くも長旅をねぎらう宴を計画し、唐物を心待ちにする一方で、鎌倉の唐物市を覗いたが、たいした物がなくて落胆したことを伝える

図5　幡裂（称名寺蔵）

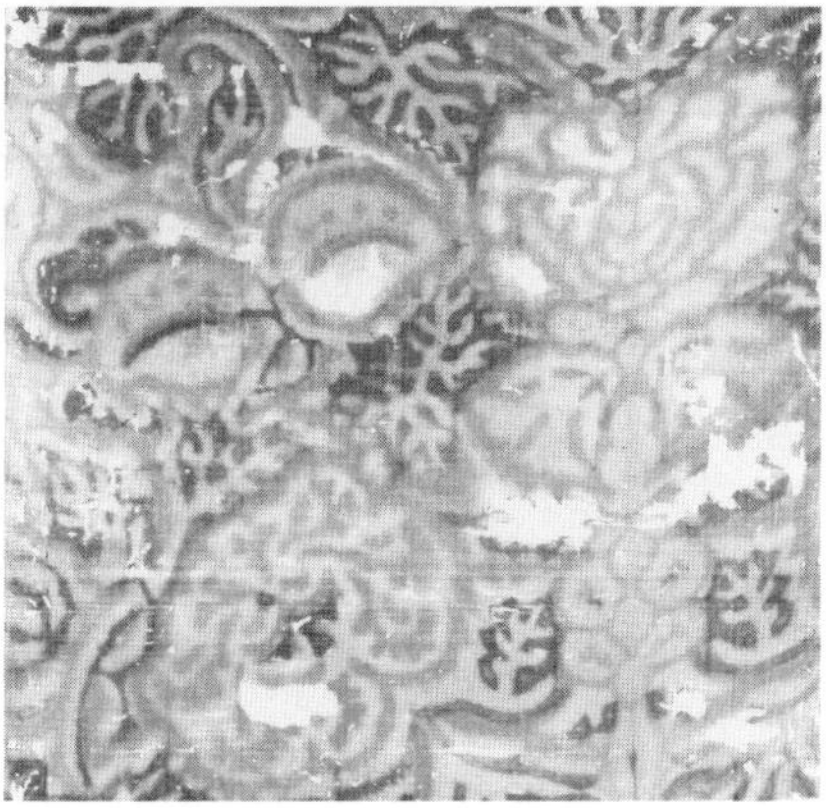

図6　幡裂（称名寺蔵）

書状（金文二七九）もある。冒頭の兼好法師の評のように、唐物をめぐって一喜一憂する鎌倉人の様子をうかがうことができる。

　このほか、仏画の船載の実態を伝える事例として入元する称名寺の僧「しゅんにょ」に、現地で仏画の入手を託した金沢北条氏の関係者とみられる女性の書状（金文二六三三、金文二九四四）も遺されている。なお、この「しゅんにょ」は、先の貞顕書状（金文五二）と同一の人物で、延慶元年（一三〇八）の貞顕書状（金文五五四、金文一六）[16]に名がみえる貞顕の使者として兼好に先立ち上洛した俊如房戒誉のことである。

三、称名寺の唐物

　中世の日本では製作する技術がなく、珍重された青磁が唐物の代表格として知られているが、鎌倉時代には堆朱、薬、墨、書物、仏典、絹織物、銭など、多様な文物が船載されていた。薬や墨などの消耗品は残存し難いが、金沢文庫文書には、貞顕や長井貞秀の書状を中心に、船載品の青墨を用いた古文書が含まれるとみられている。[17] 染織品もまた、素材が脆弱なために遺品の少ない唐物であるが、称名寺には南宋から元時代の裂を使用した幡の残欠が伝来する。織物（**図5**）の他、東南アジア産とみられる染織（**図6**）も含まれている。称名寺の堂宇を彩る美しい荘厳具は鎌倉では評判だったようで、浄光明寺の導空が称名寺長老（剱阿）に「玉幡」の借用を申し入れる書状（金文一九九八）[18]がある。書状にある「玉幡」も、このような船載された絹織物で誂えられた贅沢な「唐物」であったかもしれない。

　称名寺には、青磁の香炉や花瓶も伝世している。元との交易で船載陶磁器が多く日本にもたらされたが、龍泉窯の青磁は、特に珍重された。頸部と胴部に牡丹文様を施された大型の長頸瓶には、朱塗

図7　青磁壺（称名寺蔵）

図8　黒褐釉壺（称名寺蔵）

の花台が誂えられており、称名寺では仏堂を荘厳する具足として実際に用いられていたと考えられる。東福寺、箱崎宮の造料船として中国から積み荷を載せて日本へ向かう途上で沈没した韓国・新安沖の沈没船からも同種の花瓶が引き上げられているほか、東国では鑁阿寺、建長寺、鶴岡八幡宮などにも伝世している。

称名寺所蔵の鎬文の曲線が優美な青磁壺（図7）[19]は、昭和十年（一九三五）に称名寺境内の金沢顕時の五輪塔から出土した骨蔵器である。[20]鎌倉地方では、白磁、青磁が骨蔵器として利用される事例も報告されている。昭和十八年に太平寺跡（鎌倉市西御門）から青磁酒海壺（元時代、別願寺所蔵）が出土している。[21]太平寺は、大休正念（一二一五～八九）が弘安六年（一二八三）に仏殿供養（『念大休禅師語録』）し、鎌倉幕府滅亡後、足利基氏（一三四〇～六七）の室清渓尼が中興している。埋葬者など詳細は不明であるが、鎌倉幕府関係者である可能性も考えられよう。

また、大正十二年（一九二三）に称名寺に隣接する海岸尼寺（廃寺）の墓地から、骨蔵器として出土した元時代の黒褐釉壺（図8）二口が伝来している。鎌倉の極楽寺、覚園寺開山塔、多宝寺跡のほか、太宰府の推定金光寺跡出土の骨蔵器にもよく似た黒褐釉壺が含まれている。[22]青磁などの高価な磁器ではなく、水や香辛料などを貯蔵、輸送するための容器として用いた実用の雑器と考えられる。そのため、大陸との交易の海路の途上にある長崎・五島の小値賀島前浜や元寇の際に蒙古の軍船が多数沈没した鷹島海底遺跡などからも大量に見つかっている。[23]

おわりに——一山一寧賛のある開山像

称名寺には、一山一寧《いっさんいちねい》（一二四七～一三一七）の賛がある開山像（図9）が伝えられている。妙性房審海（一二二九～一三〇四）は、極楽寺忍性に推挙されて下野薬師寺から称名寺に入寺して開山と

図9　一山一寧賛　審海像（称名寺蔵）

なった。法被を掛けた背の高い椅子に坐し、腹前で禅定印を結ぶ。手前には椅子と同じ意匠の沓床を置く。いわゆる頂相と呼ばれる禅宗の祖師像の形式で描かれている。法衣を左衽《さじん》にあわせるのは、西大寺流特有の四分律に適った着衣法で、茶の袈裟を環で吊る。右肩から右上腕部にかけて輪郭に修正があり画絹の端には切り詰めがみられる。

画面の右上には、元から来日した一山一寧の賛がある。

□行純全［　］寄老之嗣
□大開此山法席不謬
□十六年能事畢宗風永流伝
一山一寧謹題

一山一寧は正安元年（一二九九）、元朝の使節として来日した。元国の間諜として伊豆修禅寺に一時幽閉されるが、高僧として知られていたために鎌倉の建長寺や円覚寺に住持として迎えられ、夢窓疎石、虎関師錬など多くの僧が鎌倉で参禅している。一山は、来日前には、恵萼を開山とする舟山群島の観音霊場として日本でもよく知られた普陀山の住持でもあった。(24)

これまで、本図は一山が正和元年（一三一二）に南禅寺の住持に招請されるまでの在鎌の時期に制作されたとする説が有力であった。(25)また、『渓嵐拾葉集』には、審海と一山が問答したという逸話が所収されている。(26)そして、賛の「□十六年」を称名寺住持在世期間とし、一年を残した三十六年目に着されたものであり、審海の寿像とする説もある。(27)

しかし、貞顕は六波羅探題南方としての在京期間が重なり、正和三年（一三一四）に鎌倉に下向するが、以降も京都との交流を続けているため、南禅寺在住の一山に賛を求めることも可能であったと考えられる。審海像と同様、一山の『語録』にはみえないが、南禅寺在住時代の一山の賛を有した興国寺所蔵の覚慧筆無本覚心像(28)の事例なども参考となろう。

文保元年（一三一七）年頃から、貞顕

が称名寺伽藍の再整備を進める中、諸堂を荘厳する唐物が施入されたと考えられる。顕時の骨蔵器に「唐物」が用いられたのも、子息である貞顕の意向に沿うものであったかもしれない。そして、一族の菩提寺の開山像に、当代の著名な中国僧の賛を求めることも唐物趣味の指向として捉えることができよう。一山の没年を成立の下限として、本図の具体的な制作の背景については今後の課題とし、あらためて別稿を期したい。

注

(1) 『徒然草』百二十段。
(2) 西岡芳文「瀟湘八景から金沢八景へ――日本における異国憧憬の一展開」(『金沢文庫研究』三三六、二〇一六年)。『西湖憧憬――西湖梅をめぐる禅僧の交流と十五世紀の東国文化』(神奈川県立金沢文庫、二〇一八年)。
(3) 田中史生『入唐僧恵蕚と東アジア 附恵蕚関連史料集』(勉誠出版、二〇一四年)。
(4) 「吉田兼好」としてきた出自は後世のねつ造とされているが、金沢文庫古文書などにより、出家前は金沢北条氏の被官であったと考えられている。小川剛生『兼好法師 徒然草に記されなかった真実』(中公新書、二〇一七年)。
(5) 高橋範子「『仏日庵公物目録』と禅林文化の形成」(『國華』一五一九、二〇二二年)。古川元也「唐物考――『仏日庵公物目録』を中心に」(『三田中世史研究』十四、二〇〇七年)。
(6) 高橋真作「北条得宗家と足利将軍家の御物――『仏日庵公物目録をめぐる一試論』(『美術フォーラム21』三七、二〇一八年)。梅沢恵「円覚寺の文化財――宝物が語る円覚寺史」(『國華』一五一九、二〇二二年)。
(7) 現存する五百羅漢図の初出史料としては、永禄十二年(一五六九)の『交割帳』に「一、五百羅漢像 付箱、三ヶ四十九幅」とあるのがこれに該当する。その前後には足利尊氏寄進の大般若経をはじめ、十六善神像、誕生釈迦像、仏涅槃図、などがあり、大般若会や涅槃会、灌仏会など、円覚寺で営まれた法会の本尊とみられる宝物とともに記載されていることがわかる。
(8) 梅沢恵「日本に伝来した陸信忠画――称名寺本陸信忠筆十王図を中心に」(『アジア仏教美術論集 東アジアⅣ 南宋・大理・金』中央公論美術出版、二〇二〇年)。
(9) 原田正俊「室町殿の室礼」(『日本仏教綜合研究』九、二〇一一年)。
(10) 海老根聰郎「寧波仏画の故郷」(『国華』一〇九七、一九八六年)。井手誠之輔「日本の宋元仏画」(『日本の美術』四一八、至文堂、二〇〇一年。)井手誠之輔「『境界』美術のアイデンティティ――請来仏画研究の立場から」(『語る現在、語られる過去』平凡社、一九九九年)。
(11) 前掲注8梅沢論文。
(12) 高俊寄進状(金文五七一七)「称名寺〈江〉寄進状事、一舎利殿、一信忠筆地蔵之絵一覆、一食台、一ヱ香炉、一五百文、屋敷開山忌供物〈二、〉以上、高俊(花押)慶長六年〈辛丑〉二月十五日」
(13) 高橋秀榮「称名寺の入宋天台僧円種と宋版経典」『唐物――中世鎌倉文化を彩る海の恩恵』(神奈川県立金沢文庫、二〇一七年)。
(14) 金沢文庫文書の唐物関係史料については、『鎌倉への海の道』(神奈川県立金沢文庫、一九九二年)。『唐物――中世鎌倉文化を彩る海の恩恵』（神奈川県立金沢文庫、二〇一七年）等参照。

（15）称名寺聖教二九八函六八、六九。近藤喜博・宮地崇邦編「観音利益集（翻刻）」（『中世神仏説話』古典文庫、一九五〇年）。

（16）『兼好法師と徒然草――いま解き明かす兼好法師の実像』図録（神奈川県立金沢文庫、二〇二二年）。

（17）前掲注14、等参照。

（18）『唐物――中世鎌倉文化を彩る海の恩恵』（神奈川県立金沢文庫、二〇一七年）No.48解説参照。

（19）鎌倉市域からも発掘により同様の鎬文の酒海壺の破片が多数出土している。また、日本に帰国する途上に積荷を載せたまま沈没した韓国・新安沖の沈没船からよく似た酒海壺が引き揚げられている（韓国・国立中央博物館所蔵）。

（20）この五輪塔は、青磁壺が出土した当初は貞顕の墓所と考えられていたが、現在は顕時のものと考えられている。前田元重「称名寺結界図と金沢貞顕五輪塔について（上）、（中）」（『金沢文庫研究』一四三、一四四、一九六八年）。前田元重「史跡金沢貞顕五輪塔をただす」（『金沢文庫研究』二四六、一九七七年）。

（21）「骨を蔵める――古代・中世の火葬骨壺」『九州歴史資料館展示解説シート』六十四（九州歴史資料館、二〇一七年）https://kyureki.jp/wp-content/uploads/2021/03/publish_commentary_kaisetu64.pdf

（22）近年、水中考古学により調査が進められる蒙古軍の軍船が沈む鷹島（長崎県松浦町）の海底遺跡からは、乗組員の食料や水を輸送するための雑器である黒褐釉壺が大量に発見されている。佐々木蘭貞「水中文化遺産研究の可能性――鷹島海底遺跡の検証を中心に」（『国立歴史民俗博物館研究報告』二二三、二〇二一年）。

（23）三山進『太平寺滅亡――鎌倉尼五山秘話』（有隣堂、一九七九年）。

（24）原田正俊『鎌倉時代の南禅寺と一山国師』（大本山南禅寺、二〇一六年）。

（25）伊東卓治「続寧一山墨跡」（『美術研究』一六九、一九五三年）。『金沢文庫図録　絵画篇』（神奈川県立金沢文庫、一九七一年）、平田寛氏解説。納冨常天「称名寺の基礎的研究（二）」（『金沢文庫研究紀要』十、一九七三年）。

（26）中国僧の賛を有した開山像が、このような逸話を生成した可能性もあろうか。『渓嵐拾葉集』巻七八（『大正新修大蔵経』七六）所収。前掲注26高橋論文。

（27）高橋秀榮「金沢長老と一山一寧――特に一山の審海画像着賛の機縁をめぐって」（『金沢文庫研究』一九八、一九七二年）。

（28）「覚慧筆法燈国師像（解説）和歌山興国寺蔵」（『美術研究』七五、一九三八年）。『聖地寧波　日本仏教一三〇〇年の源流――すべてはここからやって来た』（奈良国立博物館、二〇〇九年）No.152解説。

［I　唐物の成立と展開］

室町時代政治史からみた唐物

松永和浩

まつなが・かずひろ――大阪大学准教授。専門は日本中世史・日本酒史。主な著書に『室町期公武関係と南北朝内乱』（吉川弘文館、二〇一三年）、『佐治敬三"百面相"大阪が生んだ稀代の経営者』（大阪大学出版会、二〇一九年）、『京都の中世史5首都京都と室町幕府』（共著、吉川弘文館、二〇二二年）、論文に、「中世後期政治史・文化史両研究の関係をめぐって」（『史敏』二、二〇〇五年）などがある。

室町期には歴代室町殿（足利義満～義政）が「東山御物」と呼ばれる唐物の一大コレクションを形成した。その政治史的意義について、先行研究でも「権力表象装置」といった評価があるが、モノや場に即した分析に余地を残す。いわば「場の政治史」が課題であり、美術史をはじめとする文化史や政治史等、多分野による協業が求められる。

はじめに

筆者は中世後期政治史、とりわけ南北朝・室町期（十四～十五世紀）の公武関係史を専門とし、近年は日本史上の酒の生産・消費をめぐる問題に傾注している。(1) それゆえ率直に言って、唐物にさしたる関心を払ってきたわけではない。そんな人間に表題のテーマを与えた編者の意図ははかりかねたが、よくよく考えると合点がいった。実はこれまで取り扱ってきた素材のなかに、確かに唐物は存在したのである。北山殿や室町殿への行幸では会所が唐物で荘厳され、酒宴は文芸（和歌・連歌）・茶会等の寄合に付随して同じく会所で行われた。その事実に無自覚だった自分を恥じると同時に、編者の卓見に感服しつつ、新たな可能性が開かれる予感がした。大抜擢に十分応えることができるか心許ないが、新たな試みに挑戦すべく、筆を執った次第である。

さて室町期の唐物に関する研究は、文化史・対外関係史・宗教史・経済史の側面から進められてきた。文化史では古くは東山時代・東山文化論(2)に始まり、モノに着目した美術工芸史・考古学の成果は、足利将軍家コレクション（いわゆる「東山御物」）の展覧会[3]に結実した。中近世にかけての唐物から和物への価値転換の実態と理論については、村井康彦や島尾新がリードしている[4]。日本列島への唐物移入の前提および国内流通・利用に関しては、対外関係史研究がここ数十年で飛躍的に発展しており[5]、その成果を踏まえ禅宗史や経済史からの反応がみられる[6]。その充実ぶりは目を見張るものがあるが、それでもなお室町期の政治・社会に関する分析に活用可能な余地が残されていると思われる。これまでも政治的側面に関する言及はなされてはいるが、具体的な分析レベルで検討の余地がある点を、本稿では指摘したい。

一、唐物の流行

(1) 流行の様相

唐物とは、「古代・中世において中国などから輸入された諸物貨に冠せられた和訓の総称」であり、「この唐物の種類と量が最も豊富に流行したのは、日中貿易が盛んであった室町時代であろう」（『国史大辞典』）とされており、室町期が焦点であることが改めて確認される。その前段として、鎌倉末期の鎌倉では称名寺の唐物展観や極楽寺の什宝「市立」（売買）が行われ、唐物・茶湯は大流行の様相をみせていた（「金沢貞顕書状」）。円覚寺には伝来の什宝目録、仏日庵の南北朝時代における資材管理目録「仏日庵公物目録」が残され、当時尊重された唐物を具体的に示している[7]。同時期の京都にあって、吉田兼好は唐物流行の風潮に薬以外は無用と批判したが（『徒然草』一二〇段）、無用なものに価値を見出すことこそが「美術」が「美術」たる根拠の一つである[8]。

室町幕府の下では、初期には統制の対象とされた。『建武式目』では、「可被制群飲佚遊事」として茶寄合が制限され、殿中での進物受取を禁ずるなかで「唐物已下珍奇、殊不可有賞翫之儀者也」と特に唐物が対象に挙げられた。南北朝内乱期、当時の権威や社会的規範をものともしない「バサラ」と呼ばれた派手好みの武将が、富の象徴として唐物や日本の重宝を所狭しと飾り付けた茶寄合を連日開催していたのである。

しかし十五世紀に入ると、足利将軍家自身が唐物の蒐集・披露の主役となり、後に義政にちなんで「東山御物」と呼ばれる一大コレクションを形成する。その契機は応永八年（一四〇一）の足利義満による日明貿易開始に他ならず、同十三年の明使の進物の多さに人びとが驚いたという（『東寺王代記』応永一三年六月十一日条）。義満は同十一～十五年に立て続けに遣明船を派遣し、梁楷「出山釈迦図・雪景山水図」（東京国立博物館蔵・国宝）等、「東山御物」の中核をなす唐物を入手した。義教（義満息。六代将軍）の室町殿の新造会所は、「所々御座敷荘厳唐物御荘、言詞難及、浄土荘厳モ是ニハスキシト存計也」（『満済准后日記』永享七年正月二六日条）と、唐物による荘厳が極楽浄土を連想させている。歴代室町殿（義満・義持・義教・義政）は唐物蒐集にいそしみ、居所である室町殿（応永五～十五年は義満の北山殿、文明十五年〈一四八三〉以降は義政の東山殿）には会所が設けられて座敷飾に唐物が用いられた。

（2）室町殿会所における唐物荘厳

会所とは、文字通り人々が会合する場所（建物・部屋）のことで、何らかの目的で寄合がなされれば、その場所がすなわち会所であった。南北朝～室町初期には、既存の部屋や建物を流用するのではなく、会所という名の会合専用の部屋もしくは建物が登場する。その早い例が佐々木道誉《どうよ》の京中（三条京極）屋形のそれであり、康安元年（一三六一）に南朝に下った細川清氏と楠木正儀の京都進攻を受けて没落する際に、道誉は会所や書院を飾り立てて、応接役として遁世者二人を留め置き、道誉邸に入った正儀がその配慮に感じ入って飾りはそのままに、引き出物を置いていったとの逸話で知られる（『太平記』[9]三六巻）。

建物としての会所が初めて登場するのが、永和四年（一三七八）に造営された足利義満の花の御所である。この御所は当主が居住するケの常御所に対して、ハレの空間として表に寝殿造を踏襲する主殿、奥に観音殿・小御所・泉殿・禅室等の「庭間（奥向き）」の建物群があり、そのなかの一宇が会所であった。同じく北山殿の会所は二階建てで「天鏡閣」と呼ばれ、義持の三条坊門殿には二宇、義教の室町殿には「南向会所」に加えて「新造会所」「会所泉殿」の三宇が設けられた。主殿が和様（鎧・征矢・弓）で飾られ、式三献が行われるのに対し、饗宴が行われる会所の室礼（座敷飾）には唐物（月湖・牧谿の絵、香炉や花瓶等の陶磁器、漆器。日本製も含む）が用いられた[10]。

会所が発展していく背景には文学・芸能の行事化があり、和歌等の各種文芸が月次となった義教期に大きく拡大した。また会所への関心が高まった理由に、会所の内部構造変化すなわち書院造の発展がある。書院座敷は畳で敷き詰められ、絵や器物を飾る場所が押板床・書院・違棚の三ヶ所に特定されたことで、それぞれの飾り方に関心が集中したという[11]。

座敷飾は連歌会をはじめとする「寄合の文化」が京都で隆盛するなかで、武家社会に浸透していくが、一方で禅宗の影響も見逃せない。観応二年（一三五一）以降、足利一門と家人は夢窓疎石の法統（夢窓派）の禅僧から受衣して弟子になることが一般的となったように、禅僧たちは授戒と衣盂《いう》の付与、法号、道号の偈頌《げじゅ》・説を与えることによって上層武士や公家たちの心をつかんでいった。道号頌は墨蹟としても価値を持ち、武士たちの間では在俗のまま禅者をまねた生活をすることが流行し、その際に禅僧たちの言説による意味づけは重要であった。唐絵は、禅僧や巷間の禅者の伝記・逸話の知識がなければ画題を正確に理解できないため、禅宗の教えに意味づけされた唐物はさらなる価値を増したという。(12)

(3)「唐物」と呼ばれたもの

さてそもそも唐物とは、具体的にどのようなものを指して呼ばれたのか。その点について網羅的に検討した関周一は、唐物を「実際の生産地にかかわらず、中国（唐）のものと認識された高級舶来品。またはそれに匹敵する価値があると日本でみなされた、朝鮮王朝などから輸入された高級舶来品」と幅広く定義し、輸入元別に具体名を挙げる。明では糸（生糸）・糸錦（真綿、繭綿、絹と綿）・布（木綿布）・綿紬《めんちゅう》（綿紬と同じ。絹織物）・錦繍（にしきとぬりいとのあるきぬ）・紅線《べにひも》・水銀・針・鉄練《くさり》・鉄鍋・磁器・古文銭・古名画・古名字・古書・薬材・氈毯《せんたん》（毛織物）・馬背氈・粉《おしろい》・小食籠（籃胎漆器の食籠）・漆器（木胎漆器）・醋（酢）が、十六世紀の日本人が好む中国品「倭好」とされた。朝鮮からは経典類・工芸品（銀樽・銀瓶・青銅）・布（苧布・麻布や綿紬）・毛皮（虎皮・豹皮）・彩花席（花むしろ）・人参・松子・精密（蜂蜜）がもたらされた。琉球からは十五世紀前・中期に使節が畿内入り、京都に中国・東南アジアの産品を運んだ。(13)なお唐物の種類別の概要については、『日明関係史研究入門』(14)第五部で簡潔に紹介されている。

また唐物風に日本でつくられた和製の唐物も存在した。「似せ絵」とは一般にはやまと絵の肖像画を指すが、日本人画家が描いた「唐絵」風絵画もそう呼ばれた。例えば応永二十六年に「当世絵師」玉阿が「唐絵山水」を描いている（『看聞日記』同年二月一日条）。工芸品にも和製のものが少なからず存在したが、材質・技法等の表記が詳細であっても史料的にその差異を見極めることはほぼ不可能で、当時にあっても「和漢の見やうは其物によりて口伝ならては難申候」（『君台観左右帳記』）と、鑑識眼を養う必要があった。

日本において唐物は中国製と日本製とが併存するかたちで鑑賞に供され、日本製より中国製が良いという単純な図式ではなく、かなり複雑だった。たとえば、中国製の唐物であれば、品質（名物・上品・尋常・下品）、時代性（古渡り・「新渡」の古渡り同等品・「新渡」）、希少性が価値判断の基準として設けられていたことが確認できる。また日本製（＝和製の唐物）

にもランクがあり、不足する「古渡り」をカバーすべく国内で培われた素地をもとに醸成されていった。[15]

唐物の評価基準・価値体系を提示したのは、足利将軍家の唐物収集と倉の管理、室町殿や御成先での会所の座敷飾、唐物の鑑定等を担った唐物奉行の同朋衆であった。義教・義政に仕えた能阿弥が作成した、義満以来の二八〇幅に及ぶ将軍家コレクションの唐絵のリストである『御物御画目録』は、歴代室町殿に引き継がれた。座敷飾の実例は「御飾記」や「御成記」に記録され、その規式書『君台観左右帳記』は能阿弥・相阿弥（義政・義晴等に仕える）に仮託されている。後者は画人録・座敷飾・器物の説明の三部構成で、画人録では宋・元を中心とする画家一七七名を上中下の品等に分け、得意とする画題が書き上げられた。唐物奉行が職業柄蓄積してきた目利（鑑定）の集大成であり、目利の基準にされた実用性を備えるため、表向きは秘書とされながら、多数の写本がつくられた。同朋衆が目利して価値づけ、室町殿の所有となり、会所を飾った唐物は、「東山御物」と呼ばれ、所有の事実を証明する鑑蔵印（義満の「天山」「道有」、義教の「雑華室印」等）を含め、付加価値が生じたのである。[16]

ところで茶道史の文脈で、始祖とされる村田珠光が「此道の一大事は、和漢之さかい《（紛）》をまきらかす事、肝要々々」（「心の文」）と述べ、千利休が佗茶を確立した通り、近世初頭にかけて唐物から和物へという大きな転換がみられる。またそもそも唐物はあくまで日本の文脈に取り込まれたものであり、日本の外に「漢」がありながら、日本のなかにも「漢」がある、和漢の「入れ子構造」と理解されているが、[17]本稿では深く立ち入らないこととする。

二、唐物の流通と利用

(一) 唐物の輸入

宋・元時代には海商や禅僧による民間ベースの交流から、宋・元・高麗の唐物が輸入された。しかし十四世紀の倭寇禁圧を課題とした明は海禁を採用し、一元的な外交関係を築いた。義満は一四〇一年に明との通交を開始し、対朝鮮でも一三九九年に大内義弘の使者とともに「日本国大将軍」として使者を派遣して通商を開いた。こうして確立した「通商貿易権」を通じて、室町殿は政治的求心性を獲得した。[18]

遣明船では一船当たり平均約一万貫文の出資に対して、帰国後には三〜四倍の利益があった。その十分の一が抽分銭として幕府へ納められ、諸経費を差し引いて約二万五千貫文の純益があった。幕府は自身が運営する公方船の収益、他の遣明船の経営主体（守護・寺社等）からの抽分銭に加え、皇帝からの回賜品を得た。回賜品は、「日本国王」からの進貢物（馬・太刀・硫黄・瑪瑙・金屛風・扇・槍）に対して、白金・絹織物・銅銭が与えられ、義満期には莫大な銅銭が賜給されている。遣朝鮮貿易船では、経営主体は朝鮮からの回礼品を幕府へ納入する義務があり、さらに礼銭も幕府へ支払われた。[19]両貿易を通じて、幕府の倉には極めて膨大な金品が集中したことは論を俟たない。

輸入品は、早くから中国大陸・朝鮮半島との貿易拠点であり、十五〜十六世紀には琉球船も来港した博多に、まずはもたらされた。そこから瀬戸内海・日本海・九州西岸等の海道を通じて列島各地と結びつき、唐物が供給された。中世の博多は海側の息浜と内陸側の博多浜に別れ、前者は一貫して大友氏が領有し、旧博多郡は大内・少弐両氏の係争地であったが、文明十年（一四七八年）以降は大内氏が領有した。[20]

(2) 京都における唐物の流通・利用

室町期における唐物流通・利用の中心地は、列島最大の消費都市・京都であった。関周一の分類に従えば、唐物は①宴や儀式・法要の室礼、②寺院の法会や神社の祭礼における捧物、③天皇・院・将軍からの下賜、④天皇・院・将軍への進上と返礼に利用された。分類とはいっても便宜上のもので、①の室礼や②の捧物が、③の下賜品となり、④は八朔という贈答儀礼に代表され、進上と下賜が双方向でなされるといった具合に、これらは相互に連関している。ちなみに「黒衣の宰相」満済から室町殿への八朔はほとんどが唐物（盆・香合・水差・茶碗・花瓶・香炉）で、返礼には盆・絹織物（段子・金襴）・香合が贈られた。[21]

室町期の唐物をめぐっては、この一連のやり取りから生じるシステムの存在こそが注目されている。将軍の御成から継起する「御物」（室町殿コレクション）の経済システムを、桜井英治は「財政当局者の錬金術」と評した。[22]将軍の御成を迎える寺社は引物を献上するが、それが修理の必要な寺社に寄付され、寺社は引物を売却・換金するオークションを開催する。オークションは、いったん役割を終えた贈答品を新たな贈与の環に還流させる機能を持ち、幕府は事実上、公庫に手を付けることなく寺社修理を実現するシステムである。足利義政は財政難から「御物」を大量売却したが、その先は主として寺家であり（『蔭凉軒日録』）、大徳寺等に義満の鑑蔵印のある御物唐絵が現蔵されているのはそのためだという。[23]

さらに美術史の島尾新は、会所飾による唐物の価値提示から贈与に至るシステムの存在を指摘している。[24]室町殿のコレクションから同朋衆が厳選して室礼を行う会所は、モノたちを「美術品化」する装置、すなわち「将軍邸付属美術館」であり、室町殿（北山殿）行幸は将軍家コレクションの大々的な「特別展」と比喩的に表現する。唐絵には室町殿の鑑蔵印が捺され、将軍とその周辺の「目」と「趣味」の確かさを物語る。会所に展示された唐物の一部は、参加者に贈与された。会所の唐物飾は、将軍家によって創出された新たな価値の提示であり、その価値観はただ「見られ」「感じられる」だけではなく、モノが移動することによって被贈与者も共有することになる。特定のモノが単なる交換材を超えた高い価値を獲得する過程は、特定の社会のもつ共同幻想のなせるわざであり、会所飾による価値の提示から贈与に至るシステムは、共同幻想を生み出す装置であったとする。そしてこの「錬金術」は「財政当局者」が考えるよりも、はるかに複雑で総合的なもので、「文化領域」「経済領域」「政治領域」をネットワーク上に接合するものだという。

三、唐物の「場」の政治

(1)「場の政治史」

こうして議論は「政治領域」の問題に行き着いた。いよいよ唐物の持つ、あるいは唐物に付随する政治的意義や価値について論じたい。

唐物は希少性から高価な価値があり、その価値判断は審美眼に依拠しつつも、異国性・異形性とそこから派生する絢爛豪華さ（見たこともないような）、感動・感嘆といった非日常的感覚と高揚感が唐物の本質[25]と指摘されるように、感覚や感情で認識される性質がある。その唐物を多数所蔵することはステイタスシンボルとなり、「唐物荘厳」により人々に見せつける行為が権勢を可視化することになり、一種の政治性や権威性を帯びてくることは、容易に想像がつく。唐物はいわゆる「威信財[26]」のひとつであり、古代史では天皇が見た唐物が皇太后宮・中宮・皇后宮・東宮・摂関等、王権内の人々や摂関を主要な範囲として分配される「唐物御覧」について、天皇とその王権の中枢部を支える者との間の結合を確認する行為として、その政治的役割が見出されている[27]。

室町期においても、室町将軍の「権力を誇示するための道具・装置」「権力表象装置」との評価[28]は、大枠では妥当なものだろう。応永十五年（一四〇八）に北山殿を後小松天皇が訪れた北山殿行幸や、永享九年（一四三七）に足利義教の室町殿を後花園天皇が訪れた室町殿行幸は、その代表的事例のように位置づけられている。

ただし、政治史の立場から唐物を捉えようとする時、立ち止まって考えたいことがある。それは、どのような性格の唐物がいかなる形で利用され、そこにどのような人々がいかなる形で関与し、そのことが彼らの認識にどう影響した結果として、政治的にいかように機能することになるのか、という問題である。この書き方では結果的な側面を照射することになるが、利用者側の視点に立って、誰に何をどのように見せることで、いかなる果実を獲得しようとしたのか、その政治的意図を探る、ということと表裏一体のものである。

これをかつて筆者は〝文化を政治に変換する装置〟と表現し、その解明の必要性を論じたことがある。[29] この主張の背景には、美術史に代表される文化史研究が、文化的作品や営為の「趣旨・内容・含意・制作意図などは詳細に論じるものの、それがどのような場面でどう利用されることが効果的に威力を発揮することになるのかといった側面は、必ずしも検討されていない」との問題意識があった。もちろん趣旨・内容・含意・制作意図の分析・解明が文化史研究の第一義的な目的であることは重々承知しているが、こと唐物に限っては、島尾新が指摘するように「受容史のパラダイムそのもの」[30] なのである。それゆえ島尾は、会所と名付けられた建物あるいは部屋とその中に飾られたモノたちや外を取り巻く邸宅全体、そこで行われたイヴェントと観者たちとの関係は十分には論じられてきたとはいえないと、唐物研究の課題を指摘して、「制作の美術史」と「受容の美術史」を統合する「作品の生命誌」の有効性を主張した。[31]

対外関係史を足場に列島内の「日本国王」号や唐物の問題について積極的に発言している橋本雄も、「政治的効果を発揮する「場」」の問題として、同様の指摘を行っている。[32]

室町文化を象徴するのはいわゆる会所の文化であって、周知の通り、その会所には唐物・和物の優品が室礼に多用されていた。そして、会所の文化は、オープンかつフラットな性質が強調されがちではあるが、実はそれ自体、選ばれし者のみが集う閉鎖的な空間であった。(中略)つまり、「場」のなかにおける文物の意味・価値を考えるのはもちろんのこと、「場」そのものがどのように設定され、誰がその「場」に臨んだのかについても、細心の注意を払う必要があるということである。

ここで想起されるのが、「生活文化」の文化史を提唱した村井康彦が示した「場の文化史」[33] という視角である。それは「文化をジャンルごとに整理して理解するのではなく、人間の営為をその場に即し（あるいは戻し）、全体としてとらえる視角」であり、例えば室町時代に盛行した七夕法楽の花会では、和歌や連歌会・朗詠に舞楽等の文芸が会所での遊宴のなかで一連のものとして持たれており、「それをトータルにとらえなければ生活文化としての特質をつかむことはできない」という。

　この視角を、唐物を政治史として捉える際に援用しようというのが、島尾・橋本および筆者の共通認識と考える。いうなれば「場の政治史」が、室町期の唐物研究の課題なのである。

(2) 室町殿（北山殿）行幸の「場」

「場の政治史」を標榜した場合、モデルとする「場の文化史」がジャンルを越えた総体把握を試みるのと同様、多分野研究による協業が必要となる。政治史の立場からは、その場に居合わせた人物の動向・関係性や政治的意義といった部分には強みを発揮できるはずだが、一方で分析の基礎となるべき、その場に置かれた唐物の持つ意味を読み解くことには、美術工芸史・考古学の仕事に多くを依拠せざるを得ない。事実、室町殿（北山殿）行幸を取り上げた政治史研究は多数に上るが、専論[34]ですら、モノに即して関心を払ってきたとは言いがたい。その点、冒頭で紹介した通り、東山御物に関する美術工芸史・考古学の蓄積は一定度の段階にあると思われる[35]。既にボールは政治史研究の側に投げられたと認識すべきだろう。

　では美術史側では、行幸の「場」の唐物をどう評価しているのだろうか。島尾いわく、北山殿行幸では、会所に相府コレクションの唐物の粋である「から国にてもだになをありがたき物ども」が飾られ、寝殿まわりの建物は平安以来の伝統的な室礼で、蒔絵や硯箱や鏡台などの「和物」が飾られる。そこでは伝統的な晴の行事（舞楽・歌会・三船御会・蹴鞠）と新興の文芸・芸能（連歌・猿楽）が展開した。権力の頂点に立つ者の文化の縮図ともいえるイヴェントのなかに、はっきりとした位置を与えられた唐物は、すでに単なる珍奇な高級舶来品ではなく、会所という文化的な装置のなかで「漢」を表す文化的表象としても機能した。義満がやって見せたのは、唐物に新たな価値を貼り付け、それを自らの権力表象とすると同時に、交換材としての価値を高めて幕府財政にも寄与させる。あえてまとめれば唐物の「美的・文化的価値」「経済的価値」と「政治的価値」を連接させた統合システムであり、唐物についての「和の中の漢」のシステムの再編であった。その中で会所と唐物飾そして行幸を頂点とするイヴェントは大きな役割を果たした。権力を誇示する大イヴェントはさながら当時の「文化」の縮図で、義満が「すべて」を持ち込み、それらを支配することを示す擬制的な空間であり、会所と唐物飾もその中にあった。義満が目指したのは和漢の対比を見せることではなく、北山殿に当時のありとあらゆるものを詰め込んで、それらに支配者としての秩序を与えかつそれを実感させること。それは「総合」を目指す営為であり、さまざまなものが散りばめられた将軍邸全体は重層的な意味ネットワークを形成することになる[36]、という。

義満が支配者として「総合」を目指した可能性は十分考えられるが、論証にはなお慎重でありたい。その点、永享九年の室町殿行幸における絵画の意味を追究した、畑靖紀の「皇帝の絵画」論[37]は重要である。先行研究が注目してきた会所飾の掛幅ではなく画巻に注目し、掛幅が対面儀礼等で参列者が集う場に飾られ公共的・儀礼的性格を有するのに対し、付書院飾の画巻は義教個人の所蔵品であることから個人的・日常的性格が色濃く、義教が開いて見せる以外、後花園天皇は観覧が不可能であった。その画巻は南宋画院画家の耕織図と夏珪の山水図巻であり、皇帝のために制作した「皇帝の絵画」であった。それゆえ会所飾りに「皇帝の絵画」を新たに提示する義教の営為から、四年前に冊封された「日本国王」の地位を強調する徴候が看取される、というのである。

これに対し橋本雄は、「日本国王」号は通交名義に過ぎず、国内政治における積極的意義を見出さない対外関係史研究の成果を踏まえ、現実の国際秩序と安直にリンクさせることに警鐘を鳴らす。一方で、「皇帝の絵画」論の方法を推し進め、室町殿会所飾のフォーマットのさらなる精査と類型化の再検討を俟つのが順当とする。そして、美術史学の元の成果に立ち帰り、「皇帝の絵画」に込められた、室町殿の空想するエキゾティシズムを再考する必要性を説く。そこで、《室町殿＝徽宗皇帝イメージ》こそが問題の《皇帝性》の中核的部分であり、義持以降の室町殿は《徽宗皇帝》の如き《皇帝》になることを夢見ていたのではないかとの見方を示す[38]。徽宗皇帝云々は一つの仮説と受け止めておきたいが、美術史側に「皇帝の絵画」論の方向性を求める点は、大いに賛同する。

(3)「室町幕府――守護体制」と唐物の「場」

ところで室町殿と文化との関係を論じる際、やっかいなのが「文化的主導権[39]」といった言葉である。これは政治史研究における「室町幕府による王朝権力吸収」という枠組みの延長線上に位置し、義満の「皇位簒奪計画」論が話題になるに及んで、従来は天皇が有していた「文化的主導性」を室町殿が奪っていったというような文脈で、文化史研究の側で使用されている。「王朝権力吸収」論およびそれに依拠した文化史研究の問題点については、これまで筆者が再三論じてきたところである[40]。「皇帝の絵画」論もこの範疇に含まれるが、この点についても橋本は、室町殿行幸における位置関係に基づき「義教が大臣位で円座にすわるなどむしろ《天皇―将軍》の身分的上下関係をきっちりと可視化するもの」と、的確に釘を刺している。[41] これこそが「場の政治史」の有効性を示す、実践例の一つであることを強調しておきたい。

とかく室町殿の「文化的主導権」というと、それを誇示する相手としては、旧来の「文化的主導者」であった天皇・院を無意識に想定してはいまいか。だが現実の政治世界において、室町殿が「文化的主導権」を発揮すべき相手は、果たして天皇・院であったのか、根本から問い直す必要がある。というのも筆者は、「権限吸収」と呼ばれる事象は、観応の擾乱（一三五〇～五二）によって三種の神器を欠いたまま幕府が擁立した、北朝の後光厳天皇の皇統を支えるためのてこ入れと理解する。苦心して北朝を下支えする幕府が、北朝の権威を否定するような所行、すなわち「文化的主導権」を天皇から奪って、それを天皇に誇示するような場面は想像しがたいのである。

さらに筆者は、室町殿の「公家化」と呼ばれる現象について、室町殿が公家として振る舞った朝廷儀礼の空間構造を分析し、「王朝国家権力の実体部分を奪取して、残された観念的部分に及ぶときに生じた現象」との先行研究の理解に対し、武家社会における室町殿の差別化が目的であったと結論づけた。[42]

今から振り返れば、これも「場の政治史」の実践例と自任する。例えば室町殿行幸において、室町殿は路次では天皇を中心とする行列に現任公卿（左大臣や内大臣）として加わり、ホストとして自邸に天皇を迎え入れた。室町殿で繰り広げられる諸行事に公家社会の人々は圧倒されるわけだが、武家社会の人々はというと、在京大名は行幸の路次や室町殿の諸門の警固に当たった。公家社会でも上層に位置する室町殿と、その外部で奉仕する在京大名という隔絶性は、当事者にとってまざまざと認識させられたであろう。

だとすれば「文化的主導権」を発揮すべき対象は、公家社会よりむしろ、武家社会に重きが置かれていた可能性がある。少なくとも結論に至るまでに、検討しておくべき論点であろう。すると義満が日明貿易を開始する以前、武家社会で唐物に関して足利将軍家は少なくとも突出した立場にはなかった事実が、改めて注目される。佐々木道誉は没落の際に会所を飾り（前述）、大内弘世は北朝へ降参して貞治三年（一三六四）に上洛し、「数万貫の銭貨、新渡の唐物等、数を尽くして」ばらまいたという（『太平記』三九巻）。『太平記』が伝えるところをみると、道誉や弘世が見せつけた唐物の蕩尽は、量・質両面で足利将軍家を凌駕していた可能性が高い。室町殿の「公家化」は武家社会における差別化を狙ったものと前述したが、唐物に関しても同様の文脈で理解できるのではないだろうか。

私見では、義満が「公家化」を開始した直接の契機は、有力守護層に管領・細川頼之の解任を迫られ屈服した康暦の政変（一三七九年）だったと考える。「公家化」とは、南北朝内乱の帰趨がほぼ決した段階において、内乱の過程で成長した対守護政策としての意義を有する。[43] 政変の約半月前、義満の「公家化」を主導した関白・二条良基が義満を内裏に迎え、「御会所」である泉殿で夜を徹しての酒宴が開かれたが、そこでは会所に置かれるおなじみの唐物が飾られ、『君台観左右帳記』に見るような定形が早くも整えられていたという、小川剛生の指摘がある。[44] その翌年、義満は「征夷将軍源義満」名義で対明通交を試みて失敗しており、そのライバルには南朝の征西将軍・懐良親王のほか、九州探題の今川了俊や周防国守護の大内氏が存在したこと、その後は「日本国王」名義の獲得を目指して「公家化」を推し進めたことは、対外関係史研究が強調してきたところである。

そうすると、義満は唐物の獲得・所有を通じて武家社会で圧倒的地位を築くために、明からの冊封すなわち「日本国王」になることを目指した可能性すら浮上してくる。義満が目指した対明外交は、明の海禁政策を前提に、唐物入手を独占し、「唐物荘厳」によって武家社会における差別化を目的とするもので、「公家化」のベクトルの同一線上に見据えられたものだったのではないだろうか。

そうなると、唐物荘厳の「場」における室町殿と在京守護との関係はどのようなものだったかが、焦点となってくる。その絶好の素材が室町殿（北山殿）行幸であり、将軍の御成である。幸いにも史料として、当日の儀式の様相を伝える「行幸記」や「御成記」、行幸・御成の室内装飾・室礼形式の記録であり規式書となった「御飾書」が多数残されている。[45] 御成は明応の政変後の将軍家の分裂以降も続けられ、将軍を迎える側が権力者となる逆転現象がみられる。さらに近世統一権力にも引き継がれており、唐物はじめ座敷飾や贈答品を含めた「場の政治史」として、通時的に分析し得る。

おわりに

本稿では、「室町幕府―守護体制」下、そしてそれが崩壊した戦国期の政治史において、唐物をめぐる「場の政治史」を究明する必要性を指摘した。既に紙数は尽きたが、最後に列島各地における唐物について言及しておきたい。

室町殿に示された会所飾の規範と、会所における「寄合の文化」は、京都の武家社会に浸透し、地方へと普及していった。[46] 十五〜十六世紀に各地に叢生した守護所や国人の居館はいずれも方形館で、主殿・会所・常御所等の建物や庭園の配置に共通点を持つ。室町殿を規範としたためで、建物内部でも京都と同様の儀礼や文芸が展開していた。[47]地理的・地政学的条件に起因する地域的偏差はあるものの、唐物をはじめとする文物は各地で積極的に受容され、京都文化を吸収した。[48]応仁・文明の乱後は、守護在京制が崩壊して守護が在国し、経済的困窮から公家衆も各地へ下向し、大名の居館では文芸活動が盛んに行われた。いわゆる「小京都」の成立で、ここでも「都から鄙へ」という文化面での逆転現象が生じている。

それはともかくとして、各地に会所を中心とする「政治の場」が展開したことは間違いないだろう。特に戦国期には文化以外でも、地方勢力が律令官位を希求する現象がみられる通り、広い意味での京都文化が政治的意義を付与されたと考えられる。唐物も、その文脈に置いて考えてみる必要はないだろうか。室町・戦国期の地方における「場の政治史」の解明という課題を、最後に提起しておきたい。

注

(1) 拙著『室町期公武関係と南北朝内乱』(吉川弘文館、二〇一三年)、拙稿「南北朝内乱と公武関係」(高橋典幸編『生活と文化の歴史学5戦争と平和』竹林舎、二〇一四年)、拙編著『ものづくり上方〝酒〟ばなし』(大阪大学出版会、二〇一二年)、拙著『佐治敬三〝百面相〟大阪が生んだ稀代の経営者』(大阪大学出版会、二〇一九年)、拙稿「室町幕府と皇位・皇統」・同「室町時代と酒」(早島大祐・吉田賢司・大田壮一郎・松永和浩『京都の中世史5首都京都と室町幕府』吉川弘文館、二〇二二年)等。

(2) 研究史については末柄豊「室町文化とその担い手たち」(榎原雅治編『日本の時代史11一揆の時代』吉川弘文館、二〇〇三年)参照。

(3) 徳川美術館編『室町将軍家の至宝を探る』(徳川美術館、二〇〇八年)、三井文庫・三井記念美術館編『東山御物の美――足利将軍家の至宝』(三井文庫・三井記念美術館、二〇一四年)、九州国立博物館編『室町将軍――戦乱と美の足利十五代』(西日本新聞社ほか、二〇一九年)。

(4) 村井康彦『武家文化と同朋衆』(筑摩書房、二〇二〇年。初版一九九一年)、島尾新『「和漢のさかいをまぎらかす」――茶の湯の理念と日本文化』(淡交社、二〇一三年)。

(5) シリーズ・企画に限定しても、桃木至朗編『海域アジア史研究入門』(岩波書店、二〇〇八年)、荒野泰典ほか編『日本の対外関係』全七巻(吉川弘文館、二〇一〇~一三年)、小島毅監修『東アジア海域に漕ぎだす』全六巻(東京大学出版会、二〇一三~一四年)、村井章介編集代表『日明関係史研究入門』(勉誠出版、二〇一五年)、等がある。また本誌でも一三二号(西山美香編『東アジアを結ぶモノ・場』勉誠出版、二〇一〇年)、一四七号(河添房江・皆川雅樹編『唐物と東アジア――舶載品をめぐる文化交流史』勉誠出版、二〇一一年。新装版二〇一六年)がある。

(6) 伊藤幸司『中世日本の外交と禅宗』(吉川弘文館、二〇〇二年)、原田正俊「室町殿の室礼・唐物と禅宗」(『日本仏教綜

合研究』九、二〇一一年)、桜井英治『交換・権力・文化』(みすず書房、二〇一七年)。

(7) 古川元也「唐物考」(『三田中世史研究』一四、二〇〇七年)、同「中世唐物再考」(前掲注5河添・皆川編書所収)。

(8) 島尾新「会所の美術」(『国立歴史民俗博物館研究報告』七四、一九九七年)。

(9) 兵藤裕己校注『太平記』(岩波書店、二〇一六年)。同書の解説五「『太平記』の時代――バサラと無礼講」参照。

(10) 前掲注4村井著書、小野正敏「城下町、館・屋敷の空間と権力表現」(『国立歴史民俗博物館研究報告』七四、一九九七年)、同『戦国城下町の考古学』(講談社、一九九七年)、川上貢『新訂 日本中世住宅の研究』(中央公論美術出版、二〇〇二年)、島尾新「会所と唐物」(鈴木博之ほか編『シリーズ都市・建築・歴史4中世の文化と場』東京大学出版会、二〇〇六年)。

(11) 前掲注4村井著書。

(12) 前掲注6原田論文。

(13) 関周一「唐物の流通と消費」(同『中世の唐物と伝来技術』吉川弘文館、二〇一五年。初出二〇〇二年)、前掲注5『日明関係史研究入門』第五部「彼我を行き交うモノ」総説(関周一執筆)。

(14) 前掲注5。

(15) 前掲注4村井著書、家塚智子「室町時代における唐物の受容」(久保智康編『アジア遊学一三四 東アジアをめぐる金属工芸』勉誠出版、二〇一〇年)、羽田聡「中世史料研究と唐物」(同書所収)。

(16) 前掲注4村井著書、矢野環『君台観左右帳記の総合研究』(勉誠出版、一九九九年)、前掲注10島尾論文・同4島尾著書、同15家塚論文、同3各書、島尾新「日本美術としての「唐物」」(前掲注5河添・皆川編書所収)、竹本千鶴「戦国織豊期の唐物」(同所収)。

(17) 前掲注10小野論文、泉万里「外への視線」(玉蟲敏子編『講座日本美術史5〈かざり〉と〈つくり〉の領分』東京大学出版会、二〇〇五年)、前掲注10島尾論文・同4島尾著書、橋本雄『中華幻想』(勉誠出版、二〇一一年)。

(18) 橋本雄「対明・対朝鮮貿易と室町幕府――守護体制」(前掲注5『日本の対外関係4倭寇と「日本国王」』二〇一〇年所収)、前掲注13関論文。

(19) 前掲注18橋本論文、同13第五部総説。

(20) 前掲注13関論文。

(21) 前掲注13関論文。

(22) 桜井英治「「御物」の経済」(前掲注6同著書所収。初出二〇〇二年)。

(23) 前掲注4村井著書、九八頁。

(24) 前掲注8・10島尾論文・同4島尾著書。

(25) 前掲注7古川「中世唐物再考」、一四一頁。

(26) 小野正敏「威信財としての貿易陶磁と場」(同ほか編『戦国時代の考古学』高志書院、二〇〇三年)は、「その所有や使用により行為者の権威や富を表象する資財」と定義する。

(27) 皆川雅樹「「唐物」研究と「東アジア」的視点」(前掲注5河添・皆川編書所収)。

(28) 前掲注10島尾論文、同15家塚論文。なお和物であるやまと絵に関しては、髙岸輝『室町絵巻の魔力』(吉川弘文館、二〇〇八年)参照。

(29) 拙稿「中世後期政治史・文化史両研究の関係をめぐって」(『史敏』二、二〇〇五年)。

(30) 前掲注16島尾論文、二二頁。

（31）前掲注10・16島尾論文・同4島尾著書。

（32）前掲注17橋本著書、四四頁。

（33）前掲注4村井著書、一三～一四頁。なお本書の増補・文庫化に際して付された橋本雄による解説「「場」と芸能の室町文化論」も参照。

（34）桑山浩然「室町時代における将軍第行幸の研究――永徳元年の足利義満第行幸」（『国士舘大学文学部人文学会紀要』三六、二〇〇三年）、石原比伊呂「北山殿行幸再考」（『年報中世史研究』三七、二〇一二年）、同「室町殿行幸に見る足利義教の位置づけ」（同『室町時代の将軍家と天皇家』勉誠出版、二〇一五年。初出二〇一一年）。

（35）冒頭では取り上げなかったが、前掲注26小野論文も重要。

（36）前掲注8・10・16島尾論文。

（37）畑靖紀「室町時代の南宋院体画に対する認識をめぐって」（『美術史』五三―二、二〇〇四年）。

（38）前掲注17橋本著書。

（39）リチャード・スタンリーベイカー「室町時代の座敷飾りと文化的主導権」（戸田禎佑ほか編『日本美術全集11禅宗寺院と庭園』講談社、一九九三年）。

（40）前掲注1拙著『室町期公武関係と南北朝内乱』・拙稿「南北朝内乱と公武関係」および29拙稿。「権限吸収」論については佐藤進一「室町幕府論」（同『日本中世史論集』岩波書店、一九九〇年。初出一九六三年）、「皇位簒奪計画」論については今谷明『室町の王権』（中央公論社、一九九〇年）参照。

（41）前掲注17橋本著書、一〇五頁。

（42）前掲注40佐藤論文。拙稿「室町殿権力と公家社会の求心構造」（前掲注1拙著所収。初出二〇〇八年）。

（43）前掲注42拙稿。

（44）菁莪生「二条良基の記せる右大将義満参内饗讌の仮名記に就て」（『歴史と国文学』二五―四、一九四一年）、小川剛生・髙岸輝「室町時代の文化」（『岩波講座日本歴史8中世3』岩波書店、二〇一四年）。

（45）佐藤豊三「将軍家「御成」について」（一）～（四）（『金鯱叢書』一～四、一九七四～七七年）、二木謙一『中世武家儀礼の研究』（吉川弘文館、一九八五年）、前掲注4村井著書、金子拓「室町殿東寺御成のパースペクティヴ」（同『中世武家政権と政治秩序』吉川弘文館、一九九八年）、同「宴の記録としての「御成記」と「茶会記」」（小野正敏ほか編『考古学と中世史研究5宴の中世』高志書院、二〇〇八年）。なお「行幸記」は、「仮名日記」と呼ばれるジャンルの文学で、宮廷儀礼の当日の模様を宮廷外部に発信するためのテキストと規定されている（小川剛生『南北朝の宮廷誌』吉川弘文館、二〇〇三年。初版二〇〇三年）。

（46）榎原雅治「寄合の文化」（歴史学研究会・日本史研究会編『日本史講座4中世社会の構造』東京大学出版会、二〇〇四年）、川口成人「大名被官と室町社会」（『ヒストリア』二七一、二〇一八年）、同「室町期の大名被官と都鄙の文化的活動」（後掲注48芳澤編書所収）。

（47）前掲注10小野著書、小島道裕『戦国・織豊期の都市と地域』（青史出版、二〇〇五年）、仁木宏「室町・戦国時代の社会構造と守護所・城下町」（内堀信雄ほか編『守護所と戦国城下町』高志書院、二〇〇六年）。小島は、守護所・居館のこのようなあり方を「花の御所体制」と呼ぶ。

（48）前掲注26小野論文、同2末柄論文、同44小川・髙岸論文、芳澤元「室町文化論構想ノート」（同編『室町文化の座標軸』勉誠出版、二〇二一年）。

室町仏教と唐物

川本慎自

かわもと・しんじ――東京大学史料編纂所准教授。専門は日本中世史。主な著書に『中世禅僧の儒学学習と科学知識』（思文閣出版、二〇二一年）などがある。

足利義政から曹操ゆかりの「鄴瓦硯《ぎょうがけん》」を下賜された相国寺僧・横川景三は、この硯が「我家」すなわち自らの門派の至宝に値すると述べる。中国由来の工芸品が、なぜ禅宗の門派の至宝となりうるのか。禅僧の言説を追うことにより、室町仏教において「唐物」を珍重する論理を考えてみたい。

はじめに

室町期における唐物の受容については、主として対外関係史の側から多くの研究が積み重ねられてきた。そこでは遣明船貿易や室町将軍家との関わりに主眼が置かれており、もちろんその担い手である禅僧にも多くの言及がある。しかし、本稿に与えられた「室町仏教からみた唐物」というテーマを考えたとき、仏教、ここではとくに禅僧の内在的な論理の側から「なぜ唐物を珍重するのか」という点を考察したものは、禅宗美術のなかで若干論じられるのみで多くはない。[1] 美術と並んで唐物の一端を担う漢籍の側においても、その主たる関心は学問史・書誌学的な内容にあり、稿者も唐物珍重ではなく漢籍による知識伝達という観点から考察を加えてきたところである。[2]

そうしたなかで、唐物に対する禅宗の側の意識を検討したのが古川元也氏の研究である。そこでは、円覚寺に収蔵された什物寺宝の一覧として知られる「仏日庵公物目録」を史料として、鎌倉末期の禅宗寺院における唐物が寺内でどのように認識されていたかを検討している。中国からの請来文物を整理し、寺院内で手厚く護持された「什宝」系文物と、「財」として流動可能な「什物」系文物の二つに分類できるとしたのである。(3) 寺外から「唐物」として珍重され贈与や売却に用いられるのは後者が相当するが、寺内での意識で重視されるのはむしろ前者ということになる。では前者の「什宝」はどのような性格をもつものなのであろうか。

本来の姿を考えるため、いったん唐物から離れて、中国からの将来品に限らない寺宝一般の状況を見てみると、中世前期の寺院宝蔵への蒐集・集積を検討した横内裕人氏は、棚橋光男氏・赤松俊秀氏・坂口太郎氏らの所論を参照しながら、寺院重宝の形成という営みは本願縁起という形で寺院の由緒に関わるものであることに注目し、例として高野山の「高野山御手印縁起」や四天王寺の「聖徳太子御手印縁起」を挙げる。その上で、それは寺院の由緒を示すものとして、寺社巡礼の喧伝に直結する一方で、寺領相論の際にも公験として利用されうるものとなることを明らかにした。(4) この作用を形容すれば、天皇家や将軍家に蒐蔵された宝物とひとしなみに「威信財」という語で表されることになるが、その威信は漠然とした抽象的なものではなく、由緒と論理に裏付けられた実利を伴うものであった。

このような「什宝」が寺院の由緒を視覚化するという意味で「財」であるという点を踏まえると、寺院において唐物はいかなる役割を果たしうるのであろうか。古代以来の顕密寺院においては、唐物は寺院草創以後に将来されたものとなり、由緒を示す「寺宝」にはなり得ない。しかし、鎌倉・室町期以降にあらたに興った寺院においては、唐物は寺院草創の時期に関係しうることとなり、「什宝」系文物に含まれうることとなる。唐物は室町期の寺院においていかなる意味や役割を持ちうるのか、稿者には室町仏教全般を論ずる意図も能力もないが、禅宗寺院に限って具体的な事例を通して考えてみたい。

一、「我家奇宝」と鄴瓦硯

寛正五年(一四六四)八月、蔭凉職季瓊真蘂《きけいしんずい》は、新たに南禅寺住持となった大圭宗价の入院仏事に出席する。その途次に立ち寄った南禅寺大雲庵で塔主の東芳真詢《とうほうしんじゅん》と歓談し、一山一寧が愛用していたという柑子の枝から作った薬匙を譲られる。一山が使用していた薬匙そのものか、同じ木の枝から後に作ったものかは分明ではないが、いずれにせよ一山の遺品に準じるものであろう。大雲庵は一山の墓塔に創られた塔頭である。季瓊は再三の辞退の末に受け取り、「我家奇宝」とすると述べる。(5)

季瓊真蘂は一山派の法脈に連なるものであり、祖師たる一山一寧の遺品はまさに一山派の奇宝に値するものであった。このことは、禅僧の発する「我家」という語を検討するなかで、「我家」が法脈を擬制的な家族関係に喩えて用いられるものとして指摘したところである。[6]

一方で、同じ「我家」の宝という形容を、祖師遺品ではないものに用いられたものが見られる。『蔭凉軒日録』の記事を見てみたい。

[史料一]

三日　……自二相公一被レ出二鄴瓦硯一面一曰、此瓦硯東坡銘在レ之、賜二横川一可レ伝レ之。愚敬白、横川定可二忝存一云々。堀川殿語云、大内教弘被レ任二贈三位一、為二礼謝一献二此硯一、副以二十万疋一云々。及二昏刻一□以二悰子一贈二瓦硯於崇寿一而伝二台命一。乃取二拝受折紙一来。

四日　……鄴瓦硯拝受折紙献レ之曰、横川為二拝受一来二当軒一曰、我家末代之宝也、懇々奉レ謝之由敬白レ之。[7]

文明十九年（一四八七）二月、足利義政は蔭凉職亀泉集証を通じて相国寺の横川景三に鄴瓦硯を下賜する。受け取った横川は、亀泉に対して「我家末代之宝」とする、と所感を述べている。

鄴瓦硯は銅雀硯《どうじゃくけん》とも呼ばれ、曹操の建てた鄴城の西北隅にある銅雀台の遺瓦を用いて作られたという硯である。銅雀台の遺構に登って得た瓦から硯を作る情景を詠んだ蘇轍「銅雀研銘」などによって知られ、とくに宋代以降に中国で珍重された。[8] 中国において珍重された工芸品が日本に到来したという点では、まさに「唐物」である。近年、米谷均氏によってこの時期に日本に所在した「鄴瓦硯」は少なくとも二種あることが明らかにされた。一つは用林梵材が文明八年（一四七六）に遣明使として入明する際に日本から持参して明人の銘を求めようとしたもの、もう一つは［史料一］に見える、大内氏から足利義政に献上され、横川景三に下賜されたものである。[9]

［史料一］の鄴瓦硯は蘇軾（東坡）のものとされる銘があり、さらに室町殿の手元にあった御物である。その真偽はさておき、「唐物」として珍重されるべき要件を具備していることは言うまでもないが、一方で一山一寧の薬匙のように禅宗の法脈を象徴する遺品ではない。これを「我家末代之宝」と形容したことを考えたとき、一山一寧の薬匙のような、自らの拠って立つ法脈や由緒を示すものとしての意味を、この鄴瓦硯は果たして持ちうるのであろうかという疑問が生じるのである。

そこで以下では、鄴瓦硯がどのような論理で禅僧によって珍重されているのかという点を考えることにより、室町期の禅宗寺院における「唐物」の位置を再考してみたい。

二、鄴瓦硯と相国寺

さて、横川景三は大仰な形容で拝領した鄴瓦硯であったが、室町期までの相国寺周辺の禅林では、それほど人口に膾炙したものではなかった。南北朝期には春屋妙葩《しゅんおくみょうは》から足利基氏に献上され、義堂周信が「源府君所蔵銅雀研記」を書いているが(10)、以降の禅僧の言及には管見の限りでは見当たらない。横川が硯を拝領する少し前の文明八・九年（一四七六・七）に行われた桃源瑞仙の『史記』講義においても、曹操に言及する場面でもこの硯に触れることはないことから、曹操と聞いて必ず想起されるというものではなかったと考えられる(11)。

そうしたなかで鄴瓦硯に繰り返し言及したのが万里集九である。万里集九の詩文集『梅花無尽蔵』巻一には、次のように鄴瓦に因んだ詩が見える。

[史料二]

鄴瓦硯

曾自東風有両端　呉花紅暖魏花寒
美人春涙入宮瓦　硯滴不乾千載残(12)

「東風」は赤壁の戦いにおいて呉の周瑜を利した風を指し、「呉花」「魏花」とあることからも分かるように、魏の曹操と鄴城・銅雀台の故事を詠んだ詩ということになる。

市木武雄氏によると、『梅花無尽蔵』巻一はほぼ作成年代順に排列されており、この詩の後ろには応仁の乱で相国寺が火災に遭った際の詩が見えることから、この詩はそれ以前のものと考えられる(13)。万里集九はこれ以降、漢詩の講釈を繰り広げていくなかで、曹操が出てくる場面ではかならずこの鄴瓦硯に触れるようになる。

まず、文明九年（一四七七）から十四年（一四八二）にかけて行われた東坡詩講義の抄物（講義録）である『天下白』では、蘇軾「次韻和子由欲得驪山沈泥研」詩に「擧世争稱鄴瓦堅　一枚不換百金頒」という一節があるのに因んで、次のような説明を加えている。

[史料三]

鄴瓦　其謂、漁隠叢話後集二十九云、銅雀台瓦研、以二古物一而見レ貴二於世一。瓦色頗青、其内平瑩、厚有二及レ寸者一。上多印二工人姓氏一、皆分隷書也。六一（欧陽脩）居士答謝景山遺古瓦歌略云、高台已傾漸二平地一、此瓦一墜埋二蓬蒿一、苔紋半減荒土蝕、戦血曽経野火焼、敗皮弊網各有用、誰使鐫鑱凸与凹。東坡作山谷銅雀硯銘云、漳濱之埴、陶氏我厄、受成不㆑化、以与㆓真隔㆒、人亡台廃、得反天宅、遇発㆓丘将㆒、復為㆓麟獲㆒。潁濱（蘇轍）遺老云、〈子由〉客有㆘遊㆓河朔㆒登㆗銅雀廃台㆖。得㆓其遺瓦㆒、以為㆑硯。甚堅而択、帰以遺［遺］㆑余、為㆑之銘。略云、土生㆓万物㆒、而能長存、銅雀初成、万瓦雲屯、得㆑水而埏、得㆑火而堅、水乾火冷、而土不㆑遷、石質金声、水火則然、台毀棟摧、誰使㆓独全㆒、披榛得㆑之、如㆑見㆓古人㆒、来為㆓吾硯㆒、明窓細氈。（下略）[14]

ここでは胡仔『漁隠叢話』からの引用として、銅雀台の瓦を用いた硯が珍重されていることやその形状を説明し、欧陽脩が銅雀台の古瓦について詠んだ歌、蘇軾が黄山谷所持の銅雀硯に寄せた銘、そして蘇轍「銅雀研銘」に言及する。

また、同じく万里集九が文明十三年（一四八一）ごろに『三体詩』を講じた『暁風集』では、杜牧「赤壁」詩の解説において、次のような記述が見える。

［史料四］

漁隠叢話後集二十九東坡作山谷銅雀硯銘云、人亡台廃、得久天宅、潁濱（蘇轍）遺老云、客有遊河朔、登銅雀廃台、得其遺瓦、以為硯、其堅而択帰以遺余為之銘云々、（下略）[15]

ここでは銅雀硯の形状などの説明は省かれ、蘇軾の銘と蘇轍の銘の一部のみを引く。これら二つの講義において『漁隠叢話』からの孫引きの形で引用される「東坡作山谷銅雀硯銘」は、『東坡後集』巻九に「黄魯直銅雀硯銘」として収録されていることが杉原たく哉氏により指摘されている。[16]『東坡後集』は蘇軾の生前に編纂された詩文集で、早くから宋版で成立しているものではあるが、日本の五山僧が多く参照していたのは『（増刊校正）王状元集注分類東坡先生詩』という別本であり、万里集九『天下白』や笑雲清三『四河入海』など、五山僧にかかる東坡詩注釈書はほとんどこの王状元本を底本としている。[17]王状元本は詩集であるので「東坡作山谷銅雀硯銘」は収録されておらず、それゆえに五山僧に鄴瓦硯が知られることが少なかったと考えられるが、一方で万里集九は［史料三］・［史料四］で、底本に「東坡作山谷銅雀硯銘」がないにもかかわらず、硯や曹操に因んで半ば強引な形で「東坡作山谷銅雀硯銘」に言及するのである。ここからは、鄴瓦硯を取り上げなければならないという万里の明確な意図を読み取ることが可能であろう。つまりこれら二つの講義からは、曹操と鄴瓦硯を結びつける言説が万里集九によって広められたことがうかがわれるのである。

一方でこの講義が行われた時期は、先述の米谷氏の研究で明らかになったように、二つの鄴瓦硯が相国寺の近辺で出現した時期に重なっている。文明八年には用林梵材が入明するにあたり鄴瓦硯を携え、現地で何らかの銘を求めようとしていた。そして、文明十九年には横川景三が足利義政から鄴瓦硯を拝領することになる。万里の講義における鄴瓦硯への言及は、まさにこれらと並行して行われていたのである。

　ではなぜ万里集九、あるいは相国寺周辺の禅僧たちは、この文明年間のタイミングで鄴瓦硯を喧伝しなければならなかったのであろうか。

　ここで注目したいのは、鄴瓦硯が「銅雀硯」とも呼ばれているという点である。「銅雀」は直接的には曹操の鄴城銅雀台に由来するが、その名称の嚆矢は、漢・武帝が長安に建設した建章宮にあった。建章宮に一対の銅製の鳳凰があり、それが「双銅雀」と呼ばれていたことが次の史料に見える。

［史料五］

魏文帝歌曰、長安城西有二雙員闕一、上有二雙銅雀一、一鳴五穀生、載鳴五穀熟、[18]

『太平御覧』居処部七で漢・建章宮に関する詩文を聚めた箇所に引かれる歌である。魏・文帝、すなわち曹操の子・曹丕が詠んだとされる歌であり、『三輔黄図』建章宮の項にも「古歌」として引かれるものである。[19]「銅雀」が漢の建章宮にゆかりのものとして広く認識されていたことを示している。

　さてここで漢代の中国から室町期の日本に目を転じると、ちょうどこの文明年間に、桃源瑞仙による『史記』講義が行われており、そのなかで漢・武帝による建章宮造営と足利義満による相国寺・北山殿造営とを重ね合わせる認識が示され、金閣の鳳凰は建章宮の鳳凰（つまり銅雀）に因んだものという説明がなされている。[20]そして万里集九による鄴瓦硯の喧伝はその直後から始まるのである。桃源瑞仙の講義自体は応仁の乱から避難した近江において限られた僧を対象に行われたものであるが、万里集九も桃源瑞仙や横川景三と同時期に近江に避乱してたびたび桃源瑞仙のもとを訪れたり書牘《しょとく》の往反をしており、[21]『史記』講義についても何らかの形で接していたと考えられる。

　とするならば、「銅雀硯」は、単に曹操の鄴城の遺物というだけではなく、漢の建章宮をも想起させるものであり、それは相国寺・北山殿の造営の由緒の根源を示すものということになる。相国寺に拠る横川景三、そして相国寺周辺の文化圏に所属する万里集九にとっては、「銅雀硯」は自らの由緒を視覚化する「什宝」系文物となりうるのである。そしてそれが室町殿から下賜されるということになれば、それは［史料一］に見えるように「我家末代之宝」に他ならないということになろう。

　一方で、こうした鄴瓦硯への注目は相国寺という限られた範囲に留まるものであった。建仁寺の月舟寿桂が『三体詩』を講じた抄物『三体詩幻雲抄』のなかで、［史料四］と同じく杜牧「赤壁」詩に解釈を加えているが、ここでは鄴城・銅雀台の説明はするものの、鄴瓦硯にはまったく触れられていない。[22]月舟寿桂は『三体詩幻雲抄』において随所で『漁隠叢話』からの引用を行っているにもかかわらず、[23]「東坡作山谷銅雀硯銘」は引用しないのである。すなわち、鄴瓦硯の珍重はあくまで相国寺の由緒を示すものであって、同じ五山系禅宗寺院であっても、建仁寺においてはまったく関心の外にあったということになる。

万里集九が鄴瓦硯に言及した東坡詩講義や三体詩講義は文明八年から十三年頃に行われ、用林梵材が鄴瓦硯を携えて入明したのは文明八年、そして横川景三が足利義政から鄴瓦硯を拝領したのは文明十九年のことである。この時期には足利義政の東山山荘造営計画が断続的に進められ、その計画立案には蔭涼軒を中心とする相国寺禅僧も関わっており、先例として北山殿造営が参照されて金閣の鳳凰にも注目が集まっていた。一方で東求堂書院に備える硯や漢籍といった什物の選定にも横川景三らの関与が見られる。[24]鄴瓦硯はそうした状況のなかで、単なる「唐物」珍重ではなく、相国寺と北山殿の由緒を視覚化する寺宝としての意味を新たに付与されたのであり、その後も相国寺文化圏においては特別な意味を持つこととなっていった。[25]

三、「唐物」への新たな意味付け

さて、万里集九らが相国寺周辺で鄴瓦硯の言説を喧伝しているのと並行して、米谷氏が明らかにしたように、鄴瓦硯の実物が入明僧や大内氏のもとに複数「発見」されることになる。[26]これは鄴瓦硯の喧伝を踏まえて作為的にもたらされたものと想像されるが、硯の真偽はさておき、このように「唐物」が国内において発見あるいは再認識され、あらたな意味を付与される例は他にいくつか見出すことができる。先行研究に導かれていくつかの事例を見てみたい。

一つは方従義筆『瀟湘雨意図』（正木美術館所蔵）である。高橋範子氏の研究によると、惟肖得巌《いしょうとくがん》の示寂後、法嗣の無《む》二得乗《にとくじょう》を経て、法系を異にするが学芸上の門生である瑞渓《ずいけい》周鳳《しゅうほう》のもとへもたらされた。瑞渓はこれに長文の賛を付して「長幅」となし、同じく学芸上の門生である希世霊彦《きせいれいげん》に授けたのである。その結果、この幅は単なる唐物としての中国画にとどまらず、学芸上の相承を示すものとしての意味が付与されたと指摘される。[27]

もう一つは『五山十刹図』（大乗寺所蔵）である。この図は徹通義介《てつつうぎかい》が正元元年（一二五九）に入宋した際に日本へ将来したとされるが、野村俊一氏の研究によると、この図は十四世紀段階では永平寺・大乗寺の寺宝として見えず、十六世紀後半になってはじめて史料上に現れるという。そして、建造物の図面表現上の検討からは図の制作者に建築知識があるか疑わしい点が多い一方、什器などの細かい表現は実測を行っていると考えられることから、日本の禅僧が制作したと推定している。[28] つまり、おそらくは日本において修造を担う僧が実務上作成していた図に対して、後世になって中国将来という由緒、つまり「唐物」という新たな意味が付与されたものと考えることができよう。

これらの事例に共通するのは、日本側の寺院の論理で価値が付与されているという点である。前者は中国画であるにも関わらず、惟肖得巌から瑞渓周鳳へという日本側の学芸の相承の論理が付与される。後者は図に描かれた「五山十刹」の伽藍が中国のものであるか日本のものであるかに関わらず、徹通義介が齎したというその一点のみに価値を見出す。いずれも寺外における「唐物」珍重とは一線を画した意識であり、僧侶の相承、寺院の由緒を視覚化することに意義を見出したものである。つまり本稿の冒頭で確認したような「寺宝」として機能することとなったのである。

おわりに

ここまで、禅宗寺院を事例として、「唐物」として一般に認識されているものが、寺院内においてどのような論理で什宝として扱われることになったかを検討してきた。一見宗教上のものではない単なる中国将来の美術工芸品に見えるものであっても、個々の寺院の由緒や法脈の継承を示すものとしての日本側での意味があらたに付与され、それを視覚化するものとして珍重されるようになってゆくことを指摘した。

こうした日本側における意味づけがなぜ必要だったかという点については、寺外の視点からは美術史における「和のなかの漢」の理論から説明が可能であるが、それと並行して寺内の視点では、室町中期以降の寺社領をめぐる動きとも関連すると考えられる。すなわち、室町幕府による寺社領興行政策が幾度となく繰り返される一方で、前代までの「仏陀施入之地不可悔返」という法理、[29] すなわち寺社領はそれが寺社のものであったという理由だけで寺社領を回復することができるという観念が失われてゆき、寺社領興行を主張するためには相応の由緒を主張することが必要となっていた。[30] そうしたなかで、たとえば高野山における御手印縁起にあたるような、草創にかかわる強力な由緒を視覚化する寺宝が必要とされることとなり、禅宗寺院においては足利将軍家と関わる唐物がその役割を果たすことになったと考えられるのである。

もちろん鄴瓦硯そのものが直接的に相国寺領興行の支証となったわけではないが、足利義政による東山殿造営の敷地選定から義政没後の禅院化にかけて玉突き的に行われた南禅寺・相国寺諸塔頭の移動・改称[31]においては、相国寺が北山殿以来の諸々の由緒を主張していたことが有効に機能していたことがうかがわれる。相国寺僧にとっての鄴瓦硯は、単なる中国将来の文物という以上の価値を持っていたのである。

本稿では鄴瓦硯を中心に禅宗寺院における言説を検討したにとどまるが、律宗寺院においても「唐物」が単なる美術品としての珍重ではなく宗教上の意味を持っていたことが指摘されている。[32]「唐物」研究の深化のなかで、寺院内の論理にも注目する必要があると考えられよう。

注

(1) たとえば高橋範子「禅宗と室町文化――相国寺創建の風景」(『美術フォーラム21』三八、二〇一八年)では、寺院荘厳と文化圏の形成という観点から説明される。

(2) 川本慎自『中世禅宗の儒学学習と科学知識』(思文閣出版、二〇二一年)。

(3) 古川元也「唐物考」(『年報三田中世史研究』一四、二〇〇七年)、「唐物の請来と価値の創出」(『宋元仏画』神奈川県立歴史博物館、二〇〇七年)、「「仏日庵公物目録」成立に関する一考察」(『神奈川県立博物館研究報告 人文科学』三五、二〇〇九年)、「中世唐物再考」(『アジア遊学』一四七、二〇一一年)。なお、高橋真作「北条得宗家と足利将軍家の御物」(『美術フォーラム21』三七、二〇一八年)では什宝の寺外流出を将軍家側の意図で読み解く。

(4) 横内裕人「中世前期の寺社巡礼と宝蔵――寺社重宝を介した縁の形成」(中野玄三・加須屋誠・上川通夫編『方法としての仏教文化史――ヒト・モノ・イメージの歴史学』勉誠出版、二〇一〇年)。赤松俊秀「高野山御手印縁起について」(『続鎌倉仏教の研究』平楽寺書店、一九六六年、初出一九五九年)、棚橋光男「後白河論序説」(『後白河法皇』講談社、二〇〇六年、初出一九九二年)、坂口太郎「後醍醐天皇の寺社重宝蒐集について」(上横手雅敬編『鎌倉時代の権力と制度』思文閣出版、二〇〇八年)。

(5) 『蔭凉軒日録』寛正五年八月廿七日条。

(6) 川本慎自「義堂周信と「吾家」」(『空華日用工夫略集の周辺』義堂の会、二〇一七年)。

(7) 『蔭凉軒日録』文明十九年二月三・四日条。

(8) 福本雅一「銅雀硯」(『書の周辺三 断硯集』二玄社、一九八五年、初出一九八三年)、杉原たく哉「銅雀硯考」(『美術史研究』二四、一九八六年)。

(9) 米谷均「文明八年(一四七六)遣明使の道中日記『三国饕天録』の逸文史料について」(『学習院女子大学紀要』二四、二〇二二年)。なお、大内氏から室町殿への唐物献上については橋本雄「大内氏の唐物贈与と遣明船」(『中華幻想』勉誠出版、二〇一一年)に詳しい。

(10) 『空華集』十八(『五山文学全集』二、一八二七頁)。この硯は先述の用材の硯・横川の硯とは別のものであると考えられるので、中世後期の日本には少なくとも三点の鄴瓦硯が伝来したことになる。この間の経緯については、杉原たく哉「義堂周信の『銅雀研記』について」（『鎌倉』五五、一九八七年）および前掲注9米谷論文に詳しい。

(11)『史記桃源抄』第十一冊（京都大学附属図書館所蔵、亀井孝・水沢利忠編『史記桃源抄の研究』本文篇三、日本学術振興会、一九七〇年、六一頁）ほか。ただし、永享十一年（一四三九）序の相国寺僧春渓洪曹による漢詩撰集『錦嚢風月』巻五には、硯に因んだ詩をいくつか収録するなかに僧断江「鄴瓦硯」詩が見えるので（堀川貴司『錦嚢風月』解題と翻刻」『国立歴史民俗博物館研究報告』一九八、二〇一五年、1194番詩）、鄴瓦硯という存在自体はまったく忘れられたわけではないと考えられる。なお断江覚恩は元代の松源派禅僧で詩僧として知られ（佐藤秀孝「雪蓬慧明の活動とその功績」『駒沢大学仏教学部研究紀要』六八、二〇一〇年）、「鄴瓦硯」詩はその詩集『断江摘藁』に見え、義堂周信による漢詩撰集『重刊貞和類聚祖苑聯芳集』にも収録される（佐藤秀孝「『断江摘藁』の翻刻」『駒沢大学禅研究所年報』一八、二〇〇七年）。

(12) 玉村竹二編『五山文学新集』六（東京大学出版会、一九七二年）六五四頁。

(13) 市木武雄『梅花無尽蔵注釈』一（続群書類従完成会、一九九三年）三四頁。応仁の乱による相国寺の焼失は応仁元年十月二・三日である（『大日本史料』第八編之一、四四三頁）。また、相国寺大塔は文明二年十月三日に焼失する（『大日本史料』第八編之三、七六六頁）。

(14)『天下白』八（国立国会図書館所蔵、WA16-104）。

(15)『暁風集』四（国立国会図書館所蔵、旧米沢蔵書、WA16-99）。

(16) 前掲注10杉原論文。

(17) 芳賀幸四郎『中世禅林の学問および文学に関する研究』（思文閣出版、一九八一年、初出一九五六年）二八五頁、市木武雄『梅花無尽蔵注釈』四（続群書類従完成会、一九九四年）一六八頁。

(18)『太平御覧』一（中華書局、一九六〇年）八七一〜八七二頁。

(19) 陳直『三輔黄図校証 弄瓦翁古籍箋証』（中華書局、二〇〇一年、初出一九八〇年）四七頁。

(20)『史記桃源抄』第九冊（京都大学附属図書館所蔵、『史記桃源抄の研究』本文篇二、三六六頁）。川本慎自「中世禅僧と造営・土木知識」（『日本史研究』七一五、二〇二二年）において検討した。

(21) 今泉淑夫『桃源瑞仙年譜』（春秋社、一九九三年）、中川徳之助『人物叢書 万里集九』（吉川弘文館、一九九七年）、朝倉尚『禅林の文学 戦乱をめぐる禅林の文芸』（清文堂出版、二〇二〇年）。

(22) 中田祝夫編『抄物大系 三体詩幻雲抄』（勉誠社、一九七七年）五一七〜五二二頁。

(23) 中本大「一休宗純の杜牧賛について」（『語文』五三・五四、一九九〇年）。

(24)『蔭凉軒日録』文明十八年一月二十日・二十八日・三月四日・二十八日条。吉永義信「東求堂の再検討」（『造園雑誌』一〇−二、一九四三年）、蔦清行「中世文化人たちの蘇東坡と黄山谷」（『日本語・日本文化』四四、二〇一七年）等で言及される。

(25) たとえば雪嶺永瑾『梅渓稿』に「鄴瓦硯」詩が見える（『続

群書類従』第十三輯下、六八七頁）。

(26) 前掲注9米谷論文。

(27) 高橋範子「京五山に伝来した中国画――瑞渓周鳳をめぐる絵画趣向」（『芸術論究』二六、一九九九年）。

(28) 野村俊一「『五山十刹図』制作・将来者再考」（『佛教藝術』三三六、二〇一四年）。

(29) 笠松宏至「仏陀施入之地不可悔返」（『日本中世法史論』東京大学出版会、一九七九年、初出一九七一年）。

(30) この点にかかる諸研究は、川本慎自「室町幕府と仏教」（『岩波講座日本歴史』八 中世三、岩波書店、二〇一四年）で整理している。

(31) 玉村竹二「慈照寺と慈照院」（『日本禅宗史論集』下之二、思文閣出版、一九八一年）、細川武稔「足利氏の邸宅と菩提寺」（『京都の寺社と室町幕府』吉川弘文館、二〇一〇年、初出一九九八年）、中井裕子『室町時代の相国寺住持と塔頭』（相国寺研究六、相国寺教化活動委員会、二〇一三年）、馬部隆弘「京都永観堂禅林寺文書補遺」（『大阪大谷大学歴史文化研究』二〇、二〇二〇年）、川口成人「応仁・文明の乱後の足利義政政権と東山・北白川」（『令和元年度京都府域の文化資源に関する共同研究会報告書（洛東編）』京都府立京都学・歴彩館、二〇二〇年）。

(32) 西谷功「仏牙舎利、韋駄天、普陀山観音と宋代仏教文化」（『唐物――中世鎌倉文化を彩る海の恩恵』神奈川県立金沢文庫、二〇一七年）。

［コラム］

能・狂言と唐物——日明貿易と応永の外寇のはざま

関屋俊彦

せきや・としひこ——関西大学名誉教授。専門は能楽（能と狂言）。主な著書に『狂言史の基礎的研究』（和泉書院、一九九四年）、『続狂言史の基礎的研究』（関西大学出版部、二〇一五年）、編著に『能面図』（関西大学図書館、一九九六年）などがある。

はじめに

拙著『続狂言史の基礎的研究』（関西大学出版部、二〇一五年）に「唐素材の能・狂言」を書いたことがある。王冬蘭氏の『能における「中国」』（二〇〇五年・東方書店）にいささか付け加えようとしたものである。氏は、戦時中、日本の統治下にあった台湾・旧満州の能楽について精力的に研究を続けていらっしゃる。

小林責氏ほか編『能楽大事典』（筑摩書房、二〇一二年）では「唐事」で立項し、「唐物」とも。古代中国に題材を取り中国人をシテとする能」として曲名をいくつか挙げ、その特色として殆ど「シテが楽を舞うのが特徴」としている。唐事は現代の新作能にまで及ぼすなら異国能ということになるであろう。今回は主として将軍足利義満と世阿弥の関係を日明貿易と応永の外寇という対極に絞って取り上げてみる。

一、花伝執筆開始・応永七年（一四〇〇）

世阿弥の『風姿花伝』「唐事」を伊藤正義氏の『中世評論集』（一九七六年六月・角川書店）を借りて要点を記してみる。（　）は氏の口訳。

①特殊な物まねだから、恐らくは稽古しようにもその手本たる唐人もいない。

②肝心なことは身ごしらえだろう。

③能面も、われらと同じ人間とはいうものの、そこは様子の変わった面をつけ、どこかいっぷう異なった様子に姿態を保つべきだ。

④謡も、所作も、（中略）どこかちょっとそれらしい様子を心がければそれでよい。

解説では「その似せ方については、「何事をも、残さず、よく似せんが本意」という物まねの原則を逆手にとって、

「異様」することによって、「なにとなく唐びたる」風体に思わせるべきことを説いている。もっとも、世阿弥はこれを「各別のこと」としてあまり力を入れた様子はなく、世阿弥作と判断される唐事の能はない」とされていたのにはいささか意表外であった。結局、氏は「花伝の最初の形態は、年来稽古条々・物学・問答の各条々三篇であったと考えられる」ので「序および跋が置かれて応永七年の年記署名が付されているのも、この三篇をもって完結した」とされた上でのことであろう。義満が念願の遣明船を派遣したのは応永八年のことである。それ以前の世阿弥は中国人に遭う機会はなかったかも知れない。尚、唐事とは中国人に限らず、広く異人事と理解しておく方がよいであろう。異様・異風と関わり深い。

②のように身ごしらえが肝心といっている。能装束の中で唐織は高貴な女性の着る最も能らしい豪華なものである。世阿弥は女の物まねでは高貴な方によくよく伺いなさいとも注意している。ちなみに〈楊貴妃〉は能では玄宗皇帝に愛された絶世の美女として描かれているが、中国では必ずしもそうではなく悪女のイメージが強いようである。

④の謡すなわち音楽面であるが、『能楽大事典』で「シテが楽を舞うのが特徴」とするのは示唆的であろう。まだ周辺に中国人はいなかったとしても春日大社や御所での舞楽・雅楽を拝見することは出来たはずである。左舞（中国風）右舞（朝鮮風）はゆったりした舞であり、高音域な楽器を使う。舞台も当初は拝殿を使わせてもらっていたのではないかと想像もしている。

天野文雄氏の『能楽手帖』（角川ソフィア文庫、二〇一九年）を繰ってみると、現行曲では唐事は確かに少ないが〈泰山府君〉は「世阿弥作」と断定され、〈白楽天〉は「いたるところに「応永の外寇」を念頭においた設定や文辞が認められる」ので「世阿弥の作か」とされている。ほかに〈昭君〉〈西王母〉は金春系とされる。金春禅竹は世阿弥の女婿であったので借り用いる可能性はあったであろう。特に命を延ばす泰山府君の祀りは義満の時、盛んに行われていたので、それを舞台化することは自然に考えられることである。

世阿弥の『中楽談義』に田楽新座の喜阿（亀阿）を取り上げ、炭焼きの能では「胡銅の物を見る」ようであった。九位でいえば最上位の「妙花風」に次ぐ「寵深花風」で「音曲の先祖也」と絶賛している。この「胡銅」は青銅の一種でブロンズと訳されている良質の唐金である。父観阿弥や将軍義満に連れられ、様々な一級の唐物を拝見し、美意識を養ってきたであろう。ただ、耳で聞く謡を焼物にたとえるのは卓越している。ところで、世阿弥は変声期では悩んでいたようである。『風姿花伝』「十七八より」には「声変りぬれば、第一の花失せたり」とある。ボーイズソプラノの美声で持て囃された少年時代と違って、世阿弥は背が低かったというので、鍛錬を重ねて低音の魅力をものしたものであろう。十二歳の時に受けた喜阿の衝撃的な音域に胡銅を連想したものと解釈しておきたい。

二、日明貿易・応永十四年（一四〇七）

応永八年に遣明船が派遣され、同十四年から日明（勘合）貿易が始まった。公家からは朝貢貿易に対しては反感もあったが、明使を迎える時に義満はむしろ対等以上の威厳を以て接したようである。

足利義満が観阿弥・世阿弥を重用することによって結崎座つまり観世劇団は繁栄した。義満は公家の舞楽・雅楽に対抗して猿楽を武家式楽としたとも考えられている。又、最近では義満が声明を謡うことに抜きんでていたことまでわかってきた。すなわち、後光厳院三十三回忌禁裏懺法講で武士として初めて声明秘曲調声披露したのである（『魚山叢書』）。原本所蔵の大原勝林院には義満の肖像画も残っていた。並みいる公家の前で声明のボーカルをつとめ周囲を感嘆させたのである。声明の謡い方と観阿弥・世阿弥の謡い方の交流さえ想像したくなる。

義満は元寇以来中断していた明との国交を再開し、倭寇を鎮圧し、明の冊封を受けてもいる。又、名僧も招き五山の制度も作り、能から見れば、禅宗的考えは世阿弥伝書にも大きく影響を与えている。京都五山の制度は康永元年（一三四二）の足利尊氏以来であるが、義満の時、至徳三年（一三八六）に確立され、明僧を迎える準備は整っていた。

三、応永の外寇・応永二十六年（一四一九）

応永の外寇とは、ようやく始まった日明貿易であったが、応永二十六年、朝鮮王朝の大軍が倭寇に悩まされていた対馬をその本拠地と見做して侵略した事件である。『武庫川国文』九十一号（二〇二一年八月）にも引用したことだが、『満済准后日記』応永二十六年六月二十九日の記述に十五日に美濃で地震があって貴船の山が崩れ、その時、西宮の剣珠が東を向いたという。直後の七月二日に「異国調伏御祈事」とか同廿三日「蒙古巳発向対馬。両方死人数輩在之云々」更に同八月七日「文永弘安之例」とある。結局、元寇の恐怖は応永のころまで続いていたのである。

西原大輔氏の『室町時代の日明外交と能狂言』（笠間書院、二〇二一年）が気にかかっている。天野氏の論文に影響を受けられたようだが、謡曲の成立を時代背景から見ようというものである。早い段階では能〈唐船〉には応永の外寇の影響があったのではないかというのが山中玲子氏の御論考（『銕仙』三二一号・一九八四年）であったが、西原氏もそれを引きつつ、「現代にこそ読み直されるべき作品」で元雅作とされる。氏は又、〈放生川〉で副題を「朝鮮撃退の祝賀能」とされ、応永の外寇で異国襲来の流言を『看聞日記』の応永二十六年五月二十三日から各地に起こった異変を時系列として引かれる。その中で「西宮の荒戎宮も震動した」「軍兵数十騎が広田神社から出陣して東の方に向かった」「その軍兵のなかに女性の騎馬武者が一人いて、その者が大将のようだった」とされているのが廣田・西宮神社関係である。「女性の騎馬武者」とは神功皇后を指すものであろう。〈呉羽〉でも副題を「外交方針転換を賛美」とされ、「「神功皇后、三韓を従へ給ひしより」」とあるように、住吉大社の祭神神功皇后は、朝鮮征討で知られる。ワキ一行の目的地西宮にも、朝鮮半島遠征より帰国した皇后が創建したとされる広田神社が存在する」とされる。

四、剣珠

実は筆者も番外曲〈西宮〉に最近深くかかわっている。二〇二一年一月十六日に能「西宮」を謡おう！実行委員会の主催で西宮フレンテホール、同年十一月二十八日に廣田神社で講演も行なった。西井璋宮司のお話しを伺い、皆様方と剣珠の実物を拝見させていただいた。その後、訪れた西宮神社の吉井良英権宮司からも種々御教示をいただいた。両社とも阪神淡路大震災の時、被害に遭われている。現在は動かないように下部を固定してある。

〈剣珠〉の装束付は増補国語国文学研究史大成8『謡曲　狂言』（西尾実ほか編、三省堂、一九七七年）に翻刻されている。装束付に記されているということは、その能が実際に演じられていたことの証拠だというのが能楽研究者の理解である。又、同書は少なくとも室町時代末には成立していたと判断されている。子方が剣を持って出てくるのも中世の稚児好みを反映している。

宝物剣珠の説明文だけ読みやすいように引用してみる。

「剣珠、この玉のうちに剣あり。いつ方へ任せても、剣の先、西へ向かふ。これハ、神功皇后、異国退治の御時、護身の玉なり。」

絶海中津は永徳二年（一三八二）八月二十六日に廣田神社を訪れ、宝物を見て剣珠は絶世の奇観だと述べた（『蕉堅稿』）とか義堂周信が『空華集』に漢詩を残している。禅宗の高名な僧が訪れている点は注目すべきである。義満は、その三年前に花の御所を造営し、栄華の時代に入っていた。能〈剣珠〉は西からの敵に対抗する曲として成立したと考える誘惑に駆られるのだが、はたして、当初からそのような存在意義を持っていたのだろうか。

五、西方浄土

廣田神社はもともと歌合で有名であった。武田元治氏『広田神社歌合全釈』（風間書房、二〇〇九年）を見ると、承安二年（一一七二）道因（藤原敦頼）が勧進し、廣田社に奉納された。判者は藤原俊成であった。ひとつ例を挙げる。「七番左　名にしおはば西てふ神を頼みおかんそなたを遂に願ふ身なれば　俊恵」。歌合全体を通してみても廣田社内に限っているが、肝心の剣珠については歌われていないことに気付かされる。そして、ここが肝心なのだが、あくまで「西方浄土往生を願う」ことが歌合全体を通してテーマとなっている。別に西方の敵から守るとか戦争を仕掛けることを意味しているのではない。大治三年（一一二八）『南宮歌合』は摂社西宮のことだが、こちらも同じことである。なお、西宮神社では『えびすさま「よもやま史話」』には七夕の時、「八代集」が拝殿に陳列される伝統もあったようである。

西宮神社の宮司は代々吉井姓で継がれている。吉井良秀氏の『剣珠』（谷口印刷所、一九三七年）に「剣珠は俗の名で、本名は即如意宝珠で有る」（二八頁）と認識されている。これが昭和十二年すなわち戦時中の発行であることに敬意を表したい。更に吉井良尚氏の「広田南宮と西宮」（『西宮神社の研究』西宮神社社務所、一九七六年）に年譜仕立てできちんと整理されている。それらを踏まえてコンパクトに整理されたのが吉井良隆氏改定『西宮神社史話』（西宮神社社務所、二〇〇九年）である。こちらにはモノクロだが剣珠の写真も載せている（**図1**）。「珠は水晶で、高さ一寸八分、径一寸九分強で、正中に凡そ一寸二分程の劔の形が顕れている」とある。水晶玉の寸法は現在でも寸尺で表すそうである。

それによれば剣珠は廣田社の別宮浜南宮に奉斎されていたので、徳川時代まで西宮社に保管されていたという。すなわち『日本書紀』仲哀天皇二年、『万葉集』巻十七、『梁塵秘抄』等を引くが、どうやらいずれも「如意宝珠」もしくは単に「珠」という言い方であった。如意宝珠は龍の玉、水晶玉であれば魔尼宝珠という。

六、狂言〈唐相撲〉

西原氏の著書の「はじめに」で早世された野村耕介氏〈唐人相撲〉に触れられている箇所にも関心が向く。日中国交樹立二十五周年を記念してのものであり、氏も立衆として出演されたという。その時、本来は日本人の相撲取りが中国の皇帝まで投げ飛ばすのだが、その日は取り組みの最中に臣下が「引き分けにせい」

図1　釼珠（広田社蔵）（『西宮神社史話』西宮神社、1961年）

と割って入った演出にされたというのである。当時の皇太子にではなく気を遣い配慮したのは中国共産党の外交官であったという。橋本雄氏も本曲に興味を抱いているようだ（『中華幻想』勉誠出版、二〇一一年）。

〈唐相撲〉は私も大蔵流のビデオを持っていたので、中国系留学生向けの授業で時折使っていた。途中から中華料理やら麻雀用語らしきものの羅列でまさにチンプンカンプン。留学生達に聞いても何をいっているかわからないとの応え。笑いをとるために、多分、いい加減なことを言っているのだろうと思っていたが、野村又三郎家ではきちんとした中国語を使っているとの放映があった。一度、台本を拝見したいものである。又、中国からの客人を迎えて特別講義を依頼されたことがあった。散楽から説き起こすと、やはり日本のものは中国の真似をしているに過ぎないのだとの感想が漏れ聞こえてきた。日本でどれだけ変化し、昇華されてきたかを知ってもらうためには観世寿夫の〈井筒〉のビデオでも見せればよかったと後悔したことだった。又、こういうこともあった。中国文学を研究するある方の報告で、政治的な批判は中国では話せないところです、と。あまりに忖度し過ぎるのは研究者としていかがなものかと申し上げたことがあった。

狂言研究者の立場から稲田秀雄氏が「小舞〈柴垣〉考」で神功皇后を取り上げられている。『狂言作品研究序説』（和泉書院、二〇二一年）に載せられている。主として宮次男氏の説を受けられているようだが、要約して紹介しておきたい。中世においての神功皇后のイメージは「神功皇后は応神天皇＝八幡神の母とされるゆえ、外征伝承を中核とする神功皇后説話は、おびただしい数の八幡縁起の中に摂取されている」とされ、「能においても、世阿弥の〈箱崎〉をはじめ、〈玉嶋川〉〈香椎〉〈異国退治〉等の曲が神功皇后関連説話を素材としており、多武峰延年大風流〈干珠満珠両顆事〉や祇園会の風流〈占出山〉〈船鉾〉にも仕組まれている」との抜かりない御指摘がある。

以上をまとめれば、廣田（西宮）神社は平安朝のころは西方極楽浄土を祈る場であった。中世、西からの恐怖が西を守る神へと変質させた。すなわち応永のころ義満の始めた日明貿易は友好な関係であったが、外寇事件が起こり恐怖すらよみがえり、禅宗の名僧が駆けつけるほど有名になっていた廣田神社の剣珠は能を創作されたとまでは言えるであろう。

能楽は変化したからこそ生き残ったとは表章氏のことばだ。廣田神社の宝物も如意宝珠から剣珠へと名を変えて生き残ったとは、繰り返して申さなくてはなるまい。

岩倉具視邸（「六英堂」）が西宮神社にあることももっと顕彰されてしかるべきであろう。

［コラム］

唐物としての銭貨

川戸貴史

かわと・たかし――名古屋市立大学大学院人間文化研究科教授。専門は日本中世史。主な著書に『戦国期の貨幣と経済』（吉川弘文館、二〇〇八年）、『中近世日本の貨幣流通秩序』（勉誠出版、二〇一七年）、『戦国大名の経済学』（講談社、二〇二〇年）などがある。

はじめに

中国大陸から招来したモノを唐物と呼ぶならば、中国の歴代王朝が鋳造した銭もそれに含まれるであろう。特に北宋が十一世紀に鋳造した銭の数量は中国史においても群を抜いて莫大であり、中国との交易圏になっていた周辺諸地域に大量に流出していった。なかでも日本へ大量に流入したことはよく知られている。日本へ流入したこれらの銭貨は、現在では渡来銭とも呼ばれる。

銭は銅銭（青銅銭）とも呼ばれるが、日本へもたらされた銭のうちには、わずかではあるが鉄銭も含まれていたようだ。正規の鋳造銭（制銭）であれ民間による偽造銭（模鋳銭）であれ銭は本来貨幣として鋳造されたモノであるので、本稿ではまとめて銭貨と称する。本稿では、唐物として日本列島へ流入した銭貨がどのような役割を果たしたかについて概略を述べたい。

一、日本列島への銭貨の流入と定着

（1）渡来銭の流入

日本列島への銭貨の流入窓口は主に博多である。日宋貿易の決済に銭貨が使用された形跡はないが、十一世紀後半には銭貨が少量ながら流入していたことが博多の発掘調査によって明らかにされている（図1）。おそらくは、唐坊を形成した中国海商たちが持ち込んだのだろう。しかしいまだその使用は限定的だったとみられ、十二世紀前半まで博多における銭貨の出土事例は多くはない。

ところが十二世紀半ばを過ぎると、出土事例が目に見えて増加していった(1)。それと軌を一にするように、博多以外の列島内の地域で銭貨を貨幣として使用する事例が散見しはじめる。一一七〇年代には京都で銭貨が使用された形跡を多くうかがえるようになり、実際に朝廷内で銭

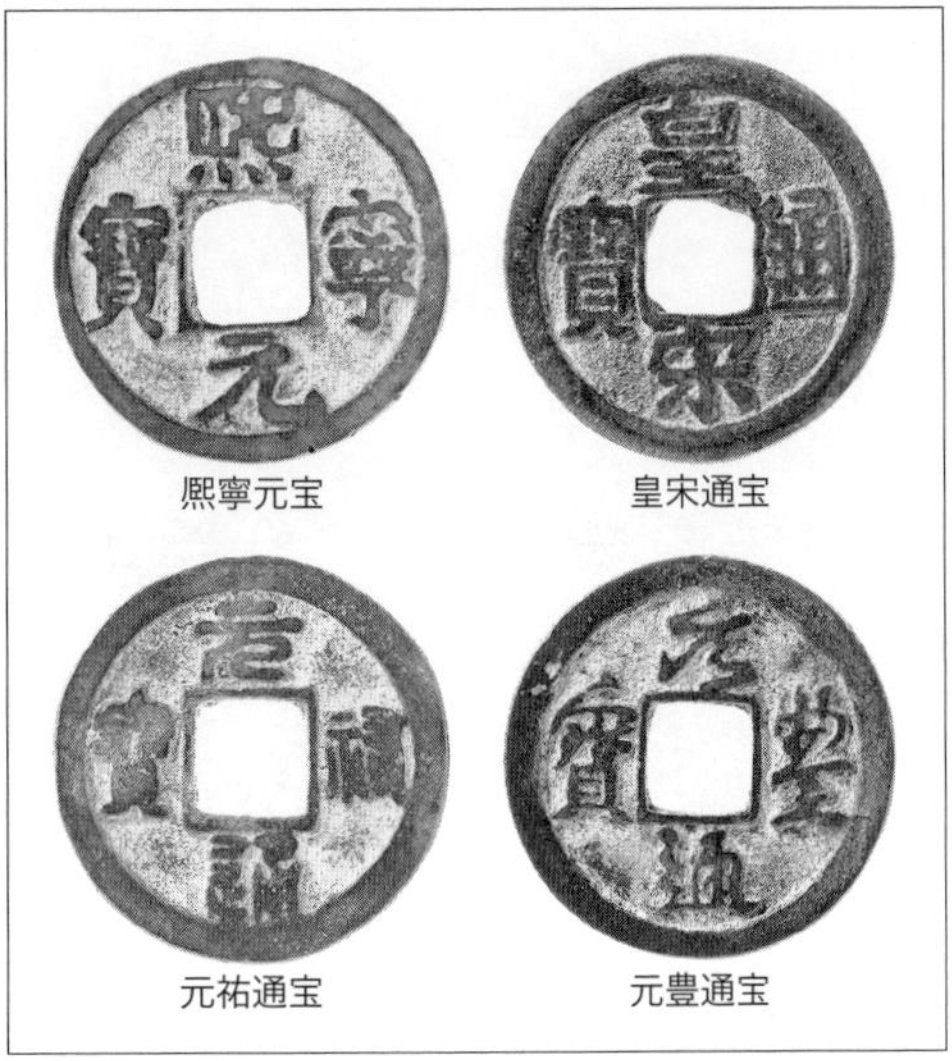

図1　日本で使われた北宋の銭貨（日本銀行貨幣博物館蔵）

貨を貨幣として公認するかどうかの議論が始まっていた。なお、京都における銭貨流通の拡大時期は平氏政権の絶頂期と重なっていることから、平清盛が銭貨の輸入に積極的に関与したと考えられてきたが、実際にそれを裏付ける明確な根拠があるわけではない。

なお、この頃の朝廷では渡来銭を貨幣とすることには否定的な立場を取っており、平氏滅亡後には一度その流通を禁じたものの、市場の自律的な渡来銭受容によって朝廷や鎌倉幕府は流通拡大を抑止することはできず、その流通を結果的には黙認した。すなわち、権力によらず市場の自律的な秩序によって渡来銭が貨幣として定着していったのである。(2)

(2) 銅資源としての銭貨

一方、唐物としての銭貨は、貨幣以外の需要によっても日本へもたらされていたとみられる。十世紀以降の日本列島では銅生産が一時衰退しており、錫資源にもほとんど恵まれなかった。そこで主に銅と錫からなる合金である青銅製の銭貨は、モノとしての金属に対する需要によっても日本へ引き寄せられたと考えられる。たとえば十二世紀後半に製作された経筒のなかには青銅製のものがみられるが、分析の結果、金属組成が銭貨とほぼ一致する経筒が存在することが明らかにされている。(3) そのほか様々な仏具製作に使用された可能性があるが、十三世紀に入って多く鋳造されるようになった梵鐘は青銅製であり、その材料として銭貨が使用された可能性は極めて高いだろう。十三世紀半ばに鋳造されたいわゆる鎌倉大仏もまた、分析によって銭貨と金属組成が酷似していたことが明らかにされている。青銅製の仏像も多く製作されており、仏教信仰を支える様々なモノに銭貨が充てられていた。(4) これらの事例からは、喜捨によって集められた銭貨を用いて仏像などに具現化することで、功徳の実感を与える効果もあったのであろう。その点において、貨幣としての銭貨という性格を帯びたことがかかる習俗を惹起したということになる。とはいえ、銭貨は貨幣としてのみならず、信仰を成就させるためのモノとして性格を帯びたことにより、そのような需要も具備したことによって日本で急速に貨幣として普及していった。下って十四世紀後半には寺社参詣時の喜捨の手段が米から銭貨へと徐々に転換し、散銭（賽銭）と呼ばれるようになった[5]。

（3）銭貨がもたらした日本社会の変化

実際に、十三世紀以降の日本は銭貨に対する需要が非常に旺盛であり、十四世紀前半にかけての時期に歴史上最も多くの銭貨を引き寄せたと言っても過言ではないだろう。十三世紀前半の日本は飢饉が絶えず厳しい経済状況に置かれたが、主に支配階層を中心に銭貨の需要は引き続き高く、蒙古襲来の後に徐々に経済が持ち直すとさらにその需要は高まっていった。日本への大量の流入は中国の政治情勢も影響していた。すなわち、モンゴルの進出によって発生した金朝や南宋領内での貨幣政策の混乱が銭貨の流出を促したとも指摘されている[6]。

十三世紀における銭貨の大量流入は、日本経済に大きな影響をもたらした。まず一つは、徴税品目だったために貨幣として使用されていた絹布が、銭貨にその機能を取って代わられたことである。十三世紀前半に絹布を納入していた荘園のいくつかは代銭納へと転換し、絹布生産そのものが縮小していった。そして十三世紀後半には遠隔地荘園での貢納が徐々に代銭納に切り替わっていったのである。それを牽引したのは、依然として様々な唐物に対する購買意欲が旺盛であった荘園領主層（上級貴族および寺社）であった。唐物を入手するための銭貨に対する彼らの高い需要が、輸送コストの高い遠隔地荘園からの現物納を駆逐し、徐々に代銭納へと転換させていったのである。その結果、日本列島では地方の流通拠点などで生産物の交換市場（定期市）が生まれ、物流を担う商人たちが多く往来するようになっていった。

（4）大量流入と埋蔵

こうして日本列島の隅々にまで銭貨は貨幣として受容されるとともに、その需要もさらに喚起することになった。蒙古襲来後は日中間の往来がしばらく低調となったが、十四世紀に入ると再び活性化するとともに、モンゴル（元朝）支配下の中国では徐々に銀が貨幣として普及したこともあり、だぶついた大量の銭貨が日本へさらに流入した。

当時における日中間の交易の実態を示す好例として知られているのが、朝鮮半島南西沖で沈没した、新安沈船と呼ばれる沈没船である（図2）。この船は一三二三年に寧波から博多へ向けて出航した貿易船であったことがわかっており、積荷として厖大な陶磁器とともに、重さ二八トン（約七〇〇～八〇〇万枚と推定）もの銭貨が発見された。当時は同規模の貿易船が年に数隻から十数隻程度往来していたと推定されており、一年でその十倍程度の銭貨が毎年中国から日本へ持ち込まれていた可能性がある。

一方で、同時に莫大な量の銭貨が絶えず死蔵されていたとみられる。当時の日本社会では、備蓄手段は銭貨を地中に埋蔵するのが一般的で、一旦埋めた銭貨がそのまま掘り出されず死蔵されてしまうことも少なくなかったからである。『一遍聖絵』にはまとまった銭貨が掘り出されるシーンが描かれているが、当時はこのようなことがよくあったのだろう（図3）。ちなみに、掘り出された銭貨は埋めた者が誰であろうとも、掘り出した者の所有物となること社会通念として認められていたようである。

このことから、小額貨幣である銭貨は

図2　新安沈船（韓国・国立海洋文化財研究所、2013年12月筆者撮影）

図3　『一遍聖絵』の銭を掘り出した場面（国立国会図書館蔵、模写）

絶え間ない供給がなければ流通を維持できないとされる。[7]しかも日本では時の権力が貨幣流通秩序の統制主体ではなく、中国からの供給に依存するいびつなシステムとなっていた。当然ながら、中国からの供給が滞ることになると、日本の貨幣流通秩序が動揺を来すことになることが予想されるのである。

二、銭貨流通秩序の変容と混乱

(1) 貨幣流通秩序の動揺

十四世紀後半に中国で成立した明朝は、当初は銭貨（明銭）を鋳造していたが、十五世紀半ばになると銀を主要通貨とする経済構造へと転換したことに伴い、銭貨の鋳造をほぼ停止した。その影響は当然ながら日本へも及ぶことになった。同じ頃の日本では室町幕府が財政不安に陥ったことにより、日明貿易による中国からの銭貨供給（下賜）を熱望したものの、それはほぼ実現しなかった。以後十六世紀初頭にかけて日本列島では慢性的な銭貨供給不足に陥り、一部都市で偽造（模鋳）による追加供給が試みられたが、十分に補塡するほどの供給量には至らなかったとみられる。そのため地方市場ではしばしば貨幣不足によって取引が停滞することもあった。

しかも日本では応仁の乱によって列島規模の戦乱状況へと至ったことにより、貨幣流通秩序の混乱に拍車が掛かった。各地で乱立して領国を形成した戦国大名は撰銭令を発布するなどしてそれぞれ独自の貨幣政策を実行したため、貨幣流通秩序は地域ごとに分化し、地域をまたぐ取引にしばしば混乱が生じることになった。京都では室町幕府が撰銭令を頻発して秩序維持に骨を砕いたものの、劇的な改善は望むべくもなかった。

(2) 銭貨供給の一時的復活と途絶

しかし一五二〇年代に入って石見銀山の開発が始まると状況は一変した。[8]一五三〇年代には高い需要によって中国へ引き寄せられた石見銀の対価として、中国からは銭貨が再び日本へ流入するようになったとみられるのである。多くは密貿易ルートによって流入したとみられるためその実態を解明することは難しいが、日本では一五四〇年頃まで銭貨流通秩序の混乱が小康状態になった形跡もあることから、相応の数量の銭貨が日本へ流入したと考えられる。[9]

もっとも、一時的な流通の「回復」も長くは続かなかった。日本への供給主体となっていた密貿易集団（倭寇）が一五五〇年代以降に明朝の徹底的な討伐によって徐々に衰微し、さらには一五六七年に明朝が海禁を一部緩和したことで東南アジアへの交易ルートが開かれたため、日本への密貿易は激減した。その結果銭貨の供給もほぼ途絶することになった。[10]

その影響は、一五六〇年代の日本で貨幣流通秩序が激変したことで裏付けられる。一五六〇年代後半には京都で銭不足が目立つようになり、「悪銭」と呼ばれた低銭（通常より低い価値で流通する銭貨）

が支配者層間でも使用されるようになっていた。潤沢に流通していた時期には排除されていたような代物だったとみられるが、銭不足のため減価して使用せざるを得なくなったのである。一五七〇年代に入ると京都周辺で実際に流通する銭貨は、「びた」と呼ばれる低銭のみになった[11]。以後明朝はしばしば黄銅銭（真鍮銭）を鋳造することはあったが、日本への流入はほとんど無かったようである。

結果として日本では銭貨のみで貨幣流通秩序は維持できなくなり、金・銀・米も貨幣として使用するようになった。これが近世における三貨制度（金・銀・銭三種の金属貨幣による貨幣制度）を準備することになったのである。「唐物」としての銭貨輸入は、日本の中世の終焉とともにピリオドが打たれることになった。

注

（1）鈴木公雄『出土銭貨の研究』（東京大学出版会、一九九九年）、櫻木晋一『貨幣考古学序説』（慶應義塾大学出版会、二〇〇九年）。

（2）中島圭一「日本の中世貨幣と国家」（歴史学研究会編『越境する貨幣』青木書店、一九九九年、初出一九九八年）。

（3）小田富士雄・平尾良光・飯沼賢司編『経筒が語る中世の世界』（思文閣出版、二〇〇八年）。

（4）前掲注3小田・平尾・飯沼編著、大塚紀弘『日宋貿易と仏教文化』（吉川弘文館、二〇一七年）。

（5）阿諏訪青美『中世庶民信仰経済の研究』（校倉書房、二〇〇四年）。

（6）大田由紀夫「渡来銭と中世の経済」（荒野泰典・石井正敏・村井章介編『日本の対外関係四――倭寇と「日本国王」』吉川弘文館、二〇一〇年）など。

（7）黒田明伸『貨幣システムの世界史』（岩波書店、二〇二〇年、初版二〇〇三年）。

（8）本多博之『天下統一とシルバーラッシュ』（吉川弘文館、二〇一五年）など。

（9）大田由紀夫『銭躍る東シナ海――貨幣と贅沢の一五～十六世紀』（講談社、二〇二一年）など。

（10）前掲注7黒田著書、前掲注9大田著書など。

（11）桜井英治『交換・権力・文化――ひとつの日本中世社会論』（みすず書房、二〇一七年）、高木久史『撰銭とビタ一文の戦国史』（平凡社、二〇一八年）など。

［コラム］

「青花」の受容、「染付」の展開

——日本中近世陶磁史からみた唐物

髙島裕之

たかしま・ひろゆき——専修大学文学部教授。専門は考古学（陶瓷史・肥前磁器）。主な論文に「スウェーデン・イェーテボリ号出土陶瓷器の考古学的研究」（佐々木達夫編『中近世陶磁器の考古学第十四巻』雄山閣、二〇二一年）、「海外に運ばれた有田磁器の製作技術——オランダ・フローニンゲン博物館所蔵資料の考古学的研究」（佐々木達夫編『中近世陶磁器の考古学第十巻』雄山閣、二〇一九年）などがある。

はじめに

一九八六年の亀井明徳『日本貿易陶磁史の研究』では、一九七五年に東京国立博物館が行なった「日本出土の中国陶磁」展について、「貿易陶磁研究が考古学および陶磁器学において自己主張する位置を獲得した」大きな転機として位置付けている。そして「文献史料で構築された海外交渉史、貿易史を批判的に摂取した貿易陶磁史をえがく」ことを求めている。(1)一九九一年に京都国立博物館で開催された「日本人が好んだ中国陶磁」展は、わが国における中国陶磁の受容についてまとめられた展覧会である。図録を紐解くと、「I．中国陶磁へのあこがれ——奈良～鎌倉時代の伝世・出土品」、「II．喫茶の流行——鎌倉・室町時代将来の青磁と天目」、「III．一四世紀初頭の輸入陶磁——韓国新安沖沈船の遺物」、「IV．茶の湯の普及——室町・桃山時代将来の青花と五彩」、「V．注文された磁器——桃山～江戸時代初期将来の古染付と祥瑞」、「VI．中華趣味の定着——江戸時代将来の多彩な陶磁器」と時代順にストーリーを構成している。(2)そして二〇〇四年の大橋康二『海を渡った陶磁器』(3)では、中世から近世までの巨視的な陶磁器貿易の流れをふりかえることができる。

中近世のアジア、日本陶磁史のなかで、中国では「青花」、日本では「染付」とよばれるやきものの登場は画期的なことである。白い素地に青色の顔料を使って筆で絵を描くデザインは、他の種類のやきものに比べ、装飾を行なううえでの表現の自由さがある。わが国では、まず室町時代に中国の景徳鎮窯の製品が受け入れられ、江戸時代には日本の有田窯の製品が世界に輸出されるという、貿易陶磁器としても特徴的である。私たちの食卓の茶碗としても身近なデザインであることから、現在に繋がるやきものともい

図1　元様式（至正型式）青花基準資料　至正11年（1351）銘　青花雲竜鳳凰文象耳瓶（大英博物館蔵）

えるだろう。今回は日本の中近世陶磁史からみた唐物について、「青花」、「染付」に着目してその受容、展開を叙述してみたい。

一、元青花の受容から明青花の普及まで

　中国で本格的に青花が焼成されたのは元時代になってからであり、元様式（至正型式）青花の基準資料として、至正十一年（一三五一）銘の旧Percival David Foundation of Chinese Art所蔵の青花雲竜鳳凰文象耳瓶がある（**図1**）。日本の文献において最初に染付が登場するのは、東坊城秀長『迎陽記』である。康暦二年（一三八〇）六月九日に二条良基邸における花御会の席で、義満以下公家・僧侶ら二十四人が左右に分かれて、大部分は唐物とみられる花瓶を出し、自己が所有する物の珍重さを競い、勝ち負けを表示している記事に「ちやはんそめかけ」とあり、この瓶に関しては元様式の青花瓶である可能性が指摘されている。また、史料から一四〇六、一四二五、一四三〇、一四三二年と一四三〇年代の間に集中があり、遣明船による将来品として、景徳鎮窯—寧波他—兵庫のルートで元様式青花が入手された可能性が考えられている[4]。

　日本国内での元青花の受容は、九州以北と古琉球（沖縄）とを分けて考える必要がある。九州以北の遺跡では二〇一九年現在、二十五遺跡で確認されていて、その性格は港湾以外では城跡、城館、寺院などである。器種としては、長頸瓶、匜、碗、盤、罐、梅瓶、器台などが十個体以下、単体で出土している[5]。しかし元青花受容の当初は、座敷飾としての青磁の大型品を補う形で用いられ、明初青花を受容するうえでも青磁の数を凌駕するわけではなかったようである。

　青花の本格的な焼成以降、中世から近世へ時代がくだるにつれて、中国陶磁の主流は青磁から青花へと変わっていく。景徳鎮窯以外の中国南部の漳州窯の製品が加わり、青花の品質幅も広がる。最近の研究では、十五世紀代は青磁が圧倒的比率を占め、中葉から十六世紀第一四半期までは主流となるほどの量には達せず、社会にその存在を認知させる段階に留まっていること、そして青花が出土品の中で主体を占める時期は一五七〇年代の天正年間以降にずれ込むことが明らかにされている。そして器種の中で皿が数は

圧倒的であり、碗は主体的に漆器椀が用いられていたことが指摘されている。[6] 食膳具の受容において、青花皿が多く求められているのは、策彦周良の『策彦入明記』初渡集で、寧波で染付茶碗三十、染付皿一〇〇を購入しているという記録[7]や遺跡での出土状況からもうかがうことができる。

実例として流通の拠点であった博多遺跡群では、一五八〇年代の陶磁器埋納遺構で皿がまとまって確認されている。一二四次調査SK236では全体で一三六点、そのうち青花小杯、碗十六点、青花皿四十八点（含漳州窯九点）である。[8] 同じく四〇次調査四号土坑では全体で九十三点、青花は碗二点、皿五十七点が確認され、やはり皿の数が圧倒的である。[9] 一五九〇年下限の八王子城跡御主殿出土資料では、総点数七万点（舶載磁器片はその半数）のうち、青花皿片約二万九〇〇〇点（二〇九五個体・含漳州窯）、青花坏片約二八〇点（坏十九、碗二十四個体）があり、一〇〇枚単位、十枚単位の数で確認されているのが皿である。[10] 揃いの皿での出土例は、江戸時代以降の大名屋敷の御殿空間での出土例にも引き継がれていく。

また千利休による茶の湯の大成の中で、日本から中国景徳鎮窯に注文された唐物として、著名なのがいわゆる古染付・祥瑞である。古染付は明時代末期の天啓期を中心に焼造され、茶器古染付と常器古染付の大きく二つに分類されている。[11] つづく形で崇禎期に製作されたのが祥瑞である。注文主やその受容層に関する考察が行なわれ、[12] 江西省景徳鎮市内において出土地点も明らかにされている。[13] 日本の年号「天文年造」銘の入った資料の出土した観音閣や景徳鎮第三中学工地の他、茶園塘工地、群英街十八橋工地、十八橋工地、景徳鎮第五小学工地、沿河中渡口、中渡口工地、戴家弄、浙江路（戴家弄）などである。古染付に関しては、早い段階からわが国の初期伊万里との関係性についても言及があり、「器形と文様とがともに古染付と酷似するのは中皿（径一五〜二〇センチ）と水指（多くは胴締形）とだけに認められる」ことや「初期伊万里染付の文様は、おおむね二要素、すなわち古染付と絵画粉本とに由来している」と指摘されている。[14]

二、日本染付誕生から世界商品となるまで

十七世紀初めの日本の染付磁器誕生を考えるうえで、背景として既に中国陶磁の生産品の主体が青花製品であり、わが国に深く浸透していた点が、他のアジアの国での青花意匠の成立と異なっている。当時、わが国では青花製品＝中国のスタイルという既定概念が当たり前の中で、日本の染付磁器は、中国の製品の外観を模倣する形で生まれた。

染付を最初に本格的に生産した窯業圏の中心は、佐賀県有田町西部の小溝原《こみぞはら》、南川原《なんがわら》周辺の窯場にあり、小溝《こみぞ》窯跡群と天神森《てんじんもり》窯跡群が製品の種類（器種、質幅）

が多様である。それぞれの窯場では、同じ主題であっても、様々な施描法を用いた製品が作られ、『八種画譜』の絵手本と一致する例や高台内銘を持つ例がある。器種としては碗類の割合が比較的高い小溝上《みぞうえ》窯や小《こ》溝下《みぞした》窯などがあるが、他の窯では皿類の割合が高い例が多い(15)。広く共通して製作されていた染付製品は、一五センチ以下の菊花形の型打ち成形皿である。施文は単純であり、文様を輪郭線のみで描くか、つけたての筆で描く例が多い。初期の窯業圏の中心である小溝原、

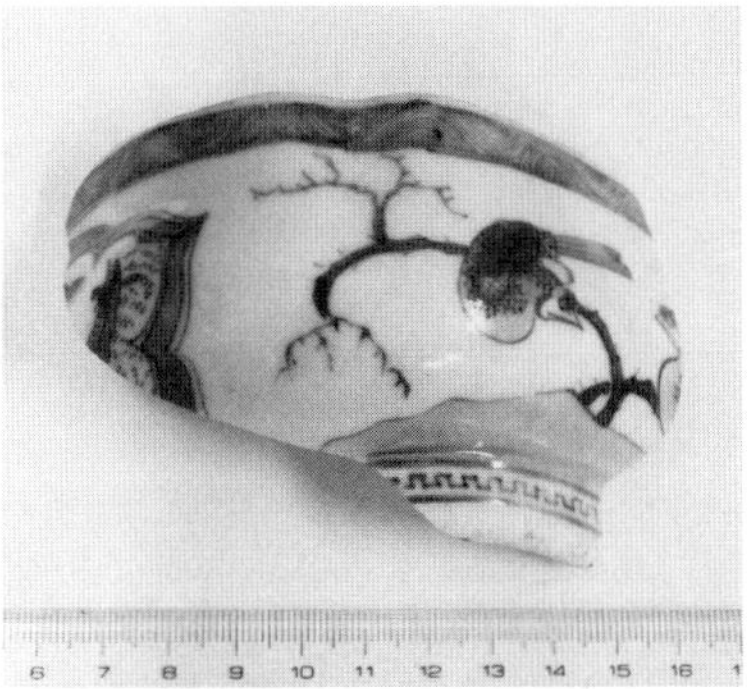

図2　山辺田遺跡（有田の工房遺跡）出土の祥瑞碗（有田町教育委員会蔵）

南川原から離れた周縁の窯場では、この製品の占める割合が高い。

有田が磁器専業化に舵を切ったのは、泉山《いずみやま》で継続的に生産できる質と量を持った磁器原料が発見されたからであり、まず一六三七年に窯場の整理統合によって窯業の核である内山《うちやま》が成立することで、生産体制が整えられた。一六四七年頃には「赤絵」（上絵）の技術が導入され、中国船によって日本の磁器が東南アジアへと運ばれている。初期の上絵付けが行なわれた工房跡である山辺田《やんべた》遺跡では、中国景徳鎮窯の祥瑞碗が確認されている（**図2**）。他に景徳鎮窯、漳州窯、国内の鼠志野皿など、製作のために参考とする様々な資料を広く収集していたことが解る(16)。

有田では世界最高峰の景徳鎮磁器の品質に並ぶための技術導入の結果、ヨーロッパをはじめ、本格的な海外輸出に対応して製品の種類が多くなり、質幅が広がった。そこで十七世紀中頃に窯場を再編成することによって、製品生産の分業化を図った。十七世紀後半に高品質の揃いの製品を生産した代表的な窯場が、有田の南川原山（南川原窯）である。南川原窯では器形、装飾について、高品質を保つための製作技術をみることができる。その品質の幅は、まったく同じ物を求める現在の我々の感覚により近い形で、突き詰められていった。一六三〇年代に登場し、江戸時代を通じて使用された主要な高台内銘の一つに「大明成化年製」がある(17)。中国年号を伴なう銘は、国産化後も染付＝中国のスタイルという原点が根底にあることを示しているのではなかろうか。

三、江戸の武家地出土の中国・日本の揃いの製品

十七世紀の日本国内での中国陶磁の消費の状況を探るうえで、年代のわかる大火を下限とする遺構での出土例は貴重である。江戸の武家地の例として、明暦三

図3　東京大学本郷構内遺跡医学部附属病院入院棟Ａ地点C2層出土の染付皿（南川原窯）（東京大学埋蔵文化財調査室蔵）

年（一六五七）の火災、いわゆる明暦の大火を下限とする江戸城汐見多聞櫓台石垣地点や東京都千代田区有楽町一丁目遺跡〇七〇号遺構、天和二年（一六八二）の火災に伴なう東京大学本郷構内遺跡医学部附属病院入院棟Ａ地点Ｃ２層の出土陶磁器がある。これらの資料をみると、中国陶磁では生産年代が大きくさかのぼる例と同時代性を持つ例がある。前者は竜泉窯の青磁や明初の景徳鎮窯の青花の大型製品があり、同時代に製作された漳州窯の大型製品や景徳鎮窯の揃いの製品と組み合わせる形でその都度使われた、「保管品」である。

江戸の大名屋敷において様々な儀礼、行事の道具は必須であり、特に膳に伴なう揃いの製品、組物が求められた。そして十七世紀後半以降、「唐物」から日本製品へと変わっていくのが、揃いの製品であった。東京都千代田区有楽町一丁目遺跡〇七〇号遺構は、譜代大名家の道具のあり方を探るうえで重要で、揃いの器として中国景徳鎮窯磁器皿の他に、初期伊万里のスタイルを脱した有田の型打ち成形、型押し成形の皿があることが特徴的である。[18] いっぽう年代の降る東京大学本郷構内遺跡医学部附属病院入院棟Ａ地点Ｃ２層は、焼土を主体した盛土層で、加賀藩の御殿で使用された食器類を含むと考えられている[19]（図３）。中国景徳鎮窯製品もあるが豊富な種類の有田南川原窯製品がみられるため、明らかに揃いの製品の主流が「唐物」から高品質の日本製品へと変わったことが解る。

また加賀藩邸の『加賀前田家表御納戸御道具目録帳』には、武家儀礼の道具である揃いの製品が記載されるのではなく、「表御用」の茶の湯の道具として用いられる「唐物」が記載されるという。[20] つまり多量な数を必要とする「染付」の一部は、道具として一般化していったと捉えることができる。

そして国産の染付製品が武家だけでなく一般庶民に普及した後の十八世紀後半以降、いわゆる文人の中華趣味や煎茶道具に用いられた清朝磁器のあり方をみても、必要な「唐物」が、場に応じて用いられる形となっていったことが解る。

おわりに

十九世紀に入ると肥前地域が独占していた磁器の技術も各地に伝播し、広がりを見せた。鹿児島県霧島市の鹿児島神宮では、中国（青磁・法花・青花）・タイ（無釉陶）の陶磁器と日本製の陶磁器をセットで所蔵している[21]（**図4**）。日本製は、中国・タイの陶磁器を後世補う形で、幕末期に製作されたと推測されている。近世の終焉期には既に「唐物」を見本として違うことなく、わが国が自前で展開できる技術をもったということができる。そして組で神前に供えるために瓶の数を補ったわけであり、道具として必要な場で「唐物」が用いられ、使わない時には神庫に「保管」されてきた典型的な例といえるであろう。

中国・タイ製品←　→日本製品
図4　鹿児島神宮所蔵陶磁器（鹿児島神宮蔵）

　意を尽くせなったが、今回「青花」、「染付」に焦点を当てて唐物をふりかえり、それぞれが必要な場において使われる道具であることを示してきた。今後は染付と異なり日本磁器の製品として主流となることがなかったが、時代をとおして現在まで保管された「青磁」との関係についてさらに着目していけば、わが国の唐物受容の心底にある文化的要素の具体像に近づけると考える。そして現在の価値観からみると「伝世品」、「骨董品」として解釈しがちの陶磁器をふりかえる時に、パズルのピースである個々を特別に評価するのではなく、必要時に他の道具と組み合わせる形でその都度使われた「保管品」としてみる視点を持つことが、常に肝要であろう。

図版出典

図1　筆者撮影、**図2**　筆者撮影、**図3**　成瀬晃司他編二〇一六、第三分冊、巻頭図版一〇下を転載、**図4**　注21髙島裕之編二〇一三、巻頭図版を転載。

注

（1）亀井明德『日本貿易陶磁史の研究』（同朋舎出版、一九八六年）一〇～一一頁。
（2）京都国立博物館『特別展覧会　日本人が好んだ中国陶磁』（一九九一年）。
（3）大橋康二『海を渡った陶磁器』（吉川弘文館、二〇〇四年）。
（4）亀井明德「日本出土の元青花瓷の諸

問題」（『元代青花白瓷研究』亜州古陶瓷学会、二〇〇九年）九二、九四頁。

（5）柴田圭子「大友氏館跡出土中国陶瓷の研究」（鹿毛敏夫・坪根伸也編『戦国大名大友氏の館と権力』吉川弘文館、二〇一八年）五三〜七四頁、柴田圭子「大友氏館跡出土中国陶瓷の研究」（大友氏館跡発掘二〇周年シンポジウム「戦国大名大友氏の館と権力」資料、二〇一九年）。

（6）水澤幸一「戦国期武家の日常使いの貿易陶磁の実像」（『国立歴史民俗博物館研究報告第一八二集』国立歴史民俗博物館、二〇一四年）六七頁。

（7）水澤幸一『日本海流通の考古学——中世武士団の消費生活』（高志書院、二〇〇九年）一〇九〜一一三頁。

（8）田上勇一郎「博多遺跡群出土の大量一括埋納貿易陶磁」（『貿易陶磁研究三一』日本貿易陶磁研究会、二〇一一年）六五〜七六頁。

（9）大庭康時「博多遺跡群第四〇次調査四号土坑——青花・白磁」（『季刊考古学七五』雄山閣、二〇〇一）六八〜六九頁。

（10）土井義夫・戸井晴夫『平成二四年度特別展　八王子城』（八王子市郷土資料館、二〇一二年）。

（11）林克彦編『古染付——このくにのひとのあこがれ　かのくにのひとのねがい』（石洞美術館、二〇一七年）九頁。

（12）善田のぶ代『古染付と祥瑞——その受容の様相』（淡交社、二〇二〇年）。

（13）黄清華主編『東瀛異彩——明末日本來華訂造瓷特展』（唐英学社、二〇一八年）。

（14）矢部良明「初期伊万里染付の起源と展開——中国陶磁との関連から」（永竹威・林屋晴三編『世界陶磁全集八』小学館、一九七八年）一五六〜一五七頁。

（15）野上建紀「磁器の編年（色絵以外）1．碗・小杯・皿・紅皿・紅猪口」（『九州陶磁の編年』九州近世陶磁学会、二〇〇〇年）八一頁。

（16）村上伸之『山辺田遺跡』（有田町教育委員会、二〇一七年）。

（17）山本文子「陶磁器にデザインされた文字——肥前磁器を例に」（『月刊考古学ジャーナル七五四』ニューサイエンス社、二〇二一年）六〜九頁。

（18）水本和美「第2節　日比谷御門内の譜代大名松平（藤井）家の食器群——明暦大火罹災、〇七〇号遺構出土陶磁器の理解を中心に」（平田博之・檜山智編『千代田区有楽町一丁目遺跡』武蔵文化財研究所他、二〇一五年）四〇三〜四一四頁。

（19）成瀬晃司・小林照子・香取祐一編『東京大学埋蔵文化財調査室発掘調査報告書13東京大学本郷構内の遺跡医学部附属病院入院棟A地点』（東京大学埋蔵文化財調査室、二〇一六年）。

（20）堀内秀樹「加賀藩邸の貿易陶磁器出土様相と「蔵帳」に記された陶磁器——『加賀前田家表御納戸御道具目録帳』を中心として」（『貿易陶磁研究三三』日本貿易陶磁研究会、二〇一三年）七二頁。

（21）髙島裕之編『鹿児島神宮所蔵陶瓷器の研究』（鹿児島神宮所蔵陶瓷器調査団、二〇一三年）。

参考文献

髙島裕之「日本染付磁器誕生——有田における磁器生産専業の道程」（佐々木達夫編『中国陶磁　元青花の研究』高志書院、二〇一五年）二六一〜二七六頁

髙島裕之「日本における貿易陶磁の転換期」（『月刊考古学ジャーナル七二二』ニューサイエンス社、二〇一九年）五〜七頁

海渡る「唐物」――九〜十三世紀中国より見た

山崎覚士

やまざき・さとし――佛教大学歴史学部教授。専門は東アジア海域史、五代史。主な著書に『中国五代国家論』（思文閣出版、二〇一〇年）、『中国の歴史・現在がわかる本一三世紀までの中国』（かもがわ出版、二〇一八年）、『瀕海之都――宋代海港都市研究』（汲古書院、二〇一九年）などがある。

日本に到来した「唐物」は、中国中世の海港都市であった明州に集積された舶来物貨・交易品であった。当時の明州は日本や朝鮮、また東南アジア以西からの舶来物貨が集う港町であった。それら舶来物貨や交易品が海を渡って日本に到来した時、それらは「唐物」としての価値を付与されることになり、日本貴族の生活に彩りを加えることとなった。

はじめに――道長と孔雀と御覧

中国海商の周文裔が大宰府大監の藤原蔵規《まさのり》に鵞二羽とともに献上した孔雀一羽は、三条天皇の天覧に付されたのち、左大臣の藤原道長に下賜された。(1) そこで道長は、土御門邸の小南第で飼育することとしたが、そのときまだ雌雄の別が付いていなかった。長和四年（一〇一五）四月十日になると、孔雀は鶏卵より大きな卵十一個を東の池辺りの草場に産み落とした（『御堂関白記』）。

ことを聞きつけた藤原実資《さねすけ》は、オスもいないのに卵を産むのは珍しい、雷が鳴ると卵を産むとか、水に映る影を見て卵を産むとかと、孔雀にまつわるエピソードを日記に残している（『小右記』長和四年四月十六日）。このエピソードの出どころは藤原道長かもしれない。

というのも道長は、百科類書の『修文殿御覧』をひも解いて、「孔雀は必ずしもつがいとならなくても、音や影と交わると孕むことがある」とあるので、自然の事なのだ、と得心しているからである（『御堂関白記』長和四年四月十日）。ちなみに、この卵は結局孵《かえ》ることはなかった。

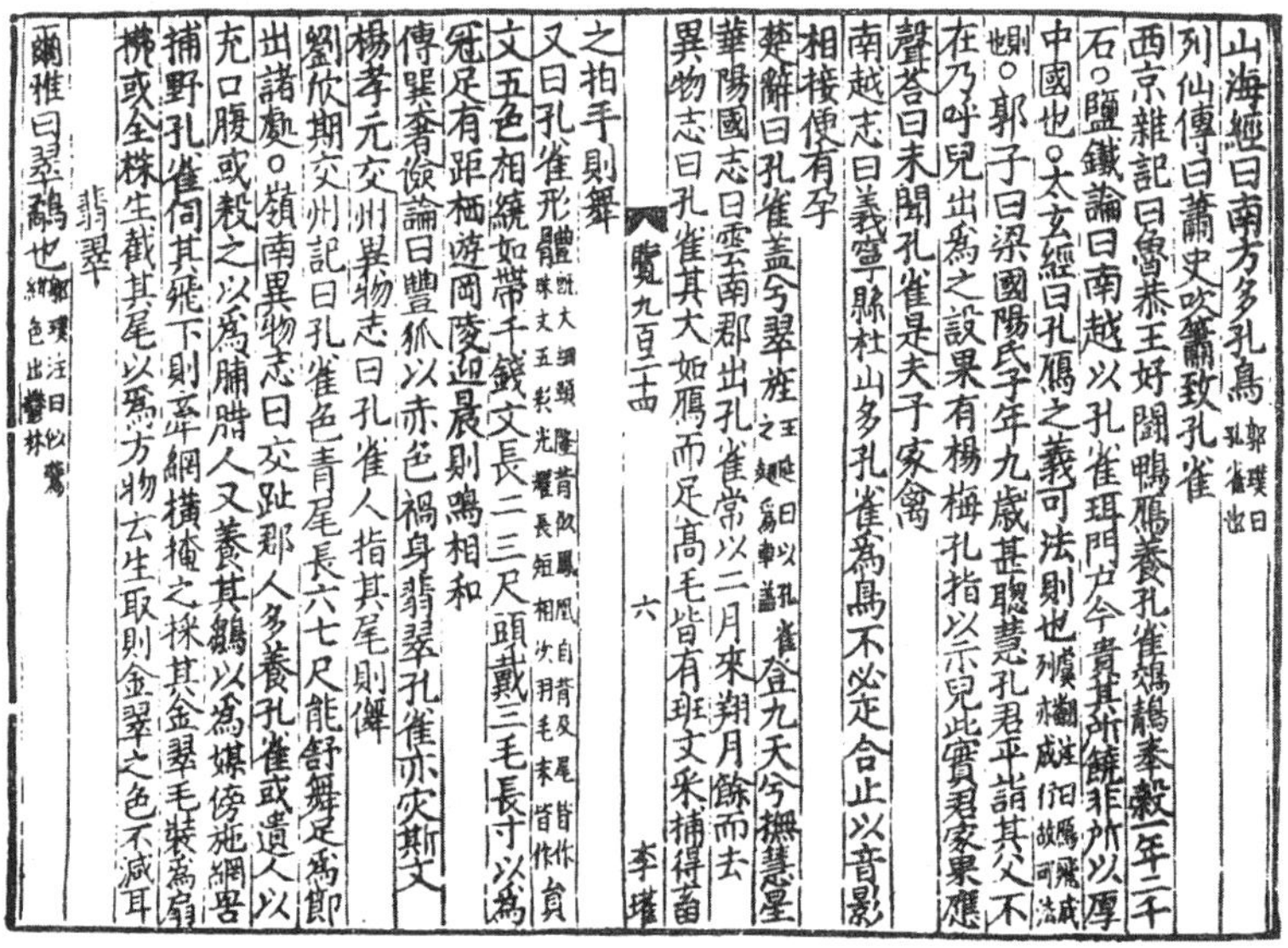
山海經曰南方多孔鳥
列仙傳曰蕭史吹簫致孔雀
西京雜記曰魯恭王好鬭鴨鴈養孔雀鵁鶄奉穀一年二千
石○鹽鐵論曰南越以孔雀珥門戸今貴其所饒非所以厚
中國也○太玄經曰孔鴈之義可法則也
蜩○郭子曰梁國楊氏子年九歲甚聰慧孔君平詣其父不
在乃呼兒出爲之設果有楊梅孔指以示兒此實君家果應
聲荅曰未聞孔雀是夫子家禽
南越志曰義寧縣杜山多孔雀爲鳥不必定合止以音影
相接便有孕
楚辭曰孔雀蓋兮翠旌
華陽國志曰雲南郡出孔雀常以二月來翔月餘而去
異物志曰孔雀其大如鴈而足高毛皆有班文采捕得畜
覽九百二十四　六　李璀
之拍手則舞
又曰孔雀形體
文五色相繞如帶千錢文長二三尺頭戴三毛長寸以爲
冠足有距棲遊岡陵迎晨則鳴相和
傅巽奢儉論曰豐狐以赤色禍身翡翠孔雀亦灾斯文
楊孚交州異物志曰孔雀人指其尾則舞
劉欣期交州記曰孔雀色青尾長六七尺能舒舞足爲節
出諸處○嶺南異物志曰交趾郡人多養孔雀或遺人以
充口腹或殺之以爲脯腊人又養其鶵以爲媒傍施網罟
捕野孔雀伺其飛下則牽網横掩之採其金翠毛裝爲扇
拂或全株生截其尾以爲方物云生取則金翠之色不減耳
翡翠
爾雅曰翠鷸也

図1　『太平御覧』巻九二四、羽族部・孔雀、九行目（中華書局影印本）

道長閲覧の『修文殿御覧』は、中国南北朝時代の北斉時代に成立した類書である。その後、北宋時代に『修文殿御覧』を藍本として『太平御覧』が編纂され広く流布（当時の日本にはまだ将来されず）したので、道長の見た『修文殿御覧』は現存しない。ただ、『太平御覧』には、道長が参照したであろう『修文殿御覧』の孔雀部がそのまま引用されている（図1）。『太平御覧』巻九二四、羽族部、孔雀条に『南越志』を引用して「為鳥不必定合、止以音影相接、便有孕」とあり、『御堂関白記』の『修文殿御覧』引用部分と同文が掲載されている。

このような藤原道長の生活に彩りを与えているのは、海外から持ち込まれた孔雀であり、また『修文殿御覧』等であった。これらは当時、中国からの舶来物資「唐物」と称されていた。では、こうした唐物は、どのようにして日本にやってきたのであろうか。中国の港町に集積される舶来物資と、それらが海を渡って唐物となるさまを見ていくこととする。

一、集まる交易品——明州にて

日本に船来される物は、主に中国の海港都市明州からもたらされた。宋代になると、海外交易を担う海港都市に市舶司が設置されるようになるが、明州にも淳化元年（九九〇）に市舶司が置かれることとなった。市舶司は主に、出入国する漢人・蕃人海商を管理し、徴税（「抽解」）・官買（「博買」）を行った。そして元豊三年（一〇八〇）には、日本・高麗との交易の窓口は、明州市舶司に指定されることとなった（**図2**）。

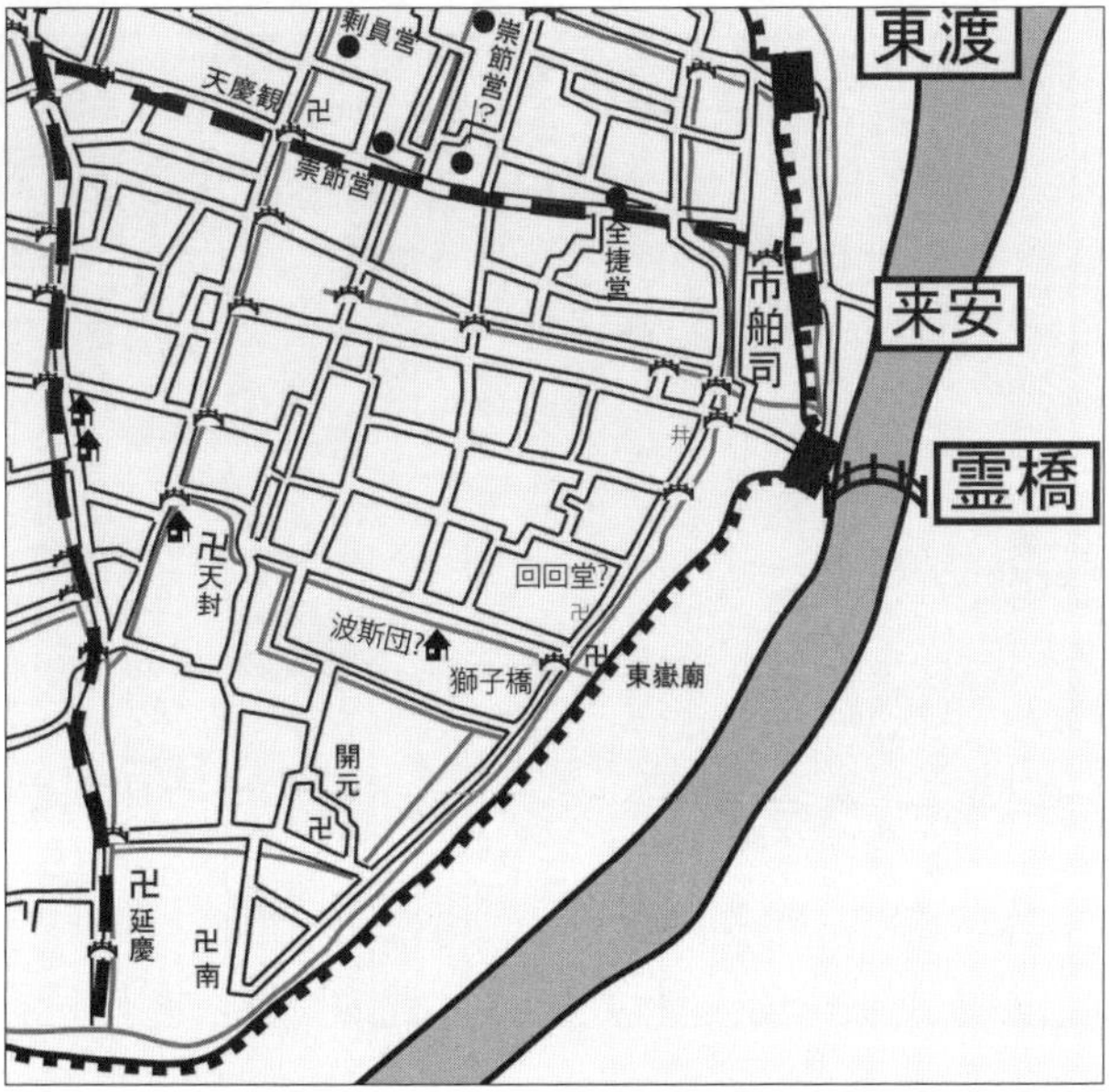

図2　明州城東南部（筆者作成）

明州の場合を見てみると、海洋を渡って来た漢人・蕃人の船舶は銭塘江河口の南岸を流れる甬江を河口から二〇キロメートルほど遡上し、奉化江と姚江、甬江（両江が合流）の三江に囲まれた卵型の明州城を目指した。明州城の東門に位置する霊橋門のすぐ北に、来安門という門があり、海洋船舶はそこに舫うこととなっていた。そして、来安門をくぐると、すぐそこに市舶司が設置されていた。

（1）抽解・博買・上供・出売

来安門外の川岸に来安亭があり、そこに船舶が係留すると、来安門が開かれ、中から市舶司の官吏がやって来て、身元確認や積み荷のチェックなどを行った。交易品等は、主に単価の高いものは細色物貨、低いものは矗色《そしき》物貨に区分され、それぞれに抽解（徴税）・博買（官による先行買付け）が行われた。抽解の場合、細色物貨はおよそ十分の一、矗色物貨はおよそ十五分の一の物品を徴収した。ついで、市舶司は残りのおよそ二分の一から三分の二ほどの物貨を買い上げた。買い上げにあたっては、銅銭を海外に持ち出すことは原則禁止されていたので、それに見合う陶磁器や絹などの物品で支払われた。残った物貨については、海商が内地の商人などに転売することが許可されていた[2]。

こうして、抽解や博買で得た大量の船来物貨は、市舶司内に置かれた四棟二八区画よりなる市舶庫[3]に収蔵された。そし

表1　13世紀明州船来物貨表

	細色物貨	麤色物貨
高麗	銀子・人参・麝香・紅花・茯苓・蠟	大布・小布・毛絲布・紬・松子松花・栗・棗肉・榛子・椎子・杏仁・細辛・山茱萸・甘草・防風・牛膝・白朮・遠志・薑黄・香油・紫菜・螺頭・螺鈿・皮角・翎毛・虎皮・漆・青器・銅器・雙瞰刀・席・合蕈
日本	金子・砂金・珠子・薬珠・水銀・鹿茸・茯苓	硫黄・螺頭・合蕈・松板・杉板・羅板
海南・占城・西平・泉広州船	麝香・箋香・沈香・丁香・檀香・山西香・龍涎香・降真香・茴香・没薬・胡椒・檳榔・蓽澄茄・紫礦・畫黄・蠟・鼊魚皮	暫香・速香・香脂・生香・麤香・黄熟香・雞骨香・斬剉香・青桂頭香・藿香・鞋面香・烏里香・断白香・包袋香・水盤香・紅豆・蓽撥・良薑・益智子・縮砂・蓬莪朮・三頼子・海桐皮・桂皮・大腹皮・丁香皮・桂花・薑黄・黄蘆・木鱉子・茱萸・香柿・磕藤子・瓊菜・相思子・大風油・京皮・石蘭皮・獣皮・苧麻・生苧布・木棉布・吉布・吉貝花・驢鞭・釵藤・白藤・赤藤・藤棒・藤篾・窊木・射木・蘇木・椰子・花梨木・水牛皮・牛角・螺殻・蚜螺・條鐵・生鐵
外化蕃船	銀子・鬼谷珠・珠砂・珊瑚・琥珀・玳瑁・象牙・沈香・箋香・丁香・龍涎香・蘇合香・黄熟香・檀香・阿香・烏里香・金顔香・上生香・天竺香・安息香・木香・亜濕香・速香・乳香・降真香・麝香・加路香・茴香・脳子・木札脳・白篤耨・黒篤耨・薔薇水・白豆蔻・蘆薈・没薬・没石子・檳榔・胡椒・硼砂・阿魏・膃肭臍・藤黄・紫礦・犀角・葫蘆瓢・紅花・蠟	生香・修割香・香纏札・麤香・暫香・香頭・斬剉香・香脂・雜香・盧甘石・窊木・射木・茶木・蘇木・射檀香・椰子・赤藤・白藤・皮角・鼊皮・絲・簟

て、細色物貨と麤色物貨がそれぞれ一定量に達すると（およそ細色物貨は一船団ごとに五千両、麤色物貨は一万斤）、綱運によって首都へと上供として上納された。残った船来物貨は、市舶司のもとで民間商人や、おそらく海商などにも出売された。

（2）明州に持ち込まれる船来物貨

では明州に来船する海外などの交易船には、何が積まれていたのであろうか。十三世紀に成立した明州の地方志である『宝慶四明志』巻六にそのリストが載っているので、ここで少し整理して紹介しよう（**表1**、一部修正してある）。

高麗から明州に運び込まれる船来物貨には、細色物貨として人参や紅花《こうか》・茯《ぶく》苓《りょう》、麤色物貨として栗・棗・杏仁・甘草《かんぞう》・防風・遠志《おんじ》などの、いわゆる漢方薬の材料が多い。また、螺鈿や虎の皮、また青器（高麗青磁？）・銅器（佐波理、ただし当時は高麗からの持ち出しが禁止

図3　乳香（筆者撮影）

されていた）なども見える。

日本からは、細色物貨として金や水銀などの金属類や、鹿《ろく》茸《じ》・茯苓といった薬材、また麤色物貨として、宋朝の火器兵器に用いる火薬の原料である硫黄[4]や、松や杉の木材が運ばれていた。

海南や占城（チャンパ）・西平（広西）、そして泉州・広州市舶司を経てやってくる交易船には、多種多様の香薬品が積載されていた。詳細の不明なものもあるが、麝香（ムスク）や沈香・丁香（クローブ）・龍涎香（アンバーグリス）・茴香（フェンネル）・没薬（ミルラ）・胡椒・檳榔（ビンロウジ）など（以上、細色物貨）、また黄熟香・桂皮（シナモン）など（以上、麤色物貨）の、お香としても薬としても利用される香薬品が多い。また、木綿や苧麻などの植物繊維、木材、動物の皮なども見られる。

上記の地域より遠い東南アジアやインド、さらにはアラブ方面からくる船は、原則的には広州市舶司を利用することになっていたが、それでも**表1**に見られるように、明州にも来訪していた。珊瑚・琥珀・玳瑁《たいまい》・象牙や、安息香・乳香（**図3**）・没薬、また膃肭臍（オットセイ）などの細色物貨が特徴的である。これらの物貨は、主にイスラーム系海商がダウ船に乗り込んで、インド洋を経由しつつ中国にもたらせたものである。とくに乳香や没薬、龍涎香などは、エチオピアやソマリア、南アラビアなどから運ばれてきており[5]、よってより遠方より来る物貨は、希少価値のため細色物貨の認定を受けていた。**表1**に見られるように、より近い海南・占城・西平・泉広州船に麤色物貨が多く、外化蕃船（教化外の外国船）に細色物貨が多くみられるのもそのためである。

以上のように、多くの海外の地域から、多くの交易品が明州に運び込まれたが、それ以外にも、鸚鵡や孔雀等の、人の耳目を驚かせる鳥や動物も持ち込まれた。売買される場合もあったであろうし、また商売を上手に進めるための贈答用として贈られることもあった。広州市舶司には、占城や安南などの南海諸国が朝貢品として象数頭を連れてくることがあり、その飼育に困り、受け取りを拒否した事例もある。また真里富国の使者が象を明州に連れてきたこともあった（『宋会要輯稿』蕃夷四―一〇〇、開禧元年八月二十三日）。

図4　丁子（筆者撮影）

そうして、日本に向けて出発する交易船は、朝鮮や、東南アジア・インド等からの細色・麤色の交易品を、明州市舶司等を通じて入手し、また場合によっては贈答用などの鳥獣を連れ、それに明州市舶司での交易の代価として受け取った中国産の陶磁器や絹（独自に購入する場合もあったであろう）を加えて、総じてそれらを舶来物貨として積載した。

二、舶来物貨から「唐物」へ

上記のような舶来物貨（日本の物資は除く）は、明州を出発し、海を越えて日本列島に到着し、日本人の目に触れたとたん、「唐物」となる。日本人にとって遥か海を隔てた異国の物貨は、日本独自のものではなく、中国（「から」）からやってくることで、とりわけ平安貴族たちにとって希少で先進的な特別の価値が付与された。

では具体的には、どのような舶来物貨＝唐物が史料上に確認できるのだろうか。有名なのは十一世紀に成る『新猿楽記』八郎真人に見える唐物であるが、意外に文字史料は詳しく語らない。ここではいくつかの具体例を紹介したい。

（1）義空宛書函群

『高野雑筆集』末尾に残された書函群は、九世紀に京都の檀林寺に滞在した中国禅僧の義空に宛てて、中国等から送られたものである。[6] 檀林皇后橘嘉智子の招請によって来日する義空に対し、蘇州の海商であった徐公直が援助を行い、実際の渡航にあたっては、徐公直の弟の徐公祐が面倒を見た。その徐公直や、友人の僧侶等からの書函が残っている。そこには、義空への贈り物として、

席五合、沙糖一十斤、蜜五升、靸鞋両量　（大中三年五月二十七日書状、徐公直より）

茶一斤、白茶椀十口　（大中三年九月十一日書状、徐公祐より）

白角如意　（大中三年六月七日書状、雲叙より）

莚錦縁褶畳燈心席　（大中三年五月二十七日書状、趙度より）

越綾一疋、靸鞋一量、沙糖十斤　（大中五年五月二十二日書状、徐公直より）

白茶垸五口、越垸子五対、青瓶子一、銅匙筋三対　（大中五年閏十一月二十四日書状、徐公祐より）

銭香毬両、幡子両箇、百和香十両　（大中六年十月二十一日書状、徐公祐より）

などが挙がっている。越磁の茶器や席、砂糖・お香などがもたらされていることが分かるが、徐公直や義空の当人同士では、ただの中国の物貨だったが、それを目にした日本人には、「唐物」に映じた。

（2）呉越国時代

十世紀の呉越国時代では、呉越国王と日本の左右大臣との間で、両者の交易が円滑に進むよう、書状の応答が繰り返されていた。[7] 呉越国王からの書状は、主に呉越海商が持参したが、その折に羊数頭（『日本紀略』承平五年九月）が献上されている。また同時代に、孔雀の献上が三度なされており、[8] おそらく呉越国を出発した交易船により運び込まれたのであろう。なお呉越国は、中原王朝への進奉にも孔雀を贈っている（『冊府元亀』巻一六九、同光三年五月）。

（3）周文裔とその子周良史

十一世紀に活躍した、台州の海商周文裔とその子周良史が日本で交易をおこなうにあたり、年紀違反を勘弁してもらおうと、右大臣藤原実資に対して、

翠紋花錦壹疋　小紋緑殊錦壹疋　大紋白綾參疋
麝香貳臍　丁香伍拾兩　沉香佰兩　薫陸香貳拾兩　可梨勒拾両
石金青參拾兩　光明朱砂伍兩
色色餞紙貳佰幅　絲鞋參足

を贈っていた（『小右記』長元元年十二月十五日）。これらは、明州を出発した周父子の交易品の一部であり、上質の絹や麝香・丁香・沈香といった香薬品や顔料等である。また周文裔

は、冒頭に登場した孔雀を献上した張本人でもあった。

(4)李充公憑

崇寧四年(一〇五)に、泉州出身の海商李充が自らの船で明州市舶司を経由して日本に赴いた際に、持ち来った公憑(市舶司発行の渡海証明書)が『朝野群載』巻二十に収められている。市舶司で渡海するための公憑を取得するためには、まず申請書(「申状」)を提出しなければならなかった。そこには、船員の人名や船載する物貨を書かなければならず、それが公憑にも転記された。李充の船載物貨は、

象眼肆拾疋　生絹拾疋　白綾貳拾疋　甆垸貳佰床　甆堞壹佰床

と、絹と陶磁器のみ記されている。これから日本で交易するにはかなり物足りない。これは、李充が公憑を申請した際に船載予定であった物貨のみであり、李充は公憑取得後に、明州市舶司で南海物貨等を購入し、それらを追加して船載したと考えておきたい。

おわりに――海渡る「倭物」

以上見てきたように、当時の明州は、朝鮮や日本、そして東南アジア・インド、さらにはアラブ・アフリカにまで至る地域から、香薬・顔染料・木材・調度品・鳥獣などが集まる国際交易の海港都市であった。交易品は、明州に設置された市舶司が管理し、徴税や官買を通じて多量に市舶庫に保管された。またそれら交易品は、在地の商人や海商などに払い下げられもした。

日本に向かう交易船は、そうした交易品や贈答用鳥獣に、さらには中国産の絹や陶磁器を加えて、それらを船来物貨として積載した。これら舶来物貨が日本の人々の目に入ると、はるか遠くの「から」から来た特別で高価な物貨、唐物としての価値をまとうことになる。貴族たちは珍奇の眼差しでもって唐物を眺め、欲した。

一方で、日本を出帆する交易船は、金や薬材・木材などを明州に運んできた。とりわけ日本産木材は重宝されたようで、先の『宝慶四明志』巻六での日本の「松板」には、「刷った糸のように木目が細やかで、つやのあるものが最上級品である」と注が付されている。また南宋を代表する詩人陸游作の『放翁家訓』には、「明州・臨安に日本船が来たとき、三十貫出せば、(良い木材が買えて、)立派な棺桶が一つできる」と伝えている。[9] 日本からくる「倭物」としての木材が、中国で特別な価値を付与されているさまがうかがえる。

また北宋時代の政治家であった欧陽脩は、「日本刀歌」と題する詩を作り、それによると浙東地方の商人(おそらくは

明州の海商）が手に入れた日本刀は、香木の鞘に魚皮を貼り、真鍮と白銅を織り交ぜて飾ってあったという。また佩刀《はいとう》していれば、妖凶を祓うとも考えられていた（『文忠集』巻五十四）。欧陽脩は日本の刀に特別な価値を置いていたことがうかがえよう。

このように、数は多くないが、当時の中国にとって、日本からもたらされる「倭物」も、単なる舶来木材や工芸品とは異なって、〝日本産〟という特別な価値が付与されていた。

注

（1）皆川雅樹「動物の贈答――六～十二世紀における鸚鵡・孔雀の交易」（『日本古代王権と唐物交易』吉川弘文館、二〇一四年）。

（2）山崎覚士「貿易と都市――宋代市舶司と明州」（『瀕海之都――宋代海港都市研究』汲古書院、二〇一九年）。

（3）『宝慶四明志』巻三、市舶務に「東西前後列四庫、臚分二十八眼、以『寸地尺天皆入貢、奇祥異瑞争来送、不知何国致白環、複道諸山得銀甕』、号之」とあり、市舶司庁堂の東西南北に庫を一つずつ置き、それぞれの庫を七区画に区切って、杜甫作「洗兵馬」内の四句二八字を号として配していた。

（4）山内晋次『日宋貿易と「硫黄の道」』（山川出版社、二〇〇九年）。

（5）家島彦一「海域ネットワークの成立」（『海が創る文明――インド洋海域世界の歴史』朝日新聞社、一九九三年）。

（6）山崎覚士「九世紀における東アジア海域と海商――徐公直と徐公祐」（『中国五代国家論』思文閣出版、二〇一〇年）。

（7）山崎覚士「呉越国・宋朝と古代日本の交渉・貿易」（田中史生編『古代日本と興亡の東アジア』竹林舎、二〇一八年）。

（8）前掲注1皆川論文。

（9）岡元司「南宋期浙東における墓と地域社会――対岸社会の一断面」（『宋代沿海地域社会史研究』汲古書院、二〇一二年）。

高麗・朝鮮王朝との交流と唐物

関　周一

せき・しゅういち――宮崎大学教育学部教授。専門は日本中世史（対外関係史）・海域アジア史。主な著書に『中世日朝海域史の研究』（吉川弘文館、二〇〇二年）、『対馬と倭寇――境界に生きる中世びと』（高志書院選書、高志書院、二〇一二年）、『中世の唐物と伝来技術』（吉川弘文館、二〇一五年）などがある。

美しい青色の釉色を持つ高麗青磁が、高麗の康津《カンジン》で焼かれ、時間差を置かずに博多や大宰府などに輸入された。高麗版典籍のうち義天版は、収蔵先において多くの写本が作成され、章疏録の編纂に影響を与えた。高麗版大蔵経は、北野社一切経のような写経や、足利将軍の誕生日祈禱での転読に利用された。

はじめに

本稿は、朝鮮半島からの唐物について考察する。対象とする時期は、高麗から朝鮮王朝前期、日本では古代末から中世にあたる。高麗青磁と典籍（高麗版大蔵経や個別経典）を事例として、そこからどのような論点を見出し得るのかについて、近年の諸研究に基づきながら論じていきたい。

（1）「唐物」の定義

「朝鮮半島からの唐物」という設定については、違和感を持たれるかもしれない。この表現は、十五世紀、朝鮮王朝からの輸入品を「唐物」と呼んだ事例があることによる。貞成親王『看聞日記』永享三年（一四三一）七月二十八日条には、「抑も高麗より公方へ進物到来す。鵝眼千貫・唐物重宝済々進むと云々」とあり、「高麗」（ここでは朝鮮王朝）から「公方」（ここでは足利義教）への進物として、「鵝眼」（銅銭）と「唐物」が挙げられている。

筆者は、分析概念としての「唐物」について、次のように定義したことがある。(1)

実際の生産地にかかわらず、中国（唐）のものと認識された高級舶来品。またはそれに匹敵する価値があると日本でみなされた、朝鮮王朝などから輸入された高級舶来品。

基本となる定義は前半だが、さらに後半のケースまで広げてみた。分析の対象は、史料上「唐物」と表記されたもののみならず、「唐絵」「唐墨」など「唐」の語が付されたものも分析対象に加えている。具体的には、絵画（唐絵）・書籍・経典・絹織物・香料・薬種・工芸品・陶磁器・金属器などが該当する。これらの「唐物」は、贈答品としてしばしば登場し、モノとして高い価値が認められていた。

また「からもの」の語の成立について、河添房江氏は、「から」「からくに」は、朝鮮半島の南にあった小国群の「加羅」に由来することを指摘している。「から」「からくに」は、「加羅」を指す語から、朝鮮半島の国々全体（特に統一新羅）を指す語へ、そして八世紀となり遣唐使が再開されると、中国＝唐を指す語へと拡大し転用されていった。[2]

（2）唐物を分析する視点

本書の編者の皆川雅樹氏によれば、近年の「国風文化」に関わる研究において、唐物は「消費財」（必要物資・必要消費財）であり、同時代の日本の文化状況にはほとんど影響を与えなかったという論調があるという。例えば『国風文化』において、佐藤全敏氏は、次のように述べている。

当時、中国から大量に流入したとされる物品は、そのほとんどが、天皇や貴族たちの生活を唐風に彩り、その社会的地位を誇示したり、あるいは儀式行事を従来通りの（つまりは多くは唐風の）やり方で荘厳したりするための、稀少な贅沢品・消費財に限られていた。そしてまれに同時代の中国の絵画や仏像が運ばれてくることがあっても、古き良き唐風文化を愛好する日本の貴族社会は、それらを珍重しつつ、自分たちの文化のなかには基本的には取り入れなかった。仏画や仏像でみたように、まれに取り入れたとしても、一部の要素を断片的に摂取するだけにとどまる。「唐物」は、当時の日本の二元的な文化構造を補強することはあっても、これを揺るがすようなことはなかったのである。[3]

右の議論ではなはだ疑問なのは、「なぜ天皇や貴族たちは唐風に彩る生活を続けるのか」「なぜ部分的にせよ、仏画や仏像に中国の仏画・仏像の要素を摂取しようとするのか」といった点を一切問題にしようとせず、いわば思考停止していることである。こうした点の解明は、天皇や貴族、仏師らの価値観や美意識の解明につながるのではないだろうか。

「消費財」をもって文化を論じることはできない、という佐藤氏の姿勢は、文化の受容者は天皇や貴族、対象とする分野は宗教や芸術であり、日本人自らが制作したもののみが考察の対象になるのだと考えているように読める。だが歴史学において、文化概念を広くとらえる（民衆文化、生活文化など）ことはもはや常識だと思われる。日本の古代・中世において、中国磁器を模倣して陶器が生産されている事実（考古学における「モデルとコピー」論）は、文化論の中に唐物＝消費財を組み込むべきであることを示唆している。

佐藤氏の文章は、唐風・唐物と和風（国風）・和物を単純な二項対立（どちらかを主流、傍流とする議論）でとらえている点でも問題がある。そもそも「唐物が日本文化を一変させた」というような議論が存在するのだろうか。佐藤氏の議論は、唐風・唐物を可能な限り矮小化して評価することを意図したものとの印象が拭えない。

なお、『国風文化』については、榎本淳一氏が的確な論評をしているので、ぜひ参照されたい。[4]

さて本稿では、高麗青磁の生産と流通、高麗版典籍の輸入とその利用（消費）について検討したい。狭い意味での「文献史学」では到底解明しきれないので、前者については考古学、後者については仏教史の成果に学んで述べていきたい。

一、高麗青磁の生産と流通

（1）日本と高麗の交流

日本と高麗の交流には、次の三つの形態があった。[5]

①高麗使節の来日

両国の外交は、高麗から日本の朝廷（京都）に使節が派遣される、すなわち高麗が主導して交渉が始まった。[6] ただし日本側から主体的に使節を派遣することはなく、日麗関係は、使節が往来して方物を交換するという形の通交関係は、成立しなかった。また高麗使節は大宰府に留め置かれ、上洛は許されていなかった。したがって高麗使節が直接対面して交渉した相手は、大宰府府官らであった。

②大宰府・地方官衙の交渉（官人、海商）

西日本の官衙の使節が、高麗に派遣されることがあった。当初は漂流人の送還、その後は貿易を目的として、高麗に渡航した。

十一世紀後半、日本から高麗への渡航者が増加する。①大宰府や対馬島衙が、太政官の指示を受けて、高麗と交渉する場合と、②太政官の指示を受けずに、官衙単独に交渉する場合とがあり、在庁官人や商人（海商）らが交渉の担い手となる。[7]

十二世紀以降、対馬島の国衙から高麗の地方官衙あてに進奉船が派遣され、「進奉」（高麗国王との臣従関係を示す行為）を名目とした貿易が行われた[8]。対馬島衙の高麗通交は、在庁官人阿比留氏が主導したものとみられる[9]。近年、近藤剛氏は、対馬島のみならず、大宰府が派遣した使節や商人を含めて、進奉船の対象を広く捉えている[10]。

③中国人海商のネットワーク

日麗貿易の背景には、宋・高麗間で活動した中国人海商（宋海商）のネットワークがあった[11]。彼らは、高麗に拠点を持ちつつ貿易を行っていた。高麗は、彼らを入貢した使節と位置づけていた。彼らの活動範囲は、日本にも及び、十一世紀後半、博多に「唐房」と呼ばれる拠点を持つに至る。したがって中国人海商が、日麗貿易の一翼を担っていたものと考えられる。

（2）高麗青磁の生産と、日本への流通

日本と高麗の関係を示す文献史料には、高麗青磁の記述はほとんどない。そこで考古学の成果、特に片山まび氏の研究[12]に基づいて、世紀ごとに生産地の状況と日本（消費地）への流通についてみていくことにしたい。

①十世紀

高麗青磁の生産がいつ頃から始まったかについては諸説があるが、二〇〇〇年代以後は十世紀説が優勢であり、高麗時代に名実ともに青磁の生産が始まったことになる。青磁生産の動機は、祭器や茶器など、高麗王室や寺院の儀礼で用いられる容器の補給であった。統一新羅時代から続く陶器の内在的発展と、越州窯をはじめとする中国陶磁の影響のもとに成立したと考えられている。

最初期の窯跡は都の開京（開城）の周辺の中西部に集中し、消費地の出土も開城の王陵などにおおむね限られる。王族など上層の支配者層と開京周辺にのみ流通したといえる[13]。

②十一世紀

韓国全羅南道康津の大口面一帯の青磁窯において、素焼きと二次焼成を経た、美しい青色の釉色を持つ青磁が生み出された。この地には、王室ないし国家が必要とする物品を生産して貢納する「所」が置かれた。康津の青磁は、一種の「公用器」であった。十一世紀後半代の龍雲里一〇号窯一層では、「蛇の目高台碗」の畳付幅が一センチ前後と広くなる。

日本では十一世紀半ば以降の遺跡から、高麗青磁が出土するようになる。十一世紀半ばに火災により廃絶された鴻臚館に代わって、貿易の中心となる博多や、大宰府、佐賀県小川遺跡・鍵尼《かぎあま》遺跡、長崎県対馬乗石《うまのりいし》遺跡などで高麗青磁が出土する。これらの出土品は、龍雲里一〇号窯跡一層の「蛇の

目高台碗」や陽刻蓮弁文蓋などで、ほぼ時差なく生産地から日本へ運ばれていたことがわかる。

片山氏によれば、この時期の高麗青磁は商品というよりも国王からの下賜品だった可能性が高いという。すなわち「公用器」である康津製の青磁が、「公」のルートで渡ってきたものとする。このことは、十一世紀後半、大宰府などから高麗への渡航者が増加したことに呼応したものといえる。片山氏は、開京における日本からの使節への下賜品、もしくは開京との経由地である金州を経る「康津→開京→金州→日本」のルートでの日本への流入を想定している。[14]

③十二世紀〜十三世紀

従来、高麗青磁は十三世紀になると退潮すると考えられてきた。しかし王陵や消費地遺跡における出土資料の増加により、むしろ十三世紀にかけてめざましい発展を遂げたことが明らかになってきた。

生産地は康津を主軸として、使用者層に合わせてさらなる分化を遂げていった。翡色青磁や精緻な装飾の良質青磁、精製しない胎土に印花（型押し）や鉄絵などを施した粗製青磁に大きく二分される。

十二世紀前半の良質青磁の指標としては、康津龍雲里一〇号窯二層カ類がある。「蛇の目高台碗」の代わりに輪高台碗へと移行し、全体に高台をあまり削り出さない碗皿類が増える。文様装飾には陰刻菊花文や波魚文が増え、目跡には黒砂混じりの赤色耐火土が多い。また翡色と呼ばれる深い青緑色を帯び、硅石目《けいせきめ》をあてる青磁が康津沙堂里を中心に焼かれた。

粗製青磁については、印花や陰刻文装飾を中心とする窯と、鉄絵を主とする窯に二分される。前者は忠清南道公州新影里・大田市旧完洞など「康津類型」の文様や器形の青磁を焼造した。全羅北道扶安郡柳川里窯は「康津類型」に相当し、康津と比肩するまでになった。後者については、全羅南道海南郡珍山里窯跡の他、在地向けの鉄絵青磁の窯が存在していた。

日本への流通をみると、特徴的なのは、出土品の生産地が康津（または扶安。康津と扶安の青磁の判別はきわめて難しいという）および海南に限定されることである。[15]

対馬島西北岸に注ぐ佐護川流域に位置する、大石原《おおいしばる》遺跡（長崎県対馬市）は、十二世紀初めを上限とする良質な高麗青磁がまとまって出土している。素文または陰刻文で、暗青色釉を施釉し、目跡が残る碗と皿の破片が一五〇点近く含まれるほか、ほぼ同数の無釉陶器瓶が出土している（図1）[16]。同遺跡の五号溝では、十一世紀末〜十二世紀前半頃の中国華南白磁碗を伴い、康津龍雲里一〇号窯二層鉄絵青磁や粗製青磁

図1　大石原遺跡出土の高麗青磁（対馬市教育委員会蔵）

が出土している。本遺構は、十二世紀初期を上限とする掘立柱建物跡に伴うものとされる。[17]

片山氏は、同時期の博多周辺の遺跡群で出土する高麗青磁について、康津龍雲里一〇号窯二層タイプの鉄絵青磁皿や、小さな硅石目をあてる康津沙堂里の青磁陽刻蓮弁文碗があることを指摘する。そして十二世紀後半の畿内、十三〜十四世紀前半の鎌倉における出土例に触れ、いずれも生産年代とほぼ等しく渡ってきたものと評価している。[18]

上記を踏まえて、片山氏は十二世紀から十三世紀までの東アジアにおいて、高麗青磁は「下賜品」から「商品」へとその性格を変えたと評価する。そして対馬の大石原遺跡の例を踏まえつつ、十二世紀前半頃から対馬を経由する交易が増加したと考えられ、古代以来の対馬北部航路の存在を示唆しているとする。[19]この時期は、対馬から進奉船が派遣された時期にあたる。

片山氏によれば、粗製青磁のうち、印花技法によって「康津類型」をなすものは、出土していないという。一方、鉄絵を主とするものは、博多遺跡群・日野市南広間地遺跡・大宰府観世音寺で出土するが、すべて褐色の胎土や厚い鉄絵具、花弁の表現などの点で全羅南道海南郡珍山里窯跡の製品と結びつけられるという。[20]

二、高麗版典籍の輸入

次に高麗版の典籍（特に経典）についてみておこう。高麗仏教の日本への影響は、主に典籍の輸入によるものであった。その典籍の交流は、①十一世紀末期から十二世紀初頭にかけての義天版の輸入と、②十四世紀以降の高麗再雕大蔵経の輸入、という二つの時期がある。[21]

（1）高麗における大蔵経の雕造と義天版

馬場久幸氏の整理によって、中国・高麗における大蔵経の雕造と、高麗における教蔵について確認しておこう。[22]教蔵とは、経、律、論からなる大蔵経とは異なり、注釈書である論疏だけを集めたもので、大蔵経に対する解説書の意味を持つ。[23]

中国では、北宋の太祖の勅令により、開宝五年（九七二）に大蔵経の雕造が始められ、太宗の太平興国八年（九八三）に完成したとされる。これを勅版大蔵経（蜀地方で開版されたため蜀版大蔵経とも呼ばれる）、一般的には開宝蔵と呼ぶ。漢字文化圏における最初の刊本大蔵経であった。

高麗においては、契丹の侵攻に対して、顕宗の時代に大蔵経の雕造が開始された。顕宗二年（一〇一一）に開始され、同二十年（一〇二九）に一旦終了しているものの、その後も雕造が続けられた。顕宗の時代には、一〇七六部五〇四八巻が完成し、文宗の時代には、宋の新訳経典等二〇〇〇余巻の追雕が完成している。これが高麗の初雕大蔵経であり、開宝蔵に倣って一行一四字詰、巻子装の形式をとっている。

大覚国師義天（一〇五五～一一〇一）は、宣宗二年（一〇八五）、北宋に入り、章疏《しょうしょ》三千余巻を蒐集し、『新編諸宗教蔵総録』三巻を編集した。章疏とは、中国や日本などで著された仏教書をいい、編章を分けて教義を論ずるものを「章」、経論の文句を通釈するものを「疏」という。その後、義天は、開城近郊の興王寺の住持となり、教蔵都監を設置し、北宋・遼・日本や高麗国内から広く章疏を集め、『続蔵経』（教蔵）四千余巻として刊行した（義天版）。義天の呼びかけに応じた章疏の送付を通じて、日本仏教界は義天版事業に関与していたといえる。[24]

高宗十九年（一二三二）のモンゴル軍侵入によって、初雕大蔵経の版木が所蔵されていた符仁寺が焼かれた。高宗は、仏教の力によってモンゴル軍を追い払うために、再び大蔵経を雕造することとし、高宗二十三年（一二三六）、大蔵経の再雕が発願された。この作業は、大蔵都監を設置して進められ、高宗三十八年（一二五一）に完成した。これが再雕大蔵経である。

大蔵経の再雕と並行して、守其《しゅき》が、開宝蔵や契丹版大蔵経（契丹蔵）、初雕大蔵経などを校勘したため、再雕大蔵経は善本として広く世に知られるようになった。形式は初雕大蔵経と同様に、一行十四字詰、一張二十三行（例外は除く）で、総巻数は一四九八部六五六九巻である。版木は、江華島正門外にある大蔵経板堂にあったが、朝鮮王朝時代初期に伽耶山海印寺に移されて現在に至っている。

(2) 義天版の輸入

義天版は刊行後まもなく日本に輸入された[25]。興福寺僧（円憲）が、嘉保二年（一〇九五）十月に大宰府（権帥源経信）で「宋人」柳裕に会って、『続蔵経』中の浄土教関係の章疏等の輸入を依頼したところ、柳裕は、永長二年（一〇九七）三月二十三日付で義天の許から得た「弥陀極楽書等十三部二十巻」を興福寺浄名院に送っている。

この「宋人」柳裕は、博多に来航した中国人海商だと考えられる。北宋と高麗との通交に関与し、中には義天と親しい関係を作っている海商がいた。そのため、彼らは義天版を入手することができたのである。前述した中国人海商のネットワークが、日本に義天版をもたらしたのである[26]。

また仁和寺禅定二品親王（覚行法親王）の依頼を受けた大宰帥藤原季仲が、長治二年（一一〇五）五月に使者を派遣して、『続蔵経』中の『釈摩訶衍論賛玄疏《しゃくまかえんろんさんげんしょ》』（一〇九八年刊行）・『釈摩訶衍論通玄鈔』（一〇九八年刊行）等を輸入した。

このように義天版の輸入には、中国人海商（宋海商。柳裕）、大宰府の官人（藤原師仲）、京都・奈良の権門寺院（仁和寺・興福寺）が密接に関わっていたのである[27]。

義天版原本は、収蔵先において多くの写本が作成され、伝播していった。右の藤原季仲が入手した経典については、季仲一族に関係の深い大和中川寺成身院経蔵に収蔵された後、平安時代末期から鎌倉時代中期にかけて高野山、仁和寺、東大寺、高山寺、久米田寺等の諸寺に写本が行き渡っていった[28]。

横内裕人氏は、義天による教蔵編纂の事業は、日本における章疏の所在意識を高め、日本初の章疏録である『永超録』の編纂に影響を与えたと、その歴史的意義を高く評価する[29]。永超（一〇一四～一〇九五）は興福寺の学僧であり、法相宗によりながら、その学問的知識は諸宗に及び、外典（漢籍）にも造詣が深く、十一世紀を代表する学僧と評される。

(3) 朝鮮王朝からの大蔵経などの輸入

朝鮮王朝時代には、大蔵経や各種経典が数多く日本にもたらされ、今日まで伝えられている。

朝鮮王朝は、倭寇鎮圧のため、倭寇を制圧できる勢力の通交を許した。そのため足利将軍（室町殿）の使節（日本国王使）以外をはじめ、守護・国人・海商らの通交を許し、多元的な通交関係が成立する。その中にはもと倭寇であった者も含まれていた。こうした日本からの使節を統制する任務を朝鮮王朝から与えられたのが、対馬の宗氏であった。日本から朝鮮に渡航する使節は、宗氏から文引を発給してもらわなければならなかった。

大蔵経や各経典が日本にもたらされたのは、朝鮮国王から足利将軍への贈与、および守護への回賜としてであった。

朝鮮王朝は、国内に散在する大蔵経の所蔵状況を調査して、大蔵経およびそれを所蔵する寺院に関する情報を掌握していた。これにより、日本の諸勢力からの度重なる求請に対して、自らの意向によって経典の供出を寺院に求め、収集した経典を大蔵経として、日本側に賜与することが可能になったのである[30]。

須田牧子氏は、十四世紀中葉から十六世紀中葉までの大蔵経の輸入状況について、『高麗史』・『高麗史節要』・『朝鮮王朝実録』などを基に、表に整理している[31]。須田氏によれば、足利氏（日本国王）については二十五回前後、大蔵経を求請し、一～二回を除き、基本的には毎回与えられている。もっとも数多く大蔵経を求めたのが足利義持で、その数は七回前後に及んだとする。義持は歴代の室町殿の中でも、禅宗への帰依が際立っていた。義持は、大蔵経の版本のみならず、出家後は大蔵経板の獲得にまで執着をみせていた。義持の時に、日本国王使は請経使としての性格を定着させたといえる[32]。

次に際だって多いのが、大内氏である。十八回前後求請したうち十二～十五回与えられている[33]。

また対馬の宗氏は、貞茂・貞盛・成職・貞国が、大蔵経や、法華経などの経典を求請して獲得している[34]。対馬島内に伝来している経典としては、対馬市上対馬町琴《きん》の長松寺蔵の「高麗版大般若波羅蜜多経」（国指定重要文化財）五八六帖が挙げられる。これは高麗の初雕大蔵経であり、希少な伝存例である（図2）[35]。

（4）大蔵経の利用

足利氏や大内氏、宗氏らが大蔵経を要請した主な目的は、寺院の創建や再興のために伽藍を整備し、経蔵を建立して大蔵経を奉納し、領国内の安寧を祈願することであった[36]。

馬場久幸氏は、応永十八年（一四一一）以降、足利氏が朝鮮王朝から得た二〇蔵の大蔵経について整理している。このうち足利義教が、永享四年（一四三二）に入手したものは「中国板印大蔵経二部」、すなわち中国版大蔵経であった（『世宗実録』十四年七月壬午条）。それ以外のほとんどは、高麗再雕大蔵経であったと考えられる。足利氏が入手した大蔵経について、その利用をみていこう。

まず挙げられるのが大蔵経の写経である。朝鮮から賜った再雕大蔵経が書写されたという記録そのものは見いだせないが、部分的に書写された事例は確認できる。それは北野経王堂願成寺で書写された一切経、いわゆる北野社一切経と呼ばれるもので、現在、大報恩寺（千本釈迦堂）に伝わっている。北野経王堂願成寺は、足利義満が明徳の乱（一三九一年）

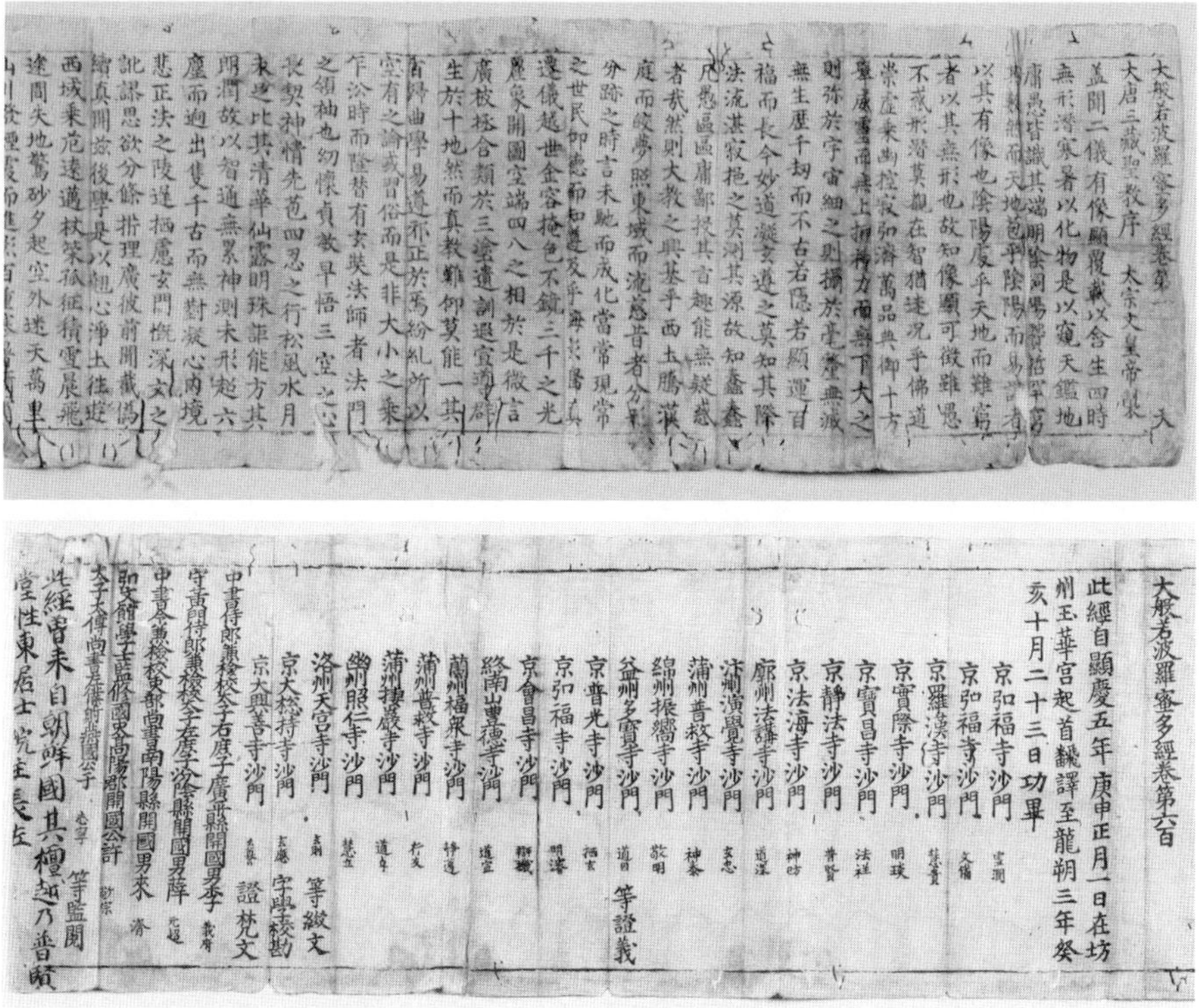

図2　上：高麗版大般若経　巻第一巻首（長松寺蔵）、下：高麗版大般若経　巻第六百巻尾奥書（長松寺蔵）

の戦死者を弔うため、応永八年（一四〇一）に北野天満宮の境内に創建された。応永十九年（一四一二）三月、増範と増瑜が中心となり、日本各地から百名以上の僧侶を集めて書写が開始され、同年八月に完成した。同年八月、北野社で一切経書写供養会が開催された。

北野社一切経の底本は、宋の思渓版大蔵経（思渓蔵）であるとされる。その中で、応永十九年に書写された『大般若波羅蜜多経』（五三六巻）は、一行一四字詰である。そのため再雕大蔵経を底本とした可能性が高いと考えられる。特に巻五三一、五三二、五三三、五三四は再雕大蔵経の刊記がある。前年の応永十八年、足利義持は朝鮮から大蔵経一部を入手した（『太宗実録』十一年十月己酉条・十二月丁亥条）。これは、足利氏が朝鮮王朝から大蔵経を得た初見である。この大蔵経は再雕大蔵経である可能性が高く、その中の『大般若波羅蜜多経』について書写し、北野社一切経が完成したと考えられる。

次に大蔵経の転読があげられる。転読の機会としては五山・十刹といった禅宗寺院で挙行された祈禱、中でも誕生日祈禱が注目される。足利将軍（室町殿）の誕生を祝い、毎月の誕生日と年に一度の正誕生日に各寺院で挙行された。誕生日祈禱は、中国において皇帝の誕生日を祝う聖節の応用であり、国王の寿命無窮を祝禱する祝聖とも同じ意味である。[37]

将軍誕生日の祈禱は、相国寺を中心として南禅寺・建仁寺や、畿内近国の禅宗寺院が主に担当していた。[38]相国寺には、応永三十一年（一四二四）、密教大蔵経および註華厳経の両版木とともに大蔵経が贈られて奉安されている（『世宗実録』六年正月乙酉条・十二月戊午条）。南禅寺については、文安五年（一四四八）、日本国王の使僧文渓正祐が、前年に起きた火災によって伽藍が焼失したため、朝鮮に大蔵経を求めた。世宗は、大蔵経一部を与えている（『世宗実録』三十年四月壬午条・八月庚辰条）。

このように相国寺や南禅寺は、大蔵経の披閲や伽藍の再興のために、大蔵経を懇願して賜るに至っている。誕生日祈禱が行われていた寺院に大蔵経が奉安されていることから、馬場久幸氏は、足利氏による大蔵経請求の一因は、禅宗寺院での誕生日祈禱に用いるためであったと推測している。[39]

おわりに

高麗青磁についてみると、生産地において新たに生み出されたタイプが、時間差を置かずに日本へ輸入されている。十一世紀、康津で生まれた、美しい青色の釉色を持つ青磁である「蛇の目高台碗」や陽刻蓮弁文蓋は、十一世紀半ば以降、博多や大宰府などにもたらされた。大宰府などから高麗への渡航者が増加したことに呼応している。十二世紀から十三世紀、康津で生産された良質青磁（輪高台碗など）や鉄絵青磁が、対馬や博多、畿内や鎌倉などにもたらされた。この時期は、対馬から進奉船が派遣された時期にあたる。

高麗版典籍についてみると、義天版は収蔵先において多くの写本が作成され、伝播した。さらに章疏の所在意識を高め、日本初の章疏録である『永超録』の編纂に影響を与えた。また高麗版大蔵経は、北野社一切経のような写経や、足利将軍の誕生日祈禱などでの転読に利用された。

注

（1） 関周一『中世の唐物と伝来技術』（吉川弘文館、二〇一五年）一三～一四頁。

（2） 河添房江『唐物の文化史——舶来品からみた日本』（岩波書店、二〇一四年）五頁。

（3）佐藤全敏「国風文化の構造」（吉村武彦・吉川真司・川尻秋生編『シリーズ古代史をひらく　国風文化――貴族社会のなかの「唐」と「和」』岩波書店、二〇二一年）七八～七九頁。

（4）榎本淳一「吉川真司編『シリーズ古代史をひらく　国風文化――貴族社会のなかの「唐」と「和」』を読んで」（『歴史学研究』第一〇二五号、二〇二二年）。

（5）関周一「倭寇と朝鮮」（大庭康時・佐伯弘次・坪根伸也編『九州の中世Ⅰ　島嶼と海の世界』高志書院、二〇二〇年）。

（6）石井正敏『石井正敏著作集第三巻　高麗・宋元と日本』（勉誠出版、二〇一七年）。

（7）山内晋次『奈良平安期の日本とアジア』（吉川弘文館、二〇〇三年）八二～八六頁。

（8）李領『倭寇と日麗関係史』（東京大学出版会、一九九九年）。

（9）荒木和憲「中世前期の対馬と貿易陶磁」（『貿易陶磁研究』第三七号、二〇一七年）一二頁。

（10）近藤剛『日本高麗関係史』（八木書店、二〇一九年）。

（11）原美和子「宋代東アジアにおける海商の仲間関係と情報網」（『歴史評論』第五九二号、一九九九年）、同「宋代海商の活動に関する一試論――日本・高麗および日本・遼（契丹）通交をめぐって」小野正敏・五味文彦・萩原三雄編『考古学と中世史研究3　中世の対外交流――場・ひと・技術』（高志書院、二〇〇六年）。

（12）片山まび「高麗・朝鮮時代の陶磁生産と海外輸出」（アジア考古学四学会編『アジアの考古学1　陶磁器流通の考古学――日本出土の海外陶磁』高志書院、二〇一三年）。

（13）前掲注12片山論文、一七八頁。

（14）前掲注12片山論文、一七八～一八一頁。

（15）前掲注12片山論文、一八二～一八四頁。

（16）川口洋平「中世対馬の陶磁器――遺跡出土の貿易陶磁と伝世品」（佐伯弘次編『中世の対馬――ヒト・モノ・文化の描き出す日朝交流史』アジア遊学一七七号、勉誠出版、二〇一四年）一五四頁。**図1**は、同、一五五頁。

（17）高野晋司・古門雅高編著『上県町文化財調査報告書1　大石原遺跡』（上県町教育委員会、一九九六年）、前掲注12片山論文、一八四頁。

（18）前掲注12片山論文、一八四～一八五頁。

（19）前掲注12片山論文、一八五頁。

（20）前掲注12片山論文、一八六頁。

（21）横内裕人「遼・金・高麗仏教と日本」（佐藤文子・上島享編『日本宗教史4　宗教の受容と交流』吉川弘文館、二〇二〇年）一六四頁。

（22）馬場久幸『日韓交流と高麗版大蔵経』（法蔵館、二〇一六年）三～四頁。

（23）金龍泰（箕輪顕量監訳、佐藤厚訳）『韓国仏教史』（春秋社、二〇一七年）八六頁。

（24）前掲注21横内論文、一六四頁。

（25）前掲注11原二〇〇六論文。

（26）前掲注11原一九九九・二〇〇六論文、前掲注21横内論文。

（27）前掲注21横内論文、一六四～一六五頁。

（28）前掲注21横内論文、一六五頁。

（29）前掲注21横内論文、一六六頁。

（30）押川信久「一五世紀朝鮮の日本通交における大蔵経の回賜とその意味――世祖代の大蔵経印出事業の再検討」（北島万次・孫承喆・橋本雄・村井章介編『日朝交流と相克の歴史』校倉書房、二〇〇九年）三四七頁。

（31）須田牧子『中世日朝関係と大内氏』（東京大学出版会、二

横内裕人『日本中世の仏教と東アジア』（塙書房、二〇〇八年）

○一一年）。
(32) 前掲注1関著書、一〇八頁。
(33) 前掲注31須田著書。
(34) 瓜生翠「対馬宗氏による朝鮮からの経典請求」（前掲注16佐伯編著）。
(35) 小松勝助「対馬に伝来する朝鮮半島系の経典――高麗版（含壱岐・安国寺経）と元版」（前掲注16佐伯編著）。**図2**は、前掲注16佐伯編著、口絵6。
(36) 前掲注22馬場著書、一五三～一五四頁。
(37) 以上、前掲注22馬場著書。
(38) 細川武稔『京都の寺社と室町幕府』（吉川弘文館、二〇一〇年）一九八頁。
(39) 前掲注22馬場著書、一六八頁。

参考文献

大阪市立東洋陶磁美術館編集『高麗青磁の誕生――初期高麗青磁とその展開』（財団法人大阪市美術振興協会、二〇〇四年）
大阪市立東洋陶磁美術館編集・発行『新発見の高麗青磁――韓国水中考古学成果展』（二〇一五年）
大阪市立東洋陶磁美術館編集・発行『高麗青磁――ヒスイのきらめき』（二〇一八年）
片山まび「日本出土の「初期高麗」について――北九州地区の出土資料を中心に」（『貿易陶磁研究』第二五号、二〇〇五年）
鎌田茂雄『朝鮮仏教史』（東京大学出版会、一九八七年。後、講談社学術文庫、二〇二〇年）。
須田牧子「対馬宗氏の大蔵経輸入――杏雨書屋所蔵大蔵経の紹介を兼ねて」（『日本歴史』第七八四号、二〇一三年）
関周一編『日朝関係史』（吉川弘文館、二〇一七年）

〔コラム〕

北方・南方文化と唐物

蓑島栄紀

はじめに

北海道島とその周辺は、古くから、日本や中国など近隣の王権・国家にとって、王・貴族層の欲する多彩な貴重品の産地として知られてきた。古代・中世の北海道の特産として、各種の陸獣・海獣（ヒグマ、クロテン、アザラシなど）の毛皮類[1]、サケ・コンブなどの水産物が知られ、近年の研究では、高品位な矢羽根として珍重された「鷲羽《わしのは》」（とくにオオワシやオジロワシの尾羽根）の意義が注目を集めている[2]。

一方、古代日本から「南島《なんとう》」と呼ばれた琉球弧（琉球列島）も数々の交易品を産し、とくに、奄美・沖縄地方の赤木《あかぎ》という木材[3]や、螺鈿《らでん》原料となるヤコウガイ[4]（夜光貝）などの存在は著名である。また、薩南諸島の硫黄は、宋代の中国で火薬原料として膨大な需要があり、中世を代表する国際商品であった[5]。

こうした「北方」「南方」の特産品の多くは、十一世紀成立の『新猿楽記』に登場する架空の商人、八郎真人が交易したという、各種の「唐物」「本朝物」のリストにも名前がみえている。これらは、北方史・アイヌ史や南方史・琉球史を根底から突き動かしただけでなく、日本社会において、「唐物」とされた品々としばしば同様の機能や働きをみせ、ときに東アジア・ユーラシア規模の歴史に影響を及ぼすこともあった[6]。以下、小稿では、古代・中世の日本で珍重された「北方」「南方」の産物の一端を紹介し、またそれらの交易品の広域的な流通が、北方世界と南方世界を直接つなぐことがあったことにも目を向けてみたい。

みのしま・ひでき――北海道大学アイヌ・先住民研究センター准教授。専門は日本・北東アジア古代史、アイヌ史。主な著書に『古代国家と北方社会』（吉川弘文館、二〇〇一年）、『「もの」と交易の古代北方史――奈良・平安日本と北海道・アイヌ』（勉誠出版、二〇一五年）、編著に『アイヌ史を問いなおす――生態・交流・文化継承』アジア遊学一三九号（勉誠出版、二〇一一年）、論文に「古代北海道地域論」（『岩波講座日本歴史　第20巻　地域論（テーマ巻1）』岩波書店、二〇一四年）、「古代北方交流史における秋田城の機能と意義の再検討」（『国立歴史民俗博物館研究報告』二三二、二〇二二年）などがある。

一、クロテンとヤコウガイ

イタチ科の小型哺乳類であるクロテンの毛皮は、その獲得をめぐって、十六〜十七世紀に本格化するロシア帝国のシベリア・極東進出の原動力となり、清朝との衝突を引き起こすなど、「世界史を動かした」産物として知られる。北方産のクロテンの毛皮は、すでに三国時代には中国で愛好され（『三国志』魏書挹婁《ゆうろう》伝の「挹婁貂」など）、平安期の日本でも珍重された。[7]

『御堂関白記』長和四年（一〇一五）七月十五日条には、藤原道長が、入宋僧の念救《ねんきゅう》に託して、中国の仏教の聖地、天台山に数々の物品を寄進する記事がある。そのなかに、三領の「奥州貂裘《おうしゅうちょうきゅう》」があった。『源氏物語』第六帖・末摘花の「ふるきのかわぎぬ」（黒貂裘、クロテン皮のコート）の記述を代表として、平安日本の文献にしばしば登場するクロテン皮製品は、渤海や宋などからの舶載品と考えられることが多い。しかし、ここでの「奥州貂裘」という表記は、奥州を経由する北方ルートによって、北海道産やサハリン産のクロテンの毛皮が平安期の日本に渡り、宋などに輸出される事例があったことを示唆する。[8]もちろん、サハリン・アムール地方を介して北回りでユーラシアと交易されるクロテン皮もあっただろう。

この時の道長の贈り物には、「螺鈿蒔絵」の厨子が含まれている点にも注目される。[9]南海産のヤコウガイなどの貝殻の真珠層を器物にはめ込んで装飾とする螺鈿の技法は、日本を含む古代東アジアで発達をとげた。

奄美・沖縄では、七〜十一世紀前半にかけて、「ヤコウガイ大量出土遺跡」の存在が確認されている。七世紀の小湊《こみなと》フワガネク遺跡（奄美市）では、ヤコウガイをスプーン状に加工した「貝匙《かいさじ》」が多量に出土し、その製作過程をうかがうことができる。[10]『枕草子』一四二段などに登場し、公卿・殿上人が酒宴で使用したという「屋久貝《やくがい》」の盃（「螺盃《らはい》」）の実態は、こうした貝匙であったと考えられる。ヤコウガイ製貝匙は、韓国の高霊《コリョン》（旧加耶地域）・池山洞《チサンドン》古墳群四四号墳（五世紀後半）でも出土している。

七〜八世紀の倭・日本では、螺鈿はまだ国産化されておらず、ヤコウガイ製品はこうした貝匙のかたちで流通していたのだろう。琉球列島の各地では、以前から開元通宝《かいげんつうほう》（六二一初鋳）の出土が注目されており、この当時、奄美・沖縄産のヤコウガイは、おもに唐への交易品であった可能性もある。その後、天平勝宝四年（七五二）の東大寺大仏開眼会をきっかけに、八世紀後半には日本でも螺鈿の国産化が始まる。琉球列島のヤコウガイが日本の螺鈿生産体制に本格的に組み込まれるのは、九世紀以降のことと推定される。[11]

いずれにせよ、道長の時代には、螺鈿が国産化されてすでに久しく、製作技術を高め、その製品は中国に輸出されることもあった。以上のように、『御堂関白記』の記す長和四年の天台山への贈り物には、北海道や南島の特産品が、ともに古代東アジアの海を越えて疾駆していた様相がよくあらわれている。

奥州藤原氏の本拠地であった平泉の中尊寺金色堂において、螺鈿装飾に膨大な量のヤコウガイが用いられていることも著名である。昭和の改修（一九六二～六八）では、実に二万七〇〇〇箇所以上のヤコウガイの使用が確認されている。その一方で、奥州藤原氏が北海道産の「鷲羽」「水豹皮《すいひょう》」（アザラシ皮）などを入手し、経済基盤のひとつとしていたことは、『吾妻鏡』文治五年（一一八九）九月十七日条所収の「寺塔已下注文」の記述などからしばしば指摘される。[12]二〇一七年には、平泉の無量光院跡で擦文土器が出土し、胎土の検討から、擦文土器の製作者が平泉を訪れることがあった可能性も示唆されている。[13]ヤコウガイなどの南方世界の産物を多量に需要・消費するとともに、北方世界との交流の要衝でもあった平泉の様相は、いわば「北方」と「南方」をつなぐネットワークの結節点としても注目される。[14]

二、「昆布」の諸相

近世社会において、「北方」と「南方」を結びつけた産物として、コンブが著名である。

江戸時代後期、日本による海外向けの輸出品として、当時「蝦夷地《えぞち》」と呼ばれていた北海道の産物があった。海産物の加工品として、「俵物《たわらもの》」とされるアワビ、ナマコ、フカヒレが著名だが、「諸色《しょしき》」のひとつであるコンブも重要だった。こうした産物は、当時の場所請負制《ばしょうけおいせい》のもとで、和人のアイヌに対する過酷な支配のなかで生産されていた。

蝦夷地のコンブは、薩摩藩によって琉球王国にも輸出され、コンブの生息しない沖縄の料理に根付き、伝統料理に欠かせない食材となった（「クーブイリチー」など）。近年でこそ、伝統食離れで消費量が落ちているが、昭和期の沖縄県は全国最多のコンブ消費県だった。

ところで、コンブに関する日本最古の記録は、八世紀初頭の陸奥国閇村《へい》（現在の岩手県宮古市周辺）のエミシについてのものである。すなわち、『続日本紀』霊亀元年（七一五）十月丁丑条には、閇村のエミシ須賀君古麻比留《すがのきみこまひる》が、先祖以来、「昆布」を陸奥国府（当時は仙台市郡山遺跡Ⅱ期官衙）に献上していたが、遠路ゆえ労苦が多いので、閇村に郡家（貢納拠点）を作ってほしいと願い、許可されるという記事がみえる。

日本語の「コンブ」は、アイヌ語の「コンプ」（kompu）を語源とするという有名な説があるが、「昆布」の語は、『続日本紀』に登場するずっと以前から、「東海」産の海藻として中国の古典にみえている。例えば、晋代の呉普《ごふ》（後漢の伝説的な名医華佗《かだ》の弟子）が著した『呉普《ごふ》本草《ほんぞう》』では、「綸布、一名昆布」としてその名があげられている。このことから、「コンブ」＝アイヌ語起源説は成立困難であり、むしろ漢語に由来する借用語の可能性が高いといえるだろう。[15]

また、陸奥国閇村から「昆布」を貢納していたという須賀君古麻比留について、「コマ」は「高麗」を意味すると考え、その出自は朝鮮半島系の渡来人であろうとする説がある(16)。それによれば、コンブは古代中国で珍重された不老長寿の「仙薬」であり、日本列島に移住した渡来人は、早くから東北・北海道からコンブの入手を意図していたとする。たいへん視野の広い、興味深い説であるが、証明は難しい。

たしかに、古代中国の医学書で、「昆布」の薬効に触れるものは多い。しかし「昆布（綸布）」は、晋代の『呉普本草』では「草木類・中品」に、梁の武帝が傾倒した五～六世紀の道士、陶弘景の『本《ほん》草経集注《ぞうきょうしっちゅう》』では「草木中品」に分類される。「上品」には不老の効能をうたう仙薬が並ぶが、「中品」の「昆布」は必ずしもグレードの高い本草・薬草とはいえない(17)。このことから、古代の中国や朝鮮において、日本列島北部のコンブが東方の貴重な仙薬とみなされたとする説には難がある。

三、「鮫皮」をめぐる交流史

古代南島の交易品といえるかは確言できないが、中世以降における琉球の特産品のひとつに「鮫皮」がある。琉球王国の外交史料を編纂した『歴代宝案』には、十五世紀に、中山王尚巴志《しょうはし》が、数千枚の「沙魚皮」（サメ皮）を明の宣徳帝に朝貢していたことがみえる（宣徳九年（一四三四）の『歴代宝案』一―一二―一二、同十一年の『同』一―一二―一六など）。

「鮫皮」の実態はさまざまで、用途も多様であったが、古代以来、高品位な刀剣の柄の装飾に利用され、とくに南海産のエイの皮がグレードの高い品として知られた。

その代表的な例が、正倉院宝物として収められている。天平勝宝八年（七五六）の『国家珍宝帳』の記す、東大寺に献納された「御大刀壱百口」のうち、二十一点が「鮫皮把《つか》」とされるが、「鮫皮把」とされる大刀は例外なく金銀装などの優品であり、当時、鮫皮の使用が高品位な刀剣に限定されていたことが知られる。なかでも、現存の「金銀鈿《きんぎんでん》荘《かざりの》唐《から》大《た》刀《ち》」（北倉三八）は、その精華として名高い。

では、これらの「鮫皮」の産地はどこであったろうか。古代において「鮫皮」は、まず、中国の南海の産物として史料にあらわれた。西晋の郭璞《かくはく》が注をつけた『山海経』中山経には、「鮫魚」の皮は刀剣の飾りに用い、三国の呉の時代に会稽郡から分割された南海郡が産地であったとされる。また、唐の玄宗期に編纂された法典である『大唐六典』巻三に、「安南。檳榔、鮫魚皮、翠毛」とあり、当時、「鮫魚皮」は安南（ベトナム地方）の特産品として認識されていたことが知られる(18)。ただし、鮫皮のことは『新猿楽記』にもみえておらず、古代～中世日本の鮫皮交易については、まだわからないことが多い。

興味深いのは、鮫皮の飾りをもつ刀剣が古代の北海道やその近隣地域にも流入していることだ。恵庭市西島松5遺跡のP96墓出土の直刀（七世紀）の柄には、鮫皮とみられる断片が付着している。また、アムール川中流域の靺鞨文化のトロイツコエ遺跡出土の直刀（八世紀）にも、鮫皮の断片が確認される。これらは、正倉院宝物と並んで、世界的にも古い段階の鮫皮装刀の実物として注目される。南海産の鮫皮製品は、上質な刀剣の飾りとして、古代の北海道やアムール川流域にもたらされ、当地の人々の貴重品、威信財にもなったのである[19]。

ちなみに、唐代の安南については、晩年の阿倍仲麻呂が安南都護府の節度使（正三品）として赴任していることも知られる。想像をたくましくすれば、仲麻呂が生産・流通に関与した安南の鮫皮製品の一部が、遣唐使によって日本に渡ったり、北海道やアムール地方までもたらされるような状況もありえたであろう。

古代の「北方」「南方」について、直接記録する文献史料は少ない。しかし、「もの」を媒介にすることで、予想外に広がりをもつ古代東アジアのネットワークが、「北方」「南方」の世界を結びつけていたことが浮かび上がってくる。

おわりに

『入唐求法巡礼行記』開成四年（八三九）正月八日条は、承和の遣唐使で入唐し、揚州の開元寺に滞在中の延暦寺僧・円仁（慈覚大師）が、寺を訪れた新羅人王請と対面した際の興味深い記述を伝える。それによれば、弘仁十年（八一九）、王請らの交易船は、同乗した唐商人張覚済兄弟らとともに漂流し、「北出州」（出羽国北部＝秋田）に着いた。ところが、帰国のため船が秋田を出発するとき、張覚済らは船を下り、当地に居留してしまったという。

九世紀前半は、東アジア海域における国際商人の活動の爆発的な拡大期であり、日本政府にとって、これへの新たな対応が模索された時期でもあった。それにしても、唐の国際商人、張覚済兄弟は、なぜ帰国せず、秋田にとどまることを選んだのであろうか。

当時の秋田には、古代日本の最北の城柵である秋田城が置かれ、「古代アイヌ」というべき北海道の擦文文化期の人々が、特産品を携えて定期的に訪問する交易場となっていた。『類聚三代格』延暦二十一年（八〇二）六月二十四日太政官符、「私に狄土の物を交易するを禁断する事」によれば、九世紀初頭、「渡嶋狄《わたりのしまのえみし》ら」（擦文文化期の人々）が出羽国にもたらす「雑皮《くさぐさのかわ》」に関して、都の「王臣諸家」が秋田城に使者を派遣して「好皮」を先に買ってしまい、官には残った粗悪なものが収められるという問題が常態化していた[20]。

「雑皮」の具体的な内容については、『延喜式』民部下の記す諸国の交易雑物のなかに、「出羽国〈熊皮廿張。葦鹿《あしか》皮。独犴《どっかん》皮。数は得るに随う。〉」とあるのが参考となる。「熊皮」は、陸奥など他国には記されず、出羽だけにみえる産物であることから、本州のツキノワグマではなく、北海道産のヒグマの皮だと考えられる。[21]『日本書紀』斉明四年（六五八）是歳条にも、阿倍比羅夫が「粛慎」（オホーツク文化の人々か）から「生羆二・羆皮七十枚」を入手している例がある。「葦鹿皮」はニホンアシカの皮であろう。「独犴皮」については諸説あるが、「どっかん」＝アイヌ語でアザラシを意味する「トゥカラ」、いわゆる「トッカリ」の転で、アザラシ皮（中世史料の「水豹皮」）の可能性が高い。[22] これらが、渡嶋エミシが秋田城にもたらした「雑皮」の具体的な内容の一部であろう。

秋田に漂着した唐・新羅の国際商人たちは、北海道から擦文文化の人々がもたらす産物に、日本の王・貴族層が群がり、盛んな経済活動がおこなわれ、多様な商品が行きかう秋田の状況を目の当たりにしたであろう。唐商人張覚済兄弟は、それゆえに秋田への滞在を決めたのではないか。

つまり、上記のエピソードからは、①当時の秋田とその周辺で取引される産物や交易の状況が、東アジアの国際商人が関心を寄せるほどの規模であったことが推測され、②しかもそこには、唐商人の帰国の方法などを含めて、現地での滞在を保障する条件が備わっていたと考えられる。そうした裏付けがなければ、ここでの彼らの行動は理解できない。当時の秋田には、北方世界との交易に介入する日本の王・貴族層が独自の基盤を有しており、彼らの庇護のもとに、東アジアの海商が長期間滞在することも可能な状況があったのであろう。[23]

以上のように、近年の古代史研究では、「北方」「南方」の産物が広範囲に流通し、相互の世界がリンクしあう状況もあったことがみえてきた。それらの産物は、東アジア海域をまたにかける唐や新羅の国際商人にも注目されることがあった。列島の「北方」「南方」の地域は、古代の東アジア、ユーラシア東部に存在した、想像以上にグローバルなネットワークのなかで、それぞれ重要な一角を占めていたといえるだろう。

そのことは、古代以来のアイヌや琉球の歴史――経済・社会・文化――に多大な影響を与えただけでなく、「北方」「南方」の特産品を求める日本や中国の歴史をもしばしば揺り動かしたのである。

注

(1) 関口明「渡島蝦夷と毛皮交易」（『日本古代中世史論考』吉川弘文館、一九八七年、のち同二〇〇三年書に再録）、蓑島栄紀『古代国家と北方社会』吉川弘文館、二〇〇一年）など。

(2) 瀬川拓郎『アイヌの歴史　海と宝のノマド』（講談社選書メチエ、二〇〇七年）。

(3) 山里純一『古代日本と南島の交流』（吉川弘文館、一九九九年）。

(4) 高梨修『ヤコウガイの考古学』(同成社、二〇〇五年)など。

(5) 山内晋次『日宋貿易と「硫黄の道」』(山川出版社、二〇〇九年)。

(6) 鈴木靖民『日本古代の周縁史――エミシ・コシとアマミ・ハヤト』(岩波書店、二〇一四年)、蓑島栄紀『「もの」と交易の古代北方史――奈良・平安日本と北海道・アイヌ』(勉誠出版、二〇一五年)。

(7) 蓑島栄紀「平安貴族社会とサハリンのクロテン」(『北方島文化研究』三、二〇〇五年、のち前掲注6蓑島著書に再録)。

(8) 前掲注7蓑島論文。

(9) 三上喜孝「「境界世界」の特産物と古代国家――北方・南方世界との交流」(『歴史と地理』六〇五〔「日本史の研究」二一七〕、二〇〇七年)。

(10) 前掲注4高梨著書。

(11) 木下尚子「正倉院伝来の貝製品と貝殻――ヤコウガイを中心に」(『正倉院紀要』三一、二〇〇九年)。

(12) 斉藤利男『平泉　北方王国の夢』(講談社選書メチエ、二〇一四年)など。

(13) 井上雅孝「無量光院跡出土の土器は擦文土器か?――平泉出土擦文土器の型式と年代について」(『岩手大学平泉文化研究センター年報』一〇、二〇二二年)、鈴木琢也「平泉無量光院跡出土の擦文土器――擦文文化集団と平泉の集団の交流についての予察」(『北海道博物館研究紀要』七、二〇二二年)。

(14) 前掲注9三上論文。

(15) 蓑島栄紀「古代の「昆布」と北方社会」(『環太平洋・アイヌ文化研究』一〇、二〇一三年、のち前掲注6蓑島著書に再録)。ただし、早くに牧野富太郎の指摘があるように、古代中国史料に登場する「昆布」は必ずしも寒流系のコンブを指しておらず、多くの場合、その実態はワカメであったと考えられる。

(16) 松本建速「蝦夷と昆布」(『海と考古学』六一書房、二〇〇五年)。

(17) 前掲注15蓑島論文。

(18) 蓑島栄紀・森秀之「「鮫皮」刀装の成立・展開に関する基礎的考察――北海道における出土例の背景に寄せて」(『環太平洋・アイヌ文化研究』七、二〇〇九年)。

(19) 前掲注18蓑島・森論文。

(20) 前掲注1関口論文、前掲注1蓑島著書、熊谷公男『秋田城と元慶の乱――外からの視点でみる古代の秋田』(高志書院、二〇二一年)など。

(21) 前掲注1関口論文、関口明『古代東北の蝦夷と北海道』(吉川弘文館、二〇〇三年)。

(22) 武廣亮平「「独犴皮」についての一考察」(『日本歴史』六七八、二〇〇四年)。武廣亮平「古代・中世前期のアザラシ皮と北方交易」(『史叢』七四、二〇〇六年)。

(23) 蓑島栄紀「古代北方交流史における秋田城の機能と意義の再検討」(『国立歴史民俗博物館研究報告』二三二、二〇二二年)。

［コラム］

ふたつの「ういろう」――ポスト・モンゴルの海域交流が創った「唐物」

向　正樹

むかい・まさき――同志社大学グローバル地域文化学部・准教授。専門はモンゴル帝国史、海域アジア史。主な論文に「モンゴル帝国とユーラシア広域ネットワーク」（秋田茂編『グローバル化の世界史』ミネルヴァ書房、二〇一九年）、「バウンドする伝播のネットワーク――馬、火薬兵器、蒙古襲来」（秋田茂・桃木至朗編『グローバルヒストリーから考える新しい大学歴史教育――日本史と世界史のあいだで』大阪大学出版会、二〇二〇年）などがある。

一、ふたつの「ういろう」をとりまくアクター

「ういろう」は米・小麦粉・砂糖を用いた蒸し菓子の名称として知られているが、透頂香（とうちんこう）という薬の別名でもある。どちらも室町時代に日本に渡来した移民一世の陳順祖（陳延祐、陳宗敬という名でも知られる）の子孫が創ったものである。一世がモンゴル支配下の中国（元）で帯びていた官職である外郎（ういろう）が称号として子孫に継承され、二世外郎の大年宗奇（または三世の常祐）が創った薬と蒸し菓子も「ういろう」と呼ばれたという。ここではさらに、この二種類の「ういろう」がともに、モンゴル支配期のユーラシア東西交流ならびに海域交流に起源をもつことを論じたい。そして、日本で作られた「唐物」である二種類の「ういろう」の誕生に関わる主要な三つのアクターの連関を探ってみたい。

最初のアクターは、「ういろう」の名の由来となった、モンゴル支配の末期（元末、日本は室町時代）に渡来した中国・台州出身の陳順祖である。彼の経歴のうちに、その子孫による二種類の「ういろう」の考案につながる手がかりを探ってみたい。

第二のアクターは、阿仙薬である。これは「ういろう」の別称をもつ透頂香の主剤となっている薬品である。モンゴル支配期（〜十四世紀半ば）に阿仙薬の存在は確認できないが、渇忒という薬剤がそれに相当し、渇忒を調合した薬も存在していた。これが透頂香につながるのではないかと考えている。

第三のアクターは、砂糖である。菓子の「ういろう」は、二世外郎の大年宗奇が国賓の接待用に黒砂糖と米粉を使って作ったとされる。透頂香と形状が似ていたために「ういろう」と呼ばれるように

図１　「歌舞伎十八番：外郎 虎屋東吉」（国立国会図書館蔵）

なったという。

これらのアクターはどのようにしてふたつの「ういろう」の誕生に関わったのだろうか。

二、陳外郎

江南（長江以南）で明朝が成立した一三六八年に一世外郎の陳順祖が博多に来航し、やがて二世外郎の大年宗奇が足利義満の招きで京都に移る。一世・二世は朝鮮や中国との外交に活躍した。『幻雲文集』所収「陳有年員外郎遺像」によれば、陳順祖は元末に江西・湖南を中心に一大勢力を築いた陳友諒の宗族であるという。(1)

谷口規矩雄氏によれば、陳友諒は紅巾軍系の部将のほか、自身の兄弟や姻戚関係の人物を多く取り立てていた。(2) ただし、その勢力圏外にある台州の陳外郎とのつながりは薄いだろう。台州による方国珍政権が元に帰順してからは日本との通交も見られた。(3) 陳順祖は陳友諒の宗族であったものの、彼にその官職を授けたのは元あるいはその支配下にあった方国珍だったはずで、ゆえに朱元璋の支配が及ぶのを逃れるために日本に向かったのだろう。陳外郎が朝鮮との外交に活躍したことは陳友諒の子の陳理が朱元璋に降伏後に朝鮮に移送されたことと関わりがあるだろうか。

一世陳外郎には元の「大医院《ママ》」としての経歴があり、それが「透頂香」の誕生に寄与したと考えられる。ただし、正しい表記は「大医院」ではなく「太医院」である。この機関は直前の金の制度を踏襲し設置されたもので、医事を掌り、御薬物（皇帝のための薬）を製奉し、各属医職を領した。(4)

陳外郎との関わりで注目されることは、至元十二年（一二七五）に許国禎が礼部尚書に遷ったのちもなお太医院の職権を兼ね、その後も太医院の長である提点は礼部尚書を兼ねることとなったことである。(5) 太医院の長である提点が礼部の長である尚書を兼ねるという制度が元末まで踏襲されたとすれば、次に見る「礼部員外郎」を太医院の属官が兼任することもあったかもしれない。

陳外郎が代々継承する「外郎」という肩書きは正式には「礼部員外郎」である。礼部とは礼楽・祭祀などを司る役所で、員外郎は正六品官であった。従来、外交とは無縁の官職のように考えられてきた。しかし、元の成宗テムル即位直後の元貞元年（一二九五）からは、礼部が外交使節を受け入れる会同館の仕事をすることになり尚書が増員された。また、もともと礼部に限らず、いわゆる中央政府にあたる中書省に属する六部の長官たる尚書およびその下の侍郎・郎中・員外郎の官名を帯びた人物が、モンゴルによる征服前の雲南大理や南宋も含め外国へ出使する例は多かった。日本に派遣されたのも至元五年（一二六八）は兵部侍郎黒的と礼部侍郎殷弘、至元十二年（一二七五）は礼部侍郎杜世赤と兵部郎中何文著であった。ベトナムと「瑠球」へはまさに礼部員外郎が出使した例が確認できる（ここでいう「瑠求」は福建の泉州や澎湖諸島から近いというので今日の台湾を指すであろう）。唐・五代・宋・遼ではそのような例は確認できないが、金朝では礼部員外郎が高麗へ出使しているので、モンゴルは金朝の制度を踏襲したのであろう。明代初期（洪武十年［一三七七］の暹羅への使者）にも礼部員外郎の出使が確認できる。

以上の例からも分かるように、外交に従事することと礼部員外郎という官職を帯びていたこととは矛盾しないどころか、礼部や吏部・兵部の官名をもつ使者を送ることは元においては通例となっていたのであった。

三、阿仙薬

透頂香に使われた芳香性薬剤は丁字、白檀、龍脳、沈香、木香、安息香、蘇合香油、麝香、白膠香、檳榔子、陳皮、橘皮、縮砂、阿仙薬などであった。(6) 現在小田原市の株式会社ういろうが販売している透頂香は石膏〇・六一八グラム、丁香〇・九三七グラム、竜脳〇・一八七グラム、薄荷脳〇・一八七グラム、麝香〇・〇三七グラム、蓽撥〇・一八七グラム、人参〇・九三七グラム、阿仙二〇・六二五グラム、桂皮〇・五六二グラム、甘草〇・九三七グラム、蓬砂〇・五六二グラム、縮砂一・〇三一グラムを含む。つまり、阿仙香なる薬品が主成分である。

元の飲膳太医（太医は皇帝の医師）であった忽思慧が記した『飲膳正要』にみえる「渇忒」（カテ）が阿仙薬を指すとされる。この渇忒が何から取られるかについては二つの説がある。インド原産のマメ科のアセンヤクノキ（senegalia catechu）または南インド・スリランカから東南アジアのマレー半島、スマトラ島、ボルネオ島などに自生するガンビールノキ（uncaria gambir）である。それぞれ心材と枝葉を煎じた汁を濃縮して乾燥エキスにしたものが「渇忒」である。(7) どちらも多量のタンニンを含み、収斂性があり、口内清涼剤に適している。『飲膳正要』には「渇忒餅児」や「官桂（シナモン）渇忒餅児」といった「渇忒」を用いた食品も見られる。「渇忒」が阿仙薬であるならば、陳外郎が阿仙薬を用いて作った透頂香のルーツはモンゴル時代のこれらの食品にまで遡りうるのではないか。

アセンヤクノキは（阿仙薬の木）はペグ阿仙薬とも呼ばれる。学名のカテキューは様々な言語に入っておりカテキンの語源ともなった。そしてまさにこのカテキューなる語が『飲膳正要』の「渇忒」（k^hat-$t^hək$）と音写されたとみて良いように思われる。今日に伝わる透頂香は成分をカテキューと記しているが、餅とは異なり小さな丸薬であるという点では、東南アジア産のガンビールノキ由来のガンビールにより近いように思われる。十七世紀末頃にはマレー半島一帯でガンビールの錠剤が売られていた。錠剤にする方法はマレー人がインドのタミル人に伝えたと考えられている。(8)

では、日本へはいつから阿仙薬が入ってきたのか。対明・朝鮮交易に関わったのは二世・三世外郎の時代であった。主として朝鮮との交易にあたり、ときに明との交易にあたった。外郎の透頂香の主成分である阿仙香は日本や朝鮮で十五世紀初頭に知られていることが朝鮮の文献に記され、インド・シャム、安南・明等からの対朝鮮中継品として現れる。(9)他の成分である縮砂も十四世紀中頃に知られている。したがって透頂香はこの頃に完成していたと考えられている。

四、砂糖

次に米粉・麦粉に黒砂糖を加えた蒸し菓子である「ういろう」について見てみたい。ここでは砂糖というアクターが成立の鍵となる。

日本には長くサトウキビはなかったため専ら輸入に頼っていた。はじめて砂糖をもたらしたのは遣唐使船とされている。室町時代には砂糖はインド・タイ・ベトナム・中国（明）から朝鮮経由で輸入された。日本列島産の砂糖としては江戸時代の一六二三年、琉球の儀間真常が福建から製糖法を学んで黒砂糖を作ったのがはじまりである。日本独自の白砂糖である和三盆糖が作られたのは十九世紀になってからであった。(10)つまり、砂糖というアクターが「ういろう」の誕生に関わるためには、朝鮮や明・琉球との海域交流が不可欠だったのである。

その直前のモンゴル時代の中国において、砂糖の精製技術の発達と砂糖を用いた飲食物の需要の高まりがあったことも忘れてはならない。明の黄仲昭編『（弘治）八閩通志』巻二八によると、宋代の侯官県には「甘蔗洲」というサトウキビ畑があり、元豊七年（一〇八四）から、「甘蔗洲巡検一員」が派遣され「私塩」（密売）を捕捉する任に当たっていた。元代にも「甘蔗寨巡検一員」を見いだせる。(11)さらに『八閩通志』巻二〇・食貨・土貢によると、元代の泉州では砂哩唎が見える。(12)これはアラビア語のシャルバー（sharbāt）の音写で、砂糖を用いた清涼飲料であった。

マルコ・ポーロが語ったところ(13)によると、カーンの宮廷で使用する砂糖はすべてウンケン市（侯官県）から上供されており、その砂糖精製の技術はカーンによる征服後、朝廷に仕える「バビロン人」が伝えたという。ここでいう「バビロン」とはエジプトの旧都フスタートにある「小バビロン」を指すという。佐藤次高によれば、マルコ・ポーロが伝えた砂糖精製の技術は、ウブルージュと呼ばれる円錐形の壺を用い覆土法により分蜜する方法である。当時、フスタートには上質な砂糖を精製する製糖所が六五もあったという(14)。

米粉・小麦粉・砂糖を用いた菓子といえば、中東の伝統的な菓子ハルワーがある。元代の日用類書『居家必用事類』庚集二〇巻「回回食品」の七番目に「哈耳尾」と記され、「乾麪（小麦粉）をじっくり炒め、ふるいにかけてさらに炒め、蜜を垂らし、水を少し加えてかき混ぜてできあがり、それをちょうど良い断片に切り分ける」と説明される。作り方は今も作られるハルワーそのものである。蒸すのではなく炒めるという点以外は「ういろう」とも共通する。ここで「蜜」と言っているのは蜂蜜かもしれないが、アラビア語文献に出てくるハルワーは砂糖のほか糖蜜を用いる。蜂蜜はアラビア語でアサルというが、サトウキビの搾り汁を煮沸してウブルージュで製糖すると粗糖（カンド）とともに得られる糖蜜もアサルと呼ばれた(15)。ウブルージュに似た円錐形の壺を用いた製糖法は元のときに伝わったとするなら、「蜜」を糖蜜とみることは、技術的な面では問題はない。

五、「限界唐物」としての「ういろう」

以上のふたつの「ういろう」――透頂香と菓子の「ういろう」――は唐物と言えるのだろうか。ふたつの「ういろう」をもたらしたのは唐人であるが、日本で考案されたものである。つまり完成した形で導入された唐物ではない。しかし「ういろう」の誕生は、モンゴル時代や海域アジアという背景を抜きには考えられない。

まず「ういろう」という名前の由来は金・元代の官制に淵源している。元の制度では太医院と礼部とが関係を持っており、礼部員外郎が外交使節となることも良く見られた。

次に「ういろう」誕生にかかわる主要アクターに目を向けると、第一に、透頂香の主剤である阿仙香はインドや東南アジア産の植物由来のタンニンを濃縮した乾燥エキスである。第二に、砂糖は室町時代にはインド・シャム・安南・明から輸入された。米粉・小麦粉に水と砂糖ないし黒砂糖を加えた菓子「ういろう」は、二世陳外郎の大年宗奇がハルワーに着想を得たか、あるいは『居家必用事類』などの書物を読んで作ったかもしれない。外郎家にはおびただしい中国由来の蔵書があったと言われている(16)。

ふたつの「ういろう」の誕生は、元・明時代の海域アジアの物産や知識の流通なくしてはありえなかったのである。それは一般的な意味での「唐物」ではないが、モンゴル時代の海域アジアという背景なくしては成立しなかった「限界唐物」と位置づけることが可能なのではないか。

注

（1）　塙保己一編、太田藤四郎補『続群書類従』第一三輯上、文筆部（平文社、一九二五年）三六六頁。
（2）　谷口規矩雄「陳友諒の『大漢』国について」（『東洋史研究』三九（一）、一九八〇年）一〇〇〜一一七頁
（3）　榎本渉「元末内乱期の日元交通」（『東洋学報』八四（一）、二〇〇二年）一〜三一頁。
（4）　『元史』巻八八・百官志四・太医院（中華書局、一九七八年）二二二〇〜二二二一頁。
（5）　『元史』巻一六八・許国禎伝（中華書局、一九七八年）、高偉「元代太医院及医官制度」（『蘭州大学学報』二二（一）、社会科学版、一九九四年）四〇頁。
（6）　杉山茂『薬の社会史――日本最古の売薬外郎・透頂香』（現代文芸社、一九九九年）三七頁。
（7）　忽思慧、金世淋訳注『薬膳の原典――飲膳正要』（八坂書房、一九九三年）一四七頁。
（8）　南方圏研究会『阿仙薬と肉木荳蔲の研究』（南方圏研究会、一九三四年）四〜六頁。
（9）　杉山茂「中世日鮮交易における外郎（宋寿、常祐）の活躍」（『薬史学雑誌』三五（二）、二〇〇〇年）一九五頁、福岡県編『福岡県史』第一巻下（一九六二年）四四二頁。
（10）　佐藤次高『砂糖のイスラーム生活史』（岩波書店、二〇〇八年）二一頁、前掲注8杉山論文、一九五頁。
（11）　黄仲昭原著、福建省地方志編纂委員会主編『八閩通志』上（福建地方志叢刊）（福建人民出版社、一九八九年）五八九・五九二頁。
（12）　前掲注10黄著書、四〇三頁。
（13）　マルコ・ポーロ著（愛宕松男訳注）『東方見聞禄』二（平凡社、一九七一年）一〇〇〜一一六頁。
（14）　前掲注9佐藤著書、八七頁。
（15）　尾崎貴久子「元代の日用類書『居家必用事類』にみえる回回食品」（『東洋学報』八八（三）、二〇〇六年）三〇・三五・四一頁、前掲注9佐藤著書、七一頁。
（16）　杉山茂「陳外郎四世祖田について」（『薬史学雑誌』三七（二）、二〇〇二年）一四八頁。

参考文献

川端道喜『和菓子の京都』（岩波書店、一九九〇年）
小葉田淳「補論――陳外郎について」（『中世日支通交貿易史』刀江書院、一九四一年）二四〇〜二四三頁
Buell, Paul; Anderson, Eugene N. *A Soup for the Qan: Introduction, Translation, Commentary, and Chinese Text*,Routledge, 2000.
――*Arabic Medicine in China: Tradition, Innovation, and Change*, Brill, 2021.

［コラム］

世界のなかの「唐物」現象
——「唐物」価値の源泉を求めて

塚本麿充

つかもと・まろみつ——東京大学東洋文化研究所教授。専門は中国絵画史とその伝来地域の文化史。主な論文に「千年宝藏、多元历史——東京国立博物馆的中国书画收藏和其故事」（『书与画』二〇二一年八月）、「世界のなかの関西中国書画コレクション——そのグローバル・コンテクストとローカル・ネットワーク」（『設立10周年記念 国際シンポジウム報告書 中国書画の時空』関西中国書画コレクション研究会、二〇二二年）などがある。

一、東アジア美術史論の陥穽
——誰にとっての「東アジア」か

一九九〇年代以降の日本の美術史学界では東アジア美術史論が大きな議論の対象となった。明治から大正期にかけての古物の学から文化財、歴史・人文の学へと徐々に成熟した日本の美術史学は、大学や博物館の職位を得ることで制度的な自立性をたかめる一方で、展覧会の開催を通じて常に社会的な動向と密接に結びついて展開していった。そのため戦後について一国主義的な歴史学が批判されるのと同時に、美術史学の言説も大きな展開を遂げ、戸田禎佑『日本美術の見方——中国との比較による』（角川書店、一九九七年）など、日本美術を東アジア全体からみる視点を説く重要な著作が公刊されるに至ったのである。

このような東アジア美術史の枠組みの重要性は現在も失われてはいない。しかしながらアジア内での盛んな研究者の交流が行われるようになり、また欧米をふくめたグローバルな視点が通常のものとなりつつある現在、その限界と今後の展開について再考し、その枠組みを刷新していくことは現代の私たちの切実な責務であろう。東アジア論は戦後日本の国内のナショナリズムの克服のために不可欠な議論ではあったが、その語りの主体や言語が日本国内だけに留まることは、今後はあり得ない。たとえばその主語が今までは語られる対象であった「中国」となる時、その視点は容易に「中国中心主義」に転化し、新しい国家中心主義に転化するという危険性をも持ち合わせている。その意味で「東アジア論」とは、日本のような近代を経験した〝周辺〟地域に発生した、特徴的な議論であったとも言えよう。

かつて葛兆光氏はこのような戦前から戦後にかけての日本や台湾において東ア

ジア論が隆盛した要因について分析を行いつつ、それが中国における「中国」像の形成に相互的影響を与えていること、歴史上の〝中国〟が同一性を保ちながらも常に変化し続けている対象であり、そのことを踏まえながら対話を重ねていくことの重要性を説いた。(1) 近代において非常に強烈なナショナリズム主導の国民国家の創出が図られた東アジア諸国において、各地域における歴史認識の分断を解決することは重大な課題であり、そのことに寄与できる新しい東アジア論が求められているのである。「唐物」の議論はアジアの歴史認識を分断するものであってはならず、唐物の制作者自体の理解と受容者の理解は相互関係的に発展しなければならない。つまり、作品(モノ)の移動で文化受容が完結するのではなく、それがどのようなコンテキストを伴っていたのかを、双方向の視点から十分に吟味する必要がある。その例として今回は、中国でつくられた作品がどのように受容されたのか、日本以外の地域の例をとりあげ、中国美術史の立場から相対化することを試みてみたい。それは日本以外にもある「唐物」現象を相互比較することによって、各地の特質についても明らかにできると思うからである。

図1 「仏陀坐像」(ベトナム、仏跡寺(萬福寺)、1057年頃)

二、唐帝国崩壊後の「規範性」の問題

唐末から五代、北宋にかけて、高麗、北部ベトナムといった周辺地域でどのように唐文化や制度が解体・継承され、文化的再編を成し遂げていったのかについては、河上麻由子氏による詳細な比較検討が行われ、各地の既存の文化を基礎にしつつ、特に安史の乱以前の「唐」が規範性をもって受け入れられ、「公的」「私的」な場面に応じて使い分けられていったことが指摘されている。(2) そのなかで注目されるのは、ベトナム北部・ハノイ近郊にある仏跡寺(萬福寺)の「仏陀坐像」(**図1**)の存在である。ベトナム仏教彫刻史上の傑作として名高く、李朝三代の李聖宗《りせいそう》(李日尊、在位一〇五四〜一〇

七二）の一〇五七年に建立された仏跡寺の本尊像とも考えられる本作は、一九四八年の抗仏戦争のため大きく損なわれているものの、大理石の造型は完好な状態を保っており、一見して唐時代に流行した端正な様式をみせている。しかしその一方で長い胴体や顔、やや硬直した姿勢などには北宋様式への変化をも見て取ることができる。(3) このように完成した唐様式が徐々に各地方で変化していく造形は、陝西省子長県の鍾山石窟（北宋、治平四年〔一〇六七〕頃）や、山西省大同下華厳寺の薄伽教蔵殿の菩薩像（一〇三八年頃）等にも見ることができる傾向であり、同じ規範性を保ち伝播した唐様式が、各地において徐々に変化していく様相を示すものと言えるだろう。

図2　「山水図」（「文清」印、朝鮮王朝時代・15世紀、個人蔵）

ベトナムには現存作例が少なくこれ以上の美術史的な推測が難しい状態にあるが、高麗と北宋の関係について言えば、近年板倉聖哲氏によって紹介された「山水図」（図2）が、この時期の東アジアの文物交流と規範性を考える上で決定的に重要な意味を持っている。(4) 明らかに郭《かく》熙《き》「早春図」（北宋、熙寧五年〔一〇七二〕、台北・國立故宮博物院）を模写したかのようなこの作品は、十五世紀朝鮮王朝の画院の画家による作品と考えられるが、そこには北宋・熙寧七年（一〇七四）に北宋から下賜されていた郭熙山水「秋景」「烟嵐《えんらん》」二図の造型が色濃く残存している。唐末五代の戦乱をおさめて新しい文化国家を目指した北宋が到達した絵画様式は、唐代的な青緑山水ではなく、郭熙による水墨山水様式であった。その様式は当時国交のなかった日本に下賜されることはなかったが、高麗には大晟楽《たいせいがく》や書籍などの文化資源と共に下賜されていた。高麗はそれを宮廷の収蔵庫におさめ、首都の寺院の荘厳や儀式にも北宋皇帝に由

来する文物を積極的に使用することで、北宋宮廷の「かたち」は規範性をもって受容されていったと言うことができよう。(5)

しかしながら同時代の日本の宮廷が高麗と決定的に違っていたのは、それらのモノが到来しても規範性を持つことはなかったということである。例えば「紺紙金字法華経」（クリーブランド美術館等）には李郭派風の山水表現が使われており、この時期の日本にも同様の「画風」は伝来していたことを知ることができる。(6) しかしその画風が高麗のように数百年にわたって規範性をもつことはなかった。「意味」やそれを発生させるシステム（「場」）を伴っていなかったからである。重要なのは単に「中国＝唐物＝規範性」と考えるのではなく、どの時期のどのレベルの〝中国〟を受け入れたのか、というさらに精緻な議論であろう。モノの移動と規範性の問題とを分けて考え、そのコンテキストを再考する必要がある。その意味で「山水図」（**図2**）は、北宋中期に完成した絵画としての「規範性」が高麗から朝鮮王朝初期まで一貫して機能していたことを示す、大変に重要な作例と言うことができる。

三、イスラム・ヨーロッパのなかの「唐物」現象

漢帝国の成立以降、世界文明の大きな極の一つであった中国文化とその文物を受け入れたのは、ひとり高麗・日本・ベトナムのみではなかった。残念ながら十一世紀にさかのぼる作例は見出しがたいものの、モンゴル帝国の成立と崩壊ののち、十四世紀頃からはじまるイスラム諸地域と中国絵画の関係は、近年多くの研究成果が公表されている分野である。(7)

なかでも特に重要なのは「サライ・アルバム（宮廷詩画帖）」（トプカプ宮殿美術館、H2152、H2153、H2154、H2160）の存在である。この四冊のうち、H2152は十五世紀のティムール朝のヘラートで、H2153とH2160は十五世紀後半に白羊朝下のタブリーズで、H2154は一五四四年にサファビー朝下のイラン西部で制作された可能性が高いとされ、二二〇〇点におよぶ様々な書、絵画、切紙などが張り込まれている。非常に興味深いのはそのなかに中国絵画やその模写作品が貼り込まれていることで、著名なものに元末から明初の画風を示す「武官図」や「馬図」（**図3**）があり、元の任仁発（一二五四～一三二七）によって完成された気品のある精緻な様式で描かれている。また、李鉄拐《りてつかい》と劉海蟾《りゅうかいせん》（蝦蟆仙人）を描いた作例（H 2153-36b）は、中国では宮廷絵画というよりも民間様式に属しており、日本に伝来したいわゆる江南・浙派系統の「宋元画」の概念にも近い。(8) また『文姫帰漢図』（もしくは『明姫出塞図』）の模写とみられる作品もあり、この画冊が中国絵画学習として、または模倣の対象として使用されていたことを知ることができる。

このような張り込み帖は「ムラッカ」

とよばれる。チンギスハンの孫であるフレグが現地に留まることによって開かれたイル・ハン朝（一二五八～一三三五）や、それを継承発展させたティムール朝（一三七〇～一五〇七）では中国絵画も多く受容され、その後の宮廷絵画様式を大きく進展させる原動力になったことはよく知

図3 「武官像、馬図」（サライ・アルバム（宮廷詩画帖）のうち）（トプカプ宮殿美術館、H2153-123b、H2154-34a、元末～明・15世紀）

られている。また、ドイツの外交官であったハインリッヒ・フリードリッヒ・フォン・ディーツ（一七五一～一八一七）が、一七八九年頃にコンスタンティノープルで入手したディーツ・アルバム（ベルリン国立図書館）にも、多くの中国絵画、もしくはペルシア人画家による模写が含まれている。[9] このように考えると、青花磁器などの工芸品と並んで、中国絵画のモノとしての移動は、ひとり東アジアのみならず、イスラム世界へ、そしてヨーロッパへも進展していたことがわかり、日本の「唐物」受容のあり方を考えるためにも、その比較受容史な視点は今後ますます必要とされるといえよう。

またヨーロッパも大航海時代を迎えると、東アジア・中国から絵画が直接流入するようになる。ちょうど天正少年使節がマドリッドでスペイン国王フェリペ二世（一五二七～九八）に謁見し、「安土図屏風」がローマ法王に献上された頃（一五八五年）、ヨーロッパで最も古い時期とおぼしき中国絵画コレクションの一部が現存している。おそらくオーストリアのチロル州の州都・インスブルックのアンブラス城に伝来した「花鳥図」「楼閣仕女図」「楼閣書画図」「楼閣訪友図」の四幅（**図4**）は、芸術収集家としてもよく知られるオーストリア大公フェルディナント二世（一五二九～九五）の遺産目録に所載されるものと合致しており、そのいとこにあたり、スペイン黄金世紀の最盛期に君臨したフェリペ二世から、海外貿易を通じて宮廷の祝事のために贈られたと考えられている。[10] ほぼ同時代の明代後期の民間画師によるものと考えられるこの作品は、絹本に非常に鮮やかな顔料で描かれ、花鳥と人物というわかりやすい主題であ

るのもまた興味深い。また同様に、プラハのルドルフ二世（一五五二～一六一二）のクンストカンマー（芸術室）目録にも中国絵画が所載されていることが指摘されており、この一族のなかで東アジア絵画への関心が高まっていたことを知ることができる。

図4　「花鳥図」「楼閣仕女図」（明・16世紀、ウィーン美術史美術館）

　また十八世紀になると、謝楚芳《しゃそほう》「乾坤生意図」（大英博物館）がその跋尾にあるサインの存在から、一七九三年にマカートニーが清朝へ派遣された際、同行したウィリアム・バトラー（一七四八～一八一二）によってもたらされた中国絵画であることが指摘されている。[11] また、ドレスデンのザクセン選帝侯アウグスト強健王（一六七〇～一七三三）の死後五年後、一七三八年に作成された目録にある「La Chine」「La Chine européenne」という項目には、一一〇〇以上の中国絵画・版画が記載されているという。その大部分はドレスデン国立美術館の版画部門に保管されており、近年の展覧会カタログによってその全貌が明らかになった。そのなかには姑蘇版とよばれる蘇州版画をふくむ版画類が多く含まれ、それらはドレスデンでの宮廷装飾や、陶磁器生産の際の図案下絵としても利用されている。[12] さらに興味深いのは、それらが保存される際に、表紙がつけられアルバムの形式に再編されていることである。同様のアルバム形式は、広東で商人として活躍したブラーム・ホックギースト（一七三九～一八〇一）の将来品で、一八〇七年にランズダウン侯爵コレクションに入った年紀のある「中国五十景図」（**図5**）にも見られる。

　これは日本で『唐絵手鑑（筆耕園）』のような、十七世紀頃に狩野派が主導して再編した、室町将軍家以来の中国絵画の規範化がおこなわれていたことを想起させる。[13] こうして日本とイスラムやヨーロッパ地域のコレクションと比較する時、寧波仏画などの宗教絵画や南宋禅林絵画の偏重などは、あらためて日本の唐物受容の大きな特徴として浮かび上がってくると言えよう。

四、文化的〝本質論〟から逃れる
——「唐物」を複眼的に考えるために

一つの規範がある地域に伝播し、各地域によって在地化・変容していく事は、文化伝播を考える上で普遍的な出来事であると言える。問題はそれと近代的な国民国家・文化論的な視点とをすり替え、民族文化的〝本質〟の起源をそこに措定して固定化し、近代社会にまで敷衍化、歴史化する視点である。文化の境界領域では価値観は常に変化し、多様な視点を生み出し続けている。「中国」と「日本」の二者のみを比較するのではなく、また、行政単位・政府、そして祖国と文化単位とを分けて思考することは、これまでの「国家」を超える視点、そしてこれからの多様なアジア地域の在り方を指し示すうえで、重要な姿勢となるのではないだろうか。

「唐物」を考える際に重要なのは、やはりその価値の源泉がどこから来ているか、という点であろう。それは明らかに高度な技術であったり、コミュニティーの外から来たという異物性、または誰か

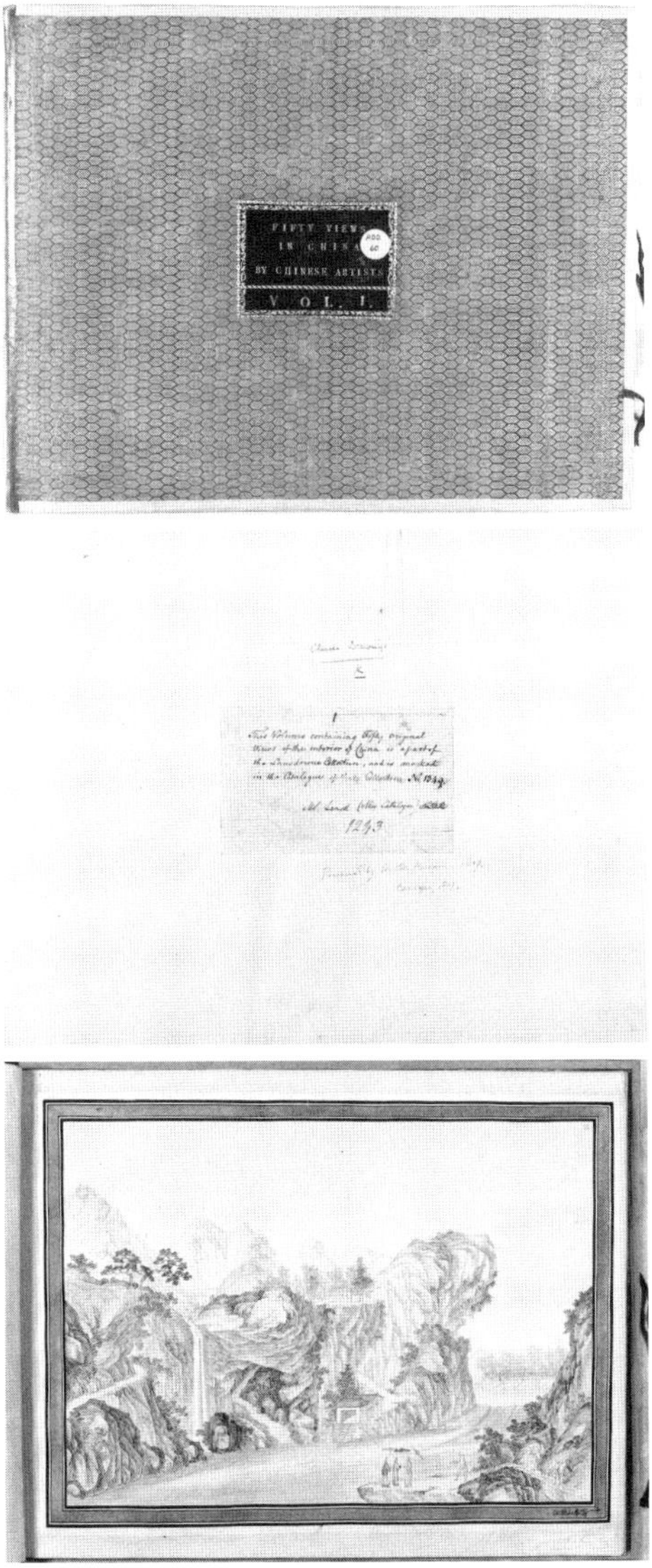

図5　「中国五十景冊（上・下）」（大英博物館）
上：表紙（中国／加工）、中：サイン（イギリス）、
下：絵（広東〔1794〕）

図6　「安平壺」（國立台湾歴史博物館）

が持ってきた（いた）という伝来にあるかもしれない。例えば、アイヌの祭器としての天目台や椀は本土からもたらされた漆器が、女真族のシャーマンの衣装には中国製の銅鏡が多く使われることなど、またチベットの仏教寺院では中国製の錦が仏像の荘厳として大量に使用されていることは、明らかに高い技術をもつモノへの敬意や外の世界から来た異物性を、その価値の源泉としている。また「安平壺」（**図6**）とよばれる福建省で焼かれた素朴な白磁の壺が、オランダ人の交易によって琉球、北部九州、東南アジアや台湾に運ばれ、台湾ではシラヤ族が「阿立祖」を祀るときに使う依代として受容された事例⑭などは、中に空白がある「かたち」と、海外からもたらされた外来性に、大きな霊力の淵源を感じた例と言えるかもしれない。

中国美術が受容され、モノが移動していった地域は広範囲におよぶ。かつて筆者は日本における江戸時代における中国美術受容の特徴を「中国」という地域の持っていた「道徳性」から論じたことがあったが⑮、同様のことがインドや日本のイメージと並立しながら受容されたヨーロッパで、またはイスラム地域で、どのように存在し得たのか、まだ解答は見つかっていない。また日本の「唐物」受容を考える時によく例として挙げられる、画面の切り取り、再表具といった加工や模写模本の制作をめぐる議論にも、これからさらに他地域の事例と比較することが必要であろう。そのことでその歴史性をふくめ、日本における「唐物」受容の普遍性と特殊性を、より明らかにすることができるように思われるからである。

図版出典

図1　伊東照司『ベトナム仏教美術入門』（雄山閣、二〇〇五年）、**図2**『朝鮮の絵画と工芸』（大和文華館、二〇一六年）、**図3**　James C. Y. Watt ed. *The World of Khubilai Khan : Chinese Art in the Yuan Dynasty*, Metropolitan Museum of Art,2010. **図4**　Julius von Schlosser, *Die Kunst- und Wunderkammern der Spätrenaissance: ein Beitrag zur Geschichte des Sammelwesens*, Leipzig, 1908. **図5**『中国絵画総合図録』三篇三巻（E15-404）、**図6**　國立台湾歴史博物館　典蔵網 https://collections.nmth.gov.tw/index.aspx

注

（1）　葛兆光（橋本昭典訳）『中国は〝中国〟なのか――「宅慈中国」のイメージと現実』（東方書店、二〇二一年）。

（2）　河上麻由子「唐滅亡後の東アジアの文化再編」（『国風文化――貴族社会のなかの「唐」と「和」』岩波書店、二〇二一年）。

（3）　浅井和春「解説」（『世界美術大全集　東洋編一二　東南アジア』小学館、二〇〇〇年）。

（4）板倉聖哲「朝鮮王朝前期・「文清」印山水図」（解説『國華』一四五六号、二〇一七年）。

（5）拙稿「北宋三館秘閣と東アジアの文物交流世界」（『北宋絵画史の成立』中央公論美術出版、二〇一六年）。

（6）須藤弘敏「宋の経絵について」（『アジア佛教美術論集 東アジアⅢ 五代・北宋・遼・西夏』中央公論美術出版、二〇二一年）。

（7）重要な先行研究に、Toh Sugimura, *The Encounter of Persia with China: Research into Cultural Contacts Based on Fifteenth Century Persian Pictorial Materials*, National Museum of Ethnology,Osaka, 1986. また、Yuka Kadoi, *Islamic Chinoiserie : The Art of Mongol Iran*, Edinburgh University Press, 2009、桝屋友子『イスラームの写本絵画』(名古屋大学出版会、二〇一四年）。

（8）本図と大岡春卜『画巧潜覧』所載の仙人図とが共通の源流を持っていることに関しては、Miki Homma, "The Influence of Chinese Art on Persian Paintings in the Saray and Diez Albums," *Waseda Rilas Jornal*, 5 ,2017, pp. 241-260. また、本間美紀「ペルシア絵画における明代花鳥画の受容」(『早稲田大学大学院文学研究科紀要』六三、二〇一八年）等、同氏による一連の研究を参照。

（9）ディーツ自身の博物学的関心、ペルシアとヨーロッパ、中国との相互関係や、オスマン帝国の態度など、総合的な研究については、Julia Gonnella ed., *The Diez Albums: Contexts and Contents*, Brill, 2016, を参照。

（10）アンブラス城コレクションの詳細な議論については、Michaela Pejčochová, "Revisiting the Chinese Paintings in the Kunstkammer of Archduke Ferdinand II at Ambras Castle", *Studia Rudolphina* , 19, 2019, pp.35-49.

（11）Clarissa von Spee,"Setting Milestones: Collecting ClassicalChinese Painting in Europe", in Zhang Hongxing ed., *Masterpieces of Chinese Painting 700–1900*, Victoria & Albert Museum, 2013, pp. 65-77.

（12）*La Chine : Die China-Sammlung des 18. Jahrhunderts im Dresdner Kupferstich-Kabinett*, Cordula Bischoff, Petra Kuhlmann-Hodick ed. Sandstein, Dresden, 2021. なお本図録については、青木隆幸氏、および板倉聖哲氏よりご教示を得た。記して謝意を表したい。

（13）画冊というフォーマットの意味については、Yukio Lippit , "The Modal Album", *Painting of the Realm: The Kano House of Painters in 17th-Century Japan* , University of Washington Press, 2012, pp.105-132. また、「收藏、觀看與臨摹：十四至十九世紀中國繪畫在域外的接受情況」(『明清研究國際學術研討會』台北・中央研究院、二〇一九年八月二九日）と題して行われたパネルにおいて、イスラムとヨーロッパおよび日本の各地域における中国絵画を加工した張り込み「画冊」への比較史の視点を得た。パネルを組織いただいた俞雨森、王静霊、賴毓芝の各氏に感謝したい。

（14）謝明良「安平壺芻議」(『國立臺灣大學美術史研究集刊』第二期、一九九五年）七五〜一〇五頁。

（15）拙稿「近代・「中国」絵画研究精神史のなかの大徳寺五百羅漢図」(『徹底討論 大徳寺五百羅漢図の作品誌』九州大学大学院人文科学研究院発行、汲古書院、二〇一九年）。また、拙稿「「日本が見た中国」という誤解の系譜」(『美術手帖』二〇一六年一月号)。

金属工芸からみた「唐物」

久保智康

古代、中世、近世の東アジアにおいて、大陸から日本へ、あるいは日本から大陸へと海を渡った金属工芸品、とくに銅鏡と仏具・倣古銅器に眼を注ぐ。そこでの「唐物」意識は、中国製あるいは大陸製といった製作地に限定されるものでなく、形や意匠が中国的であることに向けられていた。十一～十八世紀の韓半島から中国南部とベトナムの沿海部における日本系銅鏡の受用も、彼の地における「唐物」意識の表徴と捉えられよう。

くぼ・ともやす――叡山学院教授（京都国立博物館名誉館員）。専門は考古学・工芸史。主な著書に『中世・近世の鏡』（日本の美術394、至文堂、一九九九年）、『金色のかざり――金属工芸にみる日本美』（京都国立博物館、二〇〇三年）、編著に『東アジアをめぐる金属工芸――中世・国際交流の新視点』（アジア遊学135、勉誠出版、二〇一〇年）などがある。

一、問題の所在

「唐物」という言葉は、日本の古代から近世の長きにわたって使われてきたのであるから、その内実が多義・多様であろうことは容易に想像できる。その時代時代の人々が用いた「唐物」の概念も、また現代の各分野の研究者個々人が用いる「唐物」の概念も一様ではない。例えば本書編者の皆川雅樹氏が『日本古代王権と唐物交易』の序論「「唐物」研究の現状と課題」で「「唐物」という舶来品・外来品を研究対象とする」と述べているように、「唐物」は「日本以外で製作されて舶載されてきた器物」であることが自明と思われる向きもあろうが、時代や人によっては舶載品を真似て日本で製作された器物も含め「唐物」と称したことも十分想定できる。筆者が中世の倣古銅器について論じた先稿で「唐物銅器」と「擬唐物銅器」とあえて言い分けたのも、論旨の上で製作地の彼我と模倣ということを議論の軸に据える必要があったからである。[2] 古代の交易史料から「唐物」の舶載状況を明らかにした先述の皆川氏の仕事や、『源氏物語』をはじめとする王朝文学の叙述の中に豊穣な「唐物」の受用の様態を見出した河添房江氏の『源氏物語越境論』[3]等の仕事は、平安時代に語られたところの「唐物」がじつに多彩な内実をもち、同時代の文化を豊かなものにしていたことを我々に教えてくれる。

ところが最近著された論集『国風文化』[4]では、十、十一世紀に八、九世紀の唐からもたらされた文物・知識を参照した「漢」が「和」と並立する「国風文化」を形作っていた、ということを結論づけたいがために、当該の時代に海商や僧侶が日本にもたらした物がさほど多いとはいえず、それらは当時の各分野の様式・動向に影響を与えることがなかった、という論調の論文を多く載せる。本論で述べるように、工芸史の観点からして、仏像や仏画の様式分析から導き出された結果には賛同すべきところが少なくない。ただしかし、本来的に多様性をもっていたはずの文化の営みに対して、海外から舶載された文物・知識が仮に少数派だったとしても、それらが当時の文化に影響を与えなかったと断じるのは、本来位相の異なる量的問題と様式問題、そして思想問題を単純結合し、最大公約数的要素以外を捨象してしまった恣意的かつ予定調和的な評価と批判せざるをえない。[5] 例えば、たった一人の僧が新来の聖教をもとに自坊で新たな法儀を興しただけでどこへも法脈を及ぼさなかったとしても、それは当時の仏教文化を織りなす綾であり、無かったことにするのではなく、そのまま綾として叙述するというのが文化史の要諦ではないか。

とくに「唐物」に関して看過できない問題をはらむのは、同論集の総括論文と思しい佐藤全敏氏の「国風文化の構造」である。海商がもたらした「唐物」として、薬材、薫香素材、錦・綾といった高級絹織物、染料・顔料、唐紙・唐硯・唐墨、茶埦、アジア各地の特産素材やそれをつかった製品を列挙し、それらを「基本的には限られた品目の、一種の消費財(消費される物資)に過ぎなかった」として、「ここには、絵画・書・仏像といった「文物」は含まれていない」と述べる。

これら「唐物」の品々は絹織物や文房具・茶埦など明らかな「文物」を含むにも関わらず、佐藤氏はそれに関する工芸史や思想史の豊かな研究成果をまったく顧慮せずに「絵画・書・仏像」との間に恣意的な線引きを行っている。その後段では、これらを「唐風文化を実践したり演出したりするための必要物資」と述べることから、佐藤氏がこの時代の唐風文化の実践を「唐物のたんなる消費行為」とみなしていることを窺わせ、氏の文化観そのものが文化史を語るには偏狭にすぎることをはしなくも示しているのである。

小稿では、右のごとき「唐物」への偏向的な視線への反論の意を込めて、筆者が取り組んできた金属工芸品を軸に、古代・中世そして近世の「唐物」の豊かな内実を叙述したい。ただし「唐物」を「日本に舶載された文物」[6]と限定してしまうと、結局は従前の問題視野に議論が留まってしまう。必要なのは、「文物が海を渡る」ということはどういうことなのか、という最も基本的な問題を考究するということであろう。

工芸美術の領域から、東アジア地域間で文物が動くということを通時代的に生じさせたエンジンが存在したと仮定するならば、当面二つの要件を想定しうる。一つは、アジアの多くの地域が共有した仏教とそれに基づく儀礼、であろう。とくに韓国・中国・日本をはじめとする東アジアは、インドからシルクロードを経由して伝わった仏典が中国において漢訳され、道教との習合も含む新たなテキストまで加えて、韓国・日本へと伝えられた膨大な経疏を造形の基盤にしたので、大局的には西から東へと美術様式は伝えられ、各地域、時代の状況を反映しつつ様式変容を遂げていった。

いま一つは、主として生活造形において、ある地域の美術表現様式を〈優れた文化様式〉、あるいは〈トレンドの文化様式〉として共感し受用するという行為である。本書の主題である、「唐物」あるいは「漢」という概念は、中国→日本、中国→韓国という単線ベクトルでなく、また中国における単一の中心から周辺へ向けての同心円ベクトルだけでもない、琉球さらに東南アジアまでを含んだ、きわめて複雑な共有のされ方をしている。小稿では、多様な金属工芸品の中で前者の例として仏具を、後者の例として仏具に端を発し書院飾や茶の湯に用いられた倣古銅器、そして姿見として時代的・地域的にすこぶる広範に受用された銅鏡を取り上げることとし、まずは後者の叙述から始めたい。

二、銅鏡

(1) 八、九世紀の鏡

銅鏡は、東アジアから東南アジアにかけての全域で用いられた生活造形品で、しかも文様・鏡胎などの属性から製作された時代と地域が明確なことから、各時代の文物（「唐物」を含む）に対する認識と受用状況、その背景を知る上できわめて有効である。正倉院宝物や日本各地で出土した八、九世紀代の銅鏡には、中国・唐からの舶載鏡（**図1**）とそれらを踏み返しコピーした鏡（日本金工史では「唐式鏡」と呼ぶ）（**図2**）、そして日本独自の素文鏡の三種が含まれる。[7] 製作地の彼我を言い分けるのであれば舶載鏡が「唐物」で、唐式鏡が「擬唐

図1　花鳥文八花鏡　唐時代（8世紀）（正倉院宝物）

図2　双鸞走獣八花鏡　奈良～平安時代（8～9世紀）（三重・八代神社蔵）

物」ということになる。一方、韓国の統一新羅時代においては、国立中央博物館に所蔵される膨大な銅鏡群[8]の中に、あまり数は多くないものの、日本と同じように中国からの船載鏡と半島におけるコピー鏡が存在する。さらに唐鏡の船載は、南方のインドシナ半島にも及んでいたことが、ベトナム・ハノイ国立博物館の収蔵鏡群[9]などからうかがえる。

（2）十、十一世紀の鏡

日本の平安時代半ばに差し掛かる十世紀初め、韓半島の高麗と中国北部の遼という新王朝が成立した頃から、日本と遼では唐鏡の伝統的意匠を採用しながらも独自に構成された文様鏡が見られだす。遼の地域では北宋代にかけていくつもの鏡文様が成立し、この時期の東アジアでは最も創意性に富んだ生活造形となっていた。それらは、唐鏡もしかりであるが、シルクロードを経由した西域由来の工芸意匠の情報、あるいは刺激によるところが大きかったと思われる。

遼と対照的に、日本では唐の瑞花双鸞八稜鏡を換骨奪胎した瑞花双鳳文八稜鏡がほとんど唯一の鏡式として十、十一世紀を通じて盛行する（図3）。『枕草子』で清少納言が、

こころときめきするもの、唐鏡のすこしくらき見たる
（唐鏡が少し陰ったようにみえるのがまた魅力的だ）

と述べた「唐鏡」がこの鏡式だったのは間違いない。主たる

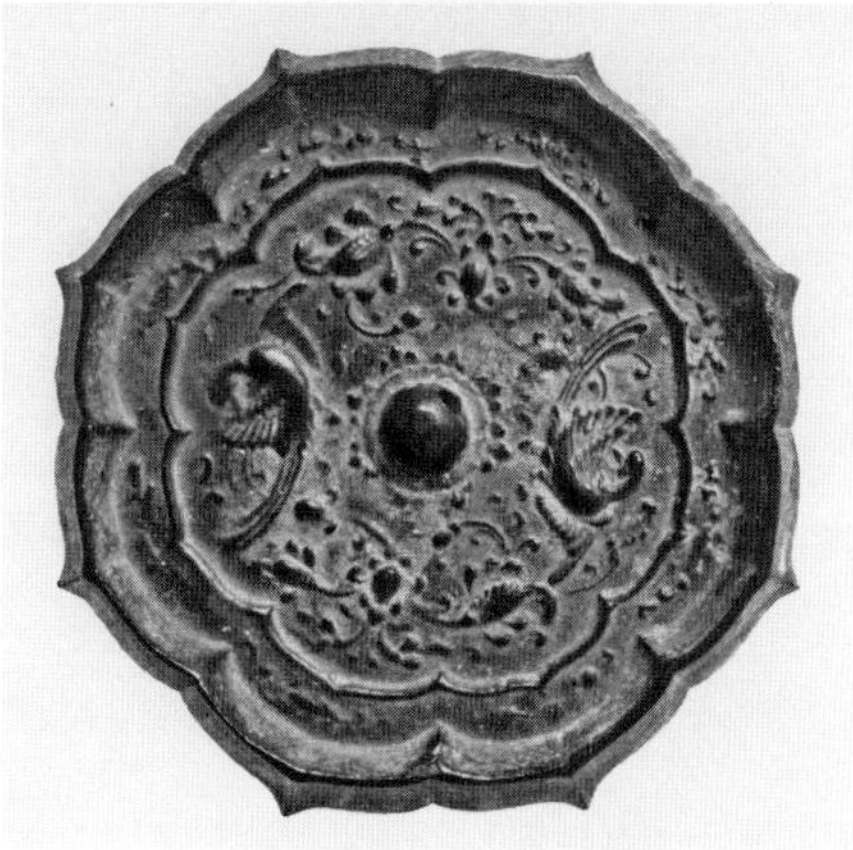

図3　瑞花双鳳八稜鏡　平安時代（10世紀）
（群馬・貫前神社蔵）

図4　瑞花双鳳八稜鏡　高麗時代（11世紀）
（京都国立博物館蔵）

鏡の需用者である貴族たちにとって、日本製であっても文様が唐風であればそれは「唐物」としての意味をもったことがよくわかる。前掲論集『国風文化』で各氏が確認した、十、十一世紀の文化が、八、九世紀に唐からもたらされた文物を参照した唐風文化であった、とする結論は、銅鏡に関する限りおおむね当てはまる。

（3）日本から高麗へ渡った「唐物」八稜鏡

ただし「文物が海を渡る」という本質問題に立ち返ると、右の事象だけではすまない注目すべき事実が指摘される。形式変化が進んだ十一世紀段階の日本製瑞花双鳳八稜鏡の数タイプが韓半島に渡り、コピーされたり文様を改変されたりして高麗鏡の鏡式として相当数が流通した（**図4**）[10]。それらは高麗墳墓から少なからず出土していて、これらは同時代の上級階層の生活用具であった。おそらく彼らはこの種の八稜鏡が日本鏡由来であることを知らず、鳳凰や瑞花文に唐時代の余香を感じ取っていたのであろう。

つまり十、十一世紀の「唐物」意識というのはひとり日本の人びとのものではなく、中国周辺地域で共有されたということもでき、「唐風」を湛えた文物を「唐物」と規定するならば、日本から大陸へ「唐物」が海を渡るという現象まで起きたのである。しからば、日本の「国風文化」を特色づける

図6　流水水草双鳥鏡　桜堂経塚出土　平安時代（12世紀）（個人蔵）

図5　薄双鳥鏡　多度経塚出土　平安時代（12世紀初頭）（三重・多度大社蔵）

唐物意識（並存するとされる「漢」と「和」のうちの「漢」）とその結果たる文物の一部が日本国外でも共有されていたわけで、日本の同時代文化を「国風」を称するのであれば、もう一方の「和」の意識と様式の形成過程が改めて問い直されるべきであろう。[11]

（4）新たな円形鏡

日本では十一世紀後半から、新たな鏡胎形式の円形鏡が二種みられるようになった。一種は、周縁が断面台形を呈し、界圏をめぐらさず、鈕《ちゅう》に鈕座をもたない鏡式で（図5）、宋代に江南の湖州で量産され日本にも多数が舶載されたまぎれもない「唐物」の素文鏡である湖州鏡の鏡胎形式の影響を受けたものなので、筆者は「宋鏡式鏡」と呼んでいる。[12]もう一種は、直立に縁が立ち上がり、その内側に界圏がめぐり、鈕に花形の鈕座を表した鏡式で、これが以後中世後半までの日本鏡の基本形となる（図6）。

文様はいずれの鏡式も、前代からの瑞花唐草文を残しはするが、多くは草花や樹、流水など自然の景物と二羽の小鳥を表している。また瑞花双鳳八稜鏡の鈕を中心とする点対称構図を踏襲したものから、十二世紀に入ると天地の定まった絵画的構図が主流となった。このような文様鏡は「国風文化」を体現するやまと絵から採用したものとされ、日本鏡研究で長く「和鏡」と呼ばれてきた。(13) しかし同時期の宋代に盛行した花鳥画にも共通する図様が見られ、前述の宋鏡式の鏡にまで定着をみたことから、同時代に「唐物」として舶載された文物との影響関係も否定できない。筆者はこれらを純然たる「和様の鏡」という意味で「和鏡」と呼ぶのは様式論的な誤解を招くと考え、この語の使用に注意を喚起した。(14) それはまた「国風文化」という用語にあっても、同質の問題を含んでいると言えないだろうか。

(5) 鵲の鏡

この時期の鏡から、鳳凰や鴛鴦《えんおう》に代わって描かれるようになった二羽の小鳥は、初期の図様の尾羽が長く伸びた表現から、鵲《かささぎ》を表していたと考えられる。古代中国の神話を集めた『神異経』に、次の故事が載る。

昔有二夫婦一、将レ別、破レ鏡。人執レ半以為レ信、其妻忽與レ人通、鏡化レ鵲飛至二夫前一、其夫乃知レ之。後人因鋳レ鏡為レ鵲、安二背上一也。

すなわち遠方へ立つ夫と妻が鏡を割って信頼の証としたが、妻が不倫を犯すに至り、鏡が鵲と化して夫の元へ飛んで知らせたことから、鏡背に鵲を鋳付けるようになった、との譚で、早くから、鏡中の鵲が別れた夫婦、男女をつなぎとめる紐帯と観念されていたことが知られる。「鵲鏡」という語は唐や日本の漢詩で詠われ、さらには前述の小鳥を表す鏡が普及した十二世紀前半の『散木奇歌集』に、

ますかがみうらづたひするかささぎに　心かろさのほどをみるかな

という修理大夫顕季の歌を載せる。明らかに中国の「鵲鏡」の故事を知り、図6のごとき現実の鏡の裏に鋳出された鵲と、鏡のように静まった浦につたう鵲をかけた恋を詠む。(15) つまり、一見「和」の意匠とみえる鳥さえも、いにしえの唐の文学と生活造形の知識に則った「漢」の意匠とも言い得るのである。

(6) 中世前半の「唐物」の鏡

先に述べた十一世紀後半以降の日本鏡は、文様のみならず製作技法まで独自の高度化を遂げた。図様は鋳型に篦押しで施刻されるので絵筆で描いたごとき実に繊細な表現が可能となり、鋳型もきめの細かい真土《まね》から粗型《あらがた》まで二重、三重の構造によっていて、きわめて精良な文様鏡を一面一笵で鋳造するようになった。かたや大陸では、中国東北部の金・元、さらに韓半島の高麗で人物や故事、獣・魚文などを表す銅鏡が製作されたが、文様鋳出は鈍重な印象をぬぐいがたく、しかも踏み返しコピー鏡が少なからず製作された。ただ日本への舶載は多いとはいえず、滋賀県・西教寺の宝物中に最近元代の人物文鏡（図7）が見出されたほか、京都市・八坂神社な

図7　殿閣人物鏡　元時代（13～14世紀）
（滋賀・西教寺蔵）

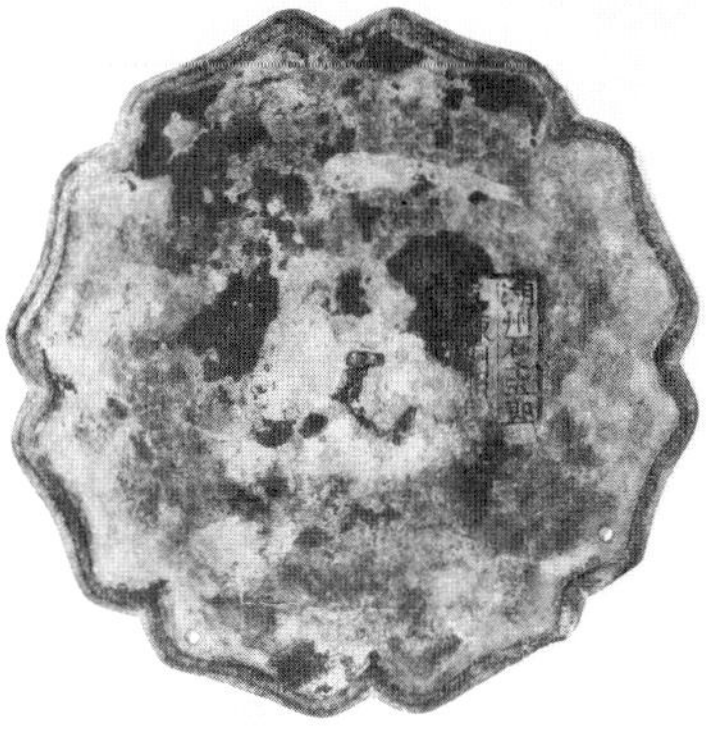

図8　湖州八花鏡　元時代（13～14世紀）
（長崎・沖ノ神島神社蔵）

ど、神社奉納鏡に高麗時代の鏡が伝来するものの事例はごく少ない。一方中国江南で量産された湖州鏡は、四角い枠内に「湖州真石家錬銅照子」といった款記を鋳出するだけの廉価な素文鏡であった。こちらは、十二世紀から十四世紀にかけ韓半島から日本・琉球・インドシナ半島に至るまできわめて広域に流通した（図8）。以上のように、日本の中世前半に舶載された「唐物」の銅鏡は粗製の印象を拭い難く、精緻な文様を誇る日本鏡に大きな影響を与えたといえない。

そのような中で、十四世紀初頭頃から研究史上「擬漢式」と呼ばれる鏡がみられるようになった。花鳥文などを表した内区よりも輻線《ふくせん》文や鋸歯《きょし》文、連珠文などが重層してめぐる幅広の外区が特徴的で、南北朝時代、十四世紀をピークに、十六世紀前半頃まで用いられた（図9）。これは宋代以後の士大夫階層の間で古代文物が愛好されたことを背景に、漢代前後の鏡の倣古鏡が製作されたことと軌を一にしており、具体例こそ知られないが、「唐物」として日本に舶載された倣古鏡に範をとったものとみて間違いなく、後述する銅器に準じれば中世における「擬唐物鏡」ということもできよう。

（7）大陸への日本鏡舶載

韓半島の高麗では、先述した瑞花双鳳八稜鏡を皮切りに、平安時代後期から鎌倉時代にかけて、優美な花鳥文様を表し

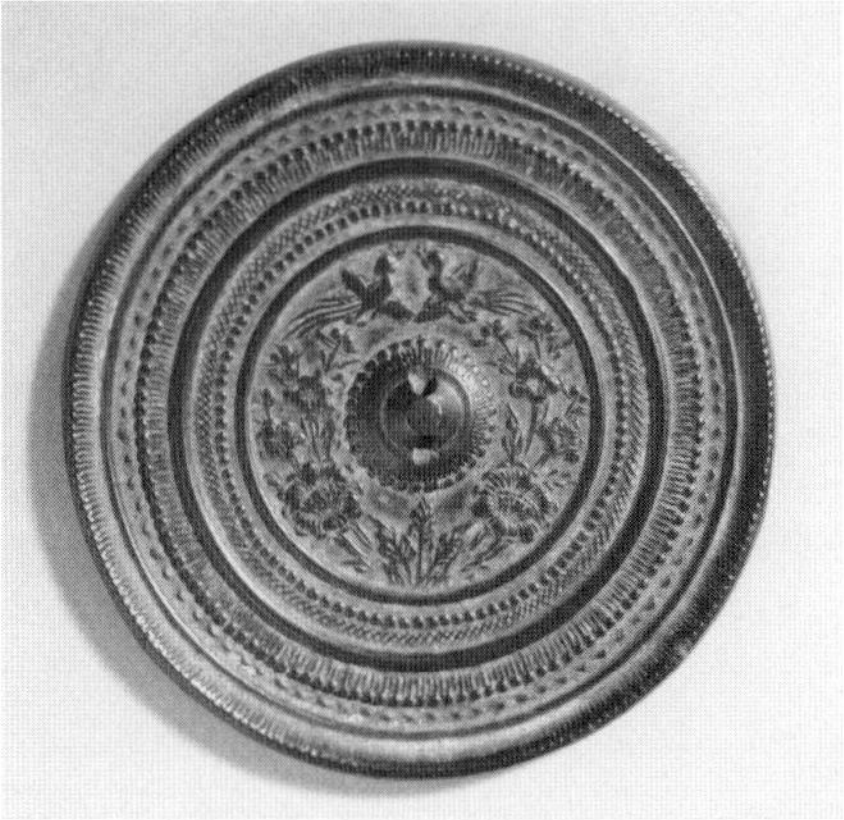

図10　牡丹双鳥鏡　湖州・延祐元年銘　上海発見　鎌倉時代（14世紀初頭）（個人蔵）

図9　三鱗文双鳥鏡　鎌倉時代（14世紀）（群馬・貫前神社蔵）

た日本鏡が幾種類も船載されたことが博物館所蔵鏡や高麗墳墓出土鏡から確認できる。またそれらを踏み返したコピー鏡も製作されて、素文の湖州鏡と一線を画す文様鏡として、遼・金代の鏡ほど多くはないものの受用された。興味深いことに、十四世紀前半の前述の「擬漢式」鏡は、高麗だけでなく中国・江南や遠くベトナムにまでもたらされた。**図10**は上海で発見されたもので、日本からの船載鏡の外周を一部改造し「湖州　延祐元年（一三一四）」の銘を刻む。また**図11**はベトナムで発見された日本鏡の踏み返し鏡である。[16]

ちなみに同時期の一三二三年に中国・慶元（寧波）を出航し、日本の博多へ向け航行中に沈没した新安沈船の引揚品の中には、二〇面に及ぶ銅鏡が含まれていた。中国と韓半島に出土例を求めうる大陸製の鏡が一三面、残る七面が日本系の鏡で、後者には鈕を設けず低平な周縁をめぐらすものや、湖州鏡の鏡胎に日本鏡通有の双鳥文を表す双鳥方鏡（**図12**）など、日本国内流通品に見られない異例の鏡も含まれ、中国・韓半島・日本の地域間を双方向で銅鏡が運ばれた様子を物語っている。[17]

この時期から十六世紀にかけ交易の総体量が増大した東アジア・東南アジアにあって、多種多様な文様を表す銅鏡の製作地はいよいよ日本に限られた。さらに十七世紀に日本が鎖

図12　双鳥方鏡　新安沈船出土　鎌倉時代（14世紀前葉）（韓国・国立中央博物館蔵）

図11　浮線綾文散蝶鳥鏡　ベトナム（14-15世紀）（ベトナム・ハノイ国立博物館蔵）

国体制に入ってもその状況は変わらず、十八世紀にかけ日本鏡は上海から福建にかけての中国南部沿海地域とベトナムに多数もたらされ、また各地で踏み返しや模倣鏡の原型になった（**図13・14**[18]）。それは、鎖国以前に日本人商人たちがこれらの地域に進出したことだけでなく、日本鏡の豊かな意匠性によるところが大きかったと思われる。

図14　蓬莱柄鏡　中部ベトナム（17-18世紀）（個人蔵）

図13　洲浜女郎花鏡　明～清時代（17世紀）（上海発見　個人蔵）

本書の「唐物」論に引き付けていえば、明代後期以降に絵画の受用者層と地域の拡がりを受けて、生活造形としての花鳥や山水といった意匠そのものが同時代の「唐風」として中国南部やベトナムで共有され、鏡も日本製でありながら同様に各地で受用されたのではなかろうか。結局のところ、十四世紀以降、日本の「擬唐物鏡」が本家の中国

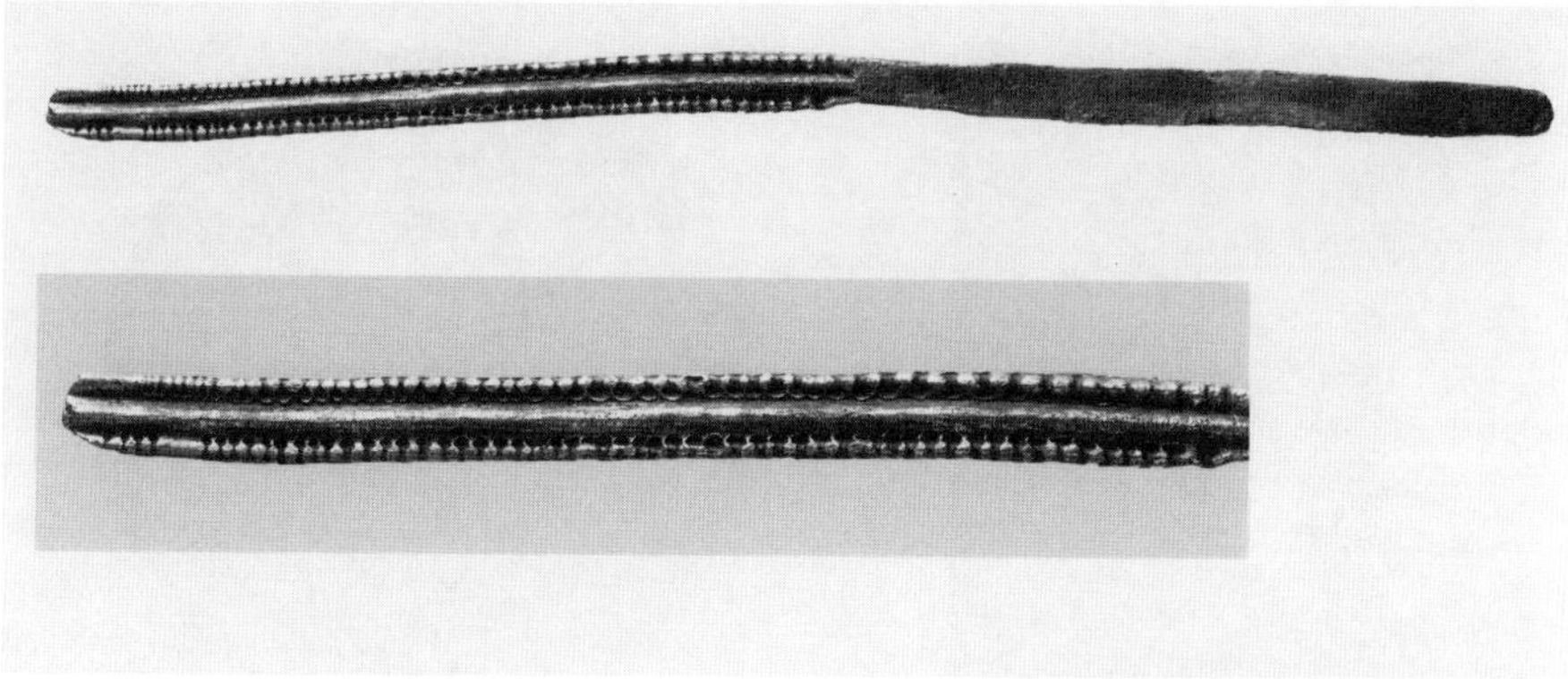

図15　複連点文鏨を打った銅帯板　飛鳥池遺跡出土　飛鳥時代（7世紀）（奈良文化財研究所蔵）

を含むアジアのきわめて広範囲の地域で「唐物」として概念共有されたということができそうである。

三、仏具・倣古銅器

（1）古代の仏具製作と梵鐘様式

東アジアの地域間で仏具の伝存品が知られるのは七世紀以降である。日本では、法隆寺伝来品および法隆寺献納宝物（東京国立博物館蔵）と正倉院宝物の中に、すでに多彩な仏具が見出され、しかも中国・韓国と共通する様態を見せる作例が多い。仏教工芸は、ある意味当然ではあるが最初から「唐物」だったから、それらの多くは中国もしくは韓国からの舶載品とみなされてきた。ただ、近年奈良県飛鳥池遺跡で七世紀の金属やガラス製品の工房跡が発見され、金銅仏などの装飾鏨《たがね》で大陸製作の根拠の一つとされてきた複連点文鏨の練習打ちとみられる細長い銅帯板（図15）が出土するに及んで、(19)再建法隆寺をはじめとして全国各地に寺院が相次いで建立された七世紀後半に、国内でも高水準の金属工芸品が製作された可能性が高まったのである。

そのような状況下にあって、仏具の中で、早い段階から日本的な特徴が明確に定まり、仏具特有の堅固な様式規範を踏襲したのが梵鐘である。日本に伝存する最古とみられる観世音寺鐘（七世紀後半、**図16**）は、太建七年（五七五）年銘の中国鐘（奈良国立博物館蔵）のごとき袈裟襷文を基軸においてお

図17　梵鐘　平安時代（12世紀前半）
（京都・平等院蔵）

図16　梵鐘　飛鳥時代（7世紀）
（福岡・観世音寺蔵）

り、以後の梵鐘はこの様式を踏襲する。[20] もちろん例外がない訳ではなく、例えば平等院鐘（十二世紀前半、**図17**）は、日本鐘の形態をとりながらも、池の間と草の間にそれぞれ高麗鐘由来とみれなくもない天女と唐草文を陽鋳する。ただこれも、たんに高麗鐘の意匠を援用したということではなく、当該期の日本と高麗間の仏教文物の往来によって発現した現象と捉えるべきであろう。[21]

（2）大陸と日本の宝相華文

それに関連して、日本の平安時代仏教文物の装飾文の基軸である宝相華《ほうそうげ》文についても興味深い現象が指摘できる。正倉院に伝わる唐時代文物などに表された花文に遡源をもつ宝相華文のうち工芸史研究者の間で俯瞰形六弁花と通称される花文が、十世紀から十二世紀にかけて刻々と形式変化していった（**図18・19**）。ところが、九二〇年頃造墓の契丹トルキ山古墓出土銀盒（**図20**）や呉越九七二年造塔の杭州雷峰塔出土銀盒（**図21**）の花文がやはり俯瞰形六弁花になり、しかも日本における宝相華の形式変化途上のものと合致するのである。[22] ちなみに皿井舞氏は、前掲論集『国風文化』中の論文で、俯瞰形六弁花の宝相華文に関して、宋代中国の花文に類例がなく晩唐の花文を祖型として発展したものであるという加島勝氏の見解を引き、八、九世紀の唐風を参照し十世紀以降に日

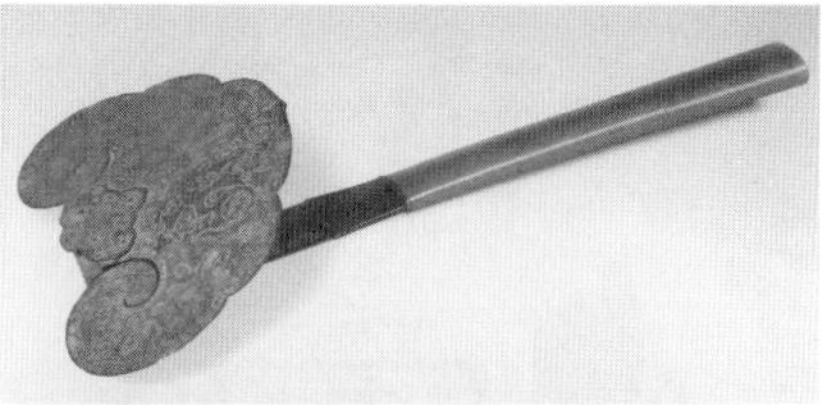

図18　(上) 金銅如意　天暦十一年(957)還納 (法隆寺伝来　東京国立博物館蔵)、(下) 花文部分

図19　(上) 金銅宝相華文経箱　長元四年(1045)頃施入　比叡山横川根本如法堂付近出土 (延暦寺蔵)、(下) 花文部分

図20　(上) 鍍金銀盒　トルキ山古墓 (920年頃) 出土　契丹時代 (中国・内蒙古博物院蔵)、(下) 花文部分

図21　(上) 鍍金銀盒　杭州雷峰塔 (972年起塔) 出土　呉越時代 (中国・浙江省博物院蔵) (下) 花文部分

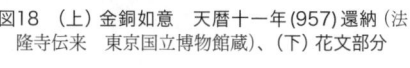

本で独自に展開した要素（すなわち「国風」）という文脈でこれを例示するが、右の大陸の事例は皿井氏見解への明確な反証となる。(23) 彼我の宝相華文の類似性は、十〜十二世紀の大陸と日本の間にあって、仏教を軸とする工芸品の往来が、西から東というベクトルだけでなく相方向ベクトルで、しかも単線でなく複線的なものであった可能性を示唆している。

（3）中国における請来様五鈷杵の発見

密教法具も、中国から韓国、中国・韓国から日本への舶載品が少なからず知られるにも関わらず、それらの様式的影響関係があまり見られず、梵鐘と同様に堅固な様式規範を踏襲しつつ各国域で形式変化を遂げている。そのような密教法具の中で唯一、舶載法具が様式規範となったことが判るのが、空海請来の五鈷鈴《ごこれい》・五鈷杵《ごこしょ》・金剛盤からなる根本法具（東寺蔵）のうちの金銅五鈷杵（図22）である。それを範とする法具は日本金工史で「請来様」と称される。とくに鬼目《きもく》が切子形をなし、中鈷が断面八角形、脇鈷の外縁に雲形を表すという根本法具の形制を踏襲した請来様五鈷杵が平安時代後期から鎌倉時代にかけて相当数製作され、高野山をはじめとする各地の真言宗寺院に伝来している（図23）。

空海の法を継ぐという意味から、請来様法具は日本国内にしか伝存しないと考えられてきたが、筆者は二〇〇九年、中国・四川省広安県広福郷蓮華橋梁付近の窖蔵《こうぞう》遺跡出土の南宋末〜元時代の銅器群中に、形式化が進んではいるが請来様の特徴を明確に示す五鈷杵を発見した（図24）。柄の蓮弁の蕊《しべ》表現のうち

図22　金銅密教法具　唐時代（8〜9世紀）（京都・東寺蔵）

図23　金銅五鈷杵　鎌倉時代（13世紀）（和歌山・金剛峯寺蔵）

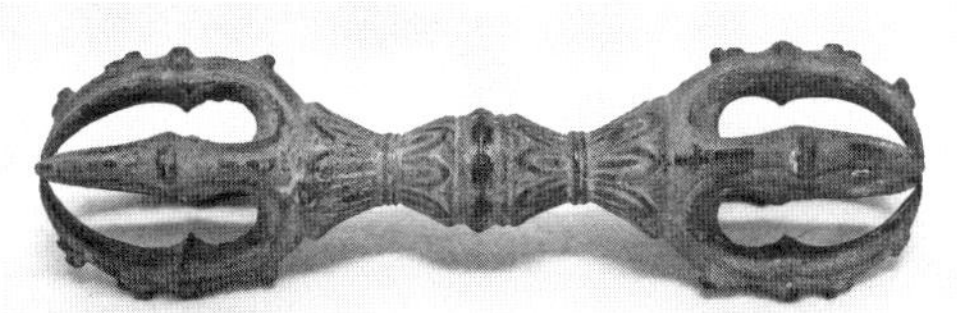

図24　（上）銅五鈷杵　広安県窖蔵遺跡出土　南宋〜元時代（13〜14世紀）（広安市博物館蔵）、（下）鬼目部分

鬼目側が先にも述べた複連点文鏨によっていて、中国国内で製作されたことが確実である。[24]このような五鈷杵が中国に存在した背景として、唐から宋代にかけて、東寺根本法具と全く同形の五鈷杵が形式変化をとげながら用いられ続けたという想定もできなくはないが、類品が圧倒的に日本に多いことからして、鎌倉時代頃の請来様五鈷杵が何らかの経緯で中国に船載され、それを模して広安窖蔵の五鈷杵が作られたと考えた方がよさそうである。[25]ここにも「唐物」の様式の日本から中国へ向けての動きが見出せる。

(4)兼修禅の寺院における「唐物」仏具

広安県の窖蔵に件の五鈷杵が埋置された頃、日本の鎌倉時代後半期は、禅宗の帰国僧や渡来僧たちによって、新たな仏堂の供養具・荘厳具の様式がもたらされた時期にあたり、京都・鎌倉の臨済宗寺院に伝来する当該期の仏具がその嚆矢と評価されてきた。しかし、そのような仏具の画期性については慎重に検討する必要がある。というのも、臨済宗を興した栄西がじつは晩年まで天台の密教僧だったということや、兼修禅[26]を推進したとされる円爾の開いた東福寺に、開山所用と伝える平安時代末期から鎌倉時代初期の密教法具が伝来することからして(図25)、初期禅宗寺院において、新来の「唐物」仏具と、前代から顕密寺院で用いられた伝統的仏具の様式的輻輳《ふくそう》があった可能性が否定できないのである。

一例を挙げよう。図26は建長寺で「唐物で皇国三鈴の一つ」と伝える高さ二八・五センチの銅鈴で、消灯時に火の元の用心のため鳴らす「火鈴」とされ、肩に永正三年(一五〇六)の調進刻銘がある。[27]前後の合わせ型による鋳バリを認め、「明からの船載品をもとにして、わが国で製作した可能性」が指摘される。[28]またこれより古い形式のものが宮城・瑞巌寺に伝わり(図27)、「中国(伝元代)」とされる。[29]しかし、やや裾拡がりの鈴身に二条と子持ち三条の隆帯をめぐらすのは、大きさこそ火鈴より小さいが鎌倉時代金剛鈴の新古の特徴を部分的に合わせ持っているといえなくもない。[30]また鈴身総体の姿は、平安時代の山寺遺跡で稀に出土する小型の鐘鈴のそれにも似る。いずれにしても、これらの火鈴が単純な「唐物」仏具でないことを予想させる。

(5)仏具としての唐物銅器受用

右のように鎌倉時代の初期禅宗寺院における仏具の実態は複雑かつ不分明なところもあるが、大方で中国から船載された「唐物」とそれを模した「擬唐物」の銅器と漆器・陶磁器によって構成されたとみていい。文献史では、当該期の仏具の組成を知りうる唯一の史料で、貞治三年(一三六四)に記された円覚寺の什物目録『仏日庵公物目録』についての古川元也氏による詳論が特筆される。[31] 同目録の記載によれば、古銅（胡銅）の花瓶《けびょう》・香炉・燭台が、すでに寺院什物の定位置にあったことが窺えるものの、現存する仏具との対照は容易でない。

図25　銅独鈷鈴　平安時代（12世紀）

図26　銅火鈴　室町時代　永正三年（1506）銘（神奈川・建長寺蔵）

図27　銅火鈴　鎌倉時代または元時代（13～14世紀）（宮城・瑞巌寺蔵）

一方筆者は、先にもふれた新安沈船からの引揚げ金属製品の精査を行い、積載の仏具を三種に大別した。[32]

①日本向け製品…日本国内に類似の器種・器形の品が存在するもので、倣古銅器を主体とし、ほかに磬子など鎌倉時代に日本に定着した梵音具も含まれる。

②日本以外の国向けと考えられる製品…日本国内の伝世品や出土品に類品がみられない。銀製の灯火具などがある。

③日本製とみられる製品…文保二年（一三一八）銘のある京都・東寺伝来品に酷似した鈸子と銅鑼がある。鈸子の甲羅の形など、日本ですでに十三世紀から推移している形式変化に沿ったもので、日本製の可能性が高い。

このうち①②の仏具と前章で述べた多国籍の銅鏡類の存在から、新安沈船は中国・慶元と博多間の二港間を単純に往復していた訳でなく、韓半島や南西諸島などを回航して商品の積み下ろしをしたのではないかと考えた。この説が当を得ているならば、船載品を含意する「唐物」の概念はひとり日本だけのものでなかったということになり、前章で考察した大陸における日本系銅鏡の存在意味とも重なるのである。

それはともかく、①の倣古銅器がまさに「唐物」にあたり、『仏日庵公物目録』からはじまる室町時代にかけての諸史料で「古銅」「胡銅」などと称された銅器とみていい。用途については、新安沈船の最大の荷主が京都・東福寺であることは記載木簡の点数からみてほぼ間違いないので(33)、寺院で用いられる仏具として注文されたものが多かったといえよう。

(6) 三具足の形成と定着

新安沈船の引揚げ銅器で興味深いのは、仏前の花瓶として用いられたと思しい觚形瓶《こがたへい》(図28)や管耳瓶《くだみみへい》などで、まったく同形のものが二口ずつ見られることである。これは中国の寺院、霊廟などで香炉を中心にして左右に燭台、花瓶が各一対配置される五具足《ごぐそく》で用いられたことを反映している(34)。日本においても、『仏日庵公物目録』で、「古銅花瓶一對」、「銅蠟燭臺二對」などの記述がなされており、中国とさほど変わらぬ様態で供養具が用いられたように見える。ところが日本で実際に知られる中世の伝世、出土の実例は、大半が香炉の向かって右に燭台、左に花瓶を左右非対称に配置する三具足か、香炉、花瓶が一口単独で用いられたものである。すなわち、一対で舶載された倣古銅器が、国内で一個ずつに分けられて用いられ、場合によって三具足に仕立てられることが多かったと考えうる。

そのような取り合わせの三具足は、当然のことながら文様や作行きを、香炉、花瓶、燭台の各々で違えている。一方で、当初から明らかに一具として製作された倣古銅器の三具足の事例が、十四世紀の遺物を伴ってみられるようになる。東京都栄町遺跡で出土した三具足は、胴に雷文を地文として、中

図28　銅觚形瓶　新安沈船出土　元時代（14世紀前半）（韓国・国立中央博物館蔵）

図29　（上）銅三具足　栄町遺跡出土　南北朝時代（14世紀）（日野市埋蔵文化財センター蔵）、（下）文様部分

図30　銅觚形花瓶　南宋〜元時代（13世紀）（京都・正伝永源院蔵）

図31　銅蒜口瓶　新安沈船出土　元時代（14世紀前半）（韓国・国立光州博物館蔵）

図32　銅蒜口瓶　上栗須寺前遺跡出土　南北朝時代（14世紀）（群馬県埋蔵文化財調査事業団蔵）

ほどに南宋〜元代の倣古銅器に通有の乳釘文あるいは梅花文と呼ぶ装飾文に由来する花文を小さく配する同一の意匠を表し、当初から一具として国内で製作された擬唐物の銅器である（**図29**）[35]。これと酷似する例が、同じ関東で埼玉県大光寺裏遺跡や千葉県村上城跡で、また北陸でも石川県徳山寺跡から出土しており、南北朝から室町時代前期にかけ相当に普及したことが知られる。

（7）唐物銅器の素文志向

中国・南宋から元代の倣古銅器には、器種にもよるが、怪異な饕餮《とうてつ》文を鋳出したものと、そのような文様をほとんど表さないものがあり、たとえば觚形瓶にも**図28**のような全面に文様を表すものがある一方で、京都・正伝永源院伝来の南宋代とみられる瓶（**図30**）のごとき素文のものがみられる。前段でみた定型化した擬唐物の三具足の大きな特徴は、文様装飾を中ほどの胴膨らみに集中させ、総体として素文を志向している。また新安沈船引揚げの蒜口瓶《さんこうへい》（**図31**）[36]と、擬唐物とみていい群馬県上栗須寺前遺跡出土の花瓶（**図32**）[37]を比較しても素文化志向はやはり明らかである。

ちなみに、室町将軍家の座敷飾の秘伝書『君台観左右帳記』（永禄二年［一五五九］写本）の「一　胡銅之物」の条で、

和漢の見やうハ　其物によりて口傳ならてハ難申候。

（中略）紋のある物ハやすく候。無紋の物大事に候歟。

と述べる。すなわち、同朋衆の目利きの間にあっても、倣古銅器の外見からの「和」と「漢」の見立ては口伝で済むほどたやすくはなく、そのことよりも留意すべきは、有文より素文の銅器に価値を認めること、というのが当時の上級武家層の間の同時代的志向であった。

(8) 仏堂、書院における唐物銅器

前述したように、鎌倉時代後期から南北朝時代にかけて、唐物あるいは擬唐物の銅器が寺院の三具足をはじめとする供養具に用いられた。また室町時代にかけては、武家書院仏画掛幅の前に置く供養具として三具足が導入されたが、掛幅が仏画とは限らなくなったのちは、荘厳具の内に組み入れられるようになった。書院飾には純然たる唐物が重視されたらしく、各地の寺院・城館跡で出土する瓶類の多くが、南宋から元時代の舶載倣古銅器で、しかも相当長期間使用したと思しいものも少なくない。たとえば**図33**の管耳瓶は南宋時代のものであるが、伊達八幡館遺跡で十五世紀頃まで用いられ館を画する空堀に埋まったらしい[38]。

図33　銅管耳瓶　伊達八幡館遺跡出土　南宋時代（13世紀）（十日町市教育委員会蔵）

十五世紀初頭の足利義満による遣明船派遣に始まった日明貿易により、倣古銅器の需用はピークを迎えた。明代の舶載倣古銅器としては、三具足に用いられた瓶類のほか、コンテンポラリーなものとして、大きく外反した耳をもつ鼎形や、鴨などの鳥をかたどった香炉、雨龍形などの筆架や三足蛙形の水滴など、いくつもの事例を挙げうる。このように室町時代の社会で唐物銅器の価値はいよいよ増したとみられるが、遣明船を停止した義持の時期や寧波の乱直後など一時的な日明貿易の断絶もあって、倣古銅器の舶載も滞ることがあったと思われる。そこで各方面の広範な需要を満たすべく、擬唐物銅器の製作も活発化することになった。

先に述べた素文志向は擬唐物の銅器に明らかに看取されるが、その一方、室町時代後期の城館遺跡で出土し、また尾張徳川家など大名家に伝来した舶載唐物の古渡り物は饕餮文や幾何学文の細密な文様を鋳出したものが多い。また寺院や書院の中型・大型の日本製三具足にも、依然として有文の品が少なくなかった。室町時代から江戸初期にかけ施入された

図35　銅鼎形香炉　桃山時代（16世紀）（京都・龍泉庵蔵）

図34　銅三具足　室町時代（15世紀）（滋賀・聖衆来迎寺蔵）

ことが明らかな滋賀・聖衆来迎寺（図34）、奈良・唐招提寺、京都・相国寺の三具足は、いずれも有文の倣古銅器である。しかしそれらも、室町末期頃から素文志向が顕在化する。たとえば、妙心寺塔頭・龍泉庵に伝来した鼎形香炉（図35）は、慶長四年（一五九九）銘を刻む桃山時代の擬唐物の大型香炉で、口縁と頸が垂直に立ち上がり、やや外反し短く立った耳の端が斜め上方に尖る。また細く短い三脚をまっすぐに立てるなど、全体に直線を強調した造形性をみせつつ胴に文様をまったく表さず、明確に素文を志向した作品である。

（9）茶の湯における唐物銅器

室町時代後半期から江戸初期にかけての茶の湯の設えを詳述した茶会記や大名蔵帳などの唐物・擬唐物と思しい銅器を抽出、検討すると興味深い状況がみえてくる。[39] 十六世紀第三四半期までは、茶会記全体として銅器を用いた記述が少ないものの、『松屋会記[40]』と『天王寺屋会記[41]』から、奈良茶人と堺茶人の間に傾向差が見出せる。奈良の方が銅器の使用頻度が高く、それは寺家・武家による書院飾の伝統を引き継いだ唐物道具への志向があったものと考えうる。

『宗湛日記[42]』によると、天正年間（一五七三〜九二）半ばから、関白秀吉を筆頭に大名、上級武家の茶会、あるいは彼らと関係を深めた有名茶人の間で銅器花入の使用が急増したことがわかる。つまり室町時代の書院室礼としての唐物銅器使用がそのまま茶の湯の世界につながった訳ではなく、当該期に大名茶の担い手たちの間で、茶会の室礼として唐物銅器が再定義されたというべきで、江戸時代初期にかけて、柑子口、鶴一聲、ソロリ、杵ノ折れといった無文系の花入が名品として喧伝されるに至った。

ところが小堀遠州は、そのような大名茶の動向と明確に異なる方向性を銅花入に対して打ち出した。後座における銅花入の使用頻度は片桐石州や松平不昧ら他の茶人の追随を許さず、しかもそれら花入の多くが有文系、すなわち本来の唐物銅器が具有していた意匠性をもつ品々であった。おそらく江戸初期には、元、明代の舶載倣古銅器は相当に希少な存在となっていたであろうから、遠州好みとみられる現存花入の多くは、形態や文様の形式化が進んだ擬唐物銅器ではある。それでも、獣面文や龍文、幾何学地文などを表し、あるいは象耳や龍耳、雲耳などの付いた花入を、自らの茶会で積極的に用いた遠州の感性は、概念的に語られることの多い「綺麗数奇」「綺麗さび」の重要な一面だったというべきであろう。遠州自身、『小堀遠州書捨文』[43]で、茶道具への想いを次のように記している。

道具とても、さしてめづらしさによるべからず。名物、あたらしとても、かわりたる事なし。古きとても其の昔は新しく、唯、家に久しく傳へたる道具こそ名物なれ。古きとて形いやしきを用ひず、新しきとて姿よろしきは捨つべからず。

この言は、常に古い物を参照し、本来の唐物がいかなるものだったかを考究し、茶に反映しようとした遠州の気概をよく物語っている。

おわりに

小稿では、多種多様な金属工芸のうちの銅鏡と仏具・倣古銅器を取り上げて、古代から近世に至る「唐物」の内実を縷々述べてきたが、ここであえてそれらをまとめることはしない。論じた内容は筆者が把握している動向の一部を披歴したにすぎず、個々の作品の意匠、形態、用途を交々に見ていけば、さらに興味深い事情を掘り下げることができる。そもそも「唐物」を軸とする文化とはそういうものであり、大局的に俯瞰するとか理論化するという研究方向に馴染まないと思うのである。かといって、「唐物」の存在を等閑視してその時代の文化を一言でまとめてしまうのも、本来的な文化史学に益するところが少ないということは冒頭で述べた通りである。

最後に銅鏡と仏具・倣古銅器の受用の有様を比較したときに、留意すべきことを記しておきたい。日本の銅鏡は宋代以降、文様表現という点において東アジアで最も秀でた作行きを誇り、その情報が大陸へ伝えられると、決して大量ではないが、日本鏡が海を渡り、中国・江南や福建周辺、そしてベトナムでそれを母体とした在地鏡まで製作された。対して仏具・倣古銅器は、前述の四川省広安県窖蔵出土の五鈷杵のごとき例はあるにせよ、日本の作品が海を渡った形跡はほとんどない。この差が意味することは何であろうか。すでに指摘したところであるが、大陸へ渡った日本銅鏡は、その文様の綺麗さと意味理解において「和物」ではなく「唐物」と認識されたからこそ受用されたのであり、日本製の仏具・倣古銅器は、故地中国の儀礼、設えに用いる自国のものが存在したがゆえに海を渡ることはなかったのであろう。つまり「唐物」という概念は、アジア各地域で中国文化を意識した結果として生じたもので、「中国製」という物質的要件を必ずしも必要としない、すぐれて文化的概念なのだということに思い至るのである。このことを具体的に検証するためには、琉球で受用された金属製品が最も有効と予想される。先稿(44)でその素材は提示したが、今後の課題として後考を期すこととしたい。

図版出典

図1　奈良国立博物館編『第五十九回　正倉院展』(仏教美術協会、二〇〇七年)、図26 鎌倉国宝館編『建長寺――創建七百五十年』(同館、二〇〇三年)、図27 三井文庫三井記念美術館編『松島瑞巌寺と伊達政宗』(同館、二〇一六年)、図29 日野市栄町遺跡調査会編『日野市栄町遺跡』(東京住宅局・日野市栄町遺跡調査会、一九九五年)、図32 群馬県埋蔵文化財調査事業団編『上栗須寺前遺跡群Ⅲ』(群馬県教育委員会・群馬県埋蔵文化財調査事業団・日本道路公団、一九九六年)
※右以外は、筆者の撮影による。
注

(1) 皆川雅樹『日本古代王権と唐物交易』(吉川弘文館、二〇一四年)。
(2) 久保智康「中世日本における倣古銅器の受用と模倣――唐物意識の内実」(久保編著『東アジアをめぐる金属工芸――中世・国際交流の新視点』アジア遊学135、勉誠出版、二〇一〇年)。
(3) 河添房江『源氏物語越境論――唐物表象と物語享受の諸相』(岩波書店、二〇一八年)。
(4) 吉村武彦・吉川真司・川尻秋生編『国風文化　貴族社会のなかの「唐」と「和」』(岩波書店、二〇二一年)。
(5) 編者の吉川真司氏は序文にあたる「〈国風文化〉への招待」で同書を「学際的研究」の成果だと述べるが、その点にこそ各論文の論調が予定調和的な印象を与えている根本原因があるとみられる。大方の「学際的研究」は、分野は違えど考え方の近い研究者が招集される。そこでは、方法論そのものの相互批判がほとんどなされないため、お互いの視点と検討成果を開陳し合うだけで、評価もおのずと相互依存的なものに陥りかねない。

（6）佐藤全敏氏が前掲論文で「消費財」と決めつけたものもすべて「文物」に含む。

（7）杉山洋『古代の鏡』（日本の美術393、至文堂、一九九九年）。

（8）李蘭瑛『韓国의銅鏡』（韓国精神文化研究院、一九八三年。同『高麗鏡研究』（신유、二〇〇三年）。

（9）Leon Vandermeersch : LES MIROIRS DE BRONZE DU MUSEE DE HANOI ; ECOLE FRANCAISE D'EXTREME-ORIENT, PARIS,（一九六〇年）

（10）久保智康「朝鮮半島における日本系銅鏡」（『韓半島考古学論叢』すずさわ書店、二〇〇二年）。

（11）繰り返すが、意識（思想）と様式の問題は、作品の多寡という量的尺度で結論づけるべきものではないと考える。

（12）久保智康『中世・近世の鏡』（日本の美術394、至文堂、一九九九年）。

（13）中野政樹『和鏡』（日本の美術42、至文堂、一九六九年）。

（14）久保智康『中世・近世の鏡』（日本の美術394、至文堂、一九九九年）。

（15）久保智康「東アジア銅鏡における鳥文意匠の共有」（『鏡にうつしだされた東アジアと日本』（西川勝・久保編）ミネルヴァ書房、二〇〇三年）。

（16）久保智康「ベトナムにおける日本系銅鏡」（『学叢』三四号、京都国立博物館、二〇一二年）。

（17）久保智康「新安沈船に積載された金属工芸品――その性格と新安船の回航性をめぐって」（『九州と東アジアの考古学――九州大学考古学研究室50周年記念論文集』同刊行会、二〇〇八年）。（中国語訳）「新安沈船装載的金属工芸品――其特点以及新安沈船返航的性質」（『南方文物』二〇〇八年四期）。

（18）薛暁・鄭東（久保智康訳註）「中国で発見された15～18世紀の日本銅鏡」（『考古学雑誌』八四巻三号、一九九九年）、久保智康「中国・ベトナムにおける17～18世紀の日本系銅鏡」（『考古学ジャーナル』四六四号　ニューサイエンス社　二〇〇〇年）、久保智康「ベトナムにおける日本系銅鏡」（『学叢』三四号、京都国立博物館、二〇一二年）。

（19）久保智康『金色のかざり――金属工芸にみる日本美』（京都国立博物館、二〇〇三年）。

（20）梵鐘については、韓国の崔應天氏、日本の坪井良平・杉山洋氏の多数にのぼる研究蓄積がある。

（21）例えば杉山洋氏は、平等院鐘の池の間の飛天図を、日野法界寺本堂壁画などの飛天図と比較して年代論を展開している（杉山「平等院鐘の製作年代と「空白の二世紀」」『仏教藝術』二一六号、毎日新聞社、一九九六年）。

（22）久保智康「東アジアをめぐる金属工芸――中国、朝鮮、日本、そして琉球」（前掲注2久保編著）。

（23）皿井舞「国風文化期の美術――その成立と特徴」（『国風文化　貴族社会のなかの「唐」と「和」』岩波書店、二〇二一年）。杭州雷峰塔とその出土文物は呉越の仏教文化を代表する。しかるに同論文で皿井氏は、呉越仏教文物の日本への舶載と影響を意図的に過小評価している。具体的には、呉越国王銭弘俶の八万四千塔（阿育王塔）の作善について、日本伝来・出土品九例のうち平安時代に舶載されたことが確実な金峯山および那智山出土品が知られているにも関わらず（服部敦子「銭弘俶八万四千塔をめぐる現状と課題」（前掲注2久保編著））、それに触れないまま「平安時代に流行した形跡はない」と断じる。さらに呉越で幾例も知られる鏡像が日本の天台宗周辺における鏡像の出現にわずかに先行し、図像の傾向に違いはあるものの日本への影響が確実視されるが（瀧朝子「十世紀の鏡の一様相――中国・呉越国の線刻鏡について」（前掲注2久保編著））、皿井氏はそれについても全く触れていない。

（24）久保智康「海を渡った密教法具」（『東アジアを結ぶモノ・場』アジア遊学132、勉誠出版、二〇一〇年）。

（25）いずれの想定に立ったとしても、長安・青龍寺の恵果が体系づけた金剛界・胎蔵界を対とする中期密教の法脈が、会昌廃仏など度重なる打撃を被りながらも、宋、元代へと受け継がれていったことを物語っているといえよう。

（26）密教経典を用いて喫茶薬効を説く『喫茶養生記』を著した栄西や、『大日経見聞』、『瑜伽経見聞』などの密教経典注釈書を著した円爾が開いた禅を禅学研究では「兼修禅」と称し、蘭渓道隆が寛元四年（一二四六）に来日して伝えた禅を「純粋禅」と称している。しかし両者の教学上の差異は必ずしも截然としないとの指摘もあり（和田有希子「鎌倉中期の臨済禅――円爾と蘭渓の間」『宗教研究』七七巻三号、二〇〇三年）、その展開過程を事相や法具から説明した研究はほとんどない。

（27）『建長寺――創建七百五十年』展図録（鎌倉国宝館、二〇〇三年）の作品解説。

（28）東京国立博物館編『鎌倉　禅の源流』展図録（日本経済新聞社、二〇〇三年）の加島勝氏による作品解説。

（29）六世空巌慧が松島に居ながら法力により中国・径山寺の火災を透視し消火を手伝った謝礼として、径山寺から贈られたとの譚を伝え、元時代の唐物とされてきた。三井記念美術館編『松島瑞巌寺と伊達政宗』展図録（同美術館、二〇一六年）の堀野真澄氏による作品解説。

（30）鈴身が裾広がりになるのは平安後期の金剛鈴の特色で、鎌倉時代に入って鈴身の上寄り、下寄りにめぐらした二条一組の隆帯に加えて、子持ち三条帯がみられるようになる。

（31）古川元也「唐物考――「仏日庵公物目録」を中心に」（『年報三田中世史研究』一四号、二〇〇七年）。

（32）久保智康「新安沈船に積載された金属工芸品――その性格と新安船の回航性をめぐって」『九州と東アジアの考古学――九州大学考古学研究室50周年記念論文集』同刊行会、二〇〇八年）。

（33）ただし同船からは、博多の寺社「鈎寂庵」（承天寺の塔頭）や「筥崎」などの墨書木簡も少数ながら発見されており、この船を東福寺の仕立てた寺社造営船とみるか否かで、論者の意見に開きがある。

（34）中国・江南の禅宗寺院の設えを図示した『五山十刹図』（石川・大乗寺蔵）でも、聖僧像の前机に配置される供養具は、すべて香炉の左右に花瓶もしくは燭台が一対で対称に配置されている。

（35）日野市栄町遺跡調査団『日野市栄町遺跡』（東京住宅局・日野市栄都町遺跡調査会、一九九五年）。

（36）中国で蒜口瓶（口がニンニクの形をした瓶、の意）と呼ばれる細頸瓶で、窖蔵遺跡から高頻度で出土し、元代に人気のあった倣古銅器と思しい。日本では室町時代以降、花生の名称として「柑子口《こうじぐち》」と呼ばれるようになった器種である。

（37）坂井隆他『上栗須寺前遺跡群Ⅲ』（群馬県教育委員会・群馬県埋蔵文化財調査事業団・日本道路公団、一九九六年）。

（38）菅沼亘他『伊達八幡館遺跡発掘調査報告書』（十日町市教育委員会、二〇〇五年）。

（39）久保智康「茶の湯における唐物銅器」（『野村美術館研究紀要』二〇号、二〇一一年）。

（40）奈良転害郷の漆屋であった松屋源三郎久政、久好、久重の三代が他所に赴き諸道具を拝見した他会記で、相手により唐物銅器への志向差まで読み取ることができる。起筆が天文二年（一五三三）と古く、江戸初期の慶安三年（一六五〇）まで約一二〇年間というすこぶる長期に及ぶ。『茶道古典全集』第九巻（淡交社、一九七七年）所収。

（41）堺の豪商、天王寺屋津田宗達、宗及、宗凡の三代に亘る自会記で、宗達会記は天文十七年（一五四八）の起筆になる。『茶道古典全集』第八巻（淡交社、一九七七年）所収。

（42）博多の貿易商神屋家の六代、宗湛の他会記で、天正十四年（一五八六）から慶長十八年（一六一三）という桃山時代の事情を知りうる。とくに関白秀吉の絶大な厚遇を受け、肥前・名護屋城での茶会をはじめ、秀吉家臣らの茶会にもしばしば参じたことが縷々記されている。『茶道古典全集』第六巻（淡交社、一九七七年）所収。

（43）『茶道古典全集』第十一巻補遺（淡交社、一九七七年）所収。

（44）久保智康『琉球の金工』（日本の美術533、ぎょうせい、二〇一〇年）

平安漢文学からみた唐物——文具を中心として

河野貴美子

こうの・きみこ——早稲田大学文学学術院教授。専門は和漢古文献研究、和漢比較文学。著書に『日本霊異記と中国の伝承』（勉誠社、一九九六年）、『日本「文」学史』全三冊（共編著、勉誠出版、二〇一五～二〇一九年）などがある。

中国古典文学においては、「物」を主題とする詠物詩があり、またさまざまな「物」にまつわる詩文を類聚する類書が存在する。それら唐物を扱う文の世界を、平安期の漢文学はいかに受けとめ展開したのか。小稿では、文具の贈答時や文具そのものを題材として作成された詩文を通して、平安漢文学と唐物の関係を考察する。

はじめに

漢文学において唐物はどのように現れるか。そう考えるとき、まず思い浮かぶのは、「物」を対象として詠まれた詠物詩である。平安期の日本では、唐・李嶠《りきょう》の『百二十詠』[1]（『百詠』『雑詠』とも）が、文学的教養を身につけるための入門テキスト、すなわち幼学書の一つとして学ばれたことは周知の通りである。[2] 李嶠『百二十詠』は、十二部門に分かれ、各部門十首ずつ、合計百二十の「物」の名一字を題として、それぞれを五言律詩に詠み込んだもので、冒頭の乾象部の「日」「月」から、末尾の玉帛《ぎょくはく》部の「素」「布」まで、各詩はさまざまな「物」にまつわる故事を典拠とする詩語を連ねて構成されている。その中でも、いま注目したいのは、例えば居処部の「城」や「門」「楼」といった、おそらく平安期の日本とはかなり異なる中国の風景を詠じた詩や、服玩部の「床」「席」「帷」「簾」「屏」といった、中国の文化に根ざした「物」を詠じた詩の存在である。それでは、唐物のオンパレードとでもいうべきそれらの詩を、平安期の日本人はどのように受けとめ、学んだのだろうか。小稿では、『百二十詠』のうち、文物部の「紙」「筆」「硯」「墨」といういわゆる文房四宝を詠じた詩題に着目して、平安漢文学においてはそれら中国由来の「物」をめぐっていかなる「文学」が行われたのか、『百二十詠』をはじめ唐代の文学との比較も視野に、考察を試みたい。文具という「物」にスポットを当てるのは、それが文学の執筆に不可欠のアイテムであり、文学の創作と「物」との関係を考えるうえでの好例と思われるからである。

一、日本における文具の始まり

『日本書紀』推古天皇十八年（六一〇）三月条に、高麗王が貢上した僧曇徴《どんちょう》は「彩色」「紙墨」「碾磑《みずうす》」を作ることができたという記事がある。これが日本における製紙、製墨に関わる最も早い記事であるが、『養老令』「職員令」図書寮には「造墨手」「造筆手」を置くことがみえ、『延喜式』図書寮には紙、筆、墨の材料や製造工程について詳しく記されており、大陸由来のそれらの文具が日本においても盛んに作られるようになったことが知られる。正倉院文書には、八世紀の写経所に紙や墨、筆が支給されたことがしばしば記録され、[3] 中には当時の筆の売価の記録もみえる。[4]

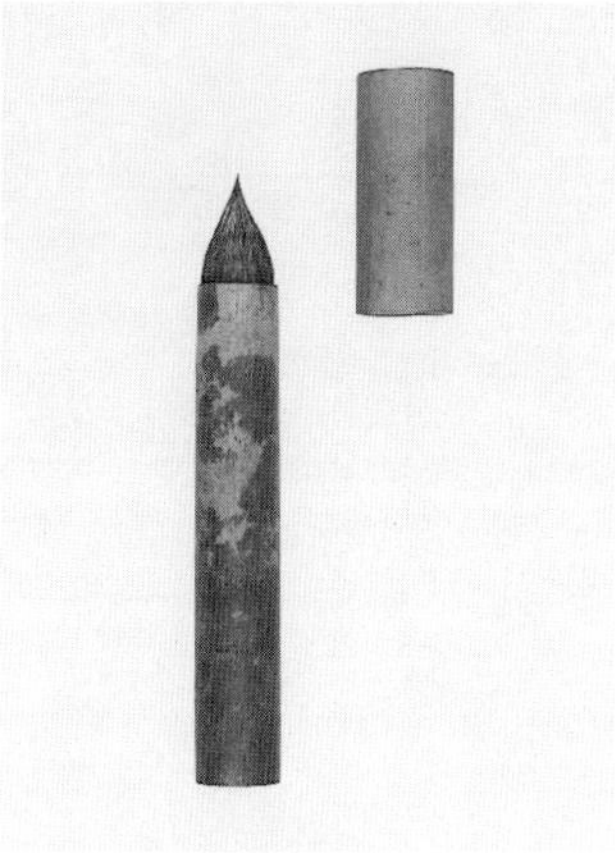

図1　筆（正倉院中倉三七・第十三号）
管は斑竹、毫は狸毛。

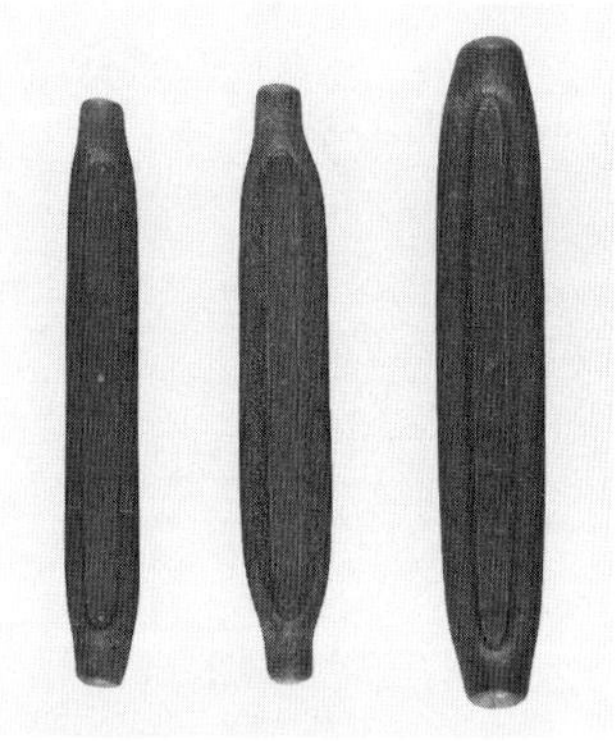

図2　墨（正倉院中倉四一・第十号、第九号、第八号（左より））

また奈良時代の優品として、正倉院には今もなお筆（**図1**）、墨、紙、硯が伝わっており、当時の実物を目にすることができる。それらの文具の生産地は未詳のものも多いが、墨の中には「新羅楊家上墨」（中倉四一・第九号）、「新羅武家上墨」（同・第十号）、そして「唐開元四年丙辰秋……」（同・第八号）（**図2**）の銘文を有するものがあり、新羅や唐からの舶来品も含まれている。[5] また正倉院唯一の硯の遺品（**図3**）に施された木画も大陸から伝えられた技法であり、唐物の雰囲気を漂わせるものである。

このように、「物」としての文具は八世紀の実物とともにさまざまに伝わるのであるが、それらが奈良時代の漢文学の題材となったかというと、『百二十詠』のように詠物詩の単字題として詠われたものは見出せないようである。『百二十詠』は、嵯峨天皇（七八六～八四二）の宸翰の写本（図4）もあり、平安初期には日本へ伝来し影響力をもったことは確認できるのであるが、文具そのものを題として詠む詩は、後にみるように菅原道真まで待たねばならないようである。しかし、文具自体を対象とする詩文ではないが、文具の贈答時に交わされた詩文は平安初期のものからみることができる。そこでまず、空海が嵯峨天皇に筆を贈った際の上表文からはじめて、平安期の文具贈答の詩文における唐物への意識や、文具という「物」をめぐる漢文学のありようを、いくつかの例を通してみていきたい。

図3　青斑石硯（正倉院中倉四九）硯は須恵器、台石は蛇紋岩、床脚は紫檀製黄楊木裏貼、木画。

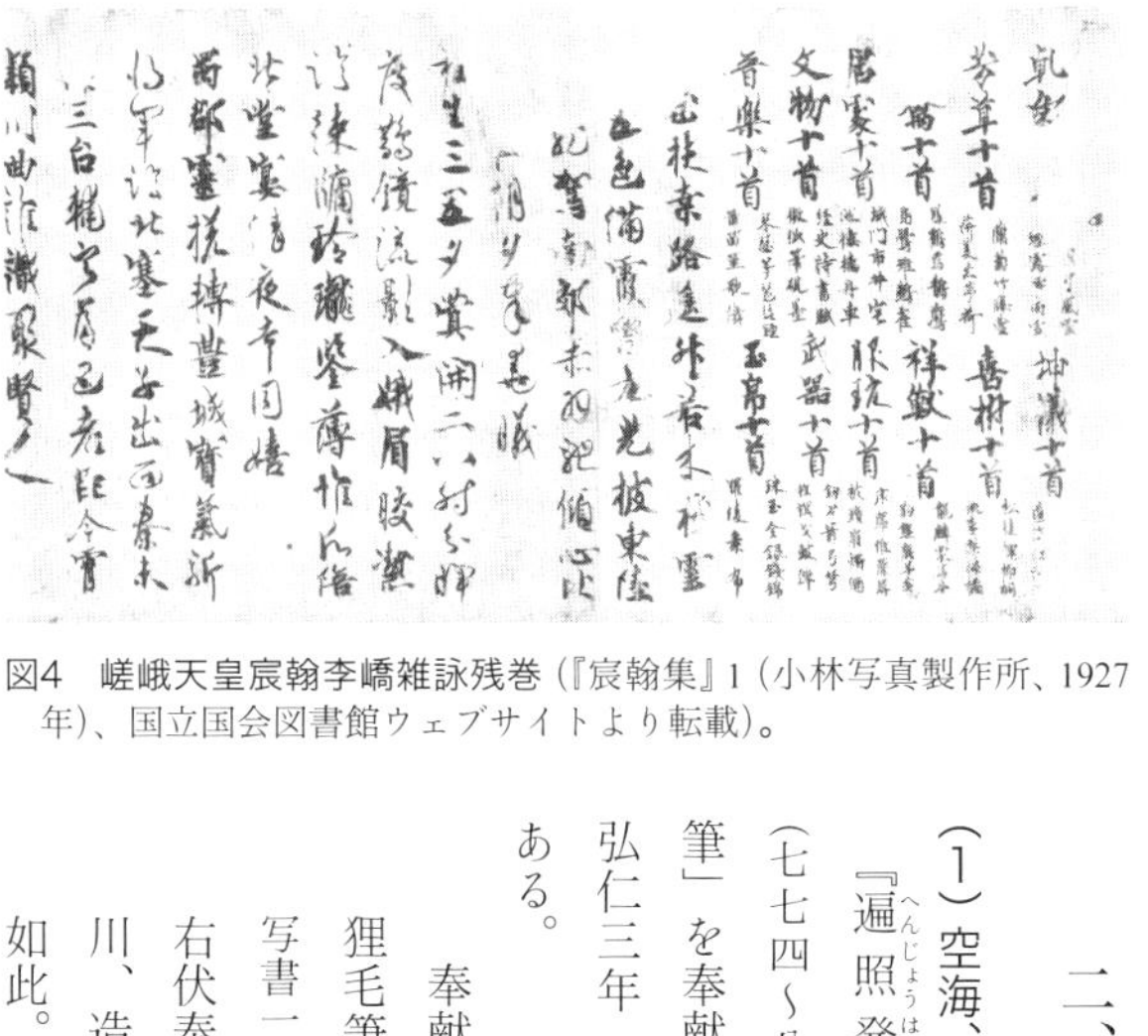

図4　嵯峨天皇宸翰李嶠雑詠残巻（『宸翰集』1（小林写真製作所、1927年）、国立国会図書館ウェブサイトより転載）。

二、文具贈答の詩文

（1）空海、嵯峨天皇に筆を贈る

『遍照発揮性霊集《へんじょうはっきせいれいしゅう》』巻四には、空海（七七四～八三五）が嵯峨天皇に「狸毛筆」を奉献した際の表が収められている。弘仁三年（八一二）六月七日付の文書である。

奉献筆表一首

狸毛筆四管（真書一　行書一／草書一　写書一）

右伏奉昨日進止、且教筆生坂名井清川、造得奉進。空海、於海西所聴見如此。其中大小長短強柔斉尖者、随字勢麁細、総取捨而已。簡毛之法、纏紙之要、染墨蔵用、並皆伝授訖。空海、自家試看新作者、不減唐家。但恐星好各別、不允聖愛。……（以下略）

（筆を奉献する表一首／狸の毛の筆四管〔真書一　行書一／草書一　写書一〕／右伏て昨日の進止を奉《うけたま》はりて、且《かつ》がつ筆生坂名井清川《さかないのきよかわ》をして、造り得て奉進せしむ。空海、海西に於いて聴き見し所此の如し。其の中に大小長短強柔斉尖なる者は、字勢の麁細に随ひて、総《す》べて取捨するのみ。毛を簡《えら》ぶ法、紙を纏ふ要、墨を染め蔵《をさ》め用ゐること、並びに皆伝へ授け訖んぬ。空海、自家にして試みに新作の者を看るに、唐家に減《おと》らず。但し恐るらくは星の好み各おの別《こと》にして、聖愛に允《かな》はざらんことを。……）(6)

空海はこの時、合計四本の狸毛筆を献上している。正倉院文書等によれば、当時最も高価な筆は兎毛筆、最も安価な筆は鹿毛筆で、狸毛筆はその中間の値であったとの記録がある。(7) 空海が嵯峨天皇に贈った筆は最高級の兎毛筆ではないが、右に掲げた表が述べるところによると、それは空海が「海西」すなわち唐で見聞きしてきたものをそっくり模したもので、筆の大小、長短、強柔、斉尖（筆先がそろっているか尖っているか）は、文字の勢いに応じて取捨すべきであり、毛の選び方、紙を巻いて筆の穂を整える方法、墨を含ませて筆の穂を固めて収める方法などを全て「筆生」（筆を作る工人）の坂名井清川に伝授して作らせたものだとある。そしていま重要なのは、空海がこの「新作」の筆を試した結果、「唐家」の筆に劣らなかった（「不減」）こと、いわば唐物に匹敵する「日本製唐物」であるという価値がアピールされていることである。中国の文化に傾倒し、とりわけ詩文や書字の才を発揮した嵯峨天皇への献上品として、唐物にたがうことのない筆は、その歓心を買う最適の物であったといえよう。

(2) 大江朝綱、渤海大使裴璆に筆を贈る

空海の約百年後、今度は来日した渤海大使に筆を贈った人物がいる。大江朝綱（八八六～九五七）である。『扶桑集』巻九には、延喜十九年（九一九）に来日し、翌年入京した渤海大使裴璆《はいきゅう》に朝綱が筆を贈った際、その贈り物に添えた詩が収められている。裴璆の父裴頲《はいてい》は、渤海大使として来日した際、菅原道真や島田忠臣らと詩を贈答した文人であった。(8) その子裴璆も文才をもって大使を任じた人物であり、朝綱から裴璆への筆のプレゼントは、文を事とする者同士の交流においてまことにふさわしい心遣いを示すものであったろう。

贈筆呈裴大使　江相公
我家旧物任英風　我が家の旧物 英風に任す
分贈兼歓意欲通　分かち贈るは兼ねてからの歓び 意

通ぜんと欲す

縦不研精多置牖　縦ひ研精するとき 多く牖に置かずとも

猶勝伸指漫書空　猶し伸指して 漫ろに空を書くに勝へたり

毫含韋誕松煙緑　毫は含む 韋誕松煙の緑

管染湘妃竹露紅　管は染む 湘妃竹露の紅

若訝本従何処得　若し本何れの処より得たるかを訝らば

江淹枕上暁夢中　江淹枕上 暁夢の中(9)

このとき朝綱が贈った「我家旧物」（大江家伝来の品）の筆が中国製の唐物であったかどうかは不明。しかしいま朝綱詩の表現に注目すると、ここには筆や文具にまつわるさまざまな中国故事がちりばめられている。

第三句「置牖」は、後漢・王充《おうじゅう》が『論衡』を執筆した際、「戸牖牆壁」に筆記具（刀筆）を置いたという故事（『後漢書』王充伝）に基づくと思われるが、李嶠『百二十詠』「硯」詩の第二句に「王充作論年」（王充論を作りし年）とあり、唐・張庭芳の当該句に対する注にも王充の同様の故事が参照として掲げられている。第四句「書空」は、東晋の殷浩《いんこう》が免職された後、恨み言を口にすることなく、ただ空に向かって指を動かし「咄咄怪事」（思いも寄らない奇怪な事よ）と書いていたという故事（『晋書』殷浩伝、『世説新語』黜免）に基づく。裴璆がたとえ執筆に励む際に朝綱が贈った筆を（王充のようにいつでも使えるように）牖に置くことがなかったとしても、そぞろに空に文字を書くぐらいのことには堪えるでしょう、の意。

続く第五句の「韋誕」は、能書家であり、製墨の高い技術を備えた人物としても著名であった（『初学記』巻二一・文部・墨引「韋仲将墨方」等）。「毫含」は、『百二十詠』「筆」詩にも「含毫山水隈」（毫を含む山水の隈）とみえるなど、筆を使うことを表す常套表現。「松煙」は、松のすすから墨を作ることから、これもまた墨のことを表す常套表現。『百二十詠』「墨」詩に「上党作松心」（上党松心を作る）とあり、その張庭芳注は上党郡で松煙を用いた製墨が行われていたことを記し、『初学記』巻二一・文部・墨・叙事にも「松煙」の語が掲げられ「曹植楽府詩」の「墨出青松煙」（墨は青松の煙に出づ）の句が引かれている。対する第六句の「湘妃」は、中国の伝説上の帝王舜の妃であった娥皇《がこう》と女英のことで、二人は舜の死を知り湘水に身を投げるが、二人の流した涙が染めた竹がすなわち斑竹《はんちく》だとされる（『初学記』巻二八・果木部・竹・事対の「湘妃」には「張華博物志」の当該故事を引く）。朝綱が贈った筆は、韋誕が作る墨を穂に含み、湘妃の血の涙で紅に染まった斑竹の軸を持つ、とのこと。

結びの尾聯は、梁の江淹が夢で郭璞から筆を貰い、すぐれた詩文を作っていたが、再び夢に現れた郭璞に筆を返すように要求され、筆を返したところ、それ以後は詩文の才を失ってしまったという故事をふまえる。『南史』江淹伝や『蒙求』「江淹夢筆」でも著名な故事であるが、『百二十詠』「筆」詩にも「錦色夢中開」（錦の色は夢の中に開く）の句がある。朝綱が贈る筆はどこから入手したのかというと、あの江淹の文才を発揮させた筆を夢の中で得たものですよ、の意。

本詩を収載する『扶桑集』巻七には「贈答部・蕃客贈答」の部立てがあり、渤海使との贈答詩はそこに集められているが、本詩のみは巻九の「筆」の項に収められている。『扶桑集』巻九は冒頭を欠くため部立ての名称は不明であるが、おそらく中国の類書や『百二十詠』と同じく「文部」あるいは「文物部」といった部立てのもとに「筆」という小項目が置かれたものと思われる。本詩は「筆」を単字題として詠むものではないが、右にあげたように、中国の類書や『百二十詠』詩が詠み込んだ中国における文具にまつわる故事を次々と織り込み、いま贈り物とした筆に唐物的イメージを付与しているのであり、それが渤海使との文化交流の一手段となっているのである。中国に由来する筆という「物」が、日本を経由して、中国故事を用いた唐物イメージをまといつつ渤海に贈られている、そうした興味深い事例があったことを当該詩は伝えている。

（3）文具贈答詩という型

実は、文人の間で文具を贈答し、そこに詩を添えるということは、中国においては枚挙に暇がないほど多くの例がある。例えば、李白（七〇一～七六二）の「詶張司馬贈墨」（張司馬が墨を贈らるるに詶ゆ）と題する詩は「上党碧松煙」（上党の碧松煙）と始まり、『百二十詠』「墨」詩や朝綱詩と共通の詩語がみえる。一方日本では、空海や朝綱のほかにも、例えば島田忠臣（八二八～八九二）には「乞紙贈隣舎」（紙を乞ひて隣舎に贈る）、「答隣舎贈紙書」（隣舎の紙書を贈るに答ふ）、「酬清進士贈刀筆」（清進士が刀筆を贈るに酬ゆ）と題する詩があり（いずれも『田氏家集』巻上）、菅原道真（八四五～九〇三）にも「寄紙墨以謝藤才子見過」（紙墨を寄せて以て藤才子が過ぎらるるに謝す）と題する詩がある（『菅家文草』巻四）。このように文具贈答に伴い詩を詠むことも、中国のスタイルに倣うものといえよう。

しかしこれらは、「物」そのものを文学の主題として詠むものではなく、『百二十詠』のような詠物詩と同列に並べられる性格のものではない。中国においては、「物」を対象として詩文を綴るということが古来なされ、長い歴史の中で蓄積された詩文を類聚し編纂した類書においても、各種の「物」が部類として立てられ、それらに関わる模範的作品が記し留められているが、日本においては果たしてどうか。次節では、文具そのものを題とする詩文について、検討を続けてみたい。

三、文具を対象とする詩文

(1) 中国の類書における文具詩文

中国の類書には、文具を対象とするさまざまな詩文が収載されている。例えば『初学記』巻二一・文部・筆[10]には、後漢蔡邕《さいよう》「筆賦」、晋傅玄《ふげん》「筆賦」、梁簡文帝《かんぶんてい》「詠筆格詩」、梁徐摛《じょち》「詠筆詩」、晋郭璞《かくはく》「筆讃」、後漢李尤《りゆう》「筆銘」、晋王隠《おういん》「筆銘」、梁庾肩吾《ゆけんご》「謝賚銅硯筆格啓」、同じく硯の項には、晋傅玄「硯賦」、楊師道《ようしどう》「詠硯詩」、魏繁欽《ばきん》「硯頌」、魏繁欽「硯讃」、魏王粲《おうさん》「硯銘」と、文具そのものを対象とする、賦、詩、頌、讃、銘、啓などさまざまな文体による作品が列挙されている。これら類書を眺めると、中国においては文具のみならず、この世に存在するあらゆる「物」を一つの大きな体系の中に位置付け、それをことば、文字でとらえ、文として綴る営みが積み上げられてきたこと、そしてその体系的な世界観、宇宙観とともに、それを表現し紡ぐ「文」を知識、教養として学び、受け継ぐことが重視されてきたのだということに改めて思い至る。中国において数々生み出された類書は、中国の「文」における世界観、宇宙観を映し出すものであり、それを知り、会得することが知の基盤としてあったことを端的に示す。

それでは、その中国から漢字を学び、文を綴ることをはじめた日本においては、そうした「物」のとらえ方、いわば「「物」を文学する」、ということはいかに学ばれ、吸収されたのだろうか。例えば、淳和天皇の勅撰によって編纂された『経国集』(滋野貞主等撰、天長四年(八二七)成立)の巻一には賦を収めるが、そこには藤原宇合の「棗賦」や菅原清公の「嘯賦」など、題材の立て方とともに賦という中国文学のスタイルを模倣し、「物」を詠む文学を学び、実践しようとした姿勢をみることができる。しかしながら、器物道具の類、なかでもことに文具という「物」となると、例えば大江維時(八八八~九六三)撰『千載佳句』や藤原公任(九六六~一〇四一)撰『和漢朗詠集』、そして藤原基俊(一〇六〇~一一四二)撰『新撰朗詠集』といった佳句を類聚した選集においては、いずれもそれを部立てとしてたててはいない。平安期の漢文学においては文具の類を単字の題として作る作品は少なく、類書的な発想で作成されたものとなると、それはほぼ次に掲げる菅原道真の作品に限定されるようである。それでは道真の文具詩とはどのようなものか。具体的にみていこう。

（2）菅原道真の文具詩

『菅家文草』巻五には、「石硯」「筆」と題する文具を詠む詩が二首ある。この二首の詩は、次に掲げる序によると、この春に東宮のもとに宿直した際、東宮の命によって十首の詩を速成したが、いままた二十の「物」を題として作詩するようにとの令旨を受けて作成した漢詩である、とのことである。

東宮寓直之次、下令曰、去春十首、既知急捷。今取当時二十物重要。某不停滞、即来令之後、不敢固辞。自酉二刻、及戌二刻、篇数僅成。慎令旨也。……

（東宮寓直の次に、令を下して曰く、去んぬる春の十首、既に急捷なることを知る。今当時の二十物を取り重ねて要むと。某停滞せずして、即ち来令の後、敢へて固辞せず。酉の二刻より、戌の二刻に及ぶまで、篇数僅かに成れり。令旨を慎めばなり。……）[11]

現在『菅家文草』にはこの時作成された十七首（「風中琴」「竹」「薔薇」「松」「酒」「牡丹」「古石」「扇」「屏風」「銭」「弓」「石硯」「筆」「囲碁」「鼓」「蜘蛛」「壁魚」）が残る。[12] これらの詩は、大系本の補注で夙に指摘されているように、その前に作成された速成の詩群十首とともに、詠物という点や選ばれた題においても李嶠『百二十詠』と密に重なりあうものであり、唐物との関係を考える際ぜひ対象とすべき詩題も含まれているが、いまは文具の詩にしぼって検討を進める。

石硯

文人施器物　　文人は器物を施《もち》ゐる
石硯玉簾前　　石硯 玉簾の前
一片心猶重　　一片 心猶し重し
多情手自伝　　多情 手もて自ら伝ふ
道成分水剤　　道成りて 水剤を分つ
功遂染松煙　　功遂げて 松煙を染む
月満花開処　　月満ち 花開く処
吟詩得用専　　詩を吟じて用を得ること専なり

大意は次のようになろうか。文人は器物（文具）を用いるもの、石硯を書斎の玉簾の前に置く。ただ一つの硯であっても軽々しく扱えるものではない、深い思いとともに手づから伝えられたものだからである。ここに薬水をそそぎ、墨をする。月が満ち花が開くときには、詩を吟じて専一にこの硯を用いるのである。

筆

学業何為重　　学業 何為れぞ重き
繊鋒用不軽　　繊鋒 用軽からず
崩雲毫末急　　崩雲 毫末急なり

垂露管中清　垂露 管中清し
豈見焚無意　豈に焚くに意無きを見んや
誰知挌減声　誰か挌《お》きて声を減することを知らん
願将羊柱質[13]　願はくは 羊柱の質を将ちて
良史表嘉名　良史 嘉名を表さん

筆（書）を学ぶことが何ゆえ重要かというと、鋭く細い筆先であってもその作用は軽々しいものではないからである。崩雲の書法は筆先を速やかに動かし、垂露の書法は筆の軸をも清らかにするものである。どうして筆を焼くなどということをしようか、誰が筆を擱くことなどしようか。羊の毛を柱とする筆を用いて、良史としての名声を表したいものだ。

「石硯」詩の第四句に対して大系本の頭注は、『芸文類聚』巻五八・雑文部・硯が引く「陳留志」にみえる、范喬が二歳の時に他界した祖父が臨終に際して范喬の手を撫でながら愛用の硯を伝授した故事をふまえるものと指摘する。また「石硯」詩には「松煙」の語もみえるが、それ以外の詩句においては中国故事がふまえられている部分は確認できない。

一方、「筆」詩のほうは、「崩雲」と「垂露」、「毫」と「管」の対は『百二十詠』文物部「書」詩に「垂露春花満、崩雲骨気余」（垂露は春花に満ちたり、崩雲は骨気に余れり）、同「筆」詩に「握管門庭側、含毫山水隈」（管を握る門庭の側、毫を含む山水の隈）とあるのと重なる。また第五句は同「硯」詩の「君苗徒見焼、誰識士衡篇」（君苗徒らに焼かる、誰か士衡が篇を識らん）とある句と同じ故事、すなわち蔡君苗という人物が陸士衡の素晴らしい文を見て自分の不才を恥じ、筆硯を焼いてしまいたくなるほどだと言った故事（『芸文類聚』巻五八・雑文部・硯に「陸雲与兄機書」（陸雲の兄機に与ふる書）を引いて当該故事を載せる）をふまえ、これと対をなす第六句は、王粲の文才が素晴らしいあまり、魏の卿相であった鍾繇や王朗らは皆筆を擱いてその文に手を加えなかったという故事（『三国志』魏書・王粲伝・裴松之注引「典略」）をふまえる。そして第八句もまた、『百二十詠』「筆」詩に「何当遇良史、左右振奇才」（何ぞ当に良史に遇ひて、左右に奇才を振るふべし）とあるのと同じく、「古の良史」と称された春秋時代の晋の史官董狐（『春秋左氏伝』宣公二年伝）のことをふまえる。

先行研究[14]が指摘するように、道真のこれらの詠物詩は、李嶠『百二十詠』など中国における詠物詩の流れを汲み、「物」を詠じつつも、尾聯においては皇家へのメッセージや詩人としての気概や意思を述べる「言志」を含むものとなっている。また、詩を贈る相手である年若い皇太子敦仁親王（このとき十一歳）に対して、ある「物」にまつわる故事や表現を詩の形式に載せて教授するという教育的配慮を備える点でも、道真の詠物詩は、中国由来の「「物」の文学」を踏襲し、実践するものといえる。

そして、道真の文具詩と唐物との関係ということを考えるとき、注意したいのは、その二首のうち前者が「硯」ではなく、「石硯」を題とすることである。日本で作成、使用された硯は、正倉院伝来のものも含めて、古代においては主として陶製、あるいは瓦製のものであった。例えば『江談抄』第三において「名物」を列挙する中で、「硯。露、鶏冠木」[15]とあるが、これについて藤原忠実（一〇七八～一一六二）は相命法印が「露ト云硯ハ瓦硯歟」と尋ねたのに対して、「然ナリ」と答えている。[16]また、高価な硯を落として壊してしまった若侍の罪を若君が肩代わりする『今昔物語集』巻十九・第九話（「依小児破硯侍出家語《ちごによりてすずりわりのさぶらひしゆつけすること》」）における硯の名器もまた、明示はされないものの陶製か瓦製かと思われる。[17]これらを考慮するならば、道真があえて「石硯」を題とする詩を詠んだのは、漢詩という媒体にふさわしい、舶来の唐物である石硯を題材に選んだということではないかとも想像される。

四、文具の文学

（1）菅原道真以後

以上みてきたように、菅原道真の文具詩は「石硯」と「筆」の二首のみではあるが、それを含む速成詩群は、中国の詠物詩の系譜に直接的に連なる実践であったといえる。なお、中国における文具の詩歌ということでは、白居易が「紫毫筆」と題する詩（『白氏文集』巻一［〇一六六］）で、宣城の筆工が作る筆は、江南の紫の毛を持つ兎の毛を、千万本の中から一本ずつ厳選するほど苦労して作り上げるものであり、それを官人が軽々しく用いることは決してあってはならないと厳しく戒める、というものがあることにも言及しておきたい。中国の漢詩文において「物」はこのような役割をも果たしたのであった。道真、そして平安の文人たちは、こうした白居易の新楽府や諷諭の文学をどのように吸収し、消化したか、「「物」の文学」という観点からも改めて考察を行ってみるべきかと考えるところである。

さて、道真以後、平安漢文学において「物」を単字題とする詩群が作成された事例は見当たらないようである。それだけ道真の実践は突出した事例であったともいえそうであるが、しかし、平安中期以降の漢詩の主流となった句題詩[18]作成のための工具書として平安後期から鎌倉期にかけて編纂された『幼学指南鈔』（撰者未詳、平安末期[19]）、『菁華抄』（撰者未詳、十二世紀後半[20]）、『文鳳抄《ぶんぽうしょう》』（菅原為長（一一五八～一二四六）撰[21]）、『擲金抄』（藤原孝範（一一五八～一二三三）撰か[22]）といった詩語を類聚した類書的語彙集には、文具に関する項目が立てられ、中日の詩文から詩語が採られており、『百二十詠』や道真ら平安の詩人の詩も後世に作詩のための語彙、知識として受け継がれている様子をみることができる。

（2）和歌、和文

ここで「物」を主題とする文学ということで、しばし和歌、和文にも目を転じてみる。『古今和歌集』巻十[23]には「物名」と称する部立てがたてられるが、そこに収められる四十七首の和歌のほとんどは動植物や地名を詠むもので、「すみながし」と題する一首（四六五）のみが「紙」を題材とするものである。「物名」の部立ては『拾遺和歌集』『千載和歌集』にもたてられるが、しかしそれは「隠し題」とも称されるように、「物」の名を歌の中に隠して詠むものとなっていき、「物」そのものを主題として詠ずる詠物詩のあり方とは乖離する。

そうした和歌における「物名」のあり方に対して、中国の類書的発想で「物」を列挙し述べていくのが『枕草子』である。そして『枕草子』では、

薄様、色紙は白き。紫。赤き。刈安染。青きもよし。
硯の箱は、重ねの蒔絵に雲鳥の紋。
筆は、冬毛。使ふもみめもよし。兎の毛。
墨は、まろなる。[24]

と、文具への言及もなされている。[25] 文具を含む「物」への言及を有することは、漢文学との深いつながりを感じさせるが、しかし『枕草子』が取りあげるのは筆者清少納言の価値観に基づく「よき」文具のみである。

こうしてみてくると、源光行が李嶠『百二十詠』の各詩の二句ずつを題として和歌を詠じた『百詠和歌』（元久元年（一二〇四））は、唐物文学の「和」化の試みとして、やはり画期的な意義を認めるべきであろう。源光行は、和歌を藤原俊成に学ぶとともに、漢詩文を藤原孝範に学んだ人物であり、『百詠和歌』の巻末には、光行と孝範両人の漢文と和歌による跋が付される。その藤原孝範は先ほどふれた『擲金抄』の撰者と考えられているほか、漢文の金言章句を類聚した『明文抄』の撰者でもある。そうした二人のコラボレーションが鎌倉期の初めになされたことをみると、中国の類書的世界、「物」を対象とする文学やその表現が、和語和文にもひらかれつつ、以後「和漢文」の文学史を紡ぐ構成素として取り込まれていく、そうした流れの起点をみるようでもある。

おわりに

ここで再び右にあげた『枕草子』に目を向けると、興味深

いことに気付かされる。そこではいわゆる文房四宝のことが取りあげられているようではありながら、「硯」については、「硯」ではなく「硯の箱」が取りあげられていることである。日本においては、『枕草子』が言及するごとく、蒔絵などを施した「硯の箱」が調度品の中で主要な位置付けを占めていくようになる（**図5**）。それを象徴的に示すのが、入

図5　籬菊螺鈿蒔絵硯箱（鶴岡八幡宮蔵、鎌倉時代、国宝）

宋僧奝然《ちょうねん》（九三八～一〇一六）が、日本に帰国後、北宋太宗への返礼として弟子の嘉因らを宋に派遣して贈り届けた逸品の中に、「金銀蒔絵硯一筥」がみえることである。[26]またこの時には、藤原佐理の書や「倭画屏風」など、数々の「和製唐物」が合わせて贈られている。そしてこのことを記録しているのが、中国の正史『宋史』であることは、「物」の文化、「物」の交流を中日双方向、あるいは東アジアの各地域の視点から多面的、多層的にみるべきことを示唆していよう。唐物にせよ、あるいは漢文学にせよ、「唐」や「漢」というものがいかなる意味を持つものであったのか、またそのことをいま我々はいかに考えるべきか、さまざまな視点から広角的にとらえ直していく必要性を改めて思うところである。

注

（1）『百二十詠』のテキストは胡志昂編『日蔵古抄李嶠詠物詩注』（上海古籍出版社、一九九八年）、また山崎明・**Steininger Brian**「百二十詠詩注校本：本邦伝存李嶠雑詠注」（『斯道文庫論集』五〇、二〇一五年）を参照。

（2）太田晶二郎「「四部ノ読書」考」（『太田晶二郎著作集』第一冊、吉川弘文館、一九九一年、初出は一九五九年）参照。

（3）天平十八年（七四六）九月二日「写後経所解」（『大日本古文書』二、五二五頁）、天平二十年（七四八）正月十一日「千部法花経料雑物納帳」（同三、一～九頁）等。

（4）例えば菟毛筆は四十文、狸毛筆は十文、鹿毛筆は二文で

あったとの記録がある（『大日本古文書』二五、三三九頁（天平宝字七年（七六三）三月）参照）。

（5）正倉院事務所編『正倉院宝物五 中倉二』（毎日新聞社、一九九五年）等参照。

（6）〔 〕は双行注。引用は密教文化研究所弘法大師著作研究会編『定本弘法大師全集』第八巻（密教文化研究所、一九九六年、五七頁）による。

（7）前掲注4参照。なお空海は春宮（後の淳和天皇）にも狸毛筆を贈っている（「春宮献筆啓」『遍照発揮性霊集』巻四）。

（8）菅原道真「鴻臚贈答詩序」（『菅家文草』巻七）等参照。

（9）笹川勲「渤海使関係詩注釈稿　大江朝綱「贈筆呈裴大使」」（『早稲田大学日本古典籍研究所年報』七、二〇一四年三月、四〇～四四頁）参照。なお第五句「韋」字は彰考館蔵本では「婁」字としてその右に「韋」字を傍記する（京都大学附属図書館蔵菊亭家寄託本も同）。笹川氏の注釈が指摘するようにここは韋誕の故事をふまえるものと考えられ、「韋」字に改める。

（10）唐・徐堅等『初学記』下冊（中華書局、一九六二年）参照。

（11）『菅家文草』の引用は川口久雄校注『日本古典文学大系72 菅家文草 菅家後集』岩波書店、一九六六年）による。

（12）当該詩群については谷口孝介『菅原道真の詩と学問』第一章第四節「詩人の感興――讃州客中使啓進の意図」（塙書房、二〇〇六年、初出は二〇〇四年）参照。とくに「筆」詩については詳しい注釈を含む解説がある。

（13）大系本は「桂」に作るが、その頭注に従って「柱」字をとる。

（14）前掲注12谷口孝介論文。また蒋義喬「詠物と言志――菅原道真を中心として」（『成城国文学』三八、二〇二二年三月）参照。

（15）後藤昭雄・池上洵一・山根対助校注『新日本古典文学大系32 江談抄 中外抄 富家語』（岩波書店、一九九七年、五〇七頁）。

（16）『中外抄』下。前掲注15後藤昭雄ほか書、五六八頁。

（17）馬淵和夫・国東文麿・稲垣泰一校注・訳『新編日本古典文学全集36 今昔物語集②』（小学館、二〇〇〇年、四七七～四八八頁）。

（18）佐藤道生『句題詩論考――王朝漢詩とは何ぞや』（勉誠出版、二〇一六年）等参照。

（19）山崎誠「『幼学指南鈔』小考」（『中世学問史の基底と展開』和泉書院、一九九三年）等参照。

（20）後藤昭雄「菁華抄（一）」（『成城文芸』二二四、二〇一三年九月）、同「菁華抄（二）」（『京都語文』二五、二〇一七年十一月）参照。

（21）本間洋一校注『歌論歌学集成』別巻二（三弥井書店、二〇〇一年）等参照。

（22）国文学研究資料館編『真福寺善本叢刊第十一巻 擲金抄』佐藤道生解題（臨川書店、一九九八年）参照。

（23）小沢正夫・松田成穂校注・訳『新編日本古典文学全集11 古今和歌集』（小学館、一九九四年）参照。

（24）引用は松尾聰・永井和子校注・訳『新編日本古典文学全集18 枕草子』（小学館、一九九七年、四五六～四五七頁）。

（25）三巻本では「一本」として増補される部分。前田家本、堺本にも存する。田中重太郎『校本枕草子』附巻（古典文庫、一九五七年）参照。

（26）『宋史』日本国伝に「金銀蒔絵硯一筥一合、納金硯一・鹿毛筆・松烟墨・金銅水瓶・鉄刀」とある。

［コラム］

薫物と唐物

田中圭子

はじめに

　薫物とは、沈香をはじめとした複数の香薬から調合されたと考えられる芳香剤の総称である。香薬を細かく搗き砕き和合した後に、そのまま小分けにするなどして袋に入れて身に付けたり、粘性の甘味料を混ぜて練り合わせた生地を熟成させた後で、小指の先ほどの大きさに丸《まろ》がしたりして調合されて、様々な用途と様式に使用された。そうした品々の中には、今でいう入浴剤や乳液、渦巻き線香のようなものも存在したとされる。

　この種の芳香剤の歴史は、中国大陸の王朝においては紀元前に遡る。[1] 日本においては、奈良時代に完成品や材料となる香薬を輸入しており、[2] 正倉院にも当時の現物とされる品が伝来する。[3] 平安時代には、皇族や貴族らを中心とする人々の間で、以上のような説を伴う様々な処方が考案され、後の世の手本として長く継承されたと伝わる。辞書類等による日本の香文化の総論では、その後の薫物文化は新興文化の香道に圧される形で衰退した、等と説かれていたが、近年の研究により見直され始めている。[4] 室町時代になると、それまでとは異なる材料や名称による新作の考案が盛んとなり、戦国時代の為政者の家々にも広まって、江戸時代に至っても、贈答品や日用品としてよく調合、使用されたようである。

　薫物の材料となる香薬について、従来の研究では、〈貴重で高価な舶来品であり、大宰府経由で調達された〉等と報告される。[5] 主要材料のほとんどは、国内に自生しない植物を原材料とした香薬である。これらは国外から限られたルートを通じて日本にもたらされた舶来品、いわゆる唐物であった。医薬書の言説に通じる漢文体の処方や調合法を読み説くこともさることながら、品の上下に関わらず、すべての材料をそろえることは、薫物調

たなか・けいこ――佐賀大学地域学歴史文化研究センター特命研究員、広島大学グローバルキャリアデザインセンター教育研究推進員。専門は日本古典文学、日本文化史（香文化）。主な著書に『薫集類抄の研究』（三弥井書店、二〇一二年）、論文に「平忠盛家の薫物と「香之書」」（『文学・語学』一八八号、全国大学国語国文学会、二〇〇七年）、「新作薫物「冨士」の香具「生脳」について――東山御文庫伝来の薫物書の記述を中心に」（『香料』二七六号、日本香料協会、二〇一七年）などがある。

数程度の処方にしか使用されない。こうした数値の違いは、中国の王朝と日本の上層社会における人々の嗜好性の違いを反映しているのかもしれないが、むしろ、それぞれの領土や国で産出ないし流通した香薬の種類や、香文化の歴史の長さに由来する文化的成熟度や多様性の程度を反映したものかと考える。

　平安時代中期に類纂された律令法典『延喜式』には、諸国から租税等として献納された香薬の名称および目方が記録される。それらの内、薫物の材料としても使用されたと見られるのは、薫陸、楓香、青木香、白芷《びゃくし》香、白朮《びゃくじゅつ》香、零陵香、木蘭、煎香、浅香、黄菊花、檳榔子《びんろうじ》の十一種類である。なお、黄菊花について、薫物の指南書には、前栽《せんざい》に咲くものを利用せよとも説かれる(6)。また、表中の茅香について、『延喜式』には、同じ名称の品が香薬ならぬ編材として献納されたとある。香薬と編材が同じ品とは考えにくいが、名称が一致することに鑑みて、本（紫檀～銀朱）も加えている。なお、日本において香薬を練り合わせるのに使用されたと伝わる甘葛《あまずら》は、その名称と分量が処方にほとんど明記されないため、表中に加えなかった。なお、以上の諸書に載録された処方については、それらが考案ないし所持されたと伝わる地域および時代別の統計を行っている。

　日本の薫物に使用されたと伝わる香薬のうち、遣唐使派遣以前から平安時代中期までの、日本で考案されたと伝わる処方への使用頻度が一割を超えるのは、沈香から欝金《うこん》までの九種類である。これに対して、中国の香の類書に載録される薫香の処方について、両書における使用頻度が一割を超える品は、十七種類にのぼる。香薬別の使用頻度の特徴を日本と中国とで比較した場合、日本では、特定の種類の香薬が集中的に使用されており、例えば日本の指南書では一〇〇パーセントに近い頻度で使用される沈香、甲香、丁子は、中国の処方については全体の半合の最初にして最大の難関であったに違いない。

　以下の本稿では、日本古代の薫物の主要な材料とされた香薬についての史実や言説を駆け足でひもときながら、平安時代を中心とした時期における、薫物の材料とされた唐物をめぐる試行錯誤の実相、および後世への影響ついて考えてみたい。

一、香薬の国産化

　ここで、平安時代の薫物の主要材料となった香薬の種類を確認しておきたい。

　本稿の末尾の**表**では、平安時代後期の上層社会に伝来した平安時代中期以前の薫物の処方の類纂と伝わる『薫集類抄』上巻から、処方された八十種類の香薬（沈香～薄糊／糊）をピックアップし、日本における使用頻度の高い順に並べている。参考として、中国宋代の香の類書『香譜』および『陳氏香譜』に載録された薫香とも比較して、『薫集類抄』の薫物方には記載されない二十三種類の香薬稿では国産品の香薬の数に加えておくことにする。また、租税品目には含まれないが、香の類書や薫物の指南書には、甲香という螺貝《らばい》の蓋を原料とする香薬について、土佐国にも産出したと伝わる。

日本の平安時代において、『延喜式』や香の類書が編まれた平安時代前期から中期にかけては、甘葛を除く十一種類に、茅香、甲香《かいこう》の二種類を加えた合計十三種類の香薬について、国産化されていたものと考えられた。日本の薫物に高い頻度で処方された香薬のうち一部の品目は、国産品による輸入品の代替が実現していた可能性が高い。しかしながら、表中の香薬の数から以上の国産品の数を差し引きしても、日本における薫物調合には、依然として多種大量の香薬の輸入が必要不可欠であったと考えられる。

二、香薬の代用・模造

『薫集類抄』などの平安時代の薫物の指南書に材料として記載される香薬のうち、占唐、鬱金、沈香、麝香については、別の香薬を代用せよと説かれたり、別の資材を活用した模造品の製法が説かれたりすることがままある。

占唐は、中国の本草書や『香字抄』などの日本の香の類書において、橘に似た木の枝葉を煎じて香にしたと説かれる他、見た目は糖に似て色は黒いと伝わる。平安時代の薫物の指南書には、以上の諸説の他に、硬い塩の色をしており、塩の皮のように薄く平らなものであったと記されている。平安時代中期の人物が考案ないし所持したとされる薫物の処方には、占唐には麝香を代用せよ、としばしば併記される(7)。こうした説は後世の薫物の指南書に継承されたが、それらの中には、代用品の名称を「口伝」と称して明記しない言説もある(8)。代用品の言説は、珍重、秘匿される場合もあったようである。

こうした後世の言説の一部を紹介してみよう。まず占唐については、南北朝期の書写と鑑定される『薫集類抄』伝本(9)の頭欄には、頭書の言説の筆写または本写本の書写者が、元弘二年三月（西暦一三三一年三月または四月）に「右大弁公忠」こと源公忠ゆかりとされる薫物「梅花」方を調合した際に、代用品として麝香を加えたことが記される。また、同年三月に、やはり「梅花」の「小一條皇后」こと藤原娍子ゆかりとされる処方を調合した際には、上の公忠の処方を調合したものよりも聊か香りが劣ったとの感想とともに、〈このごろは占唐というものを見かけないので、これを入れずに調合したのだが、もしやそのせいか〉(10)ともある。

鬱金と麝香は互いに代用品として説かれることが多い。平安時代の薫物の指南書には、「熟鬱金」や「黄鬱金」と呼ばれた種々の鬱金の代わりに麝香を処方して良い等と説かれるほか、熟鬱金や黄鬱金は自然の産物であり、香りや色の違いにより呼び分けていたこと、ただし熟鬱金については、五つの材料から製造されたことも伝わる。ここではこの五つの材料は明記されない。一方で、日本の香の類書には、本草書『開宝重定神農本草』からの引用として上記の諸説が引用されるのに続けて、「長秀」と呼ばれた唐人らしき僧侶[11]による勘文を典拠として、熟鬱金を黄鬱金、麝香、沈香、紫檀、唐青木という五種類の香薬から製造するという、「造熟鬱金法」なる説も載録される。[12]

麝香はジャコウジカから摘出される唐物の香薬である。奈良時代や平安時代前期に中国から日本に将来したと伝わる薫物「供養香」や、平安時代前期の皇子が所持したと伝わる「増損薫衣香」などの処方には、麝香の代わりに上記の黄鬱金や白檀を処方せよと説かれる。一方で、「梅花」や「荷葉」といった薫物の、平安時代中期ごろのものと伝わる処方には、上記の熟鬱金や黄鬱金の代わりに麝香を使用せよ、との説が散見する。これらの言説は、麝香が奈良時代から平安時代前期に品薄であったが、中期になると熟鬱金や黄鬱金よりは入手しやすくなっていた可能性を暗示するかと考える。

平安時代の香の類書や薫物の指南書には、「造熟鬱金法」の他にも、前述の大唐僧長秀に関する諸説と伝わる記述が載録されており、それらの中には、日本の薫物の主要かつ基盤的材料と考えられる沈香を人工的に製造するという、「造沈香法」[13]なるものも見られる。

「造沈香法」には三説あり、それぞれ「造沈香方」、「生師口伝」、「(生師口伝の)又法」として区別される。「生師口伝」と「又法」は長秀秘蔵の説と伝わる。その末尾には、本法は「公家」こと朝廷に進上されたこと、天暦十一年三月二十五日(西暦九五七年四月二十七日)に某がこれを伝承したことが併記される。

最初の二説は、麹や酢、蜜などを使って青桐木を沈香のように加工するためのもの、最後の説は、沈香や白檀、蜜などを用いて楓香木を沈香のように仕立てるためのものである。青桐木は中国では「梧桐」と云い、奈良時代には楽器の材料として切り出されたと伝わる。[14]楓香木は、前述のように平安時代に国産のものが各地から献上された。青桐木も楓香木も、沈香よりは手にいれやすい木材であったと考えられる。さて、こうして人工的に製造された模造品は、「借沈香」と号したと伝わる。「借」には元来、あるもののふりをする、との字義もある。ここでは、〈沈香のふりをした品〉を意味して号したようである。

代用品についての言説は、平安時代から江戸時代までの長きにわたり、処方と共に書き継がれた。ある香薬の代わりに何を使用するかは、それぞれの時期や時代の事情に合わせて工夫や加減が必要とされたのであろう。

一方で、模造品についての言説は、平安時代の類纂と伝わる書物かその写本を中心に見かけるものである。由緒ある古説として平安時代の一時期に香薬や薫物を専門とする人々の間で珍重されたようだが、果たしていつごろまで実用的な言説として重宝されたかは定かでない。

おわりに

中国大陸の王朝における香文化は、広大な国土から産出される多種多様な香薬と本草学の英知を資源として、紀元前から発展していた。日本の薫物文化は奈良時代までに大陸から将来して平安時代の上層社会に普及し、後世の鑑ともなるが、材料は輸入依存の状態にあった。平安時代の薫物文化の持続可能性は、慢性的に危機的状況に置かれていたのである。

しかしながら、いささか卑近なたとえであるが、粗食で痩せていたほうが、内蔵も歯も健康な場合があるし、冷蔵庫の中のわずかな食材から工夫して料理しようとすれば、頭も鍛えられるというものである。

香薬や薫物を専門的に扱う和人や唐人は、有力者らの期待をうけて、或いは自発的に、国産化や代用品の発見、模造品の開発に取り組んだ。蓄積された知恵と技能は、香の類書や薫物の指南書を媒体として後世に伝来し、長くこの分野の基盤的資料となった。

日本の薫物文化が、何世紀もの長きに渡り継承され、発展を遂げたのは、それが唐物を原料として大陸に発祥した文化であるという、日本において実践、持続するには絶対的に不利な条件と、それにより促進された先人による試行錯誤の賜物であったとかと考える。

注

(1) 複数の香薬を搗き砕いて和合して袋に入れる様式の芳香剤は、古くは「香嚢」と呼ばれ、前漢の馬王堆漢墓の副葬品として出土しているし、河北省曲陽県修徳寺遺跡から出土した北朝一尊菩薩像の胸元にも、小型の品が象られる。中国の宋代に編まれた香の類書『香譜』や『陳氏香譜』、日本の平安時代の類纂と伝わる薫物指南書『薫集類抄』の言説には相互に類似する場合がまま見られる。これらの言説の類文は、例えば西漢『黄帝内経』や東漢『傷寒論』等、中国古代の医薬書にも散見する。

(2) 天平勝宝四年六月(西暦七五二年七〜八月)付け買物申請帳には、丁香や青木香を始めとした香薬とともに、薫衣香や裛衣香(ユウエコウ。エビコウとも)など薫物の名称も確認できる。

(3) 当時の輸入品の一つであるか、それとも日本において調合された品であるかは不明だが、正倉院には複数の香薬を調合した裛衣香も伝来しており、これを分包したそれぞれの布には、奈良時代の神護景雲年間の日付けと目方とが記される(中倉八十、第一〜九号。同じ中倉八十一「漆皮箱」に収蔵)。

(4) 薫物文化が衰退したとされる室町時代から江戸時代前期までの歴史的実相については、拙著『薫集類抄の研究』(三弥井書店、二〇一二年)や本間洋子『中世後期の香文化 香道の黎明』(思文閣出版、二〇一四年)および『薫物書の研究』(薫物書研究会、電子版、創刊号〜第五号、二〇一四〜二〇二〇年)等を参照されたい。

(5) 平安時代の香薬を含む唐物の東アジアにおける流通を軸とした文化交流史については、河添房江の編著(『源氏物語と東アジア世界』(NHK出版、二〇〇七年)等)や研究成果報告書(「交易史から見た上代文学と平安文学の諸相――万葉集から源氏物語まで」、科学研究費補助金基盤研究（C）、研究代表者 河添房江、二〇〇四年）に詳しい。

(6) 「菊花盛開、其香芬馥時、折花置傍、和合之。或人云旧干菊一両許加之云々。水辺菊下埋之経二七日許加之、（中略）取出又経二七日許用之。」（『薫集類抄』上巻、菊花、説十五）なお、本稿で引用する『薫集類抄』テキストは、注三の拙著『薫集類抄の研究』掲載の校本による。紙面の都合により、返読記号は適宜省略して引用する。

(7) 「占唐代麝香、案之、麝香本自在合種々中而其代入之者、又可加増麝香合歟」（『薫物（黒方）』、一冊、写、江戸初期、図書寮文庫所蔵、御所本、函架番号一六三・八〇五。テキストは拙稿「宮内庁書陵部所蔵「薫物黒方秘方」翻刻」（『広島女学院大学日本文学』広島女学院大学、二〇〇七年）による）。

(8) 占唐の代用品は、『薫集類抄』のように比較的古い時代の類纂には麝香と説くのが一般的であるようだが、室町時代以降の類纂と伝わる諸書には、澤瀉（オモダカ）等を代用せよとの説も見られ始める。一方で、『薫物黒方秘方』（前注）や『薫集類抄』鎌倉期写本（注9）のように「占唐近年不入別物入事口伝」などとして、代用品の名称を明記しない場合もままある。

(9) 「薫集類抄残一巻存巻上」（武田科学振興財団杏雨書屋所蔵、富岡鉄斎旧蔵、請求記号 杏3138。以下の本写本のテキストは拙稿「杏雨書屋所蔵『薫集類抄』鎌倉期寫本の影印と翻刻」（『杏雨』、二〇一〇年）による）。

(10) 「元弘二年三月合之此方聊於公忠之方占唐近年不見仍不入之若其故歟」（前注による）。

(11) 長秀の動静は、平安時代の日本の史料や伝承にいくつか確認されるが、活動時期や職名は必ずしも一致せず、人物の特定や識別にはなお慎重な調査を要する。謎の多い人物であるが、香関係の書物や説話集には、平安時代中期の朝廷や高貴な辺りにおいて、香薬にまつわる動静が散見することから、この時期に香薬の専門知識を讃えられたという長秀については、同一人物の可能性を検討する余地があろうかと考える。

(12) 欝金の模造品に関する平安時代の諸説については、次の論稿にも紹介される。千葉恭子「本来の熟鬱金と鬱金香・鬱金との関係――サフランと代替品のショウガ科ウコン」（『香文化録』、日本香文化学会、四号、二〇一九年）

(13) 『薫集類抄』には、下巻「諸香」の沈の項に載録（通番：説一二九～一三二）。説一三二の末尾に「右二方、唐僧長秀所秘蔵也。」云々とあることから、説一二九を除く説一三〇から説一三二の三説が長秀ゆかりの説と解釈できる。これらの諸説は『香字抄』や『香要抄』にも載録される。

(14) 『万葉集』第八一一番歌の題詞「大伴淡等謹状梧桐日本琴一面 對馬結石山孫枝」（五巻、雑歌）によると、対馬から梧桐の古木が切り出されて「日本琴」の材料となり、大伴旅人から藤原房前に贈られたと云う。

付記 本稿はJSPS科研費JP18K00340の成果の一部をまとめたものである。

載順に、配合された処方の数及び時代・地域別に見た出現率を示した。

方（14点）については、表中の処方の数に加えなかった。

加された品（「蓮の香」、「澤蘭」など）は、上記の表中に加えなかった。

人は「遣唐使派遣時代」に、それ以外の和人は「遣唐使停止より後の時代」に合香家として活動したものと見なして

麝香（さかう）		甘松（かんせう）		白檀（檀香）		薫陸		占唐（詹唐、セントウ）		鬱金（右近）		藿香（霍香）	
30	81.1%	23	62.2%	25	67.6%	20	54.1%	19	51.4%	6	16.2%	2	5.4%
42	75.0%	34	60.7%	41	73.2%	33	58.9%	19	33.9%	6	10.7%	7	12.5%
9	64.3%	4	28.6%	6	42.9%	7	50.0%	2	14.3%	2	14.3%	5	35.7%
13	65.0%	11	55.0%	15	75.0%	0	0.0%	0	0.0%	0	0.0%	7	35.0%
199	62.0%	95	29.6%	178	55.5%	1	0.3%	1	0.3%	9	2.8%	49	15.3%

青木香（生木）		白芷		零陵香（レイリヤウカウ、霊龍香）		当帰（当皈、トウキ、川当帰）		桂心		檳榔子（檳榔）		丁枝	
2	5.4%	1	2.7%	2	5.4%	0	0.0%	0	0.0%	0	0.0%	1	2.7%
2	3.6%	1	1.8%	1	1.8%	1	1.8%	1	1.8%	1	1.8%	0	0.0%
3	21.4%	1	7.1%	8	57.1%	0	0.0%	0	0.0%	0	0.0%	0	0.0%
1	5.0%	4	20.0%	8	40.0%	0	0.0%	0	0.0%	0	0.0%	0	0.0%
3	0.9%	34	10.6%	80	24.9%	6	1.9%	2	0.6%	5	1.6%	6	1.9%

白膠		沈底		甘草		瓜子		大棗（棗）		松皮		苜蓿香	
2	5.4%	0	0.0%	0	0.0%	0	0.0%	0	0.0%	0	0.0%	0	0.0%
0	0.0%	0	0.0%	0	0.0%	0	0.0%	0	0.0%	0	0.0%	0	0.0%
1	7.1%	1	7.1%	2	14.3%	1	7.1%	2	14.3%	1	7.1%	1	7.1%
0	0.0%	0	0.0%	1	5.0%	0	0.0%	1	5.0%		0.0%	0	0.0%
4	1.2%	0	0.0%	18	5.6%	0	0.0%	13	4.0%	0	0.0%	0	0.0%

馬牙消		柳汁		風香膏		浅香		龍脳（龍、りうなふ、竜脳、梅花龍脳、白龍脳）		煎香		白附子	
0	0.0%	0	0.0%	0	0.0%	0	0.0%	0	0.0%	0	0.0%	0	0.0%
0	0.0%	0	0.0%	0	0.0%	0	0.0%	0	0.0%	0	0.0%	0	0.0%
1	7.1%	1	7.1%	1	7.1%	1	7.1%	5	35.7%	1	7.1%	1	7.1%
0	0.0%	0	0.0%	0	0.0%	0	0.0%	11	55.0%	0	0.0%	0	0.0%
14	4.4%	0	0.0%	1	0.3%	0	0.0%	139	43.3%	0	0.0%	1	0.3%

雞舌		蒿根		麻黄根		滑石		粉英（英粉）		生結香		藿香葉	
0	0.0%	0	0.0%	0	0.0%	0	0.0%	0	0.0%	0	0.0%	0	0.0%
0	0.0%	0	0.0%	0	0.0%	0	0.0%	0	0.0%	0	0.0%	0	0.0%
1	7.1%	1	7.1%	1	7.1%	1	7.1%	1	7.1%	1	7.1%	1	7.1%
0	0.0%	0	0.0%	1	5.0%	0	0.0%	1	5.0%	4	20.0%	0	0.0%
2	0.6%	0	0.0%	0	0.0%	2	0.6%	0	0.0%	9	2.8%	11	3.4%

表　和漢の薫物／香書の国・時代別処方数と主要香具

一、『薫集類賞』上巻に載録された処方・全107点に記載された香具について、配合された処方の書中における記
一、『薫集類抄』諸本の一部において、最善本の国立国会図書館所蔵本に記載されない独自本文として伝わる処
一、処方された香具の内、明記されない場合の多い〈つなぎ〉の品（蜜、甘葛、薄糊など）や、処方外に特別に付
一、表中の「合香家の活動時期」について、遣唐使廃止時（西暦894年）に20歳以上の年齢と特定／推定される和
分類した。

出典	合香家の国・地域	合香家の活動時期	処方の数	沈（沈香、沈木）		貝香（甲香、貝甲）		丁子（チヤウシ、母丁子、丁香）	
薫集類抄	日本	遣唐使派遣時代	37	35	94.6%	37	100.0%	35	94.6%
		遣唐使停止より後の時代	56	55	98.2%	52	92.9%	54	96.4%
	漢土	（唐代以前か）	14	10	71.4%	2	14.3%	7	50.0%
香譜	漢土	宋代（12世紀前半以前か）	20	9	45.0%	9	45.0%	3	15.0%
陳氏香譜	漢土	宋代（13世紀前半以前か）	321	146	45.5%	59	18.4%	105	32.7%

甘松香花（甘松花）		安息香（あんそく、あんそつかう）		蘒合（蘒香）	
1	2.7%	0	0.0%	4	10.8%
3	5.4%	3	5.4%	1	1.8%
0	0.0%	1	7.1%	7	50.0%
0	0.0%	0	0.0%	1	5.0%
0	0.0%	4	1.2%	11	3.4%

香附子		艾納（芥収香）		乳香（乳頭香）	
0	0.0%	0	0.0%	2	5.4%
0	0.0%	0	0.0%	0	0.0%
3	21.4%	3	21.4%	0	0.0%
3	15.0%	1	5.0%	6	30.0%
25	7.8%	4	1.2%	37	11.5%

茅香		鵝梨汁		海塩花	
0	0.0%	0	0.0%	0	0.0%
0	0.0%	0	0.0%	0	0.0%
2	14.3%	1	7.1%	1	7.1%
5	25.0%	1	5.0%	0	0.0%
36	11.2%	14	4.4%	0	0.0%

伏苓		白朮		白歛	
0	0.0%	0	0.0%	0	0.0%
0	0.0%	0	0.0%	0	0.0%
1	7.1%	1	7.1%	1	7.1%
0	0.0%	0	0.0%	0	0.0%
0	0.0%	0	0.0%	1	0.3%

焔硝（焔沙／硝石）		木香		良香		阿仙薬		茴香		排草		辛夷	
0	0.0%	0	0.0%	0	0.0%	0	0.0%	0	0.0%	0	0.0%	0	0.0%
0	0.0%	0	0.0%	0	0.0%	0	0.0%	0	0.0%	0	0.0%	0	0.0%
1	7.1%	0	0.0%	0	0.0%	0	0.0%	0	0.0%	0	0.0%	0	0.0%
2	10.0%	1	5.0%	0	0.0%	0	0.0%	3	15.0%	0	0.0%	1	5.0%
10	3.1%	29	9.0%	1	0.3%	0	0.0%	27	8.4%	1	0.3%	2	0.6%

穮合（香）油		蝋（羅ウ、唐蝋、黄蝋）		白芨		炭		梔子（蕃梔子、大食梔子）		藁本		白梅花	
0	0.0%	0	0.0%	0	0.0%	0	0.0%	0	0.0%	0	0.0%	0	0.0%
0	0.0%	0	0.0%	0	0.0%	0	0.0%	0	0.0%	0	0.0%	0	0.0%
0	0.0%	0	0.0%	0	0.0%	0	0.0%	0	0.0%	0	0.0%	0	0.0%
1	5.0%	0	0.0%	0	0.0%	0	0.0%	0	0.0%	0	0.0%	0	0.0%
22	6.9%	9	2.8%	19	5.9%	44	13.7%	7	2.2%	5	1.6%	5	1.6%

茶		玄参		馢香（棧香）		黄熟香		甜参		青桂香		夾馢香（夾棧香）	
0	0.0%	0	0.0%	0	0.0%	0	0.0%	0	0.0%	0	0.0%	0	0.0%
0	0.0%	0	0.0%	0	0.0%	0	0.0%	0	0.0%	0	0.0%	0	0.0%
0	0.0%	0	0.0%	0	0.0%	0	0.0%	0	0.0%	0	0.0%	0	0.0%
0	0.0%	2	10.0%	6	30.0%	3	15.0%	1	5.0%	1	5.0%	1	5.0%
19	5.9%	39	12.1%	56	17.4%	15	4.7%	1	0.3%	3	0.9%	4	1.2%

縮砂		馬哱		酸棗		草荳蔻		軟灰		蜀葵葉／花		薄糊／糊	
0	0.0%	0	0.0%	0	0.0%	0	0.0%	0	0.0%	0	0.0%	0	0.0%
0	0.0%	0	0.0%	0	0.0%	0	0.0%	0	0.0%	0	0.0%	0	0.0%
0	0.0%	0	0.0%	0	0.0%	0	0.0%	0	0.0%	0	0.0%	0	0.0%
1	5.0%	1	5.0%	1	5.0%	1	5.0%	1	5.0%	1	5.0%	1	5.0%
3	0.9%	1	0.3%	4	1.2%	2	0.6%	0	0.0%	2	0.6%	9	2.8%

黄丹		浮萍草		米脳		薔薇水		龍涎香		篤耨、篤耨皮		皂兒膠	
0	0.0%	0	0.0%	0	0.0%	0	0.0%	0	0.0%	0	0.0%	0	0.0%
0	0.0%	0	0.0%	0	0.0%	0	0.0%	0	0.0%	0	0.0%	0	0.0%
0	0.0%	0	0.0%	0	0.0%	0	0.0%	0	0.0%	0	0.0%	0	0.0%
0	0.0%	0	0.0%	0	0.0%	0	0.0%	0	0.0%	0	0.0%	0	0.0%
20	6.2%	5	1.6%	10	3.1%	9	2.8%	13	4.0%	6	1.9%	5	1.6%

石芝		茘枝（茘枝殻）		松子仁		査子		牡丹皮		定粉		肉桂	
0	0.0%	0	0.0%	0	0.0%	0	0.0%	0	0.0%	0	0.0%	0	0.0%
0	0.0%	0	0.0%	0	0.0%	0	0.0%	0	0.0%	0	0.0%	0	0.0%
0	0.0%	0	0.0%	0	0.0%	0	0.0%	0	0.0%	0	0.0%	0	0.0%
0	0.0%	0	0.0%	0	0.0%	0	0.0%	0	0.0%	0	0.0%	0	0.0%
6	1.9%	9	2.8%	5	1.6%	4	1.2%	11	3.4%	11	3.4%	5	1.6%

出典	合香家の国・地域	合香家の活動時期	処方の数	草茅香		麻黄		乳香纏	
薫集類抄	日本	遣唐使派遣時代	37	0	0.0%	0	0.0%	0	0.0%
		遣唐使停止より後の時代	56	0	0.0%	0	0.0%	0	0.0%
	漢土	（唐代以前か）	14	1	7.1%	1	7.1%	1	7.1%
香譜	漢土	宋代（12世紀前半以前か）	20	0	0.0%	0	0.0%	0	0.0%
陳氏香譜	漢土	宋代（13世紀前半以前か）	321	1	0.3%	1	0.3%	1	0.3%

片脳（片、片白脳子）		三乃子（三奈、サンナ、サンナイ）		大黄（大ワウ）	
0	0.0%	0	0.0%	0	0.0%
0	0.0%	0	0.0%	0	0.0%
0	0.0%	0	0.0%	0	0.0%
0	0.0%	0	0.0%	0	0.0%
11	3.4%	4	1.2%	12	3.7%

肉豆寇（肉荳蔲）		丁香皮		降真香（真香）	
0	0.0%	0	0.0%	0	0.0%
0	0.0%	0	0.0%	0	0.0%
0	0.0%	0	0.0%	0	0.0%
0	0.0%	6	30.0%	1	5.0%
15	4.7%	39	12.1%	29	9.0%

官桂		胡椒		紅豆	
0	0.0%	0	0.0%	0	0.0%
0	0.0%	0	0.0%	0	0.0%
0	0.0%	0	0.0%	0	0.0%
1	5.0%	1	5.0%	1	5.0%
7	2.2%	0	0.0%	0	0.0%

紫檀		荷葉、貼水荷葉		金顔香	
0	0.0%	0	0.0%	0	0.0%
0	0.0%	0	0.0%	0	0.0%
0	0.0%	0	0.0%	0	0.0%
0	0.0%	0	0.0%	0	0.0%
17	5.3%	5	1.6%	37	11.5%

寒水石		黄連香		木犀（桂花）	
0	0.0%	0	0.0%	0	0.0%
0	0.0%	0	0.0%	0	0.0%
0	0.0%	0	0.0%	0	0.0%
0	0.0%	0	0.0%	0	0.0%
5	1.6%	5	1.6%	9	2.8%

白梅肉		三頼子		銀朱	
0	0.0%	0	0.0%	0	0.0%
0	0.0%	0	0.0%	0	0.0%
0	0.0%	0	0.0%	0	0.0%
0	0.0%	0	0.0%	0	0.0%
4	1.2%	5	1.6%	6	1.9%

【コラム】

日本文学と鸚鵡――歌論用語「鸚鵡返し」をめぐって

小山順子

こやま・じゅんこ――京都女子大学教授。専門は古典和歌。主な著書に『藤原良経』（笠間書院、二〇一二年）、『和歌のアルバム――藤原俊成 詠む・編む・変える』（平凡社、二〇一七年）、「西行の朗詠集摂取と仁和寺歌壇」（『西行学』12、二〇二一年）などがある。

はじめに――鸚鵡返し

現代の言葉にも残っている歌学用語に「鸚鵡返し」がある。歌論書に登場するのは、院政期の歌人・源俊頼が著した『俊頼髄脳』が最も古い。

歌の返しに、鸚鵡返しと申す事あり。書き置きたる物はなけれど、人のあまた申すことなり。鸚鵡返しといへる心は、本の歌の、心ことばを変へずして、同じ詞をいへるなり、え思ひよらざらむ折は、さもいひつべし。

「書き置きたる物はなけれど、人のあまた申すことなり」とあるので、俊頼の時代、すなわち十二世紀始めには、明文化されてはおらずとも技法としては周知のものだったのだろう。贈答歌の技法として、贈歌の内容も詞も変えずに、同じ詞を用いて詠むのが鸚鵡返しだと説いている。これは、返歌が思いつかない時のテクニックだという。

この「鸚鵡返し」を趣向の中心に置いたのが、謡曲「鸚鵡小町」である。年老いた小野小町が、帝から「雲の上はありし昔に変はらねど見し玉簾《たまだれ》の内やゆかしき」の和歌を下される。それに対して小町は、「雲の上はありし昔に変はらねど見し玉簾の内ぞゆかしき」と詠んだ。「宮中は昔と変わらないけれど、あなたは玉簾の中が懐かしいだろうか」という帝の問いに対して、疑問の係助詞「や」を強意の係助詞「ぞ」に変えただけで、「まさに玉簾の中が懐かしいのです」と返したのだ。

作劇の中心として用いられている和歌は、実は小野小町の詠ではなく、『十訓抄』一ノ二十六に見える。平治の乱で配流されていた藤原成範《しげのり》が帰京し参内した際、宮中の女房から「雲の上は……」の歌を詠み掛けられる。成範はとっさに、

図1　タイハクオウム（Wikimedia Commons）
インドネシアのモルッカ諸島北部に生息。体長45〜55cm。

図2　オオダルマインコ（Wikimedia Commons）
中国南部、インド北東部、チベット南東部に生息。尾まで含めた体長約50cm。

灯籠の燃えさした木で「や」の文字を消し傍に「ぞ」の文字を書いて、御簾の中に差し入れ返歌とした、という逸話である。この歌を、老いて宮中から退いた小野小町の詠としたのが、「鸚鵡小町」だった。

　この「鸚鵡返し」という言葉は、現代でも、「人から言いかけられた言葉を、そっくりそのまま返答すること」（広辞苑）の意で用いられている。その基底には無論、鸚鵡が人間の言葉を真似る鳥だという認識がある。以下、この「鸚鵡返し」という歌論用語および現代語の背景にある、日本人の鸚鵡の捉え方について考察する。

　なお付言すると、「鸚鵡」の語は古代から用例が見られるが、「鸚哥《インコ》（または音呼）」の用例は中世以後だ(1)。生物学的に、生息地域もオウムよりもインコの方が遥かに広く、オウムの生息地域はアジアではインドネシア・フィリピン諸島・シンガポールのみである（以下、書物に記載されるものは「鸚鵡」、生物学上の呼称で用いる場合は「オウム」「インコ」と表記する）。またオウムが約二十種であるのに較べ、インコは三百種を超え圧倒的に多い。つまり「鸚鵡」の語で記されているとしても、現在インコと呼ぶ鳥も含まれている。ちなみに二者の区別は、おおよそ、色が白または桃色で頭に冠羽を持ち尾が短く、大型のものがオウムであり、鮮やかな体色で長い尾を持ち、体が比較的小さいものがインコである（**図1・2**）。

一、鸚鵡についての和漢比較

　清少納言『枕草子』三八段には、「鳥は　こと所の物なれど、鸚鵡いと哀なり。人のいふらん事をまねぶらんよ」という一節がある。「鳥は」の章段は、系統間で本文異同が大きいが、鸚鵡に関して最も記述が多い三巻本の本文を挙げた。諸注が指摘するように、鸚鵡は、『日本書紀』に新羅・百済から進献されたという記事があり（孝徳天皇大化三年・斉明天皇二年・天武天皇十四年五月二十六日）、その後も中国からの贈答品として用いられた鳥だった。それゆえ「こと所の物」、すなわち異国の鳥であるという認識なのだ。

さらに『枕草子』（上坂信男他校注、講談社学術文庫、一九九九年）の［余説］には「清少納言の頃に、実物を見ることはすでになくなっていたのだろう。『文選』の「鸚鵡賦」などによる知識によって書いているのだと思う」（傍線、引用者）と述べられている。

さて問題としたいのは傍線部である。ここに示されている「鸚鵡賦」とは、後漢末の詩人・禰衡《でいこう》の作である。「鸚鵡賦」には、鸚鵡について「性弁慧而能言兮、才聡明以識レ機」「采采麗容、咬咬好音」とある。注意されるのは、ここには「能く言ふ」「咬咬たる好音あり」と、言葉を話すことができ、鳴き声が美しいと書かれているが、人真似をする・そっくりそのまま返す、ということは書かれていないという点だ。

鸚鵡が「能言」鳥であるというのは、『礼記』（第一・曲礼上）の「鸚鵡能言、不レ離二飛鳥一」を踏まえる。以後、中国では「能く言ふ」鳥として描かれる。注目されるのは、言語を操る才を持つものとして描かれることである。たとえば元稹「寄贈薛濤」の「言語巧偸二鸚鵡舌一、文章分二得鳳皇毛一」は、『千載佳句』（人事部・才子371）・『和漢朗詠集』（雑・文詞付遺文472）にも採られ、日本でもよく知られた詩句であるが、これは鸚鵡が巧みに言語を操るということを薛濤《せつとう》の詩才に重ねたものだ。こうした描写は、鸚鵡が人まねをするのではなく、自身の能力でもって人語を操ると認識されていなければ登場しないものだ。

さらに、王仁裕（八八〇～九五六）編『開元天宝遺事』には、長安で楊崇義という富豪が妻の劉氏とその愛人・李弇《りえん》に殺され、飼っていた鸚鵡が調べに来た県官に、劉氏と李弇の罪を告発し、それによって鸚鵡は緑衣使者に封ぜられたという話、また楽史（九三〇～一〇〇七）作『楊太真外伝』には、楊貴妃が雪衣女と名付けて飼っていた鸚鵡に夢見の話をされるという話もある。

このように見てみると、中国における鸚鵡とは、自ら主体的に言語を操り物を話す鳥として登場している。確かに人まねをする様を描写した例も無いわけではない。「若称二白家鸚鵡鳥一、籠中兼合レ解レ吟レ詩」（『白氏文集』巻五六2633「双鸚鵡」）は、二羽の鸚鵡が主人（白居易）に倣って詩を吟じることができる、とある。これは「詩を作る」のではなく「詩を吟ずる」だから、自身で言語を操るというよりは〈まねをする〉点に重点を置いたものとも解せる。但し管見の限り、鸚鵡の模倣能力に言及する例は、中国には少ない。なお類書においても、たとえば『白孔六帖』「鸚鵡」から物言う鳥・賢い鳥としての語句を取り上げると、「鸚鵡能言、不離飛鳥」「弁恵之性」「言鳥」「殊智」「恵性」「能言」「咬咬」であり、模倣能力に関するものは無い。中国では、鸚鵡を人まねをする鳥としてよりも、知能が高く、言語能力を持つ鳥であることに注目していたと考えられる。

日を天竺に移すと、仏典においても鸚鵡は登場する。『三宝感応要略録』「阿弥陀仏化作鸚鵡鳥引起安息国感応第十七」（『今昔物語集』巻四・天竺付仏教「天竺安息国鸚鵡鳥語」の原話）には、鸚鵡が安息国の王・大臣から食べ物を問われ、自分を養おうとするなら「阿弥陀仏」と唱えるようにと答える。ここにも、鸚鵡との問答が見られ[2]、やはり人まねではない。

となると、『枕草子』の「人のいふらん事をまねぶらんよ」が、漢籍の文言によるもの、漢籍から得た知識によるものとは考えにくい。なお、平安時代に入っても、鸚鵡が贈答品として中国からもたらされたことは、皆川雅樹[3]による研究がある。皆川の作成した一覧によると、『枕草子』成立時に近い時代では、長徳二年（九九六）閏七月に宋から鸚鵡が献上されている。清少納言は長保二年（一〇〇〇）に定子が崩御してから宮廷を退いたと推測されており、長徳二年に献上された鸚鵡を実見している可能性が無いわけではない。清少納言が鸚鵡を実見する機会があったかどうかは別としても、〈人まねをする鳥〉であるという、日本における鸚鵡への注目の視点と認識に由来するものだったと推測される。

ちなみに日本において鸚鵡が自ら言語能力を操る鳥として描かれるものに、『今昔物語集』巻三「須達長者家鸚鵡語」・同巻四「天竺安息国鸚鵡鳥語」（前出）があるが、いずれも天竺付仏教部であり、仏典に典拠を持ち、話も典拠をそのまま倣ったものである。古代から平安文学における「鸚鵡」の用例を調査した堺信子[4]は、鸚鵡が「珍しい鳥」「ものをいう聡明な鳥」と考えられていた、という結論を述べているが、中国・天竺とは異なる面があることに注意されるのだ。日本における鸚鵡観は、〈人まねをする鳥〉という認識が主であった点が重要である。

二、鸚鵡を詠んだ和歌

オウムの生態について日本人は、〈言葉を話す〉ことではなく、模倣という点に注目し面白さを感じた。それは、歌学用語の「鸚鵡返し」が〈人の言葉をそのまま真似て返す〉の意味を持つことに結実していると言ってよい。

では、和歌そのものに鸚鵡が題材となることはあったのだろうか。少ないとはいえ、無いわけではない。最も古い例は、正治二年（一二〇〇）の『正治初度百首』の例だ。

あはれともいはばやいはんことのはをかへすあうむのおなじ心に
（『正治初度百首』1697寂蓮「鳥」）

『正治初度百首』では、主催者・後鳥羽院の鳥への関心を反映し、「鳥五首」の題が設けられた。各歌人は様々な鳥を取り上げているが、鸚鵡を読むのは寂蓮一人だ。「言の葉を返す鸚鵡」とは鸚鵡の人まねを捉えたものである。

しかしその後、鸚鵡が和歌に詠まれるには、室町時代まで待たねばならない。たとえば冷泉為和は「つくしてもおなじつらさに言の葉をかへぬあふむの名さへうらめし」（『為和集』1171「寄鳥恋」）と、「言の葉を変えぬ」鳥として鸚鵡を登場させる。また、正広《しょうこう》の「舟出して人の国までたづぬとも我にあふむの声しきかずは」（『正広詠歌』12「寄鳥恋」）は「あうむ」に「（我に）逢ふ」を掛けた恋歌で、「人の国」と異国の鳥であることも含めている。飛鳥井雅康の「彼国の道しるべせようけがたき法にあうむの名をしのこさば」（『雅康集』336「鳥」）は、「あうむ」に「（法に）逢ふ」を掛けている。これは鸚鵡が『阿弥陀経』において浄土六鳥の一であることや、発心譚・往生譚に登場することを踏まえているのだろう。

鸚鵡のとらえ方を端的に示す例としては、室町時代後期の碩学・三条西実隆の次の例がある。

鸚鵡をよめる
人ぞうきこまもろこしの鳥までもおもふといへばおもふとぞ鳴
（『雪玉集』8144）

「高麗唐土《こまもろこし》の鳥」、そして言葉をそのまま返す鳥であると詠まれる。自身が言った言葉がそのまま返されてはかばかしい返答を得られない悲哀を詠むのも、為和・正広と同様だ。

このように、和歌には〈人の言葉をそのまま返す〉〈異国の鳥である〉という点が詠まれている。『枕草子』が記した鸚鵡の特徴は、そのまま日本の和歌における鸚鵡と重なる。しかし、和歌そのものに鸚鵡が題材として詠まれることは極めてまれだった。

その理由としては、以下の点が考えられる。一つには、和歌において鳥の声が取り上げられる場合、季節を感じさせるものであったり、もの悲しさや恋しさなど情緒に訴えるものとして詠まれることが主である。鸚鵡は特に季節と結びつく要素もなく、また鳴き声は、模倣能力の面白さや珍しさはあっても、情緒に訴えるものではなかった。また、鸚鵡は中国や朝鮮半島から献上された後、貴所で秘蔵されたため、鸚鵡という珍しい鳥の名や習性を知っていたとしても、実際にそれを目にし、耳にする機会があった人は限られていた。舶来動物が、特権階級だけが享受し、広がりを持たないものであった[5]以上、知識の域を出ず、実感を伴って詠まれづらかった。そのため、〈知〉の領域である歌論・歌学書には「鸚鵡返し」として定着しても、〈情〉を主とする和歌の題材としては「唐物」の珍しい題材にとどまったのだと考えられる。

おわりに

「唐物」としての鸚鵡は、まったく幻の鳥ではなく、現実に存在するが、遠くからもたらされたものであり続けた。そして日本において鸚鵡は、自ら言語能力を揮う鳥としてではなく、模倣能力が注目されることが主だった。オウムの模倣能力に注目したのは、無論、日本だけではない。古代ローマのプリニウス『博物誌』、古代ギリシアのアイリアノス『動物奇譚集』も鸚鵡の模倣能力に言及している。

プリニウスもアイリアノスも、インドの鳥として取り上げ、特にプリニウスはインドからローマへの献上品であると記している（『博物誌』一〇巻五八）。禰衡「鸚鵡賦」にも「西域之霊鳥」と記されており、珍奇で高貴な鳥であるというのが、鸚鵡が世界で共通してもたれるイメージだった。

日本では、その「鸚鵡」が歌学用語として用いられ、現代にいたるまで脈々と息づいている。現代ではコンパニオンバードとして決して珍しくはないが、「鸚鵡返し」という語には、元来、鸚鵡という模倣能力を持つ珍しい唐物の鳥に対する好奇心が含まれていたのだろう。

注

（1）一一七七〜八一年成立の『色葉字類抄』にも「鸚哥《インコ》」が見えるが、前田本では後に書き入れられた項目である。『明月記』嘉禄二年（一二二六）二月七日条に見える「鸚歌《カヒコ》」が最も古い例か。

（2）ちなみに『発心集』巻八・五「盲者、関東下向の事」に、鸚鵡が僧侶の念仏をまねて「阿弥陀仏」と唱えるという話が見える。これは『私聚百因縁集』およびその典拠である『龍舒浄土文』との関連が指摘されている。梁瀬一雄著作集3『発心集研究』（加藤中道館・一九七五年）所収「私聚百因縁集出典考――発心集と関係ある説話について」、平間理俊「法然上人伝法絵『善導寺本』にみられる説話の生成と展開――鸚鵡の往生譚・蝙蝠の転生譚を手がかりに」（『佛教文化研究』65、二〇二一年）。但し『龍舒浄土文』『私聚百因縁集』には「鸜鵒」とあり、鸚鵡ではなく八哥鳥《ハッカチョウ》である。原典では「鸜鵒」（八哥鳥）だったのを鸚鵡へと転じたのは、日本における鸚鵡観に基づくものと考えられる。

（3）皆川雅樹「鸚鵡の贈答――日本古代対外関係史研究の一齣」（『長安都市文化と朝鮮・日本』汲古書院、二〇〇七年）。

（4）堺信子「古代文学の「鸚鵡」」（『学習院大学上代文学研究』3、一九七七年）。

（5）川添裕「舶来動物と見世物」（『人と動物の日本史2　歴史のなかの動物たち』〈吉川弘文館・二〇〇九年〉所収）。

付記

・引用の和歌本文および歌番号は、私家集は新編私家集大成、それ以外は新編国歌大観による。他の本文引用は以下の通り。『枕草子』…新日本古典文学大系（岩波書店）、『文選』…中華書局、『白氏文集』…『白氏文集歌詞索引』（同朋舎）。

・本稿は科研費19K00356による成果の一部である。

泉涌寺における唐物の受容

西谷　功

にしたに・いさお――花園大学文学部准教授、宗教法人泉涌寺宝物館学芸員。専門は仏教文化史、仏教美術史、寺院史。主な著書・論文に『南宋・鎌倉仏教文化史論』（勉誠出版、二〇一八年）、「南宋仏教からみた鎌倉期戒律復興運動の諸相」（律宗戒学院編『唐招提寺の伝統と戒律』法藏館、二〇一九年）、「唐宋代における仏牙舎利の〈発見〉」（板倉聖哲・塚本麿充編『アジア仏教美術論集　東アジアIII（五代・北宋・遼・西夏）』中央公論美術出版、二〇二一年）などがある。

入宋僧の俊芿が創建した泉涌寺の仏教関連文物を事例にして、仏教儀礼史・寺院生活文化史の視点から、寺院で用いられた唐物の宗教的機能を考察する。そして、これまで単なる流行や嗜好と語られてきた仏教関連の唐物とそれらを用いる文化が、鎌倉時代の諸寺院で模造・模倣されることに対する宗教的意味に関しても考えを巡らせてみたい。

はじめに

従来、鎌倉時代に唐物として宋地からもたらされた仏教文物やその文化を取り上げる際、その研究対象となるのは、もっぱら「禅」関連と解釈されたものである。そして、唐物の享受者としての禅僧やかれらに帰依した武家との関係を中心に研究が進められてきたように思う(1)。

たとえば、輸入磁器を用いた喫茶は「禅文化」であって、禅宗を通じて鎌倉武家社会に浸透し、喫茶道具も「唐物趣味」「中国嗜好」「愛玩」として受容されたという認識で語られることが多い。かかる理由の一端は、室町時代の唐物研究で指摘される「宋文化＝禅文化」、そして享受者としての足利将軍家による唐物の「鑑賞」「嗜好」「贈答」的視座にもとづくものであろう。

また、鎌倉時代に請来された釈迦・羅漢・観音などの仏教尊格や祖師肖像画（頂相）の流行も、「禅僧特有の信仰」と語られる点も典型的な事例である。「信仰」を指摘するのであれば、寺院内で仏像・仏画を用いた儀礼空間や仏具・供養具として機能した唐物も検討すべきかと思うが、唐物研究において関心は低い。むしろ、同じ空間であっても、仏教文物は寺院の外側、すなわち「権力表象の場」である会所や室礼などで権力者たちによって用いられる点に注目が集まっている(2)。つまり、唐物研究において、請来された仏像・仏画・仏具・供養具などの本来的な機能——寺院空間でどのような役割を果たしていたのか——に対する研究は注目されていないのが現状といえよう。

　しかし、鎌倉時代に請来された上述のような宋代仏教の美術工芸品や文化の担い手は、禅僧や武家だけではない。そもそも、鎌倉時代の大多数の入宋僧たちは、貴顕に献納するため、会所を設えるため、鑑賞や愛玩するために、仏画（肖像画）・茶器・香合・五（三）具足などを請来したわけではない。さらにいえば、釈迦・羅漢・観音・祖師肖像画も「禅僧特有の文化」ではない。禅僧にかぎらず、僧自身が寺院において「如法」、すなわち、仏法や戒律にもとづいた正しい集団生活を行うため、そして、仏道実践とその成就に必要な仏具・資具であるためにそれらを請来し、実践や儀式で使用したと考えなければならない。これらの儀礼や文化は、宋地寺院に留学した日本僧の多く——ここに宗派的な思考や「禅宗特有」という視点は介在すべきではない——が共有していたものと判断すべきであろう。

　本稿は、かかる視点を踏まえて、仏教儀礼史・寺院生活文化史研究の立場から、唐物として請来された仏教文物の考察を行う。その具体例として、鎌倉時代初期の京洛東山に創建された泉涌寺《せんにゅうじ》にもたらされた文物を取り上げ、それらの請来の理由、そして、仏教儀礼・寺院生活文化としていかに機能したのか、を論じる。また、その成果を踏まえて、これまで「流行」「嗜好」で片付けられていた、唐物たる仏教関連の文物が「模写」「模刻」「模造」されることがどのような意味を有するのかも考え、鎌倉時代の唐物研究に新視点を提供したい。

一、俊芿による唐物・宋代仏教文化の請来
——泉涌寺という「場」の再検討

泉涌寺（京都市）は、鎌倉時代初期に入宋した我禅房《がぜんぼう》俊《しゅん》芿《じょう》（一一六六～一二二七）により、嘉禄二年（一二二六）四月八日に開山された。

　当時すでに廃絶していた戒律の復興を達成すべく南宋国江南地域に遊学した俊芿（入宋期間、一一九九～一二一一）は、戒律のみならず、天台・浄土・禅なども学び、また中国僧をはじめ当時の官僚（士大夫）や文人たちとも膝を交えた僧で

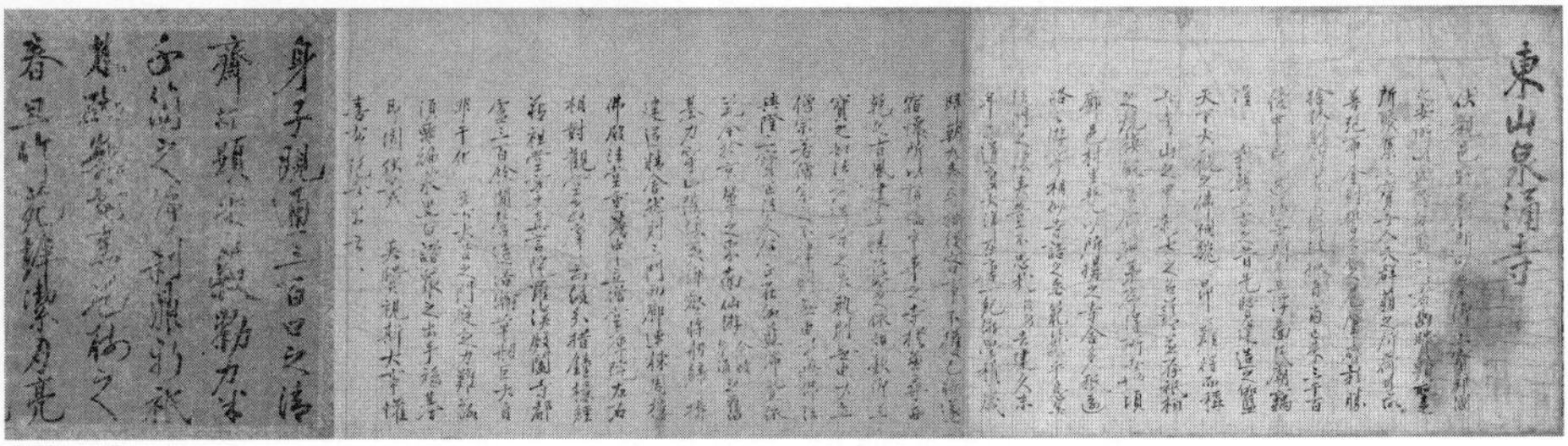

ある。十二年間にわたる宋地での修学と僧俗との交流を経た承元五年（一二一一）三月、俊芿は宋代仏教の思想や儀礼（仏道実践）のみならず、仏画・仏教書・宋人の書翰や詩文・碑文拓本などの二〇〇〇を超える文物（唐物）、儒学（朱子学）、医学（診脈）、印刷技術、筆法、さらには生活文化や風習、政治情勢などにいたるまでの、さまざまな技能や知識（経験）も修めて帰国する。

俊芿は宋地で黄庭堅《こうていけん》流の書風を習得し、中国僧からも「縦横ノ筆陣ハ、龍蛇ヲ走ラシム」と絶賛されており、後鳥羽院（一一八〇～一二三九）も俊芿『泉涌寺勧縁疏《かんえんそ》』（承久元年〈一二一九〉、**図1**）を通して、その「筆精ノ義」に触れている。(3)『勧縁疏』は、宋から持ち帰った「蠟箋《ろうせん》」とよばれる特殊な料紙（竹紙）に黄庭堅流の筆法でしたためられており、俊芿の経験した宋文化が余すところなく表現されている。かかる事例からうかがえるように、俊芿の魅力は、宋の仏教や文物を宋地で行われていたものと同じように実践・披露できたことで、宋の文物（唐物）も、たんなる献上（贈答）品とするのではなく、宋直伝の文化——勧縁疏（勧進疏）を用いて勧募を求める行為もその一例——とともに請来したことには留意しておきたい。俊芿は、南宋仏教の請来者であるとともに、当代きっての国際的知識や文化的教養を兼ね備えた人物(4)としても評価されるべきであろう。本事例であきらかなように、禅僧や武家だけが唐物や宋文化を享受していたのではない(5)。

そして、泉涌寺もまた、俊芿請来の唐物や宋文化を集積し、実践する「場」として機能している。俊芿の伝記『不可棄法師伝』（一二四四年成立、信瑞撰）にも「二宗〈教律〉之法門ヲ講」じ「大宋ノ儀則ヲ摸セル、唯此ノ一寺ナラクノミ」(6)とあるように、俊芿開山の泉涌寺は、仏教思想を講義するのみならず「大宋ノ儀則」、つまり、南宋仏教の伽藍・僧制・儀礼・生活・習慣・言葉（宋音）・文化などを規範としている。泉涌寺も、後世の禅宗寺院と同様に——すなわち、禅宗に先んじて——、宋直伝の文化や唐物に満ちた異国的＝南宋式の

図1　泉涌寺勧縁疏（京都・泉涌寺蔵）

寺院であったといえよう。したがって、「泉涌寺で仏教思想を学ぶ（泉涌寺に参学する）」ということは、「南宋仏教式の寺院生活を擬似的に行いながら学ぶ」「唐物に触れる」ことを内包していたことになる。以下、「参学」と表記する際には、かかる点を踏まえた意味で用いる。

泉涌寺には、栄西門下僧・貞慶門下僧・法然門下僧・南都僧・天台僧・真言僧などの「客僧」「他所之僧（他門僧）」たちも「参学」している。さらには、泉涌寺僧――その一部は入宋経験あり――が寺外で講義を行う際も、泉涌寺での実践や作法をもとに講義しており、寺外において泉涌寺僧から学ぶことも、南宋仏教式の寺院生活や作法を擬似体験したことを意味する。(7)

かかる南宋仏教式寺院の伽藍・僧制・儀礼・生活・習慣・宋音・文化などが、同時代の律・天台・浄土・真言系の寺院社会に展開していくことに留意すれば、泉涌寺僧たちと同様に、客僧や他門僧たちも南宋仏教式の寺院生活の担い手と考えなければならない。

二、寺院生活における日常品としての唐物

鎌倉時代の天台僧で「備中松山沙門」の元休が、「然ルニ則チ、布薩ノ行儀、霊（雲）堂ノ作法、庫院東司之資具、寮舎浴室之調度ニ及フハ、泉涌ノ遺風ニ学フ」、「十仏名ノ槌ノ打処、食訖偈、下鐘等」の作法や所作は「泉涌之法水ヲ浴シ」(8)と述べるのは、泉涌寺流の南宋仏教式寺院生活のひろがりを象徴的に示す事例である。

つまり、泉涌寺僧や客僧が寺外で活動することで、かれらの拠点寺院（堂宇）も宋式（宋風）に造営（改築）され、そこで使用される「資具」「調度」も中国的な文物、すなわち、唐物やその模倣品（宋風・宋様式の文物）が用いられたと考えられる。

（一）坐具と香合

たとえば、「雲堂ノ作法」とは、毎日の坐禅や食事時に僧が行う作法である。すでに、泉涌寺雲堂（僧堂）である「清

雲堂」の堂宇空間（**図2**）や「十仏名ノ槌ノ打処、食訖偈、下鐘等」の作法が、南宋江南地域の律・天台・禅の諸寺院と共通すること、そしてそれは、入宋僧で「禅僧」の道元が『赴粥飯法《ふしゅくはんぽう》』で述べ、門下僧が実践していた作法とも共通することを論じた。(9)このため、唐物を用いた「雲堂ノ作法」の視点から、僧の姿や資具に関して述べることにする。

まず、食事時には「其威儀ヲ具シテ（身なりを整えて）」出仕しなければならないが、泉涌寺では日常生活で着す僧の服制に規定が設けられている。泉涌寺の儀礼次第書『南山北義

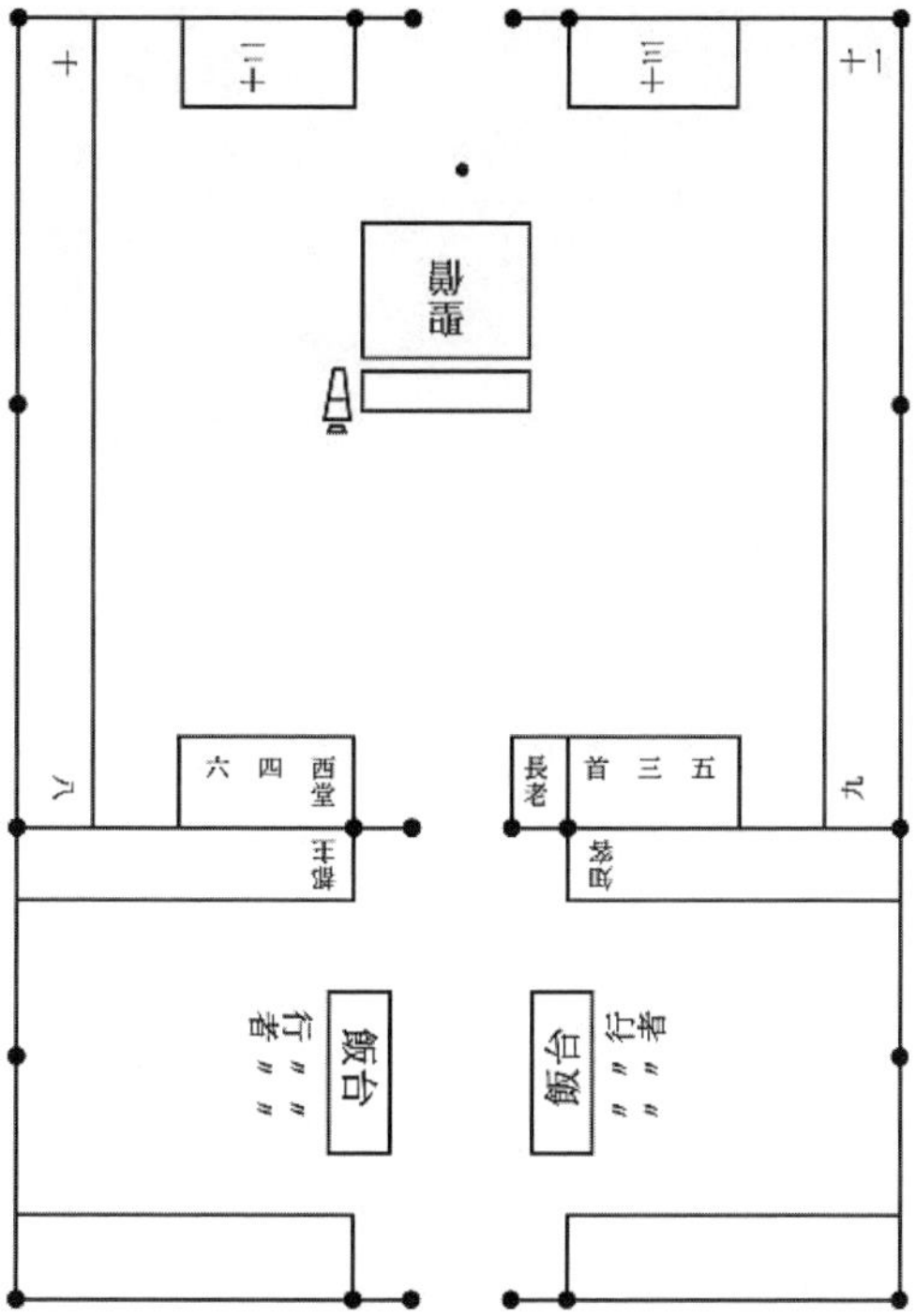

図2　泉涌寺僧堂、『泉涌寺僧堂浄式』（広島・浄土寺蔵）

見聞私記』(10)には、

随テ二其時節ニ一或ハ襖《アウ》并ニ唐小袖〈自二十月朔朝一至テ二翌年三月晦日ニ一用之。但於二唐小袖ニ一者襖ノ下ニ重子テモ着シ又各別ニモ著ス。所詮ニ在リ人ノ意ニ一〉。或ハ衫〈自二四月朔朝一至マテ二同九月晦日ニ一用之〉。又唐袴著レス之〈古ハ夏ハ布。冬ハ絹也。近代ハ夏冬共用レ絹ヲ〉。又著履襪ヲ一〈但随レ時ニ用二襪許ヲ一事有レ之〉。又持坐具一〈懸左ノ臂一也〉香合〈但方丈ハ或時他人役レ之。或時自モ持之。仍不定也。於堂僧自夾ミ二左脇ニ一。若令レ懐ニ二中セ之ヲ一也〉。又持レ扇〈故実云。著ニハ二倚子ニ一唐打輪着礼盤ニ一。日本扇最以令相応一云云。其外ノ出仕ニハ共ニ以在二人心ニ一。但泉涌寺ニハ四分布薩共以不レ許レ扇者也〉。又持念珠一事。唐様之出仕ニハ大旨不レ許レ之。(11)

と、ある。つまり、泉涌寺に「参学」する際には、僧は襖・唐小袖・衫・唐袴・履・襪《しとうず》を着すことが義務づけられ、さらに坐具・香合・扇・念珠なども準備しなければならない、ということである。とりわけ、坐具・香合は、寺院の日常生活における一連の所作に必要な資具である。僧は入寺当日の「礼間」で泉涌寺長老と対面する際に、自身の坐具や香合を用いて礼拝作法を行わなければならない。(12)

坐具は、南宋の寺院においてもさまざまな礼拝時[13]に用いられており（**図3**）、泉涌寺では僧食時にも使用された。僧は長床の自席に着座する際に坐具を敷くが、その敷様は「床頭《カハチ》ヨリ五六寸許リ垂レ下シテ之ヲ敷ク」と規定されている。[14]また、泉涌寺で若手僧を教導する立場にあった、源智《げんち》（?～一二八五～一三三二頃）の『教誡儀鈔《きょうかいぎしょう》』にも僧堂に入ると「各々先張坐具、礼収坐具」[15]とあり、さらには、日課として「初後夜二時」（四時間）の坐禅が義務[16]づけられていたように、坐禅時にも坐具は使用されていた可能性はある。入宋僧たちは帰国後も宋地で使用していた坐具を用いていたことであろう。ただし、泉涌寺流では、僧が亡くなると、坐具は他僧に分配される所有品の一つでもあるため[17]、南宋・鎌倉時代の坐具の古例にはめぐまれていない。

香合も必須の資具である。衆僧各人が諸堂に入る際に堂宇本尊や聖僧像などに対して合掌・礼拝などの所作をなした後、「香合ヲ取リ出シ」焼香を行わなければならない。[18]僧堂での食作法においては、泉涌寺長老（住持）が代表して聖僧像に行う。[19]その様は、大徳寺伝来・五百羅漢図中の焼香場面（**図4**）が参考になる。なお、同図後列の羅漢の持つ、長く折り畳んだ黒布が坐具である。この後、**図3**のように、坐具を敷いて礼拝するのであろう。

南宋・元代における唐物としての香合は「ぐりぐり（屈輪）」紋様が特徴で、口径が大きい堆朱・堆黒などの彫漆香合が禅院中心に伝来しており、それらは法会中の導師が儀礼所作を行う際に使用、または恒常的な堂宇本尊（仏像や聖僧像など）前の卓上に置かれていたものと考えられる。その

図3　雲中示現（五百羅漢図）（米国・ボストン美術館蔵）

図4　石塔供養（五百羅漢図）（米国・ボストン美術館蔵）

一方で、口径が五～一〇センチ程度――いわゆる、掌サイズ――の香合（南宋代）も数例（**図5**）ほど伝存する。[20]かかる小型香合こそ個人所有の唐物といえ、上述のような宋式寺院生活や仏道実践において使用されたものといえる。

今日、「鎌倉彫」などと称される「ぐり」を多用する技法の合子（香合）は、かかる唐物香合の代価品・模倣品として鎌倉時代頃に製作が開始されたと考えられている。こうした代価・模倣が行われる背景は「禅僧趣味」「唐物嗜好」ではなく、[21]まずは上述の宋式仏教の寺院生活や仏道実践に必須の――「参学」段階で個々に準備しなければならない――資具であるため、工人が僧たちの需要に応え、試行錯誤して製作したと考えるべきである。

このように、宋式の「雲堂ノ作法」には、かならず坐具や香合を必要とした。宋式の正しい寺院生活を実践するには、資具も中国式（宋様式）のものを揃える必要があったわけである。泉涌寺僧のすべてが唐物の坐具や香合を用意できたわけではないだろうが、入宋経験ある僧は宋地以来の坐具や香合を使用していたことであろう。

（2）給仕用の漆器、食後の喫茶

元休が述べる「庫院東司之資具」とは、台所やトイレの用具も唐物（宋様式）となったことを意味する。

僧用の食事として、庫院では飯（粥）・汁（吸物、羹《あつもの》）・菜・香物が調理された。調理後は、それぞれを食盒《しょくごう》や桶に入れて僧堂に運び、上述**図2**の「飯台」に置く。「飯台」は、南宋律院の僧堂（『律苑事規』）や禅院霊隠寺僧堂（『五山十刹図』、石川・大乗寺）でも設置されており、泉涌寺僧堂（清雲

図5　香合、南宋

図6　展鉢（五百羅漢図）（京都・大徳寺蔵）

図7　慕帰絵（京都・西本願寺蔵）

堂）が南宋諸寺院と同様の空間として機能していたことがわかる。

これら僧堂空間および飯台・食盒・桶などを視覚的に示すのが、五百羅漢図の「展鉢」である（図6）[22]。本図上方には、鬼たちが大きな朱漆の食盒を担いでおり、庫院から運ぶ様子を暗示していよう。また、下方では、行者が飯台に給仕用桶などの漆器類を運び込んでいる。泉涌寺では衆僧に食事を知らせる鐘や鼓を鳴らすと同時に、食べものを盒に入れて庫院から僧堂に運び入れたようである[23]。図6は、まさに衆僧が着座して食事の準備をしている最中に、食事を運び入れる様を描いている。

南宋諸寺院や泉涌寺流では、基本的に食前の作法——長老の礼拝焼香、つづけて衆僧の諸儀礼——後に、行者が食べものを桶に入れ替えて、衆僧に給仕を行う。一方で、日本中世の顕密系寺院では、台所で食べものを椀や小皿に分けて配膳するのが主流であり（図7）、盒や桶を用いないことに注意すれば、まさに羅漢図中の食盒や桶は宋文化としての「庫院之資具」といえ、入宋僧らによって——じっさいの唐物、もしくは使用法などが——伝来していた可能性が高い。

というのも、「菜桶廿四口之内／法華寺常住／徳治二年（一三〇七）七月日」銘の根来塗菜桶《ねごろぬりなおけ》（文化庁〈図8〉）が現存

図8　根来塗菜桶（文化庁）

図9　飯僧（五百羅漢図）（京都・大徳寺蔵）

しているからである。[24] 本形状の漆器を「菜桶」とするならば、**図6**の地に置かれた桶も菜桶と判断してよかろう。この菜桶の形状および口径が三三センチであることから、「飯僧」（**図9**）のように食事の際の給仕に使用していたのであろう。なお、本例に関連して、東大寺「戒壇院／十之内」のひとつで「大永二（一三九五）」に「新調」した銘の菜桶も伝存する。[25] つまり、応永二年以前段階で、戒壇院でも唐物を模倣した菜桶を給仕に使用したと考えてよい。おそらく、同院主円照《えんしょう》（一二二〇～七七）が康元元年（一二五六）に規定した、正月三日間に行う僧食（『円照上人行状』上）において、[26] 菜桶は使用されていたのであろう。

周知のとおり、法華寺は叡尊《えいそん》（一二〇一～九〇）の戒律復興に連動して中興する。[27] しかし、叡尊の戒律復興運動は、泉涌寺三世長老定舜《じょうしゅん》（?～一二四四／五）から教導を受けた宋代戒律の儀礼と文化にもとづくことがあきらかとなっている。叡尊が実践した「如法」の僧食・安居・自恣・布薩・結界などの諸儀礼とその所作、そこで用いる仏具・資具などは、泉涌寺流の影響下で実践・製作されたのである。また、鎌倉時代の戒壇院の再興も、同様に泉涌寺流の影響によることから、筆者は、南都戒律復興は、諸寺院の「律院化」ではなく「宋風（寺院）化」して再興されたと考えている。[28] つまり、上述の法華寺・戒壇院における菜桶の製作（模造）は、両寺の「宋風化」、すなわち「泉涌ノ遺風」「泉涌之法水」の実例としても注目されるものである。

泉涌寺では、食後に必ず「茶礼」にもとづき喫茶を行う。[29] 喫茶に必要なものは、「茶器〈在台居盤〉。茶〈納茶筒〉。茶瓢。茶筅。湯瓶〈入ㇾ湯〉」とあり、日常的に抹茶を飲んでいたとみてよかろう。南宋諸寺院でも日常的に行われていたことは、上述「飯僧」（図9）上方の茶道具の存在をはじめ、宋元代の喫茶文化や清規類から理解できる。[30]「参学」人数にもよるが、宋様式の生活文化にもとづく寺院では、毎日消費される茶や人数分の喫茶用茶器（茶碗）が必要となる。

鎌倉時代において、俊芿や泉涌寺僧が実践した宋文化を直接的間接的に受容した諸寺院で茶栽培（京都・高山寺、神奈川・称名寺、同・極楽寺など[31]）が行われるのも、僧食後の喫茶や諸儀礼における供茶（後述）などの恒常的な茶葉の消費をまかなう必要から行われたのであろう。[32]また、金沢文庫古文書の喫茶資料や同文庫（称名寺境内）の青磁・白磁碗の出土

図10　韋駄天立像（京都・泉涌寺蔵）

例[33]、韓国新安の沈船にみられる大量の青磁碗（茶碗）類――発見時の状況からは高級品というものではない[34]――輸入の痕跡は、寺社を支えた支持者層の指示で宋地から船載されたものと考えられるが、それらは威信財というよりも、流通品や日用品といった印象をもつ。

これらの唐物の一部は、寺院の日常で使用されていたとすれば、宋代仏教文化としての喫茶の定着と関係していよう。

三、儀礼本尊・供養具としての唐物

泉涌寺には、俊芿と門弟請来の仏像・仏画の一部が伝来している。本稿では、韋駄天《いだてん》立像と祖師肖像画の事例を紹介する。

韋駄天立像（図10）は、寛喜二年（一二三〇）頃に請来されたものと考えられる。俊芿の伽藍計画書『殿堂房寮色目』（一二二〇年）では、仏法擁護の大将で護持律範の願いがあり、戒律護持の衆僧が毎月二日間消災陀羅尼を諷誦すると除障安寧が得られるとする。じっさい、毎月三日と十七日の僧食後の「韋駄天諷経」――焼香を行い、大悲呪と観音名号を唱えながらの行道（唐折）儀礼を行う――や、結夏《けつげ》などの年課儀礼での諷誦が義務づけられており、泉涌寺僧は本像に対してかかる儀式を実践していたとみてよい。[35]

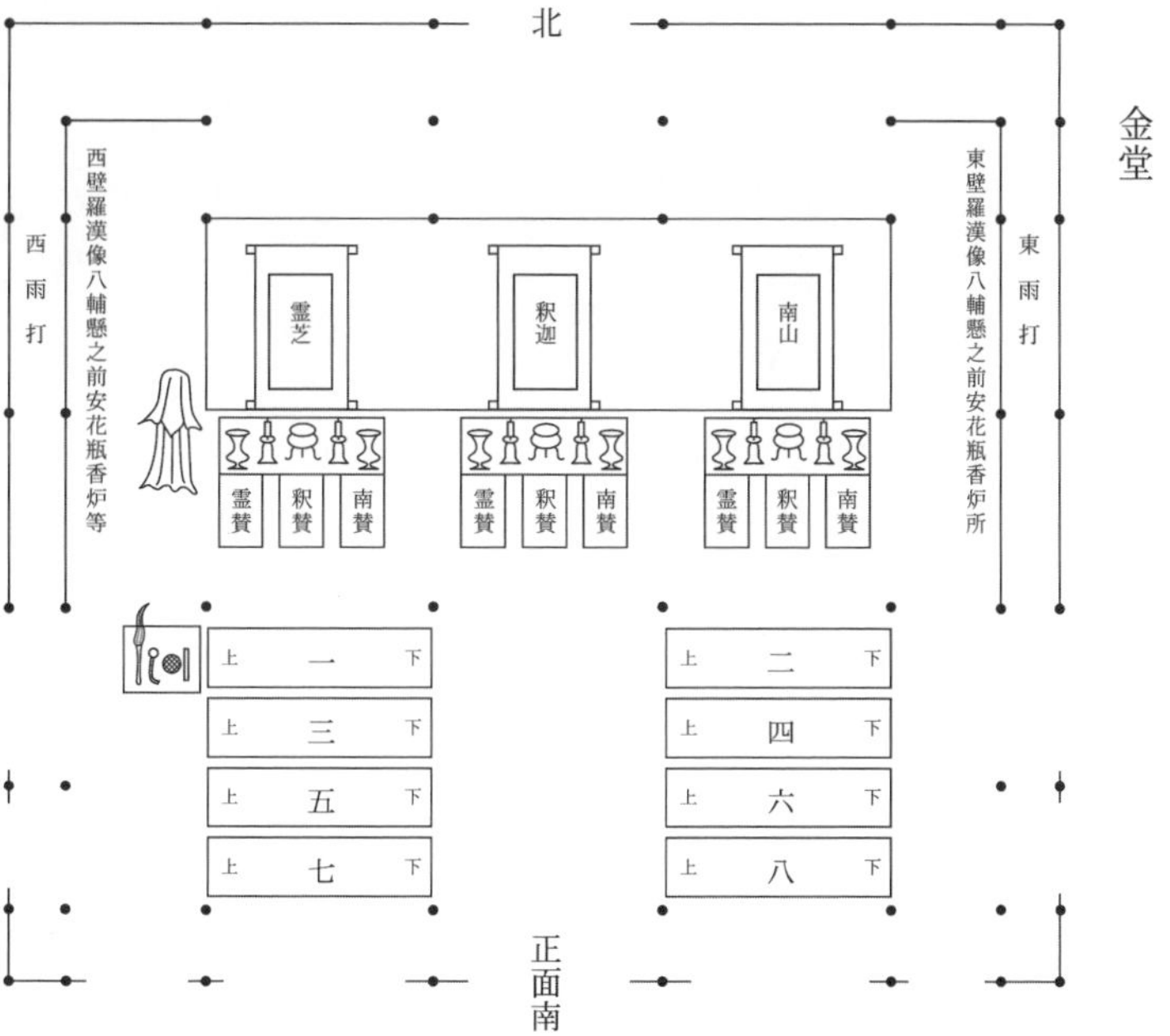

図11　結夏道場図、『南山北義見聞私記』（京都・泉涌寺蔵）

こうした礼拝対象としての仏像（祖師像）・仏画（肖像画）前には、かならず打敷や水引等で飾られた「卓」、その上の「左右ニ花瓶〈立花〉ヲ安シ、又卓ノ左右ニ蠟燭〈台有リ〉ヲ立ツルコト」「（像の）正面之中ノ端ニ香炉ヲ置ク」こと、つまり花瓶・燭台・香炉の五具足を設置することが規定されている[36]。泉涌寺流の結夏儀礼（図11）では、本尊の釈迦三尊・南山（道宣）・霊芝（元照）および東西壁面懸用の十六羅漢図前に、五具足を設置していたことがわかる。俊芿請来の「釈迦三尊」「道宣律師像・元照律師」（図12ａｂ）「十六羅漢」の前それぞれに、五具足が設置されたことになる。すでに指摘されているように、かかる宋代仏教の儀礼や文化を受

図12a　道宣律師像（京都・泉涌寺蔵）

図12b　元照律師像（京都・泉涌寺蔵）

図13　墨禅堂（龍眠山荘図）（北京・故宮博物院蔵）

容する諸寺院では、五具足が堂宇常設の唐物として存在していることからも、[37]泉涌寺流でも多くは唐物を用いていたことであろう。上述の韋駄天立像前にも設置されていたと思われる。

かかる五具足――あるいは、香炉・花瓶（もしくは蠟燭）のみの三具足――は南宋諸寺院でも同様に機能していたことは知られるが、[38]李公麟《りこうりん》（一〇四九～一一〇六）「龍眠山荘図」中（宋代模本）の「墨禅堂」（**図13**）[39]にみられるように、居士の邸宅においても同様に機能していたことは注目しておきたい。李公麟の暮らす山荘の一つ（墨禅堂）で、二人の士大夫が写経を行っている。堂宇中央には釈迦如来坐像（仏画）を安置し、卓上には香炉・花瓶・水瓶（浄瓶）の五具足が設置されている。前庭の生飯《サバ》台では二羽の鳥が食事をついばんでおり、士大夫は写経前に僧食にもとづく生飯儀礼を行っていたとみられる。堂宇前の雲版の存在を踏まえても、かれらの山荘生活は、僧侶が実践する寺院生活に近い環境にあった。[40]本図は、宋代士大夫層（在家者・居士）の仏道実践における仏具・資具の機能を視覚化した貴重な事例といえよう。

さて、祖師の忌日儀礼では五具足にくわえて、香炉の「左右、茶〈左方〉薬〈右方〉之様ニ置クベシ」（**図14**）とある。それは、儀礼中に承仕が抹茶の入った茶器および湯瓶と茶筅で「茶ヲ立テ、」、方丈（住持・長老）に渡したもので、方丈が「影像」に対して「極真ニ両手ニ捧ケ、低頭曲躬シテ、奉献之相ヲ作シテ」卓上に奉安したものである。(41)

泉涌寺で用いた「茶器〈在台居盤〉」の事例を踏まえれば、こうした祖師像に供された茶器の存在は、たとえば、神奈川・円覚寺開山で渡来僧の無学祖元《むがくそげん》（一二二六～八六）の「真」前に安置されていたと伝わる唐物の鋺・托・盤（図15）の宗教的機能を想起させるものであろう。(42) 泉涌寺歴代祖師を安置する祖師堂の諸祖師像や俊芿坐像、さらには泉涌寺ゆかりの中国祖師忌で懸用される「真」前にも同様の五具足と茶器が安置されていたはずである。(43) 唐物の茶器は喫茶用だけでなく、日々の儀礼時の供茶としても用いられたと考えなければならない。

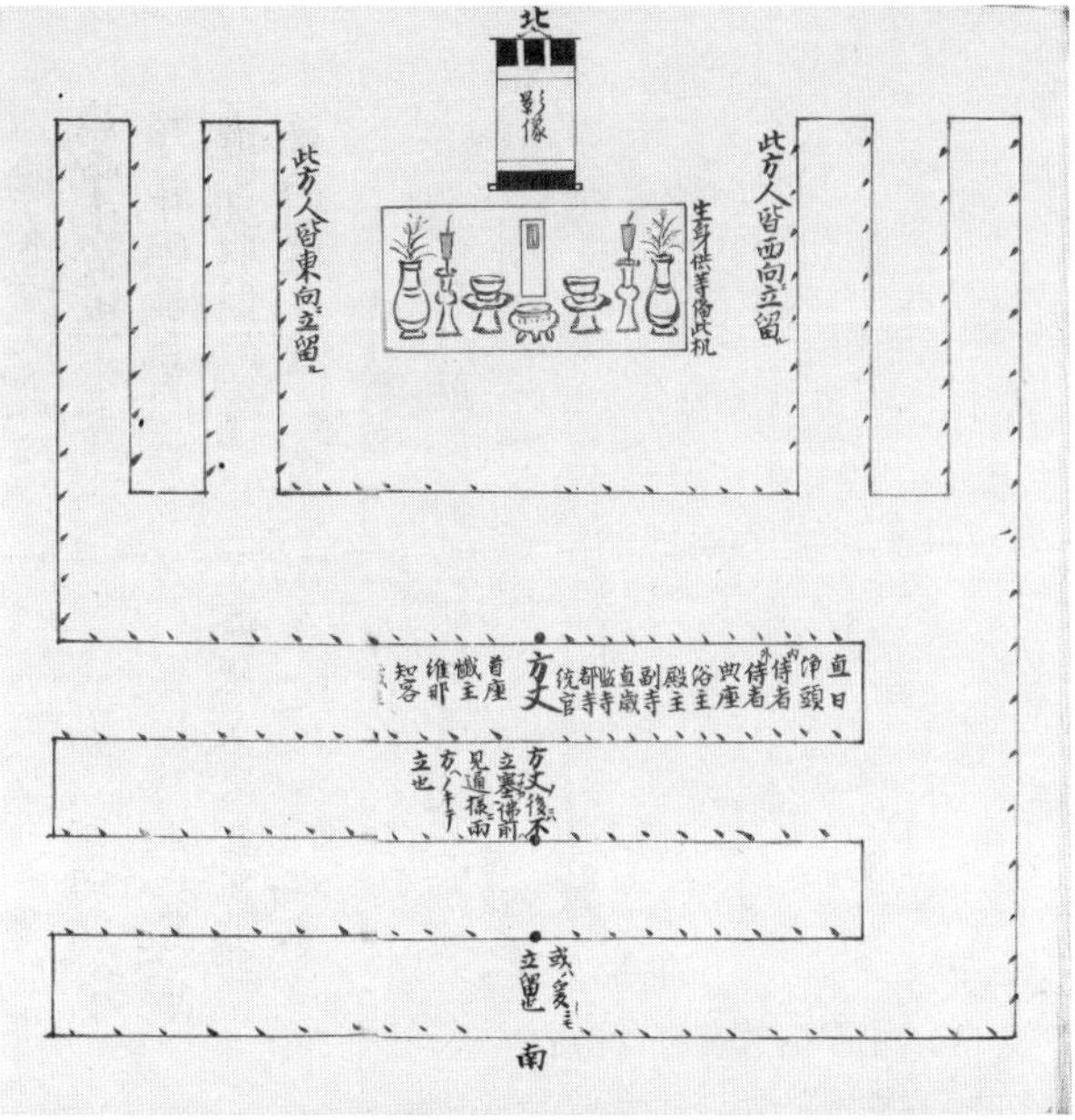

図14　祖師忌道場図、『南山北義見聞私記』冬巻（奈良・唐招提寺蔵）

図15　響銅鋺・朱漆托・盆（神奈川・円覚寺蔵）

宋式の祖師儀礼に着目すれば、その儀礼本尊たる祖師画像にも注目しなければならない。祖師肖像画は、法の正統を証明するものとして師から送られることもあるため、宗教的な威信財といえるが、公的に披露されなければそれほど意味を持たない。入院や祖師忌などの諸儀礼で懸用し讃仰することで、内外に発信できたことも踏まえる必要があろう。(44)

俊芿周辺には、上述の道宣・元照律師像や「北峯和尚ノ真影」[45]が所蔵されていたが、道宣・元照律師の姿は、椅子《イス》――イスは宋音――に坐す肖像画である（図12）。かつて、鎌倉時代以降に類例が確認される、非入宋僧である叡尊や忍性などの「椅子に坐す祖師像」の存在、そしてじっさいに「僧が椅子に坐す」行為は宋文化を受容した証左となることを論じたように、これらのひろがりもまた、泉涌寺流に「参学」した僧たちが如法の寺院生活や儀礼を行うために、唐物とその文化を模倣したと考えなければならない[46]。

とりわけ、かかる椅子文化を含む宋代仏教を受容した、叡尊流寺院・唐招提寺・東大寺戒壇院などの南都諸寺院に俊芿請来の道宣律師像（図12a）の模本が伝来することや、天台僧興円・慧鎮《えちん》流の元応寺（京都市）の儀礼書のなかに「南山」（道宣のこと）画像の存在が認められることも、結夏や祖師忌儀礼の実践のために模写がなされたことを意味しよう。

おわりに

以上、泉涌寺における唐物受容の事例から、鎌倉時代の唐物研究において等閑視されていた仏像・仏画・仏具・資具などが寺院空間でどのような役割を果たしていたのかを述べてきた。

すなわち、それらは、宋式の仏道実践に必須の儀礼本尊として、また、宋式の寺院生活で使用する日常品・資具として機能していた。そして、鎌倉時代の諸寺院に所蔵された唐物やそれを模倣・模造した文物もまた、泉涌寺流の影響を受けて、同様の機能を有していたということもあきらかとなった。俊芿・泉涌寺僧――さらには、多くの入宋僧――たちは、唐物としての仏教文物を携帯して帰国したが、それらの多くは、まずは宋地寺院の儀礼や仏道、生活習慣を実践するために請来したと考えなければならない。

泉涌寺は、そうした宋代仏教の生活習慣や儀礼を鎌倉時代初期に導入し、中世寺院社会に宋風文化を根付かせる礎を築いた寺院の一つといえる。かかる唐物を用いる文化に触れた客僧や他門僧は、自身が継承する仏法の如法性の証明・確保のために唐物とそれを用いる儀礼や文化を模倣したことになる。他方では、本来、如法の寺院生活や仏道実践のためにもたらされた唐物とその文化が、檀越として寺院と関係をもった公武貴顕[47]によって寺外に持ち出され、寺院での使用法とは異なる新たな意味を創出し、中世在俗社会における唐物嗜好や諸芸（茶道、花道ほか）として、社会的・政治的・文化的地位を獲得していく。

このように、鎌倉時代の寺院社会とその周辺部における唐物を用いた宋文化の定着と展開は、次代の新たな「和」と

「漢」の文化やその関係性を形成させる前史としても重要な事象として評価できるであろう。

図版出典

図1、**10**、**12a・b**＝泉涌寺提供、**図2**、**11**＝注4『南宋・鎌倉仏教文化史論』、**図3**、**4**、**6**、**9**＝注38『大徳寺伝来五百羅漢図』、**図5**＝注20『鎌倉時代の喫茶文化』、**図7**＝文化遺産オンライン、**図8**＝『親鸞展　生涯とゆかりの名宝』（京都市美術館、二〇一一年）、**図13**＝注39 *Painting and Private Life in Eleventh-Century China*、**図14**＝注11拙稿、**図15**＝注42『鎌倉円覚寺の名宝』

注

（1）　日本史学・禅宗史学における「禅」研究の成果を踏まえた、喫茶文化史（古田紹欽「入宋僧と茶」、今枝愛真「茶礼と清規」『茶道聚錦　二　茶の湯の成立』小学館、一九八四年）や生活文化史（小泉和子『室内と家具の歴史』中公文庫、一九九五年）はその典型的な研究といえる。近年、喫茶に関しては、かかる視点から脱却を図る論考（芳澤元「栂尾茶・醍醐茶の評判」『中世日本の茶と文化』勉誠出版、二〇二〇年）や展覧会図録（『中世東国の茶』神奈川県立歴史博物館、二〇一五年、『仏教儀礼と茶』茶道資料館、二〇一七年）も多数刊行されて一部の研究者の間では共有されつつあるが、旧来のイメージは根強く残るように思われる。生活文化史の再検討は、後述の拙稿を参照されたい。

（2）　島尾新「会所と唐物――室町時代前期の権力表象装置とその機能」（『中世の文化と場』、都市・建築・歴史四、東京大学出版会、二〇〇六年）、原田正俊「室町殿の室礼・唐物と禅宗」（『日本仏教綜合研究』九、二〇一一年）、ほか。

（3）　拙稿「承久の乱前後の宋文化のひろがりと京洛東山――俊芿の宗教活動に着目して」（『よみがえる承久の乱』京都文化博物館、二〇二一年）。また、南宋代の墨跡や勧進疏など「文字」「文章」のもつ文化史的・宗教社会史的意義については、塚本麿充「無準師範と弟子たちの文物ネットワーク――墨蹟・頂相・拓本の流通」（『アジア仏教美術論集　東アジアⅣ（南宋・大理・金）』中央公論美術出版、二〇二〇年）を参照。

（4）　拙稿「泉涌寺開山への諸相」（拙著『南宋・鎌倉仏教文化史論』勉誠出版、二〇一八年）、同「鎌倉期東山における宋式寺院という「場」」（『地方史研究』四〇〇、二〇一九年）。

（5）　前掲注3拙稿、同「北条時頼の臨終儀礼再考」（『ことば・ほとけ・図像の交響』勉誠出版、二〇二一年）では、徳大寺公継（一一七五〜一二二七）が、俊芿から朱子学や宋代浄土の往生作法を学び、宋文化を受容し実践したことを論じている。

（6）　信瑞「泉涌寺不可記法師伝」（前掲注4拙著、五四五頁）。

（7）　拙稿「南宋仏教からみた鎌倉期戒律復興運動の諸相」（『唐招提寺の伝統と戒律』法藏館、二〇一九年）、同「鎌倉期戒律復興の実像――泉涌寺僧が果たした役割」（『説話文学研究』五五、二〇二〇年）、泉涌寺僧源智「教誡儀鈔」（『金沢文庫資料全書』五、一九八一年）。

（8）　「徹底章」（『増補改訂　日本大蔵経』六九、二四七上）。

（9）　拙稿「大徳寺伝来五百羅漢図から復元される僧院生活」（『大徳寺伝来五百羅漢図の作品誌』九州大学、二〇一九年）、同「五百羅漢図から読み解く僧の出家生活」（『ブッダのお弟子さん』龍谷ミュージアム、二〇二〇年）、同「五百羅漢図から読み解く僧の出家生活　2」（『ブッダのお弟子さん別冊』龍谷ミュージアム、二〇二二年）。これらの論考では、南宋・元代江南地域製作の羅漢図を用いて南宋・鎌倉時代の寺院生活を視覚的に復元できることを論じている。本稿も同様の視点から羅漢図を用いる。なお、泉涌寺流諸寺院の食事作法時の号令や合図にも用いられた響板・雲版などに関しては、大塚紀弘「鎌倉南北朝期の雲版と禅院・律院」（『日本宗教文化史研究』四八、二〇二〇年）を参照。

(10)『南山北義見聞私記』（以下、『私記』と略称する）の成立・内容に関しては、拙稿「南宋律院請来の威儀・法式・法会次第の受容と泉涌寺流の展開」（前掲注4拙著）を参照。

(11)『私記』「序章」（拙稿「唐招提寺蔵『南山北義見聞私記』の諸問題――附・翻刻」『凝然教学の形成と展開』法藏館、二〇二一年）三八八～三八九頁。

(12)『私記』「投下章第一」（前掲注11、三九五～三九六頁）。なお、対面儀礼において、椅子への着座や喫茶などの宋文化も経験する。後注32を参照。

(13)『私記』「序章」、一令焼香礼拝作法、一令敷坐具作法（前掲注11、三九〇～三九一頁）ほか。

(14)『私記』「二時食章第二」（前掲注11、四〇二頁）。

(15)「教誡儀鈔」（前掲注7『金沢文庫資料全書』五、二二五頁）。本書は、俊芿以下の歴代長老が講義してきた道宣『教誡新学比丘行護律儀』の内容を聴講した源智が、泉涌寺で講義を行う際にテキスト化したものである（納富常天「教誡儀鈔」、前掲注7『金沢文庫資料全書』五、二二五頁）。

(16)俊芿「清衆規式」（『鎌倉仏教成立の研究　俊芿律師』法藏館、一九七二年、三九一頁）、『私記』「年中行事章第二十」（前掲注11、四三三頁）。

(17)『私記』「分亡物章第二十六」（前掲注11、四五二頁）。坐具のほかは、三衣・鉢・針筒・盛衣・貯器である。

(18)『私記』「序章」（前掲注11、三八九～三九〇頁）。

(19)『私記』「二時食章第二」（前掲注11、四〇二～四〇三頁）。

(20)『鎌倉時代の喫茶文化』（茶道資料館、二〇〇八年）、三八～三九頁の作例を参照。

(21)郷家忠臣編『鎌倉彫』（日本の美術七〇、至文堂、一九七二年）、二三頁以下。ただし、郷家氏は、唐物香合や鎌倉彫香合の需要層を「禅家」に限定している（同書、四一頁）。

(22)前掲注9、10拙稿を参照。

(23)『私記』「二時食章第二」（前掲注11、四〇六頁以下）、『泉山僧堂浄式』（前掲注4拙著、七二九頁以下）。

(24)河田貞監修『漆塗「根来」――中世に咲いた華』（MIHO MUSEUM、株式会社目の眼、二〇一三年）二四六、三七八頁。本例に関しては、郷司泰仁氏（香雪美術館）のご教授による。

(25)前掲注24河田書、二三一、三七八頁。

(26)前掲注7拙稿（二〇一九年）、一六〇頁。

(27)大塚実忠「法華滅罪寺中興　聖恵房慈善」（『日本仏教』二八、一九六七年）。

(28)前掲注7、10拙稿、同「俊芿と宋代戒律の日本への影響――夏安居儀礼を中心に」（『鑑真和上と戒律のあゆみ』京都国立博物館、二〇二一年）。

(29)『私記』「侍者茶礼章第三」（前掲注11、四一一頁以下）。

(30)劉淑芬「『禅苑清規』にみる茶礼と湯礼」（『中国宗教文献研究』臨川書店、二〇〇七年）、米沢玲「大徳寺伝来五百羅漢図について――僧院生活の描写と『禅苑清規』」（『仏教芸術』創刊号、二〇一八年）。

(31)高橋秀栄「金沢文庫文書にみる茶の功能と用途」（『茶と金沢貞顕』金沢文庫、二〇〇五年）、橋本素子「平安・鎌倉の喫茶文化」（『講座　日本茶の湯全史――中世』思文閣出版、二〇一三年）、前掲注1芳澤論文などを参照。

（32）前掲注4拙稿（二〇一九年）、同「泉涌寺の「生身」羅漢」（『画期としての室町』勉誠出版、二〇一八年）。なお、泉涌寺における喫茶や茶礼の文化に関しては、拙稿「泉涌寺流の宋式僧院生活と実践――宋文化受容の一事例としての「茶」「花」」（「日本の伝統文化」を問い直す〈京都大学人文科学研究所共同研究、重田みち氏代表〉二〇二一年十二月十九日）で論じている。

（33）永井晋編『金沢文庫古文書喫茶関係編年資料集』（勉誠出版、二〇二〇年）、『金沢文庫遺跡』（神奈川県立埋蔵文化財センター調査報告一九、一九八八年）。

（34）岡内三眞「新安沈船を通じてみた東アジアの貿易」（『朝鮮史研究会論文集』二三、一九八六年）、*Discoveries from the SINAN Shipwreck*, National Museum of Korea（韓国語）, 2016, pp.146-151, 212.

（35）『私記』「年中行事章第二十」（前掲注11、四一〇、四三三頁）、『私記』「結夏章第八」（前掲注4書、六六一頁）、拙稿「韋駄天説話の源流と変容」（『宗教芸能としての能楽』勉誠出版、二〇二二年）。

（36）『私記』「諸祖忌諷経章第十七」（前掲注11、四三二頁）、ほか。なお、時代は下がるが、泉涌寺僧湛海請来の仏牙舎利に対して、足利義政の指示で舶来された中国製金襴で製作した打敷を奉納している例（『蔭涼軒日録』文明十八年十二月二十四日条）は、泉涌寺の宋代仏教文物（唐物）の荘厳法を知るうえで参考となろう。室町時代まで継承された泉涌寺の宋代仏教イメージに関しては、拙稿「〈舎利〉――泉涌寺との関わり」（『観世』三〇―一〇、二〇一八年）、前掲注32拙稿を参照。

（37）たとえば、神奈川・円覚寺塔頭の仏日庵財産目録である『仏日庵公物目録』（一三六三年）には「弥勒堂」「観音堂」に「青磁花瓶香呂一対」「古銅花瓶同香呂一対」などが常置されている（『唐物――中世鎌倉文化を彩る海の恩恵』金沢文庫、二〇一七年、四六頁）。

（38）久保智康「中世日本における倣古銅器の受用と模倣――唐物意識の内実」（『東アジアをめぐる金属工芸』勉誠出版、二〇一〇年）、『大徳寺伝来五百羅漢図』（思文閣出版、二〇一四年、作品番号一、三五）、『五山十刹図』（石川・大乗寺）の「観音大士」「径山寺海会堂図」「霊隠僧堂」（『大乗寺開山徹通義介禅寺関係資料集』春秋社、二〇〇八年、四四～四五、五三～五五頁）など。

（39）Harrist, Robert E. Jr. *Painting and Private Life in Eleventh-Century China: Mountain Villa by Li Gonglin*, New Jersey, Princeton University Press, 1998、塚本麿充「総論　北宋社会と仏教の美術――皇帝、士大夫と地域文化の躍動」（『アジア仏教美術論集　東アジアIII（五代・北宋・遼・西夏）』中央公論美術出版、二〇二一年）。

（40）北宋・南宋江南地域における生飯儀礼に関しては、前掲注9拙稿を参照。

（41）『私記』「諸祖忌諷経章第十七」（前掲注11、四三〇～四三一頁）。『私記』「礼文行儀章第十一」（前掲注4拙著、六八三頁）では、孟蘭盆会中に「仏」に対しても同様の作法で供茶を行う。なお、両儀礼ともに方丈が卓に置くのではなく、その左右に控える侍者が行う。

（42）唐物の朱漆托脚部裏面に「万年山真前」とある（竹内順一解説「68 響銅鋺（附　朱漆托・盆）」『鎌倉円覚寺の名宝』五島美術館、二〇〇六年）。この「真」はおそらくは彫像であり、その前に安置されたと考えられるが、年課の祖師忌儀礼時で用いられたとしても、違和感はなかろう。

(43)『私記』「年中行事章第二十」では、道宣・元照のほかに、廬山慧遠、天台智顗（前掲注11、四三三頁）の忌日儀礼がある。また、『泉涌寺諷誦類』によれば、俊芿の師である北峯宗印（天台）や如庵了宏（律）の祖師忌も実施されている（『続群書類従』二八下、一五、二二頁）。

(44) なお、宋請来の仏画（肖像画）や書画などの掛軸装幀に注目すれば、「紙と糊による裏打ちを伴う掛軸形式の表装」である「ひょうほえ」「ひょうほい」――いずれも宋音――という技術も伝わり、鎌倉時代以降の表装・表具文化に影響を及ぼしている。谷口耕生「日本中世の仏画の表装」（『日本の表装と修理』勉誠出版、二〇二〇年）を参照。

(45)「泉涌寺不可記法師伝」（前掲注4拙著、五四三頁）。

(46) 前掲注5、7拙稿、同「祖師像と宋代仏教儀礼――礼讃文儀礼を視座として」（前掲注3『アジア仏教美術論集　東アジアⅣ（南宋・大理・金）』）を参照。

(47) 上述の源智が武家の女房に対して、泉涌寺流寺院の覚園寺（神奈川）の宋式儀礼への「御ちゃうもん」を求める書状が残る。前掲注10拙稿を参照。

付記　本稿は、JSPS科学研究費補助金、19K3013（西谷）の研究成果の一部である。

〈唐物〉としての「方丈草庵」
――維摩詰・王玄策から鴨長明へ

荒木 浩

あらき・ひろし――国際日本文化研究センター教授・総合研究大学院大学教授。専門は日本古典文学。主な著書に『古典の中の地球儀』（NTT出版、二〇二二年）、『『今昔物語集』の成立と対外観』（思文閣人文叢書、二〇二一年）、編著に『〈キャラクター〉の大衆文化 伝承・芸能・世界』（前川志織、木場貴俊と共編、KADOKAWA、二〇二一年）などがある。

中世の無常と文学をめぐるキーワードの内実を問い直し、当時の時代状況の中においてみると、新たな視界が浮かび上がる。本稿では、「方丈」と「草庵」に着目し、玄奘の『大唐西域記』を承けて誌された、王玄策の維摩宅実測情報の意味に注目する。その上で、およそ対外観とは無縁に見える鴨長明へと至る「方丈草庵」の受容史をたどり、その〈唐物〉性とオリジナリティをめぐって、考察を及ぼす。

一、漢語としての「草庵」

「草庵！ 世界の文化史上にも特異な、このつつましいわが中世の修道場」。かつて石田吉貞は『中世の草庵文学』[(1)]の本論をこう始発した。後年、石田は『隠者の文学――苦悶する美』[(2)]を書き下ろし、その代表として、西行、長明、兼好を並べている。そして「西行は茫々たる大千世界のなかに住み、大千世界の意味をその草庵に集約しようとしたが、長明の隠遁はあくまで自己の世界のなかに限定され、その自己の離脱のもつ意味のすべてを、その草庵のなかに集約しようとした」と西行と長明を比べ、その対極を描き出した。

だが、この説得的な言説の先に、「草庵」が日本の中世に独自の表現であるかのごとき印象を抱いたとしたら、それは誤りだ。「草庵」は純然たる「漢語」である。辞書によれば、『神仙伝』や『顔氏家訓』に用例がある[(3)]。

仏典では、たとえば羅什訳『妙法蓮華経』信解品第四の偈に「示其金銀 真珠頗梨 諸物出入 皆使令知 猶処門

外　止宿草庵」（岩波文庫）と見える。「法華七喩」の長者窮《ぐう》子《じ》の喩えで、傍線部は、長者の子であることに気付かぬ窮子が、長者邸宅門外に住んだ貧しく粗末な小家を表す。この一節は『発心和歌集』二八番歌の題となり、同歌はのちに「止宿草庵」のみを歌題として、勅撰集『続拾遺和歌集』に採られている（新編国歌大観他）。天台大師智顗説・灌頂記『妙法蓮華経玄義』（五九三年成立）の「法華私記縁起」には、この「信解品の」「譬喩に基づき(4)」、「…是以先標二妙法一、次喩二蓮華一。蕩二化城之執教一、廃二草庵之滞情一。開二方便之権門一、示二真実之妙理一。会二衆善之小行一帰二広大之一乗一、上中下根皆与二記莂一(5)」とある。ここに説く「草菴の滞情は、小果を極と為す小乗の人の迷情」の意である（国訳一切経脚注）。後掲する『方丈記』最終段の用法を想起させるような文脈で用いられている。

二、「方丈」の成立

この「草庵」と代名詞のように隣接し、鴨長明が愛着した語が「方丈」である。維摩詰の居所に由来するといわれるが、「「方丈」の語がなまな訳語として維摩経の上に出ているものではないことは注意すべく(6)」と指摘されるように、『維摩経』（日本では、羅什訳『維摩詰所説経』が用いられた）には見えない語である。同経は「序品」に相当する仏国品第一の後、「以二方便一現二身有一レ疾。以二其疾一故、国王・大臣・長者・居士・婆羅門及諸王幷余無数仙人、皆往二問疾一」という、維摩の仮病と問疾（＝病の見舞い）が描かれる（方便品第二）。釈迦が諸弟子に問疾を命ずるが、誰も受けず（弟子品第三）、菩薩も受けない（菩薩品第四）。「五百の声聞・八千の菩薩に命ずと雖も、各昔日の受屈を陳べて皆辞して堪へずと曰ひ」、誰一人として行かないので「問疾を成ぜず」。ようやく「文殊に至りて、旨を奉じて即ち方丈に就き、正しく仏意を陳べて方に問疾を成ず」（伝聖徳太子撰『維摩経義疏(7)』、文殊師利問疾品第五）と続く。

文殊の問疾を知って、「衆中諸菩薩、大弟子、釈、梵、四天王等」は「今二大士、文殊師利、維摩詰共談、必説二妙法一」と考え、「八千菩薩、五百声聞、百千天人」が皆付き従って文殊を取り囲み、維摩の住む毘耶離大城に入る。維摩はそれを事前に知り、「室内」を「一床」のみの「空」にして、彼等を待った。

爾時長者維摩詰心念、「今文殊師利与二大衆一倶来」。即以二神力一空二其室内一、除二去所有及諸侍者一、唯置二一床一、以レ疾而臥。

維摩と文殊との問答を聞き、文殊師利が率いた「大衆、其中八千天子」は、みな「阿耨多羅三藐三菩提心」を発したという（以上、文殊師利問疾品第五）。

「此室中」には「床座」がない。「諸菩薩大弟子衆」はどこに「坐」すればいいのかと舎利弗が思い、それを察した維摩と論義になる。その後で、維摩が文殊に「何れの処にか妙高座ある」（聖徳太子『義疏』）と問うと、文殊は、それは「須弥相」という世界にあり、「須弥灯王」という仏がいると応え、次の場面となる。

於レ是長者維摩詰現二神通力一。即時彼仏遣二三万二千師子座高広厳浄一、来二入維摩詰室一。諸菩薩、大弟子、釈、梵、四天王等、昔所レ未レ見。其室広博、悉皆包二容三万二千師子座一、無レ所二妨礙一。於二毘耶離城及閻浮提四天下一、亦不二迫迮一、悉見レ如レ故。（『維摩詰所説経』不思議品第六）

維摩は神通力を現じ、「彼仏」＝「須弥灯王」が三万二千の師子座を遣わした。「維摩詰室」は、それをすべて「包容」して「広博」となったが、何の妨げもない。この世も毘耶離城も窮屈になることなく、もとのままに見えた、という。維摩の居所は「室」とのみ書かれている。

この「室」が「方丈」と明記されるのは、注釈においてである。たとえば中国の天台教学において、右は「彼仏遣座三万二千入於方丈小室能容不迫迮者。住不思議神力故能爾也」（湛然『維摩経略疏』二十三、不思議品、広徳二年〈七六四〉）と注解される。これは六世紀末の天台大師智顗『維摩経文疏』に遡及する注説だ(8)。吉蔵『維摩経義疏』にも「方丈一室」とある。伝聖徳太子撰『維摩経義疏』は、右の不思議品の経文については「方丈」を示さないが、冒頭の「仏国品第一」に、科文として「此の経は説くこと方丈にあり」（原漢文）と述べ、釈迦が説く本経の聴聞衆を「方丈衆」と記す。先引したように同疏の「文殊師利問疾品」にも「方丈」の語が見えていた。

十二世紀の『今昔物語集』は、天竺部の巻三「天竺毘舎離城浄名居士語第一」に『維摩経』をもとにした説話を掲げている。経文の展開には即していないが、関連部分を次のように描いており、この逸話の要点を把握するのに便利である。

今昔、天竺ノ毘舎離城ノ中ニ浄名居士ト申ス翁在《まし》マシケリ。此ノ人ノ居給ヘル室ハ広サ方丈也。而ルニ、其ノ室ノ内ニ十方ノ諸仏来《きた》リ集リ給テ、為《ため》ニ法ヲ説キ給《たまへ》リ。各《おのおの》無量無数ノ菩薩・聖衆ヲ引具シ給テ、彼ノ方丈ノ室ノ内ニ各微妙ニ荘厳セル床ヲ立テ、、三万二千ノ仏、各其ノ床ニ坐シ給テ法ヲ説キ給フ。無量無数ノ聖衆、各皆随ヘリ。亦、居士モ御《おはし》マシテ法ヲ聞キ給フ。而ルニ室ノ内ニ猶所《ところ》有リ。此《これ》浄名居士ノ不思議ノ神通ノ力也。然レバ、仏ノ室ヲバ（＝釈迦が維摩の室を）「十方ノ浄土ニ勝タル甚深不思議ノ浄土也」ト説キ給ヒケリ。亦、此ノ居士ハ常ニ病《やまひ》ノ莚《むしろ》ニ臥シテ病《や》み給フ。其時ニ文殊、居士ノ室ニ来《きた》リ給テ居士ニ申シ給ハク、「我レ聞ケバ、「居士常ニ病ノ莚ニ臥シテ悩《なやみ》給フ」ト。然《さ》ラバ其、何《いか》ナル病ゾ」ト。居士答テ宣《のたま》ハク、「我ガ病ハ此レ一切ノ諸《もろもろ》ノ衆生ノ煩悩ヲ病《やむ》也。我レ更ニ他《ほか》ノ病無シ」ト。文殊、此ノ事ヲ聞キ給テ、歓喜シテ還リ給ヒヌ。

（新日本古典文学大系）

三、天台僧慶日の「方丈の草庵」という場の意味

『今昔物語集』巻三には「方丈」の語があと二例あり、醜い人間を「方丈ノ室」という最低の空間に閉じ込める逸話として、連続して出現する（「波斯匿王娘、金剛醜女語第十四」、「摩竭提国王、燼杭太子語第十五」）。いずれも出典の踏襲で(9)、維摩とは直接の関係がない。震旦部には例が見えず、最後の一例のみが本朝部に現れ、重要である。

今昔、摂津国ニ慶日ト云フ僧有ケリ。幼ニシテ比睿ノ山ニ登テ出家シテ、顕蜜ノ法文ヲ習フニ皆不暗《くらから》ズ、亦、外典ヲモ吉ク知レリ。而ル間、道心盛ニ発《おこり》テ、忽ニ本山ヲ去テ生国ニ行テ、菟原ト云フ所ニ籠《こもり》居《ゐ》テ、方丈ノ奄室ヲ造テ、其ノ中ニシテ日夜ニ法花経ヲ読誦シ、三時ニ其ノ法ヲ修行シテ、其ノ暇ノ迫《はざま》ニハ天台ノ止観ヲゾ学シケル。奄ノ内ニハ仏経ヨリ外ニ余ノ物無シ、三衣ヨリ外《ほか》ニ亦着物《きるもの》無シ。亦、奄ノ辺ニ女人来《きた》ル事無シ。況ヤ女人ヲ相見テ談ズル事有ラムヤ。若シ食物《じきもつ》ヲ与ヘ衣服《えぶく》ヲ訪フ人有レバ、貧キ人ヲ尋ネ求テ与ヘテ、更ニ我ガ用ニ不充《あて》ズ。

（巻十三「摂津国菟原僧慶日語第五」）

この説話は『今昔』が『法華経』霊験譚を集める巻十三に収められている。以下、次のように続く。

而ル間、聖人ノ所ニ奇異ノ事時々有ケリ。雨降テ極テ暗キ夜、聖人奄ヲ出デヽ廁ヘ行ク間ニ、庵ノ内ニ人無シト云ヘドモ前ニハ火ヲ持タル人有リ、後ニハ笠ヲ着タル人有リ。人、如此《かくのごと》ク此レヲ見テ、誰人ナラムト思テ近ク寄テ見レバ、火モ無シ、笠モ無シ、聖人ノ共ニ人無クシテ独リ行ク。

或ル時ニハ、餝《かざり》馬ニ乗レル宿老ノ上達部ト思《おぼ》シキ人、聖人ノ庵ニ来《きた》ル。此ヲ誰人ト不知《しら》ズシテ行テ見レバ、馬モ無シ、人モ無シ。此レ天神・冥道ナドノ守護ノ為ニ来給《きたり》フニカ、トゾ人疑ケル。

遂ニ聖人最後ニ臨テ、身ニ病無クシテ、只独リ奄ノ内ニシテ、西ニ向《むかひ》テ音《こゑ》ヲ高クシテ法花経ヲ読誦ス。後ニハ、

其ノ定印ヲ結テ定ニ入ルガ如クシテ命絶ニケリ。然レドモ、近辺ノ人、死《しに》タリト云フ事ヲ不知《しら》ズシテ聞ニ、庵ノ内ニ百千ノ人ノ音《こゑ》有テ、聖人ヲ恋悲テ哭キ合ヘル音《こゑ》有リ。近隣ノ人等、此レヲ聞テ驚キ恠ムデ、庵ニ行テ見レバ、人一人無シ。聖人ハ定印ヲ結乍《むすびなが》ラ死《しに》テ有リ、庵ノ内ニ馥《かうばし》キ香満テリ。聖人ノ例ニ非ズ経ヲ高声ニ読誦シツルニ合セテ、庵ノ内ニ多ノ人ノ哭キ悲シム音《こゑ》ノ聞《きこえ》ツルハ、護法ノ聖人ヲ惜ムデ悲シビ哭キ給ヒケルニヤ、トゾ人疑ヒケル。聖人ノ死ヌル時ニハ空ニ楽ノ音有ケリ。然レバ、疑ヒ無ク極楽ニ往生シタル人也トゾ語リ伝ヘタルトヤ。

最後の時、庵の内には「百千の人の音」がして、聖人の往生による死を恋い悲しみ、泣き合う声が聞こえた…。このあたり、維摩問疾の「方丈」を想起させる空間性だが、そこには連絡があるのだろうか。

まず文献的な前提として、この天台僧・慶日の説話は、巻十三の他の多くと同様に、鎮源『本朝法華験記』を出典とする（中巻六十五「摂州菟原慶日上人」[10]）。同書は「長久之年季秋之月記」と序文にあり、長久年間（一〇四〇～四四）の成立だが、その内容を踏まえると「巻中末から巻下のはじめが長久四年ごろに書かれている」（日本思想大系解説）ともいう。『今昔』は、一部独自の解釈や誤読を含みつつ、おおむね忠実に祖述している。末尾に付加した「往生したる人なり」という断言は『法華験記』にはないが、三善為康が十二世紀初頭に編んだ『拾遺往生伝』にも本話は採られており（上巻二十七「慶日聖人」）、『今昔』の理解に間違いはない。

さて『今昔』が「方丈ノ庵室」とする部分は、出典の『法華験記』では「方丈草庵足レ為二住所一」とあり、文字通り「方丈の草庵」である。『拾遺往生伝』も法華修行の様子などは割愛しつつ、基本的に『法華験記』を踏襲するが、住まいは「草庵」とのみ描かれる（「結二草庵一為レ棲」）[11]。こうした用語の相通関係を見ると、慶日の「方丈草庵」は、伝教大師最澄（七六六～八二二）の教えに遡るのではないか、と思う。『叡山大師伝』によれば最澄は、弟子に向けた「遺誡文」の中で「第五充房也」として、「上品人者。小竹円房。中品人者。三間板屋。下品人者。方丈固室」[12]と述べている。佐伯有清によれば、右傍線部には「方丈円室」（『円珍『比叡山延暦寺元初祖師行業記』）、「方丈庵室」（三善為康『拾遺往生伝』巻上、叡山根本大師最澄伝）の異同があり、『根本大師臨終遺言』では「中品人者。方丈円室。下品人者。三間板室」と順序が入れ替わっている[13]。

『拾遺往生伝』は、慶日伝と同じ上巻の第三に「伝教大師」を載せ、その中で遺誡の本文を「方丈庵室」としている。

『今昔』が描く慶日の庵と同じ表現だ。すなわち慶日は、伝教大師の遺言を守り、天台の法華修行者として、往生を遂げたことになる。慶日伝によれば、それは「方丈草庵」や「草庵」と読み替えることのできる空間なので、源信『往生要集』大文第二「欣求浄土」に「当知、草庵瞑目之間、便是蓮台跏結之程、即従弥陀仏後、在菩薩衆中、一念之頃、得生西方極楽世界」とある「草庵」とも連結するだろう。「…草庵にあって目を閉じた時がすなわち蓮華の台に坐る時でもある」[14]と描かれるこの『往生要集』の一節は、『栄花物語』巻十八「たまのうてな」に「草庵に目を塞ぐ間は、即ち蓮華に跏《あなうら》を結ぶほどなりけり」（新編日本古典文学全集）と引かれ、往生への信仰空間を象徴する文言として知られていた。

四、最澄の描く「方丈固室」と王玄策による維摩の故宅発見情報

ただし本来の「方丈固室」は、日本でイメージする「草庵」とは異なるようだ。佐伯有清は『叡山太子伝』に見える一連を「小竹円房は、芦や篠で葺いた粗末で小さな舎屋」、「三間板屋は、板で葺いた三間の舎屋」、「方丈固室は、一丈四方の石のように堅固な僧房」と釈し、「方丈固室」については、道世『法苑珠林』巻第二十九感通篇第二十一聖迹部第二所載の以下の文章を引き、この「故事にもとづく」と注している[15]。

寺東北四里許有レ塔。是維摩故宅基。尚多二霊神一。其舎畳レ甎。伝云積レ石。即是説レ法現レ疾処也。於二大唐顕慶年中一（＝六五六～六一）。勅使衛長史王玄策。因向二印度一過二浄名宅一。以レ笏量レ基。止有二十笏一。故号二方丈之室一也。（大正蔵により新たに引用した）

この維摩「方丈」は、文字通り「石」の家であった。少し細かく見ていこう。右は中印度・ヴァイシャリー（吠舎釐）国の見聞である。『法苑珠林』当該部は、この前に「…至二吠舎釐国一。属二中印度一〈梵云毘舎離国〉。都城頹毀。（中略）宮城周五里。宮西北六里有二寺塔一。是説二維摩経一処」とあり、いくつか別の見聞記述を挟んで、右に到る。「…現疾処也」までの前半部分は、玄奘の『大唐西域記』巻七と『大慈恩寺三蔵法師伝』巻三の記述を整理したものだが、訳語は旧訳の漢語に統一するなどして示している[16]。

都城が荒廃する中、玄奘一行は、仏が『維摩経』を説いた寺に着いた。そこから東北四里ほどの処に、「塔」＝「窣塔婆」（『西域記』）があった。これが維摩の「故宅基趾」（『西域記』[17]）である。『西域記』では、維摩の「故宅の基礎の址が

ある。不思議なことが多い」（中国古典文学大系の水谷真成訳）という叙述に続いて「ここを去ること遠からざる所に一つの霊妙な家（＝舎）がある。その状は甎《かわら》を畳《たた》んだようである。これが、言い伝えでは石を積んだものだと言うことである。これが無垢称長者（＝維摩居士）が病人の姿となり法を説いた処である」（同上）との趣旨を記す。傍線部によって『西域記』では二つの遺跡があったことになる。『慈恩伝』もほぼ同じだが、最初を「故宅」とし、「此を去つて遠からず一室あり、石を積みて作らる…」として、この「一室」こそ、維摩が「疾を現じて法を説ける処」だと記す（国訳一切経）。こちらは「宅」の中の「一室」とも読める文章だ。

道世の『法苑珠林』では、右の記述を用いながら、一続きのように記し、文脈が変わっている。維摩故宅は基礎だけ残り、「其舍」は「甎《かわら》を畳《たた》んだようであるが、言い伝えでは石を積んだものだと言う」。この遺跡こそ（＝即是）維摩が方便として病を現し、説法をした場所である、というのだ。つまり王玄策の訪問と測定により、玄奘の伝えた維摩宅の史実が更新されたことになる。道宣の『釈迦方志』にもこの記事を載せるが、当該部は「寺東北四里許塔。是浄名故宅基尚多霊神。其舍疊甎。伝云積石。即説法現疾処也」とあり『法苑珠林』と同文である。以下同書は「近使者王玄策以㆑笏量㆑之止有㆓一丈㆒。故方丈之名因而生焉」と略述する。

この「王玄策は天智天皇」と「全くの同時代人」で「日本と無縁ではない。奈良の薬師寺に現存する仏足石の銘文に、「大唐使人王玄策」云々の文字が記されている」（田中芳樹『天竺熱風録』後記[18]）。この仏足石＝「釈迦牟尼仏跡図」の碑文では、大唐の使人・王玄策が、中天竺鹿野薗にある釈迦の転法輪の処に行って、遺跡を見て「転写」した「搭（＝摸本）」が「是れ第一の本なり」と誌し[19]、以下、仏足石碑文の日本伝来の系譜を陳べていく。

この模写についても、『法苑珠林』の同巻同篇の同じ聖迹部で、維摩故宅のことを記した少し後のところに誌される。「度㆓殑伽河㆒至㆓摩掲陀国㆒」とガンジス川を渡り、吠舎釐国から隣国のマガダ国に渡った見聞として、「…其側精舎中有㆓大石㆒。是仏欲㆓涅槃㆒、北趣㆓拘尸㆒、南顧㆓摩掲㆒。故蹈㆓石上㆒之雙足迹。長尺八寸。広六寸。輪相華文。十指各異」という遺跡の報告があり、「貞観二十三年有㆑使。図㆓写迹㆒来」という。但し「二十三」は「二十二」の誤写である[20]。

王玄策は、貞観十七年（六四三）に初めて天竺へ旅立った。ちょうど玄奘の帰国とすれ違いになったが、同二十年に帰国している。第二回が仏足石の碑文に記されるもので、貞観二十年に出発し、同二十二年に帰国。維摩の遺跡を実見したのは、顕慶二年（六五七）に出発した第三回目の天竺行でのことだ（帰国は龍朔元年（六六一））。そして王玄策は『西国行伝』を誌したが、散佚して『法苑珠林』などに逸文を残すのみである。[21] しかしその逸文は『大唐西域記』などの記述を補い拡げる記録として引かれ、重要な情報となっている。たとえば小野玄妙は『法苑珠林』の維摩宅測定の記事について、「言僅に数語に過ぎざるも、其の王玄策の仏蹟を探るに当りて、極めて用意周到に観察せるものなるを知る」と高く評価し、「彼れ具に故趾を実測せることを云へるものにして、恐らく他の諸仏蹟に対しても、斯の如く細心に意を用ひて観察したるや必せり」と敷衍して、他の『西国行伝』逸文（『法苑珠林』所引）を例示している。そして小野は、「今王玄策の事蹟を以て之を玄奘三蔵の事蹟に対比するに、玄奘は唯一箇の学究として、梵学の研鑽、仏典の蒐集に営営たりしもの、然るに王玄策に至つては、大唐国の使臣として、官命を以て彼の地に滞在し、随員として、書家並に画工等をも従へしことなれば、其の風土文物の観察に於て、玄奘に比し頗る徹底する所ありしは当然の事と云ふ可し」と王玄策を讃える比較の対象として、玄奘を名指ししていた。[22]

玄奘の『大唐西域記』は、日本でも尊重されて豊かな受容史を有し、その西域情報は広く流布した。[23] しかし右の指摘を踏まえれば「風土文物の観察に於て」、王玄策の情報には玄奘を圧倒する「徹底」さがあったことを『法苑珠林』は教えていたことになる。そこには確かな根拠もあった。『法苑珠林』の撰者道世は、あたかも王玄策が維摩宅を発見した顕慶年中に、玄奘の経典翻訳事業に携わることになった。[24]『釈迦方志』の道宣は道世の先輩と考えられるが、ともに具足戒を受け、はやく玄奘の訳経事業に参画している。[25] 二人は、玄奘と王玄策をめぐる、同時代の直接的関係者なのであった。

こうした環境で記録された維摩の「方丈」同定と測定の逸話は、『西域記』の旧弊を塗り替える刮目すべきインドの新実見情報――天台大師より後世で、玄奘新訳の時代というエポックである――として、日本古代・中世の『維摩経』解釈の革新にも影響を与えたはずだ。最澄の「方丈固室」という表現が、まさにその傍証ではないか。最澄は、入唐以前に、鑑真請来の「天台法文」として「円頓止観、法華玄義、幷法華文句疏、四教義、維摩経疏等」を写している（『叡山大師伝』）。また入唐後、「最澄みずから請来した文献の目録である」『台州録』には「維摩部」を立て、その中に智顗『維摩経玄疏』、湛然『維摩経略疏』他を挙げている。[26]『維摩経』への関心はきわめて高かった。

五、鴨長明の「一間」「方丈」の「草庵」という着想

維摩の「方丈」をめぐる「石」の「固室」と「草庵」と。「方丈」の記と謳う鴨長明は、こうした言説の分岐を、いかに受け止めたか。

まずは『方丈記』に即して見ていこう。最古写本である大福光寺本——「鴨長明自筆也」との奥書も残る——の本文には、ただ一度だけ、「方丈」の語が登場する。[27] 新日本古典文学大系が第三段として提示する章段の始め、次の部分である。

コヽニ、六十《(ム)ソヂ》ノ露消《キ》エガタニ及《ヲヨ》ビテ、更《(サラニ)》末葉《スエバ》ノヤドリヲ結《ムス》ベル事アリ。イハバ、旅人ノ一夜《(ヒトヨ)》ノ宿《(ヤドリ)》ヲツクリ、老《(オイ)》タル蚕《カイコ》ノ繭《マユ》ヲイトナムガゴトシ。是ヲ中《ナカ》ゴロノ栖《スミカ》ニ比《ナラ》ブレバ、又百分ガ一ニ及《オヨ》バズ。トカク言《イ》フホドニ、齢《(ヨハヒ)》ハ歳《(トシドシ)》〳〵ニ高《タカ》ク、栖《スミカ》ハ折《ヲリ》〳〵ニ狭《セバ》シ。ソノ家ノアリサマ、世《ヨ》ノ常《ツネ》ニモ似《ニ》ズ。広《ヒロ》サハワヅカニ方丈《(ホウヂヤウ)》、高《タカ》サハ七尺ガウチ也。

『方丈記』は、この「方丈」「七尺」の庵について、「ヤドリ」「栖」「家」と表現をずらしつつ、次のように言及を連ねていく。

今、サビシキ住《ス》マヒ、一間《ヒトマ》ノ菴《イホリ》、ミヅカラコレヲ愛ス。

(第四段)

今、草菴《(サウアン)》ヲ愛《アイ》スルモ、閑寂《(カンセキ)》ニ着《(ヂヤク)》スルモサハリナルベシ。

(最終段)

それはまさしく「方丈」「一間《ヒトマ》」の「草庵」であった。長明は意図的に換言を重ね、巧みにその全的イメージを表現する。[28] そして『方丈記』は、最後に「汝《(ナンヂ)》、スガタハ聖人《(ヒジリ)》ニテ、心ハニゴリニ染《シ》メリ。栖《スミカ》ハスナハチ浄名居士《(ジヤウミヤウコジ)》ノ跡《アト》ヲケガセリトイヘドモ、持《タモ》ツトコロハワヅカニ周利槃特《(シユリハンドク)》ガ行《(オコナヒ)》ニダニ及《ヲヨ》バズ」と続け、我が「方丈」が、維摩(浄名居士)の伝統に連なることを告白している。

「一間ノ菴」は、大福光寺本原文では「ヒトマノイホリ」と仮名書きで、文字通りの一間(ひとま)である。と同時に、間口一間(いっけん)の方丈であった。見逃しがちだが、隠者の「栖」が「一間」の草庵であることを明言するのも、鴨長明の大きな特色である。

建築学の視点から、小野恭平は、日本古来の文学の中で「深い精神性と風雅な趣をもった住みかとして、思慕・憧憬のまととなっていた」「庵」が「どのような住みかとしてイメージ(観念)し、評価」されていたか、「特に中世の仏教説話に描かれた仏道修行者の庵をとりあげ」、「その宗教的な側面からの評価について検討し」ている。小野は、その結果

として「厳密には中世初期」の文献を対象とすることになったとことわりながら、「仏道修行者の庵について比較的詳細な記述が見られるのは発心集・閑居友・撰集抄である」という(29)。小野が焦点を当てたこの三作品の中で「一間《ひとま》の庵」を表象するのは、鴨長明『発心集』のみである。

一―一二…「北山の奥にはるばると分け入りて、人も通はぬ深谷に入りにけり。一間ばかりなるあやしき柴の庵の内にいりて」

三―二…伊予僧都の大童子が「かくて、猿沢の池のかたはらに、一間なる庵結びて、いとど他念なく念仏して居たりければ、本意の如く臨終正念にて、西に向ひて、掌を合せて、終りにけり」

四―二…「浄蔵貴所、鉢を飛ばす事」で「ある谷はざまの、松風響きわたりていさぎよく好もしき所に、一間ばかりなる草の庵あり。砌に苔青く、軒近く清水流れたり」

六―一二…西行が武蔵野をたずね「わづかに一間ばかりなる庵あり」

（『発心集』角川文庫）

『方丈記』がくどいほど参照した慶滋保胤「池亭記」の「池亭」は、もちろん「一間」の「方丈」ではない。近しい空間は、池亭の「池の西に小堂を置きて弥陀を安ず」という阿弥陀堂で、一間四面の規模が予想される。保胤は、食事の前に、この「西堂に参り、弥陀を念じ、法華を読む」（新日本古典文学大系『本朝文粋』）。また先蹤としての白居易の「草庵」＝廬山の「草堂」も、「方丈」ではない。「三間」（間口三間）で、二室、奥行き五間の庵として描出される(30)。

ところが長明は『発心集』であれだけ「一間」を喧伝しながら、決して「方丈」の語を使わない(31)。それは、彼自身の住まいにだけ向けられた、唯一無二の用法であった。

ここで維摩故宅の「方丈」の「広サ」に着目しよう。先に触れた『釈迦方志』の略述には「近使者王玄策以㆑笏量㆑之止有㆓一丈㆒。故方丈之名因而生焉」とある。『法苑珠林』とのわずかな違いは「止有㆓十笏㆒」に対して「止有㆓一丈㆒」とすることだ。「方丈」性がより明確となっている。注意したいのは、両書いずれにも用いられる「止」の文字だ。通常これは「ただ」と訓み、わずかに、の意を表す。まさしく右は「広《ヒロ》サハワヅカニ方丈《ホウヂヤウ》」という『方丈記』の表現と響き合う。

もう一つ留意すべきは、加藤磐斎『長明方丈記抄』などが冒頭に引く、十一世紀初頭の入門書『釈氏要覧』「方丈」の情報だろう(32)。「維摩居士宅、示㆑疾之室。遺址疊㆑石為㆑之。王策躬以㆓手板㆒縦横量㆑之得㆓十笏㆒。故号㆓方丈㆒」と定義し、記述内容は『法苑珠林』を逸脱するものではないが、いくつか興味深いことがある。まず「維摩居士宅、示疾之室」と「宅」と「室」を使い分けるのは『慈恩伝』に通ずるが、ここでは同格になっており、いずれも「方丈」を直示すること。表現全体も圧縮されて「疊甎」云々も消え、「方丈」は文字通り「石を積んだ」遺址が残る「浄名居士ノアト」（『方丈記』大福光寺本）であること。その上で王玄策は、この維摩居士「示疾之室」の「縦横」を「手板」（笏と同意を表すが、「手」「板」と手ずから測る物差しめいた「モノ」性が読める）を用いて「躬」（みづから）測った、とある。この表現なら「実測」の様子は、よりリアルに喚起される。

だが長明の「方丈」は、この「遺レ址疊レ石為レ之」「維摩居士宅」とは、まるで正反対の様態で存在した。先引に続いて『方丈記』は「所ヲ思ヒ定《サダ》メザルガ故《ユヘ》ニ、地《(ヂ)》ヲ占《シ》メテツクラズ。土居《ツチヰ》ヲ組《ク》ミ、打覆《ウチヲホキ》ヲ葺《フ》キテ、継目《ツギメ》ゴトニ懸金《カケガネ》ヲ懸《カ》ケタリ。若《(モシ)》心ニカナハヌ事アラバ、ヤスク外《ホカ》ヘ移《ウツ》サムガタメナリ」という。そこには、まるで裏返しのように、維摩故宅が失った上物《うわもの》だけがあった。ただし石の「基」は造らず、いつでも解体・移動できるように、材木土台の「土居」を組むのみ、という徹底した対極だ。(33) あたかも遺跡となることを根本から否定するかのごとく、「所を定め」ず、「地を占めてつくらず」と畳みかける。そして「ソノ改《アラタ》メツクル事、イクバクノ煩《ワヅラ》ヒカアル。積《ツ》ムトコロ僅《ワヅ》カニ二両、車《クルマ》ノチカラヲ報《ムク》フ外《ホカ》ニハ、サラニ他ノ用途《ヨウドウ》イラズ」と続けた。それはもはや、持ち運び可能な「方丈」という「モノ」に他ならない。

「モノ」としての維摩の小室の再現には、高さのイメージが不可欠だ。維摩が仏弟子・舎利弗に「就二師子座一」と勧めると、舎利弗は「居士、此座高広、吾不レ能レ昇」と答えている（仏国品第六）。だが、どこにも維摩方丈実測の高さを伝える記録はない。廃墟の遺跡となっており、王玄策でも測り得なかったその高さ。ここで「高《タカ》サハ七尺ガウチ也」が生きてくる。「七尺」というリアルな「高さ」こそ、長明だけが意識的に具現し得た（と本人が自負する）、世界に一つだけの「方丈」という「モノ」の証しであった。

六、入宋の時代と天竺志向
——〈唐物〉としての「方丈草庵」

かくのごとき長明の着想には、時代相の反映がある、と思う。入宋僧が復活し、その先のインドへの関心も高まっていた十二世紀後半以降の潮流である。横内裕人の整理に拠れば、遣唐使中止後、中国へ入国した僧侶は少なく、とりわけ「十二世紀前半の五〇年は一人も見出せない」が、「仁安二年

（一一六七）に、重源が八五年ぶりに渡宋を企て、翌年には栄西が入宋し、二人同時に帰国した」ことで大きな転機を迎える。「二人の入宋が呼び水となり、僧侶の入宋は再び開始され、鎌倉初期には「禅僧の世紀」と呼ばれる奔流を生み出すことになる」[34]。それが鴨長明の時代である。

この栄西（一一四一～一二一五）が二度目に入宋する時、第一の目的は天竺行であった。文治三年（一一八七）四月の「奉表」には、「逐電之志在于中印度」とある（『栄西入唐縁起』[35]）。維摩の方丈もある、あの中印度だ。

栄西と鴨長明には、接点も想定される。たとえば源実朝。『方丈記』執筆前年の十月、長明は鎌倉に行き、実朝と会った。そして父頼朝の命日に「法華堂」に参り、経を読んで念仏を唱え、和歌を柱に書き付けている（『吾妻鏡』建暦元年〔一二一一〕十月十三日条、新訂増補国史大系）。この法華堂は、正治二年（一二〇〇）一月に、頼朝の一周忌供養が行われた寺で、その導師は栄西である。前年の正治元年に鎌倉に下向した栄西は、北条政子の帰依を受け、同年、鎌倉の寿福寺を開山。建仁二年（一二〇二）には、二代将軍源頼家を開基として、京都に建仁寺を建立する。栄西は、実朝とも昵懇であった。『吾妻鏡』に、実朝が二日酔いか？と疑われる「病悩」の時、栄西がお茶を勧め、『喫茶養生記』を献上した、有名な記事がある（建保二年〔一二一四〕二月四日条）。『方丈記』擱筆のおよそ二年後のことだ。

実朝をめぐっては、もう一人、重要な人物がいる。陳和卿だ。「源実朝が建保四年（一二一六）に渡宋計画を立て造船を命じたのだが、翌年四月の進水式で船が動かずこの計画が失敗に終わった」という重大事件がある。「この計画の真意を理解することは実朝解明の要所だが、諸説はあるものの思想的検討は殆どなされていない。また火付け役の宋人陳和卿を山師とする説が流布しているが、人物像の検討は凡そなされていない」として、「計画を巡る実朝の思想の検討とともに和卿の人物像の再検討を行」い、「和卿が反世俗的な仏教建築家であ」り、「この計画は実朝の心底の宗教思想的関心が和卿に触発されて先鋭化し、立案・準備された」と考察する、毛利豊史の研究がある[36]。

こうした対外観横溢する文化圏の鎌倉へと訪問した翌年の三月、長明は、急かれるように――最終段を想起して欲しい――『方丈記』を擱筆した。

一方で、長明より二十年近く若い明恵（一一七三～一二三二）は、建仁二年（一二〇二）と元久二年（一二〇五）の二度、強くインド渡航を願った。結果的にはいずれも実現しなかったが、奥田勲のまとめによれば、元久の折は「五六人の同行と計画を作り」、「衣裳の仕度もしたらしい。また、大唐長安から中天竺の王舎城に至るまでの路次の里数を計算し、数日間評定した。この「里数記文」はおそらく、今高山寺に伝来している「印度行程記（天竺里程書）」そのものであろう」。「その途中に「印度ハ仏生国也、依恋慕之思難抑、為遊意計之、哀々マイラバヤ」と記しとめているところに、明恵の肉声を聞く思いがする」という[37]。

明恵は結句、神意に感じて、それを断念した。同年九月に叔父の上覚に宛てて書いた書状に、その無念が遺る。田中久夫の整理で示せば「常在霊山の文（法華経寿量品）に思いをかけて、天竺などに向って命をも捨てたいと思うが、不覚の身にては成りがたいとのべ、玄奘の天竺にわたった事跡を想い（『大唐西域求法高僧伝』の文を引いている）」、「たゞ釈尊の名号なんど念じ、一経一真言に思をかけ候て、流沙、葱嶺とかにも向てしなばや、なんど思候事のみに候」など「西天にわたる志をなお捨て切っておらず、高い調子でのべている」[38]。

栄西と明恵に挟まれる同時代を生きた長明が、遠く天竺行を透かし見て――彼には、遷都の福原を尋ねてみたり、伊勢を訪れたり、また晩年に、東国の鎌倉将軍に面謁するような行動力があった――、「印度行程記」ならぬ『西国行伝』で伝えられた、モノとしての維摩方丈を復元実行する。我が住まい縮小の算術の果てに、実測のオモチャのような極小空間のタイムカプセル「方丈」を具現して、その中に我れ一人住む、という面白さ。そしてテクストだけが残る。まさに文学遺跡[39]である。『方丈記』が描く、あの孤独で自在な暮らし。とりわけ夕刻から夜の琴・琵琶演奏において、心を宇宙へ解放するような場面などを読むと、そんな痛快な独創に耽った長明の時代精神を想定するのも、強ち、荒唐無稽とは言えない、と思う。

注

（1）河出書房、一九四一年（国立国会図書館デジタルコレクション）。『改訂中世の草庵文学』（北沢図書、一九七〇年）。

（2）塙新書、一九六八年、後に講談社学術文庫所収。

（3）「くさのいほり」はその訓読語で、歌語ともなる（久保田淳・馬場あき子編『歌ことば歌枕大辞典』角川書店、一九九九年ほか参照）。なお本論の礎稿では、「草庵」と「くさのいほり」をめぐる白居易の影響を考察して論を拡げたが、別稿に譲りたい。

（4）菅野博史訳注『法華玄義（上）』（レグルス文庫、第三文明社、一九九五年）参照。

（5）以下仏典については、特に断らないかぎり大正新修大蔵経により、CBETA、SATなどのデータベースを参照する。

（6）引用は、橋本芳契「契と維摩の論理――『方丈記』の仏教思想について」（『説話・物語論集』二号、一九七三年）。

（7）常磐大定校訂・解説『聖徳太子集』所収『維摩経義疏』

（春陽堂、一九三五年）。
（8）天台の『維摩経』注釈の詳細については、山口弘江『天台維摩経疏の研究』（国書刊行会、二〇一七年）参照。
（9）前者は『注好選』中二十九が出典で、同書には「方丈室」（新大系）とあり、後者は名大本『百因縁集』三十八に同話があり「方丈ノ部屋」とする（新日本古典籍データベース）。
（10）『法華験記』『拾遺往生伝』の引用は日本思想大系『往生伝法華験記』による。
（11）ちなみに『今昔』では、全編において「草庵」という漢語は見えず、すべて「草ノ庵」という訓読形を用いる。
（12）引用は、佐伯有清『伝教大師伝の研究』（吉川弘文館、一九九二年）による。
（13）前掲注12佐伯著書による。
（14）引用は日本思想大系『源信』、現代語訳は中公バックス『日本の名著（4）源信』（一九八三年、川崎庸之訳）による。
（15）前掲注12佐伯著書。
（16）たとえば玄奘は「維摩」を「毘摩羅詰」と訳し、唐では「無垢称」、旧訳は「浄名」とする訳語の語義を説明し、「維摩詰」という旧訳を「訛略」と廃している。
（17）なお『西域記』には「趾」を欠く伝本がある（国訳一切経脚注他参照）。
（18）新潮社、二〇〇四年、引用は祥伝社文庫による。
（19）廣岡義隆『佛足石記佛足跡歌碑歌研究』（和泉書院、二〇一五年）参照。
（20）ここが貞観二十二年とあるべきことについては、前掲注19廣岡著書。
（21）たとえば「唐王玄策中天竺行記并唐百官撰西域志逸文」（中天竺記。又名西国行伝、西国行記。其文載在法苑珠林諸経要集等。今略示所在）として『遊方記抄』（大正蔵五一巻など）に集成。
（22）引用は、小野玄妙『極東乃三大芸術』三「法隆寺の壁画」第三節「唐王玄策入竺の事蹟」（丙午出版社、一九二四年）。以下も同じ。
（23）たとえば『今昔物語集』研究の文脈でいえば、今野達「出典考証の栞」（新日本古典文学大系『今昔物語集一』一九九九年）、高陽『説話の東アジア――『今昔物語集』を中心に』（勉誠出版、二〇二一年）など参照。佐久間秀範・近本謙介・本井牧子編『玄奘三蔵――新たなる玄奘像をもとめて』（勉誠出版、二〇二一年）という研究書も出来た。
（24）道世伝については、川口義照『中国仏教における経録研究』（法藏館、二〇〇〇年）第二章など参照。
（25）道宣の伝とその著作、また道世との関係については、川口義照「道世と道宣の撰述書」（『印度學佛教學研究』二六巻二号、一九七八年、前掲注24川口著書、第三章第四節に再収）参照。
（26）前掲注8山口著書参照。
（27）「方丈記」と誌す尾題そして外題を除く。略本には複数回「方丈」が出現する。
（28）こうした換言によるいわゆる「避板法」は『方丈記』の基本的表現法でもあった。荒木「『方丈記』の文体と思想――その結構をめぐって」（『文学　隔月刊《特集》方丈記八〇〇年』第一三巻・二号、三、四月号、二〇一二年）参照。
（29）引用は、小野恭平「中世初期の仏教説話にみる仏道修行者の庵――そのイメージと評価について」（『日本建築学会計画系論文報告集』四三六号、一九九二年）。
（30）白居易「草堂記」（『白氏文集』巻四十三序、一四七二）、同「香鑪峰下新卜山居草堂初成偶題東壁五首」の第一首、巻十

六、九七五）。

(31)『発心集　本文・自立語索引』（清文堂）を参照した。

(32) 江戸期の『方丈記流水抄』や『方丈記宣春抄』などは、本文注で十二世紀初頭の禅籍『祖庭事苑』を引く。同書は「今以禅林正寝為方丈。蓋取則毘耶離城維摩之室。以一丈之室。能容三万二千師子之座。有不可思議之妙事故也。唐王玄策為使西域。過其居。以手版縦横量之。得十笏。因以為名」（巻六）とよくまとまっているが、禅林の方丈を第一義に置く説明で『方丈記』理解にはそぐわない。

(33) 方丈の庵の造りについては、岡山高博「『方丈記』の移動する草庵」（『国語国文』七六巻一一号、二〇〇七年）など参照。

(34) 横内裕人「自己認識としての顕密体制と「東アジア」」（『日本中世の仏教と東アジア』塙書房、二〇〇八年所収）。関連する記述については、荒木『『今昔物語集』の成立と対外観』（思文閣人文叢書、二〇二一年）参照。

(35) 引用は、榎本渉『南宋・元代日中渡航僧伝記集成――附江戸時代における僧伝集積過程の研究』（勉誠出版、二〇一三年）。栄西伝の史料批判については、舘隆志「『元亨釈書』の栄西伝について」（『国際禅研究号』四号、二〇一九年）参照。

(36) 以上の引用は、毛利豊史「幻の渡宋計画――実朝と陳和卿」（『専修人文論集』一〇五号、二〇一九年）。

(37) 引用は、奥田勲『明恵――遍歴と夢』（東京大学出版会、一九七八年）。なおこの行程記は、現在は「大唐天竺里程書」と呼称する。

(38) 引用は、田中久夫『人物叢書　明恵』（吉川弘文館、一九六一年）。

(39) 隣接する概念として「テクスト遺産」（Edoardo GERLINI・河野貴美子編『古典は遺産か？　日本文学におけるテクスト遺産の利用と再創造』アジア遊学二六一号、勉誠出版、二〇一一年十月参照、私も寄稿している）があるが、ここは本稿の文脈に即して別義に用いる。

唐物としての書と書物――無学祖元を例に

堀川貴司

中世において、その移入や生成に五山寺院が深く関わった唐物の代表的存在として書（墨蹟）と書物（語録など）を、無学祖元を例に取り上げて考察する。墨蹟については、二点を詳しく読解、その伝来の過程も概観する。また語録については、その刊行に宗派の争いや政治的背景などが絡んでいることを指摘する。

はじめに

中世における唐物の日本文化への定着について、五山寺院が大きな役割を果たしたことはよく知られているだろう。そこでは、貿易による「モノ」の移動だけではなく、中国・日本の禅僧という「ヒト」が互いに往来して、禅の教えのみならず、最新の学問芸術の知識や技法を授受し、それに伴って新たな「モノ」も作り出されていった。その広がりが室町文化の多彩さに貢献していることは間違いない[1]。

この唐物の多種多様な存在のなかから、禅そのものを端的に象徴する「モノ」を挙げるとすれば、書（墨蹟）と書物（語録など）であろう[2]。

唐物とは、本来中国で生産され日本に輸入されたものを指す。したがって唐物としての書とは、たとえば無準師範《ぶじゅんしばん》の作品のように、留学した日本僧の弟子、円爾《えんに》に与えた法語や、帰国後に送った書簡など、中国で揮毫され、日本とのゆかりによってもたらされたものがまずは思い浮かぶ[3]。日本人禅僧のそれは、書風を真似たとしてもやはり唐物にはならない。

ほりかわ・たかし――慶應義塾大学附属研究所斯道文庫教授。専門は日本漢文学。主な著書に『書誌学入門　古典籍を見る・知る・読む』（勉誠出版、二〇一〇年）、『五山文学研究　資料と論考』（正続、笠間書院、二〇一一・二〇一五年）などがある。

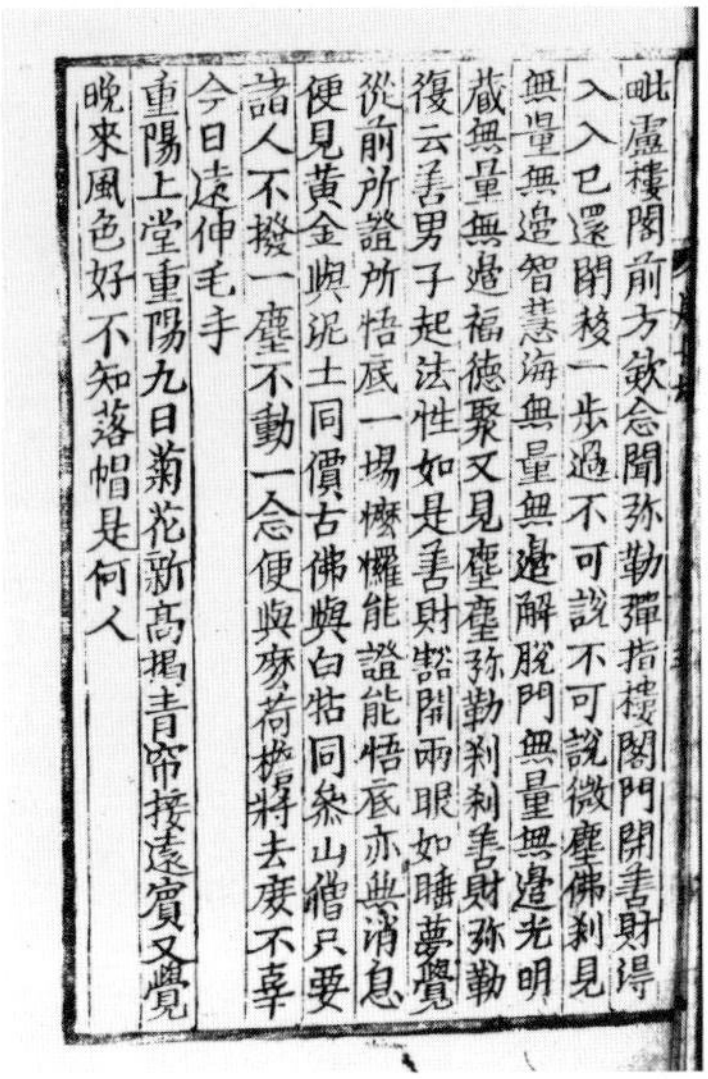

毗盧樓閣前方歛念闍弥勒彈指樓閣門開善財得
入入已還閉棲一歩過不可説不可説微塵佛刹見
無量無邊智慧海無量無邊解脱門無量無邊光明
蔵無量無邊福徳聚又見塵塵弥勒刹刹善財弥勒
復云善男子起法性如是善財豁開兩眼如睡夢覺
從前所證所悟底一場懡㦬能證能悟底亦與消息
便見黄金與泥土同價古佛與白牯同條山僧只要
諸人不撥一塵不動一念便與麼荷擔將去麼不幸
今日遠伸毛手
重陽上堂重陽九日菊花新高揭青帘接遠賓又覺
晩來風色好不知落帽是何人

図1　大東急記念文庫蔵五山版『仏光禅師語録』ウ当該部分

工芸品のように匿名性の高いもので、技術的に近づくことが出来さえすれば、ほぼ唐物同然といえる日本製も存在するだろうが、書は書いた「ヒト」と分かちがたく結びついているため、和漢の境は明確である。

しかし、中国人の禅僧の筆跡であっても、来日した禅僧が日本において書いたものはどうか。これらは、筆跡は中国のものだが、生産されたのは日本、という中間的な存在になる。後述する語録の場合、五山版という存在がまさにその中間性を体現している（が、やや複雑な様相もある）。

本稿では鎌倉時代の来日僧の代表的存在である無学祖元《むがくそげん》（一二二六〜一二八六）を取り上げて、唐物という視点から、その書と書物を考えてみたい。

一、書（墨蹟）の作品──「重陽上堂偈」

無学祖元は嘉禄二年（南宋・宝慶二年、一二二六）に明州（寧波）に生まれ、十三歳で出家、無準師範ほか当時の名僧のもとで修行、大寺院の役職を歴任し、文永六年（南宋・咸淳五年、一二六九）台州真如寺住持になる。弘安二年（一二七九）、天童寺で環渓惟一《かんけいいいち》のもと首座《しゅそ》（修行僧を指揮する役職）だったとき、北条時宗の使者としてやってきた日本人禅僧の招請に応じて来日、八月に建長寺住持となった。(4)

最初に取り上げるのは、常盤山文庫蔵の墨蹟「重陽上堂《ちょうようじょうどう》偈《げ》」である。(5)これは『仏光国師語録』（大正新脩大蔵経所収）巻三・建長寺語録によれば、その年の九月九日、すなわち重陽の節句の日の上堂法語（法堂《はっとう》での説法）の全文であるがそのまま七言絶句のルールに則った偈頌《げじゅ》（禅的な内容を持つ詩）になっている（**図1**）。

本作品は、江月宗玩《こうげつそうがん》（一五七四―一六四三、大徳寺派僧侶）が鑑定を依頼された書についてスケッチし、依頼者・年月日・鑑定結果などを注記した書物『墨蹟之写《ぼくせきのうつし》』(6)に掲載され、そこでは冒頭に「重九示衆」の一行があること、落款には「印ナキモノゾ」と注記されていて落款印は捺されていなかったこと、この二点が現状と異なる。(7)江月は真筆と判定、ただし重陽の法語を臘八《ろうはち》（十二月八日）に書くことがあるのだろうか、とやや疑問を呈している。

原文の字配り通りに翻刻し、句ごとに分けた読み下し文と試訳を付す。

重陽九日菊　　（重陽九日菊花新たなり、
花新高掲　　高く青帘を掲げて遠賓を接す、
青帘接遠
賓又覚晩　　又た覚ゆ晩来風色の好きを、
来風色好
不知落帽　　知らず落帽是れ何人ぞ）
是何人

　　弘安二年
　　臘八夜無
　　学書（印「無／学」）

（九月九日重陽の節句、菊の花も生き生きと咲いているなか、目印である青い旗を高く掲げて、遠くからの旅人をもてなす酒屋がある。（そこに入って私は飲み始めたが）夕方になってくると一段と風景もよくなってきたように思えてきて、いつの間にか風に帽子を飛ばされていたのは一体誰だろう（酔っ払った私か））。

横長の大きな料紙に、横幅の広い安定した字形で、一行四・五字程度と大ぶりに書かれているのは、他に残されている無学の墨蹟と共通する。この形態は、書簡や筆談などとは異なり、明らかに書の作品としての完成を意図したものと思われる。

揮毫の日付が十二月八日となっているのは、この日が達磨忌でやはり上堂もあり、あるいは北条時宗ほか檀越《だんおつ》の臨席もあり、そういった人の求めに応じた揮毫だったか。

一見、重陽の節句の宴会を詠んだだけの詩である。中国では古く、この日小高い丘に登って、厄をはらい長寿を願って酒を酌み交わす「登高」の風習があったが、ここでは「青帘」すなわち青い色の旗を竿に付けて高く掲げた居酒屋で、遠くからの客をもてなしている情景を詠み、昼から始めて夕方に到り、酔っ払って帽子を落としたのも気づかない客の様子をユーモラスに描いている。はるばる日本にやってきて厚遇されている我が身に擬えたとも読める。

この「落帽」は、『世説新語』や『晋書』に載る故事、すなわち東晋の桓温《かんおん》が龍山で重陽の宴会を開いたとき、部下の孟嘉《もうか》が風に帽子を飛ばされたことに気づかず、それを見た桓温が嘲笑の文章を他の部下に作らせたところ、孟嘉が即座にそれへの反論を作り、皆感歎した、というもので、彼の文才を示す話である。彼自身は酒に強かったらしい（『世説新語』）

が、たとえば李白の「九日龍山飲」に「九日龍山飲、黄花笑逐臣、酔看風落帽、舞愛月留人（重陽の節句、龍山で酒を飲むと、菊の花が追放された臣下の私を笑っている。風が帽子を吹き落とすのを酔いながら見やり、月が私を引き留めるのを踊りながら楽しむ）」とあるように、(8)体面を気にしない豪快な酔っ払いといったイメージで用いられるようで、ここもそういう方向で読むべきであろう。

第三句の表現には、例えば

九日同尤司戸舟行遊梅山（宋・喩良能）

令節逢重九、相携鑑上遊、扁舟浮舴艋、左手把蝤蛑、紅葉明青眼、黄花重白頭、晩来風色好、帰棹得夷猶

（重陽の節句という良き日に、尤司戸と一緒に鑑湖（浙江省紹興の湖、名勝地）に出かけた。バッタのような小さな舟を浮かべ、右手に杯、左手にカニを持つ。友と楽しく過ごす目には紅葉が映り、白くなった髪の毛には菊の黄色い花が重なる。夕暮れ、ますます美しい風景を目の前に、なかなか家路へと向かう気持ちになれない）

という詩などが念頭にあったかもしれない。

第二句も、「目断青帘在水湄、臨風漠漠映斜暉（はるか彼方の水辺にある青い酒屋の旗は、夕陽のなか風にばたばたと吹かれている）」（宋・覚範慧洪「漁村落照（瀟湘八景のうち）」）など、詩の常套表現に基づいている。(9)

違和感があるのは、第一句「重陽」と「九日」という、意味の重複である。前引の李白詩では「九日」のみ、喩良能詩でも「重九」のみで重陽の節句を表現している。

無学があえてこの表現を採用したのは、この一句がまるごと先行する作品から取り込まれたものだからである。汾陽善《ふんようぜん》昭《しょう》（九四七～一〇二四）の語録『汾陽無徳禅師語録』上に見える、これも七言絶句の偈頌で、

三玄三要事難分、得意忘言道易親、一句分明該万象、重陽九日菊花新(10)

（臨済の唱えた「三玄三要」は説明するのが難しい、でも肝心な所をつかんでしまえば言葉は不要、悟りに達するのである。それでもあえて一句ですべてを表そうとするなら、「九月九日重陽の節句、菊の花が生き生きと咲いている」）

この第四句をそのまま用いたものである。この句は、後の禅僧たちの説法にたびたび取り上げられていて、例えば南浦紹明《なんぽじょうみん》（一二三五～一三〇八）『円通大応国師語録』上には「重九上堂。僧問、汾陽云、重陽九日菊花新、意旨如何。師云、現成公案」(11)（九月九日に師が上堂した。ある僧が「汾陽が「重陽九日菊花新たなり」と言っているその真意は何ですか」と尋ねたところ、師は「現成公案だ」と答えた）という問答が記録されて

いる。南浦の答えは、現成＝目の前に現れていること、が公案＝絶対的な真理、である、の意味で、汾陽の偈の第三句に「一句分明に万象を該《か》ねば」とあるのは、裏を返せば、その時その場所でどんなものでもよい、森羅万象それぞれが同じ真理を表している、たまたま九月九日で菊が咲いていればそれを見ればよい、ということになる。

ここから出発してもう一度無学の法語＝詩を読んでみよう。九月九日重陽の節句に菊が咲いている、酒屋では客を呼び込む旗を高く掲げ遠くからの客をもてなしている、夕方になって一段と風景が美しい、酔っ払って帽子を飛ばされてしまったのは一体誰だ、というこの四句は、時間経過や視点の移動がスムーズで、一首の詩としてのまとまりがあるが、一句ずつばらばらにしたとしても、それぞれが特に季節や場所を限定せずとも良い、よくある情景というふうにも取れる。こういった何気ない日常の風景（自然と人事両方とも）にこそ真理がある、そこをよく見極めよ、という禅の教えを含み込んだ法語として読めるようになってくるのである。

ただし墨蹟として冒頭一行を削除した加工は、むしろ法語的要素を隠し、秋の詩として読めるようにする目的だったとも考えられる。

二、書（墨蹟）の作品――「上堂語」

臨済宗の僧で長楽寺（上野国世良田《せらだ》）住持の一翁院豪《いちおういんごう》（一二一〇～一二八一）に無学が与えた一連の墨蹟は、相国寺（国宝）・根津美術館（重要文化財）のものが有名であるが、他に大東急記念文庫所蔵のものがあり、これを取り上げる（図2）。

これは、同じく弘安二年十一月、一翁が無学に参じて印可（法を継ぐ者であると認めること）を得たので、それを証明する書（相国寺蔵の墨蹟そのものとされる）を記し、上堂して修行僧たちに示した。その時の語を改めて書き記して一翁に与えたものであろう。

実はこの墨蹟、完全な形で伝わったものではない。再び『墨蹟之写』によると、元和六年（一六二〇）小堀遠州（大名茶人、遠州流開祖）が本作品と現在根津美術館にある幅とを含む四紙四段表装の一軸を持参し、江月は真筆と鑑定、その後寛永三年（一六二六）別人がこれを二幅に仕立て直して持参し再度鑑定を求めてきたが、そのときにはそれぞれ一部が削除されていたという。本作品では、「万木」「滄波」の二句が削られていることが『墨蹟之写』との比較でわかる。ちなみに『仏光国師語録』巻九・拾遺雑録には完全な形で収められているが、「重陽上堂偈」のように建長寺語録ではなく、語録等に漏れた作品を集めた巻に入っている点が異なる。
偈としては五言四句に続いてこの九言二句があり、最後に四言二句で締めくくる、という形で、それぞれ偶数番目の句末「薬」「堊」「落」「楽」で押韻しているので、作品としてはひとまとまりなのだが、茶掛としては長すぎると考えたの

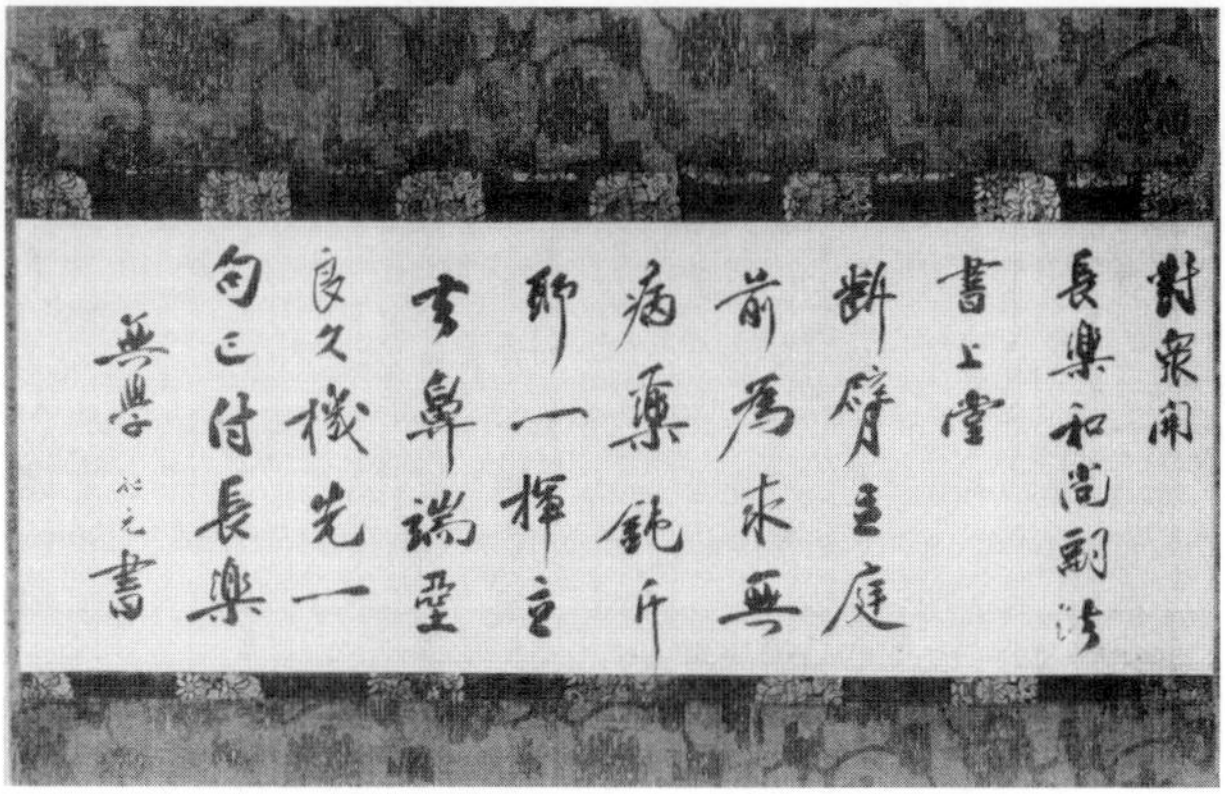

図2　大東急記念文庫蔵無学祖元墨蹟（上堂語）

であろうか。ここでは原型に戻して読んでみる。

対衆開長楽和尚嗣法書上堂　衆に対して長楽和尚の嗣法書を開きて上堂す
断臂立庭前　臂を断ちて庭前に立つは
為求無病薬　無病の薬を求めんが為なり
鈍斤聊一揮　鈍斤聊か一揮して
立去鼻端堊　立ちどころに鼻端の堊を去れり
万木欣々兮大地春回　万木欣々として大地に春回《めぐ》り
滄波浩々兮百川潮落　滄波浩々として百川より潮落つ
良久　良久《りやうきう》して
機先一句　機先の一句
已付長楽　已に長楽に付す
無学祖元書

（慧可が自ら腕を切り落として庭に立ったのは、煩悩という病からの解放＝悟りを求めたからだ。お前には私が切れ味の鈍い斧を揮って、すぐに鼻先の白い土だけをそぎ落とした。春が来てどの木もうれしそう、雪解け水が流れ込み波立つ。（しばらく沈黙して……ここはト書きのようなもの）ほら、何も考えない、何もしないという一句を、もうお前に与えたのだぞ）

最初の二句は、達磨が面壁九年、座禅の修行を続けている

ところに弟子入りを志願し、自らの腕を切ってその決意を表し、雪の中庭に立ち続けて入門を許されたという、雪舟の「慧可断臂図」でも知られる故事を詠む。第三・四句は、『荘子』にある故事で、郢《えい》の人が鼻先に白い土を付けて、優れた腕の大工匠石《しょうせき》に、斧で削らせたところ、きれいに土だけを削り落として鼻は傷つかなかった、という。

この二つの故事をふまえて訳してみると――慧可の行動は悟りへの熱意を示すものとして一般には賞賛されるが、そういう人為的、これみよがしのやり方は本来のものではない。お前も入門してきたときは表面を飾り立てていた（白土は建物の塗装に使われる）が、それはもう削り落としてやった。自然のあり方を見てみなさい、春になると木々は茂り、川は水かさを増す。当たり前のことを当たり前にやっているだけだ。……（このあり方こそが本来の修行であり悟りなのだ、ということを沈黙を以て示して）……ほら、悟りのあり方をお前に示したぞ。（機は心の働きのこと、機先はそれ以前の状態のこと）

自然（無意識）のあり方→意識的な修行→悟り＝自然に戻る、というのが、禅宗における修行と悟りのサイクルとして定式化されていて、当時の偈頌などはこれを比喩的・象徴的に表現したものが多いので、ここもそういう方向性で解釈してみた。

削除されてしまった「万木……」「滄波……」の二句は、いかにも禅の法語らしい前四句・後二句に挟まれて、一見何も関係ないような表現であるため、長さを調節するためにどこかを割愛するとなれば、ここが犠牲になって不思議はないが、前節の「重陽上堂偈」についても述べたとおり、自然の営みこそ真理を示している、人間が見習うべき姿だ、という禅の教えを比喩的に示した重要な語句であり、法語全体の要となるものである。

本作品には大徳寺の僧玉舟宗璠《ぎょくしゅうそうはん》（一六〇〇～一六六八）の折紙、一渓宗什《いっけいそうじゅう》（一六一九～一六八四）の釈文（訓点を付した翻字）が附属している。『墨蹟之写』再鑑定の寛永三年以降のものであろう。墨蹟は唐物として尊重されつつも、茶の湯の世界において掛け物として利用される都合が優先して、さまざまな改変が行われつつ、同時代の禅僧による鑑定＝権威付けも加わっていく。「モノ」として扱われる宿命とでも言おうか。

「重陽上堂偈」は、一見変哲も無い普通の詩に見えて、禅の教えを秘めたものであった。「上堂語」は禅の故事、大胆な比喩を用いて、門弟を激励するものであった。「モノ」ではなくテクストとして見た場合、その内容・表現が日本文学に新たな世界をもたらしたというインパクトは、作品が生成した時代に立ち戻って追体験できる。

三、書物（語録）

墨蹟の二作品はいずれも語録に収載され、墨蹟そのものを目にせずとも、その偈頌・法語の内容は後世の人々に広く伝えられることとなった。語録は通常、住持の任にあった寺院において、侍者（住持の身辺に仕えて世話をする若い僧侶の役職）が上堂その他の説法や書簡・偈頌等を記録しまとめるもので、「重陽上堂偈」は九月九日にそのように記録されたものから三ヶ月後再び本人の揮毫によって作品化されたものであろう。一方、一翁への「上堂語」は何らかの理由で建長寺語録には記録されず、逆にこのような墨蹟を資料として後に拾遺収録された可能性が高い。書物から書へ、書から書物へ、という書（墨蹟）と書物（語録）の、二通りの相互関係がここに見える。

さて、書物は本来的に複製されていくものであり、特に版本の場合、一度に複数の部数が制作され、版木を保存しておけばさらに後々まで繰り返し制作できる。さらには、版木そのものを複製することにより、さらなる複製が可能になる。

五山版の多くは、当時輸入された宋元版のなかから、禅宗寺院において有用と認められた仏書・禅籍また漢詩文等の外典を複製流布させたものであるが、無学祖元のように来日後に多くの語録を残した禅僧の場合、中国本土では出版されていないオリジナルの五山版ということになる。モノとして見れば、日本独自の唐物とでも言うべきか。

これまでたびたび言及した大正新脩大蔵経所収『仏光国師語録』は、享保十一年（一七二六）に円覚寺で刊行された版本を底本としている。この本は、序文において建長・円覚両寺の語録に、来日以前に住持を務めた中国台州真如寺の語録を加え、増補訂正のうえ刊行したと記されている。その底本についてはまだ明らかではない。今後の研究のため、現在知られる先行版本を刊行順に挙げてみよう[12]。

ア〔応安元年（一三六八）以前〕刊本

応安元年の識語があるので、それ以前の刊行と推定されるもの。大東急記念文庫蔵本（23-18-243）のみが知られるが、これも真如寺語録と仏祖賛の二冊のみの残欠本。

イ　応安三年（一三七〇）天龍寺刊本

夢窓疎石の弟子で夢窓没後一派を統率していた春屋妙葩による刊行。東洋文庫蔵本のみが知られる。仏祖賛・自賛・偈頌・小仏事・告香普説のみの残欠本だが、丁付が通しで付され、現存部分は二〇八から二六九であることから、他の本の丁数と比較すると、真如寺語録を持たない形だったと推定される。これは、寛文四年（一六六四）に刊行された木活字本（国立国会図書館蔵本がデジタル画像で公開されている）と同じである。

ウ〔南北朝〕円覚寺正続院刊本

円覚寺内にある開山無学祖元を祀る塔頭である正続院において、雷峰《らいほう》妙霖《みょうりん》らによって刊行されたもの。図1・3に用いた大東急記念文庫蔵本（23-18-244）ほか複数の伝本が知られ、円覚寺に完本を現蔵する。真如寺語録を含む。

エ嘉慶二年（一三八八）真如寺正脈庵刊本

京都にある十刹（五山の下位に位置する格付けの禅宗寺院）の一つ真如寺で無学を祀る塔頭正脈庵において、月舟《げっしゅう》周勛《しゅうくん》が刊行したもの。刊語には康暦元年（一三七九）の火災で版木が焼失したので再刊した旨記す。したがってそれ以前にも刊

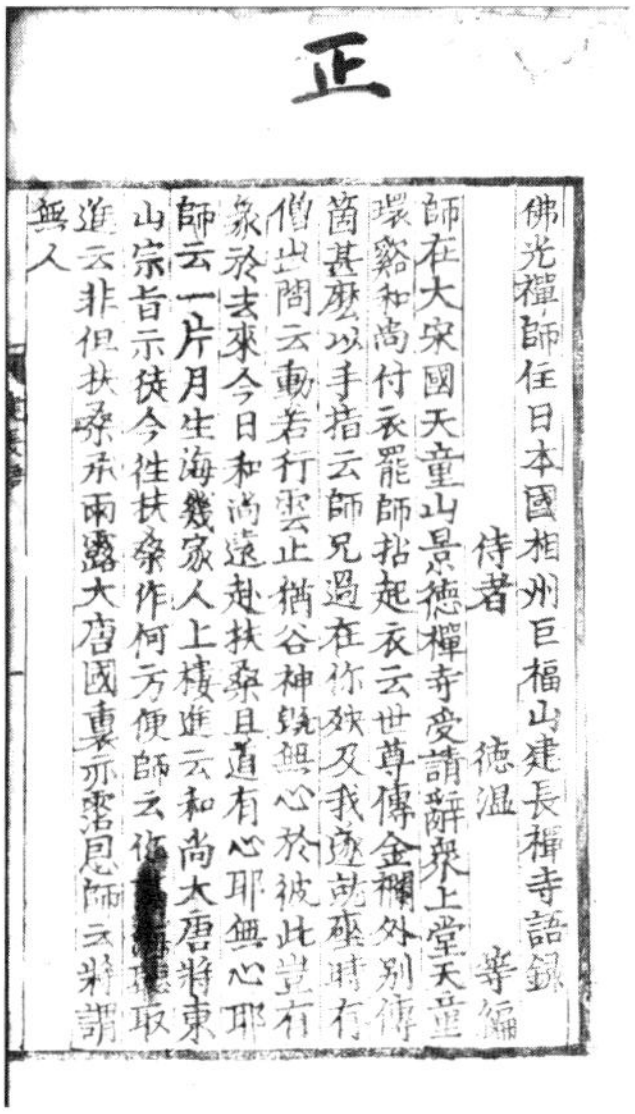
佛光禪師住日本國相州巨福山建長禪寺語錄
侍者　徳温　等編
師在大宋國天童山景徳禪寺受請辭衆上堂天童
環谿和尚付衣罷師拈起衣云世尊傳金襴外別傳
箇甚麼以手指云師兄過在你殊又我遼師座時有
僧出問云動若行雲止猶谷神貌無心於彼此豈有
象於去來今日和尚遠赴扶桑且道有心耶無心耶
師云一片月生海幾家人上樓進云和尚大唐將東
山宗旨示扶今住扶桑作何方便師云作取
進云非但扶桑亦兩露大唐國裏亦霑恩師云將謂
無人

図3　大東急記念文庫蔵『仏光禅師語録』ウ建長寺語録冒頭

行されていたはずである。現存本三本（国立公文書館・国会図書館・東洋文庫）いずれも真如寺語録と年譜・塔銘のみであり、これで完本だったと考えられる。

オ〔南北朝〕刊本

石川武美記念図書館成簣堂文庫蔵本のみが知られる、ア〜エとは別版の版本。ウの円覚寺蔵本と同じく真如寺語録を含む完本である。

刊行事情が不明であるア・オを除くと、イ・エが京都、ウが鎌倉での刊行である。イ・エは真如寺語録と附録のみのエと、真如寺語録を持たないイとで相補的な関係にあり、エの元版はおそらくイの刊行年時に先行するか平行するかで、アをそれぞれに覆刻したものかと推測される。エの刊行に関与した月舟も夢窓の弟子である。

一方、ウの刊行を行った雷峰は夢窓の兄弟弟子（ともに無学の弟子高峰《こうほう》妙日《みょうにち》門下）である枢翁《すうおう》妙環《みょうかん》の弟子で、やはり夢窓の兄弟弟子である永和二年（一三七六）に円覚寺住持となった此山《しざん》妙在《みょうざい》の侍者も務めている。つまり、刊行事情が知られる三種は、いずれも夢窓門下か夢窓に近しい人が刊行に関わっていることがわかる。

この時期、鎌倉では建長寺開山蘭渓《らんけい》道隆《どうりゅう》を祖とする大覚派と無学を祖とする仏光派の争いが激しくなっていた。そも

そもそも正続院は無学が最晩年に住持を務めた建長寺に置かれていたのを、夢窓が強引に円覚寺に移転させるなど、夢窓が政治権力を背景にした仏光派伸張策を鎌倉に及ぼし、両派の対立を激化させ、最終的に応安六年（一三七三）、大覚派による円覚寺放火計画が発覚して自滅、仏光派の勝利となった。しかし翌七年に原因不明の火災により、円覚寺の伽藍および正続院など仏光派の塔頭が焼失するという事件が起きている。

同時期に行われていた京都における語録刊行に引き続き、仏光派のうち夢窓に近しい人々が中心となって（此山以下多数の僧侶が助縁者として本書に名を刻している）、同じ語録を鎌倉でも刊行することは、仏光派の祖たる無学の顕彰を行い、自派の結束と火災からの復興を他派へ誇示し、さらには無学の正続を継ぐのが高峰―夢窓の流れであることもアピールする、といった意味合いも持っていたのではなかろうか。

おわりに

唐物としての書（墨蹟）と書物（語録など）を見ていくと、モノとテクストとが一体となって発散する宗教性・芸術性という高い価値を持ちながらも、享受者（書物の場合、制作者も含む）は単純にそれを尊崇するだけでなく、時代時代の要請に応じて政治的・経済的に利用し、場合によっては原型を改変することも厭わない扱い方をしてきた。そのような歴史を拭い去れない存在として我々の目の前に存在するものである。研究対象としては、成立時の原型を探る努力とともに、その歴史の一コマ一コマにも注意深く目を向けていく必要があろう。

注

（1）歴史・美術・宗教・文学など多方面における研究の蓄積があるが、茶の湯の世界を中心にした日本文化論になっているものとして、島尾新『「和漢のさかいをまぎらかす」茶の湯の理念と日本文化』（淡交社、二〇一三年）がある。

（2）墨蹟については、田山方南『禅林墨蹟』（禅林墨蹟刊行会、正編一九五〇年・続編一九六〇年、合編訂正版思文閣出版、一九八一年）『同拾遺』（思文閣出版、一九七七年）、今枝愛真編『新訂図説　墨蹟祖師傳』（柏林社書店、一九七〇年）、大阪市立美術館・財団法人五島美術館編『書の国宝　墨蹟』（読売新聞大阪本社、二〇〇六年）、江静編『日蔵宋元禅僧墨迹選編』（西南師範大学出版社・人民出版社、二〇一五年）などがあり、『書の国宝　墨蹟』の別冊「墨蹟資料集」は過去の図録・売立目録に見える墨蹟をリストアップしている。無学祖元については『特別展　仏光国師』（鎌倉国宝館、一九八五年）がコンパクトながら網羅的である。

（3）前掲注2「墨蹟資料集」には、国宝五点・重要文化財十三点を含む六十六点が搭載されている。

（4）江静『赴日宋僧無学祖元研究』（北京：商務印書館、二〇一一年）に詳しい伝記・年表、また作品の紹介がある。

(5) 前掲注2田山著続編および前掲江著に紹介され、田山著では、所蔵者菅原寿雄氏が円覚寺本堂で結婚式を挙げたとき、正面にこれを掲げた、という逸話を紹介している。江著では汾陽の偈と孟嘉の故事が典拠として指摘されている。なお、作品名は「重陽詩」「重陽偈」などとも称されているが、ここでは前掲注2「墨蹟資料集」に従った。

(6) 竹内尚次『江月宗玩墨蹟之寫――禅林墨蹟鑑定目録――の研究』上(下未刊、国書刊行会、一九七六年)に影印・翻刻・注解があり、また花園大学国際禅学研究所から原本カラー画像が公開されている。http://iriz.hanazono.ac.jp/newhomepage/utsushi/

(7) 『常盤山文庫名品選　墨の彩り』(常盤山文庫、二〇〇三年)の解説(高橋範子)では別の作品とするが、冒頭一行と落款印を除けば字配りも同一で、別作品とは考えにくい。どちらかが忠実な写しである可能性もあるが、後述の作品に見られるように、部分的な削除は行われがちであること、落款印を後から入れるのも、印のない作品を見栄え良くするためにしばしば行われることでもあることから、この二点の改変を経たものが現存作品である可能性が高い。なお江月は現状の五行目と六行目の間に「ツギメアリ」と注記していて、『書の国宝　墨蹟』の図版で見る限り料紙に継目があるように見受けられるが、現物未見。

(8) この詩の龍山は故事の舞台とは別の山である。松浦友久編訳『李白詩選』(岩波文庫、一九九七年)の本文・訳注を参考にした。

(9) 検索・本文は「全宋詩分析系統」http://www.chinabooktrading.com/song/による。

(10) 大正新脩大蔵経四七・五九七b。検索・本文は大正新脩大蔵経データベースによる。

(11) 大正新脩大蔵経八〇・一〇九b。同右。

(12) 原本調査を果たしていないので、以下の先行研究によって概略のみ記述した。

・川瀬一馬『大東急記念文庫貴重書解題　仏書之部』(大東急記念文庫、一九五六年)
・玉村竹二・井上禅定『圓覺寺史』(春秋社、一九六四年)
・川瀬一馬『五山版の研究』(ABAJ、一九七〇年)
・東洋文庫日本研究委員会編『岩崎文庫貴重書書誌解題』I(東洋文庫、一九九〇年)
・川瀬一馬編『お茶の水図書館蔵新修成簣堂文庫善本書目』(お茶の水図書館、一九九二年)
・前掲注4江静著。

五山版は『仏光禅師語録』と総称される。享保版は外題を禅師から国師に変更し、巻数表示を付しているため、大正蔵はそれを踏襲している。

ウの刊行前後の状況については『圓覺寺史』に詳しい。また、梅沢恵「円覚寺の文化財――宝物が語る円覚寺史」(『国華』一五一九、二〇二二年五月)に絵画・袈裟等の宝物との関連も含め概観されている。

二つの牧谿伝承作
——円覚寺蔵「白衣観音図」と建長寺蔵「猿猴図」をめぐって

高橋真作

たかはし・しんさく——東京国立博物館研究員。専門は日本中世絵画史。主な論文に「北条得宗家と足利将軍家の御物——『仏日庵公物目録』をめぐる一試論」（『美術フォーラム21』三七、二〇一八年）、「仏儒道三教一致思想の絵画——三聖図・三笑図・三酸図をめぐって」（『アジア遊学』二七一、二〇二二年）、「五百羅漢図」（『國華』一五一九、二〇二二年）などがある。

牧谿は日本においてもっとも広く受容された唐物画家として知られるが、その初期的受容については不分明な点も多い。本稿では、鎌倉の地に伝蔵されてきた表題の二つの牧谿伝承作を取り上げ、それぞれの制作地と制作年代を規定するとともに、近世の地誌で語られる両者の三幅対構成説について検証し、併せて鎌倉地方における唐絵へのまなざしについても付言する。

はじめに

唐物と称される絵画のなかで、日本においてもっとも広く受容された画家は、間違いなく牧谿《もっけい》であろう。(1)牧谿法常は、日本では南宋時代の高僧・無準師範《ぶじゅんしばん》（一一七八～一二四九）の法嗣《はっす》として尊ばれた画僧であり、(2)「和尚」とも単称されるほどに広く親しまれた。その絵は鎌倉禅林における受容を皮切りに、室町期には足利将軍家御物に編入され、さらにその後は茶の湯の世界や大名家でも大いに珍重された。中近世のみならず現代に至るまで請来文物・唐物の最高峰として君臨し続けている牧谿作品だが、その初期的受容の様相については不分明な点も多い。

これまでの牧谿受容に係る語りでは、元応二年（一三二〇）作成・貞治二年（一三六三）校合の『仏日庵公物目録』から始めるのが常であったと思われるが、そこに記載される各作と照合できる現存作品が遺っていないことに難点がある。そこで本稿では、鎌倉の地に伝蔵されてきた二つの牧谿伝承作、すなわち円覚寺蔵「白衣観音図」（以下、円覚寺本）（**図1**）と建長寺蔵「猿猴図」（以下、建長寺本）（**図2**）とを取り上げ、鎌倉地方における牧谿受容の一様相を提示してみたい。

この二作品を同時に取り上げる理由は、後述するように、近世の地誌類において、かつては両者で三幅対を構成していたと記されるからであり、さらに唐絵と和製唐絵の関係性を考察するうえでも良好な素材と考えられるからである。本稿では、円覚寺本と建長寺本の制作地および制作年代について改めてそれぞれ考察を行った後、両者の三幅対構成説について改めて検証するとともに、鎌倉地方における唐絵へのまなざしについても付言しておきたい。なお、本稿においては、地の文では「牧谿」と表記し、その他は引用文献の表記（「牧渓」等）に従うこととする。

図1　伝牧谿筆「白衣観音図」（円覚寺蔵）

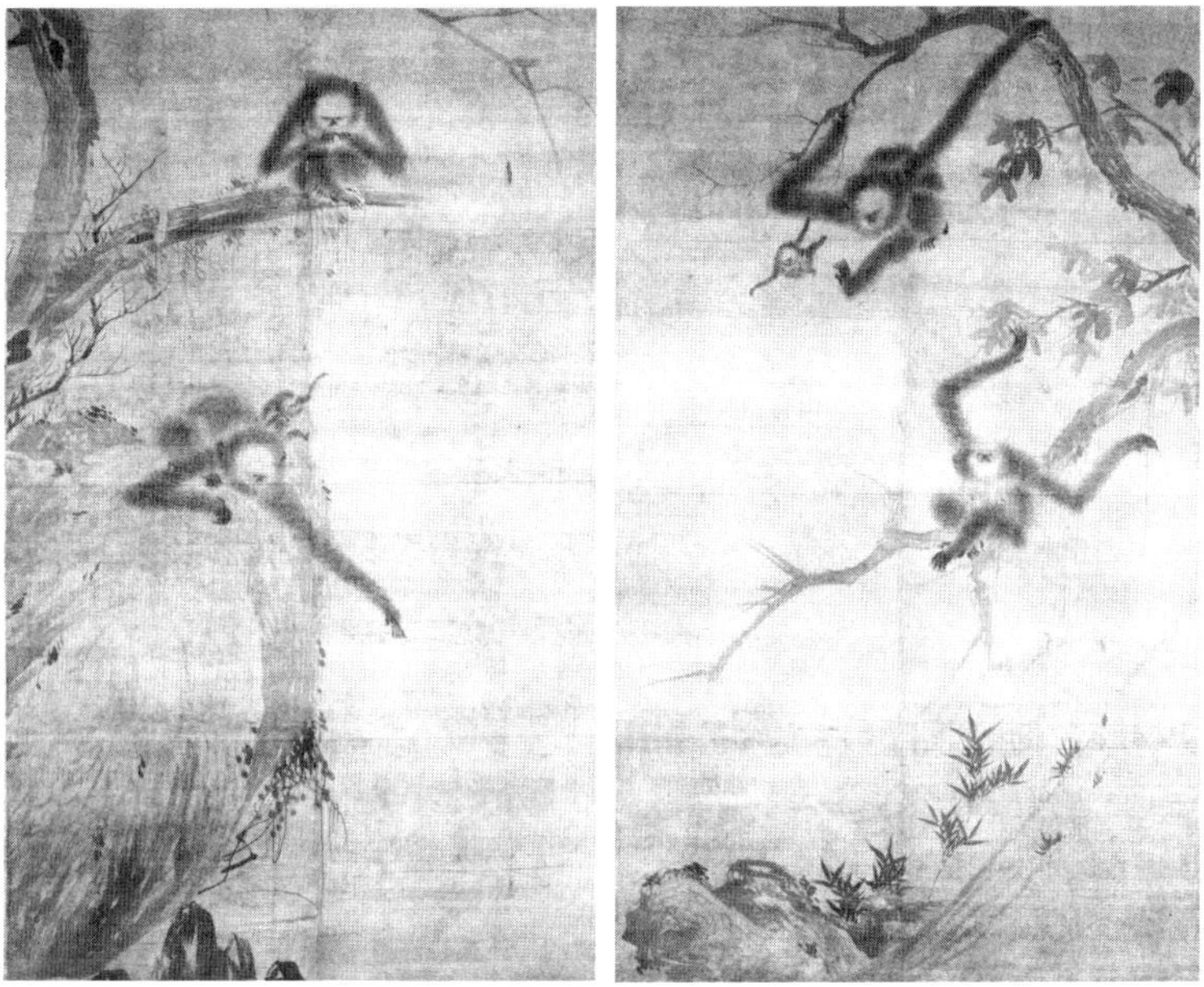

図2　伝牧谿筆「猿猴図」（建長寺蔵）

一、円覚寺本の制作地と制作年代

まずは円覚寺本の現状および伝来について確認しておこう。円覚寺本は、竹林や奇岩を配した背景描写のなか、岩上でくつろいだ姿勢をとる白衣観音が水面に映じる月影を眺める様を描いた作である。縦一五五・〇×横九三・六センチ[3]、画面中央で絹継ぎした二副一鋪の絹本墨画作例で、この種の白衣観音図としては異例の大幅といえる。なお画中に落款印章は見当たらない。平成に入ってから太巻仕様に修復されているが、現箱には明治二十九年（一八九六）の修理記録証と、江戸期のものと思しき旧箱蓋も保存され、蓋表には「水墨観音　牧渓筆　鹿山常住」と記されている。

天保十二年（一八四一）成立『新編相模国風土記稿』（以下、『風土記稿』）「円覚寺」の項には「水月観音像一幅〈牧渓筆、按ずるに、是は元建長寺所蔵、三幅対の其一なりとぞ、今左右の二幅、彼寺に現存せり、此軸何の頃より、当寺に伝へけん、詳ならず〉」（〈　〉内は割註。以下同）とあり、これによれば円覚寺本は、元は建長寺本と三幅対をなしていたものが、いつの頃か円覚寺へ移入されたという。

またこれを遡る貞享二年（一六八五）刊『新編鎌倉志』「円覚寺」の項には、「観音画像　壱幅　唐画　筆者不知」という記載があり、これも円覚寺本に該当する可能性が高いといえる。さらに、『円覚寺史』所収の永禄十二年（一五六九）「瑞鹿山円覚寺校割帳」[4]には「一観音像　付箱、月古筆（壺）　一幅」とあり、牧谿ともよく混同される月壺観音として記載されている。牧谿筆という伝承が生じるのが江戸中期以降とみられるのが興味深いが、いずれにせよこれにより、永禄以前には円覚寺に伝蔵されていたことが知られ、中世以来鎌倉の地にあった可能性は高いといえよう。

なお円覚寺本は平成九年（一九九七）に鎌倉市指定文化財となったが、その際は「水月観音図」の名で、「室町時代・十五世紀」の作として指定されている[5]。しかし、その後の研究の進展により、品名は「白衣観音図」、また制作年代も「元時代・十四世紀」として表記されるようになった。円覚寺本における、奇態でアクの強い雲頭皴《うんとうしゅん》風の岩石表現は日本作には見られない特質であり、また葉先を尖らせつつ最後の筆の払いにまで気を配った墨竹描法等も考慮すれば、円覚寺本が中国で制作されたことはまず間違いない。

元時代の絵絹についてはあまり研究が進展していないが、緻密な傾向を示す宋絹とは異なり、次第に粗くなっていくことが現存諸作例から確認できる。円覚寺本の絵絹（**図3**）については、拡大すると肌裏が見えるくらいの粗さを伴うが、十四世紀前半の羅稚川《らちせん》筆「雪汀遊禽図」（東京国立博物館蔵、横使い）」などとも近しい絹質であり、およそ十四世紀代の絵絹とみてとくに矛盾はない。

円覚寺本についての最新の研究成果は、板倉聖哲によって示されており、[6] 大徳寺蔵の牧谿筆「観音猿鶴図」（以下、大徳寺本）と円覚寺本における観音図像の描法の共通性から、「この画の制作者が牧谿らの水墨画を継承し、牧谿と同様に相当な技量を備えていたことを示している」と述べる。さらに岩竹は、元時代前期に江南地域で活躍した墨竹画家・李衎《りかん》（一二四五～一三二〇）のそれを想起させるとし、「元時代中期頃に、江南の僧侶画家、牧谿らの伝統を継承しつつ、職業画人的な側面も強い画家の手になった」と結論付けられている。

本稿で注目したいのは、板倉も挿図として掲げている、李衎筆「竹石図」（宮内庁三の丸尚蔵館蔵、以下宮内庁本）（**図4**）と円覚寺本との描写の近さである。宮内庁本は李衎最晩年の代表作で、延祐七年（一三二〇）の款記を有している。

李衎は北宋の墨竹画家・文同《ぶんどう》（一〇一八～一〇七九）の描法を踏襲しつつ、大徳三年（一二九九）に『竹譜詳録』を編むなど、画竹・墨竹の理論化を進めたことで知られる。[7] 円覚寺本に見られる、輪郭線を強調した奇岩と墨竹との組み合わせ

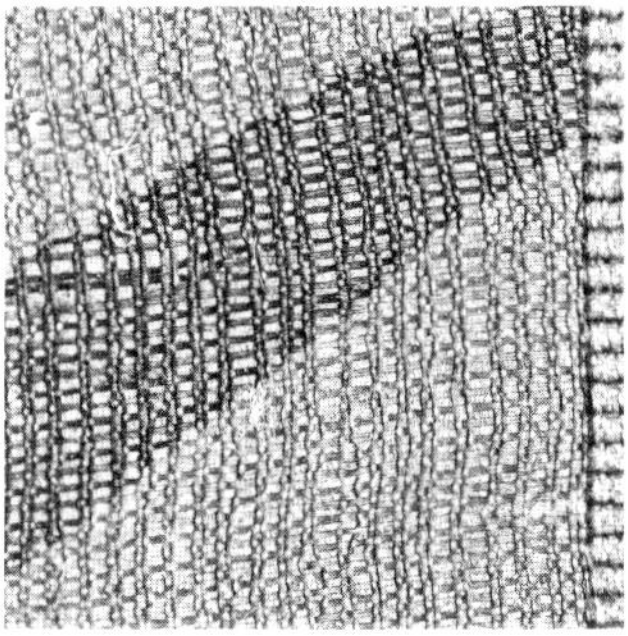

図3　円覚寺本「白衣観音図」絵絹（縦寸1cm）

図4　李衎筆「竹石図」（宮内庁三の丸尚蔵館蔵）

は、多くの李衎画に認められるモチーフ構成だが、加えて円覚寺本では、前後の竹を墨の濃淡で区分けするとともに、葉叢の合間に細かな枝を表し、風に翻る竹葉を諸所に表現するなど、『竹譜詳録』「墨竹譜」（知不足齋叢書本）に記される竿・節・枝・葉の描法に忠実に則っていることが見て取れる。

李衎の後に活躍した他の墨竹画家、すなわち呉鎮《ごちん》（一二八〇～一三五四）、顧安《こあん》（一二八九～一三六五）、柯九思《かしきゅう》（一二九〇～一三四三）らの作品と比べてみても、むしろ表現の差が目立ち、円覚寺本と李衎様式とのきわめて近しい関係が了解される。さらに、同じ李衎画のなかでも、至大元年（一三〇八）銘の李衎筆「墨竹図巻」（ネルソン・アトキンス美術館蔵）・同「四清図巻」（北京故宮博物院蔵）の墨竹表現と円覚寺本とを比較すると、紙本と絹本、巻子と掛幅という違いはあるにせよ、清冽な様式を示す両図巻に対して、李衎最晩年の作である宮内庁本と円覚寺本との近似の度合いがより際立つといえる。宮内庁本とは、先に挙げた諸点に加え、葉先が窄まり尾状に長く伸びる竹葉など細かな筆法も共通しており、円覚寺本が李衎最晩年の様式を強く踏襲していることが見て取れる。むろん、円覚寺本を李衎その人の作とみなすわけではないが、以上のことから、宮内庁本が描かれた延祐七年（一三二〇）と近接した時期に、江南地域において円覚寺本が描かれた可能性は高いと思われる。

では、それが日本にもたらされたのはいつ頃であろうか。中国での制作後しばらく時を置いて日本へ移入された可能性も考えられないわけではないが、縦一五〇センチを超える絹本の大幅であることを考慮するならば、市場に流通するような紙本・小幅の観音図と同列に扱うわけにはいかない[8]。また、後述のように円覚寺本が請来された後に日本で建長寺本が制作されたとみられること、そして建長寺本が十四世紀前半頃に制作されたとみられることからすれば、制作後あまり時を経ずに円覚寺本が請来されたとみるのが穏当と思われる。

二、建長寺本の制作地と制作年代

一方の建長寺本は、牧谿猿と通称されるフサフサとした毛並みの手長猿が、樹石のなかで様々な姿態をとる様を描いた対幅である。各縦一五三・二×横九七・四センチ[9]、両幅とも画面中央で絹継ぎした二副一鋪の絹本墨画作例で、猿猴図作例としては大徳寺本「観音猿鶴図」に次ぐ大幅である。円覚寺本と同様に平成に入ってから太巻仕様に修復されたが、現箱には、安永五年（一七七六）に新造された旧箱蓋[10]が収められている。

前掲『風土記稿』「建長寺」の項では、円覚寺本の解説と同様に「三幅対画〈中仏三尊、思恭筆、左右猿猴、牧渓筆、此中軸は金別品にて今円覚寺に蔵する、牧渓筆の水月観音の画幅、則此中軸なりと云、何の頃彼所蔵となりしや、詳ならず〉」とある。また同じく前掲『新編鎌倉志』「建長寺」の項には「三幅対絵　中は釈迦、左右は猿猴、牧渓筆。案ずるに釈迦・猿猴別筆なれども、取合せて対とす。画体相似たるを以なり」とある。建長寺本はこの記載のとおり、現状でも室町期の釈迦三尊図と同箱に収められている。しかしこの釈迦三尊図の法量は縦一四三・二×横九一・七センチで、現状では建長寺本の法量に合わせて本紙周囲に絹を継ぐなど、元々のセットでないことは明白である。

建長寺本の右幅右下および左幅左下には、それぞれ同印の「牧谿」白文方印が捺されている（図5）。印文は、大徳寺本等の白文方印のそれとは異なり、牧谿筆・偃谿廣聞《えんけいこうもん》賛「蜆子和尚図」（個人）等に捺される朱文方印のそれと同形である。印形は悪くないのだが、これと同じ白文の印影を伴う作例はほかに見出せない。牧谿伝承作の朱文印をもとに後世に作られた印である可能性も捨て切れず、捺印の時期を特定するのは困難である。また右幅右下に「福山聴松軒公用」、右幅左下に「応卯卅暦夷則廿日住持等梵」、左幅左下に「聴松軒公用」の寄進銘があり（図6）、応永三十年（一四二三）に住持等梵《とうぼん》が建長寺聴松軒の公用物として寄進したことがわかる。(11)

建長寺本の制作年代については、これら墨書銘の寄進年代と同時期とする見解が多く取られてきたが(12)、二〇〇三年に東

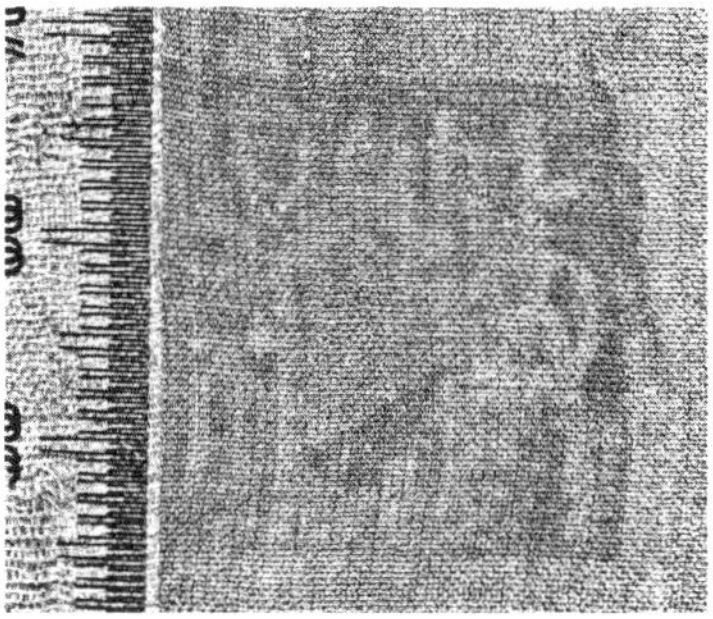

図5　建長寺本「猿猴図」印章

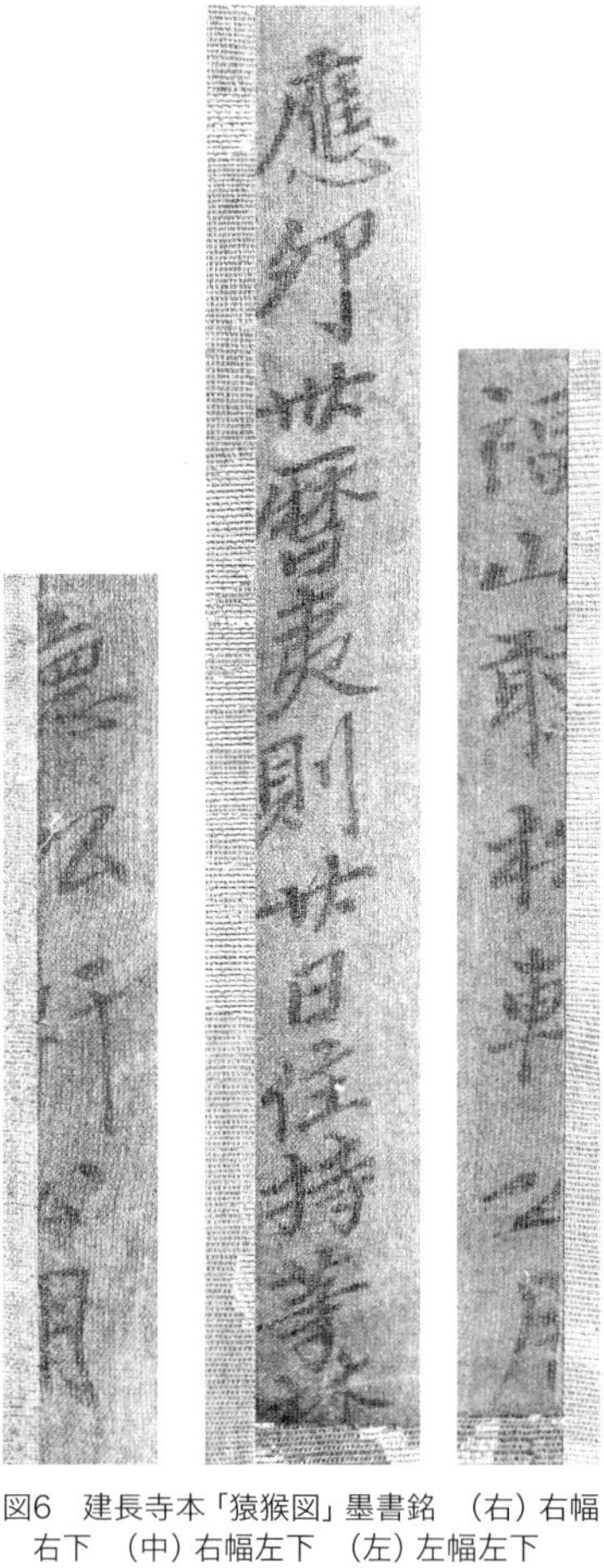

図6　建長寺本「猿猴図」墨書銘　（右）右幅右下　（中）右幅左下　（左）左幅左下

京国立博物館で開催された特別展『鎌倉――禅の源流』において「南北朝時代・十四世紀」と表記されて以降、これに従う傾向が強い。ただし、同展図録解説では「制作時期の判定は困難であり、十三世紀に遡る可能性もある」[13]と注記されており、詳細な制作年代については検討の余地が残されている。

建長寺本について検証するにあたり、まず強調しておくべきことは、本作が、数ある牧谿猿作例のなかでも、大徳寺本「観音猿鶴図」に次ぐ大作・優品と評価すべき作であるということである。同じ牧谿猿作例といえども、各作によって画風に振幅があることは、例えば注1に挙げた五島美術館『牧谿』図録に掲載の三点（№37～39）を見比べるだけでも事足りるだろう[14]。そうした中で建長寺本の猿の姿態や描法は大徳寺本の猿図にきわめて近似し、繊細な毛並みや顔の中央にパーツを寄せた記号的な面部といった基本的な造形要素はむろんのこと、細線を重ね合わせることにより体毛の濃薄や体の関節を表す表現、手足の爪を指先から離して尖頭形の墨点で表す点など、細部表現までもが合致する。

一見すると牧谿筆の伝承にも肯いてしまいそうになるが、大徳寺本とは異なる要素もやはり見受けられる。例えば毛並みの表現は、大徳寺本が濃墨に近い墨色で細線と中太線とを織り交ぜた強い筆勢を取るのに対し、建長寺本では、中墨による細線を用いて、より繊細に慎重に描いていることがわかる。細部に至るまで牧谿猿の描法に習熟しつつも、やはり原本筆者とは異なる模倣的要素が見受けられるといえる。また建長寺本では、牧谿原本に見紛うばかりの猿猴表現を見せつつも、背景描写については墨の面と筆の線とに還元されるような一種の平面性を表出しており、これまで多く指摘されてきたとおり、やはり日本作とみるのが穏当といえる。では、その制作時期はいつ頃に置かれるであろうか。

泉武夫[15]による中世絵画の絵絹の分析を参照するならば、建長寺本の絵絹（**図7**）は、二本引き揃えの経糸をやや間隔を空けて組成されており、泉が掲出する事例のなかでは、藤田美術館蔵「春日明神影向図」（一三一二年）に最も近しいといえる。ただし、藤田本よりもやや時代の下降を示すのかもしれない。むしろ、緯糸が太くなっている点からすれば、これよりもやや時代の下降を示すのかもしれない。むろん、絹質のみから年代比定を行うことはできないが、極端に緯糸が太く極端に経糸が細い十四世紀半ばの絵絹（神護寺蔵「伝源頼朝像」等）や、十五世紀以降の疎らな絵絹とは質を異にする点は、建長寺本の制作年代を定めるうえでも一定程度の指標となるだろう[16]。

絵の様式からみても、十四世紀前半頃とみることに問題はないと思われる。猿猴図作例に限らず[17]、広く水墨画における共有モチーフを比較するならば、建長寺本に見られる披麻《ひま》皴《しゅん》風の岩の表現とその輪郭の周囲に濃墨により点苔《てんたい》を施す表現は、この時期の水墨作例に多く見ることができる。例えば、東明慧日《とうみょうえにち》（一二七二～一三四〇）の賛を伴う「出山釈迦図」（長楽寺蔵）もその一つである。東明慧日は北条貞時の招請により延慶二年（一三〇九）に来日し、鎌倉の禅院を歴住したことで知られるが、その来日年や生没年からみて、長楽寺本が十四世紀前半に鎌倉周辺で制作されたことは明らかといえる。またこうした岩皴や点苔の表現の祖型として牧谿画が想定できることは、大徳寺本の観音幅における背景描写と見比べてみれば直ちに了解されよう。

また、長楽寺本以上にさらに建長寺本と近しい岩描表現が見られるのが、黙庵霊淵《もくあんれいえん》（？～一三四五頃）筆・平石如砥《ひんしいにょし》（一二六七～一三五七）賛「白衣観音図」（文化庁蔵、以下文化庁本）（**図8**）である。黙庵[18]は鎌倉で活躍した画僧で、見山崇喜《けんざんすうき》（？～一三二三）や清拙正澄《せいせつしょうちょう》（一二七四～一三三九）に師事した後、古林清茂《くりんせいむ》（一二六二～一三二九）に参じる目的で「一三三〇年前後」[19]に入元したことが知られる。彼の地では、平石如砥や月江正印《げっこうしょういん》（一二六七～？）、楚石梵琦《そせきぼんき》（一二九六～一三七〇）などの尊宿に謁し、帰国の志を持ちつつも至正五年（一三四五）頃に没したという。現存する黙庵作品は小幅の道釈人物画のみだが、『楚石梵琦禅師語録』巻十四には、「日本淵黙庵画二十二祖請賛」が収載されており、寺院の公用物となるべき連幅の祖師像も黙庵が手掛けていたことがわかる。

図7　建長寺本「猿猴図」絵絹（縦寸1cm）

図8　黙庵筆・平石如砥賛「白衣観音図」（文化庁蔵）

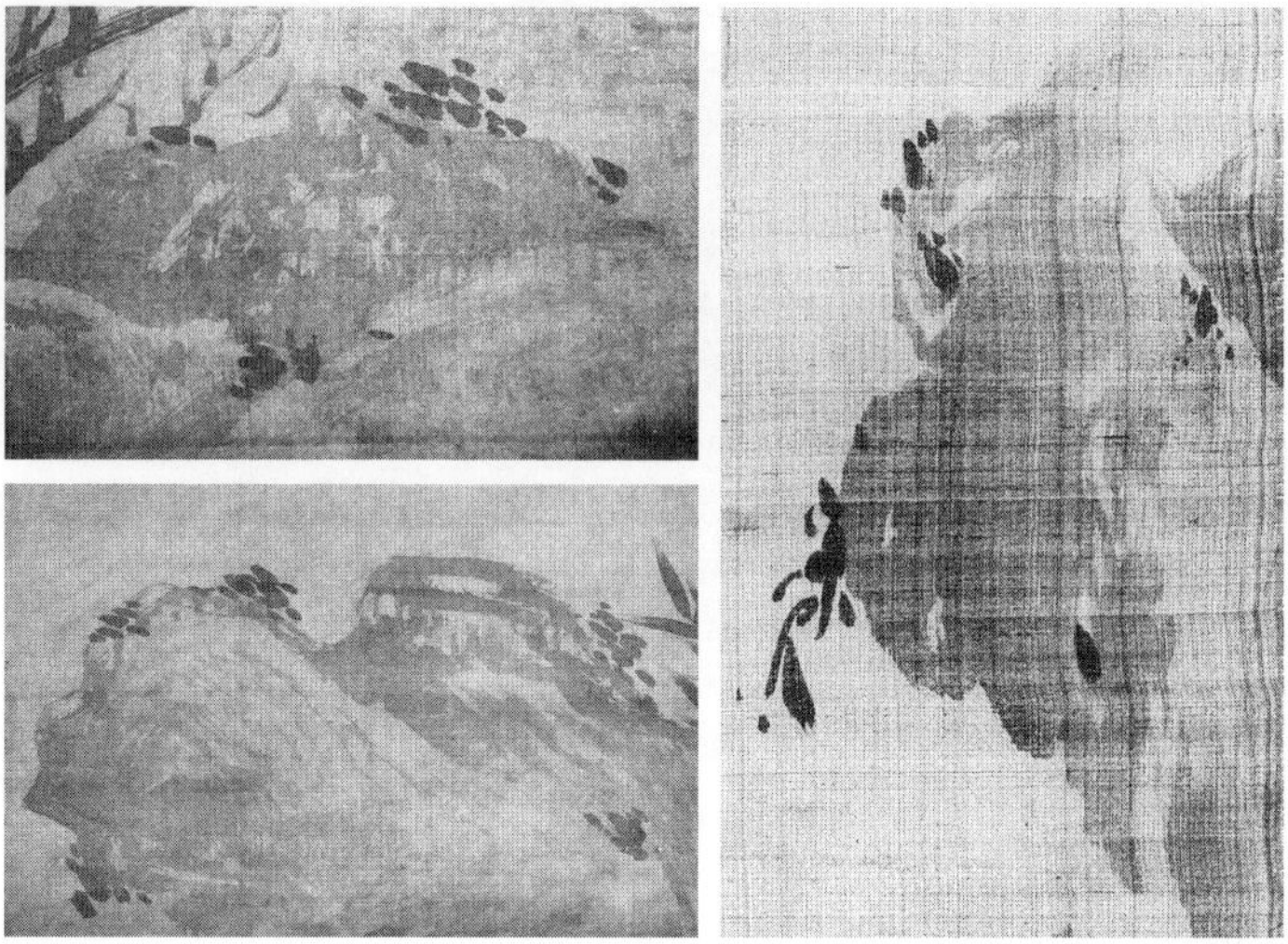

図9　建長寺本「猿猴図」（左）・文化庁本「白衣観音図」（右）　岩描比較

建長寺本と文化庁本の岩描表現を比べてみると（**図9**）、雲頭皴と披麻皴とが交じり合ったような未整理な岩皴で、岩塊の一部を淡墨で平面的に塗りつぶしつつも、所々に不定形の白い塗り残しを施している。さらに大小を組み合わせた楕円形ないし滴形の濃墨による点苔を岩の外側へとはみ出して打つなど、両者で共通した表現を見て取れる。

文化庁本は黙庵が入元して間もない時期の作と推定されているが、これを敷衍すれば、文化庁本には黙庵が入元前に鎌倉の地で学んだ水墨様式がいまだ濃厚に残存していたものと判断できる。とすれば、それと近似する岩描表現を伴う建長寺本についても、やはりそれと同じ時期の鎌倉地方様式が表れていると類推できるだろう。以上のことから、建長寺本は、十四世紀前半とくに「一三三〇年前後」に近接した時期に鎌倉で制作されたものと想定しておきたい。

三、鎌倉における唐絵へのまなざし

前二章では、円覚寺本と建長寺本について、その制作地と制作年代について考察を行った。円覚寺本は、一三二〇年に近接した時期に中国の江南地域において制作され、程なくして日本へ請来されたものと推定した。また建長寺本は、一三三〇年に近接した時期に日本の鎌倉地方で制作されたものと想定した。これをふまえたうえで、前掲『風土記稿』に記される、両者が三幅対を構成していたという記載について改めて検討してみたい。

この点について第一に注目すべきは、両者の法量がほぼ一致することである。修理時における切り詰め等を考慮しても、画題に対する一般的な法量に比して、両者ともに異例ともいうべき大幅といえる。とすれば、こうした一致性についても、

図10　円覚寺本「白衣観音図」・建長寺本「猿猴図」　三幅対構成復元

たまたま両者が近い法量であったとみるより、制作された当初より同寸が意識されていたとみるのが自然といえる。

そして第二に、両者の構図である。建長寺本は左幅が「く」字形、右幅はその逆形のモチーフ配置がなされているが、左右幅の間に掛けられるべき中尊を荘厳する意図が明確であり、猿猴図のみで完結するよりも中幅を置いたほうがはるかに収まりがよい。さらに、建長寺本左幅には、水面に映じる月を捕らえんと手を伸ばす、いわゆる捉月猿が描かれているが、同画面内の水面には月影は表されていない。試みに円覚寺本を中幅として、建長寺本を脇幅として左右に並べてみると（図10）、円覚寺本の水面に描かれた月影の位置と、建長寺本の捉月猿の手の方向とがぴたりと一致するのがわかる。制作の順序としては、水面に月影が表されている円覚寺本が先に存在し、その位置に合わせて建長寺本が描かれたと想定できるだろう。

このようにみれば、両者が三幅対をなしていたとする『風土記稿』の説は、きわめて説得力をもつことがわかる。つまるところ、中国で描かれた円覚寺本が日本へともたらされた後、円覚寺本に合わせた法量と構図とをもって、鎌倉地方で描かれたのが建長寺本とみることができるだろう。この想定は、先に示した両者の制作年代の規定とも矛盾しない。

そして重要なのは、牧谿の伝統を強く引く円覚寺本の様式と調和するように、建長寺本では、牧谿原本と見紛うほどに忠実に猿図を再現していることである。こうした唐絵に対する再現性の希求は、室町期以降の足利将軍家周辺における文化事象とは異なるものといえ、そこには、鎌倉禅林における舶載中国画に対するまなざしが反映しているように思われる。

それは、忠実に中国画を再現したいという姿勢である。この場合の再現とは、技法的な優秀性のみでなく、牧谿ないし禅林仏画への精神性にまで迫ろうとするものといえる。このことは、室町期の漢画系画人たちが和様化への道へと進んだのとは大きく異なるものである。建長寺本が、大徳寺本「観音猿鶴図」と同様に大幅の絹本に描かれ、牧谿画そのものに肉薄する筆法を見せるのは、まさにそれを体現しているといえる。そしてそれこそが、室町初期の詩画軸サロンに連なる「共有志向」の念の表れであり[20]、室町期に鎌倉に禅の源流が遺されていると見なされた理由の一つといえる。

鎌倉後期から南北朝期にかけて、鎌倉の禅寺には渡来僧や留学僧が多く住し、中国画で上堂説法が行われていた[21]。すべての僧が中国語を理解したわけではなかったようだが、中国式の修行と生活が日本の寺院内で行われていた点は、舶載された唐絵そっくりに和製唐絵を制作する気分と通底するものといえよう。

冒頭で挙げた『仏日庵公物目録』には早くも多数の牧谿画（とくに猿猴図作例）が収載されており、鎌倉における牧谿への憧憬をみることができる。そこには、牧谿が無準師範の法嗣であり無学祖元《むがくそげん》（一二二六～一二八六）の法眷《はっけん》であるという伝も大いに関係したであろう。そしてこうした記録や円覚寺本などの存在を考えるならば、鎌倉地方では、牧谿画（伝承作も含めた）を実見し、その水墨技法を咀嚼できる環境は十分にあったといえる。その好例として挙げられるのが、先にもその名を挙げた、建長寺本の制作と同じ時期に鎌倉禅林にいた画僧黙庵である。

ここで黙庵が中国で「牧谿再来」と評価されたことは改めて注目されるだろう。黙庵と時を同じくして入元した鈍夫全快《どんぷぜんかい》（一三〇九～一三八四）が、帰国後に義堂周信《ぎどうしゅうしん》（一三二五～一三八八）に語ったなかに黙庵の事跡が挙げられている[22]。

> 鈍夫至、話及淵黙庵画、庵本名是一、後謁見山和尚改今名、入唐、本覚欲了庵会中蔵主、鬻屐開古林後録者、後在承天説南楚会中後堂、未幾死、初在浄慈、因游西湖六通寺、々乃牧渓徒弟院、々主某迎笑故而話曰、昨夕夢開山牧渓和尚至、汝即再来也、遂伝牧渓印、々有朱白二字印、故時称牧渓再来云、（後略）

これによれば黙庵は、牧谿の徒弟院《つちえん》である西湖の六通寺に赴いた際、院主より牧谿の再来と称され、朱文・白文の牧谿印を付与されたという。こうした破格の歓待について考慮するならば、それは単なる牧谿の絵画技法のみに留まらず、その精神性までもが引き継がれているという評価だったのであろう。黙庵はすでに入元前に鎌倉の環境において牧谿画の神髄を会得していたであろうし、そしてそれが鎌倉の画人たちの共通認識だったであろうことは、原本牧谿画にきわめて近似した様式を示す和製牧谿画たる建長寺本によく示されているといえよう。[23]

おわりに

以上、本稿では、中世以来鎌倉の地に伝蔵されてきた二つの牧谿伝承作品、円覚寺本「白衣観音図」と建長寺本「猿猴図」をめぐって考察を進めてきた。

円覚寺本は牧谿以来の伝統的手法による観音と、李衎の最晩年様式に基づく背景描写を伴うものだが、延祐七年（一三二〇）に李衎が描いた宮内庁本「竹石図」との近似から、これと近接した時期に中国江南地域において円覚寺本が描かれ、さらに制作から時を経ずして日本へと請来された可能性を述べた。建長寺本については、黙庵が入元して間もない頃に描いたとされる文化庁本「白衣観音図」との岩の描法の比較から、黙庵の入元時期である「一三三〇年前後」に近接した時期に鎌倉で制作されたものと想定した。

さらに両者は、『新編相模国風土記稿』に記載されるとおり、元は両者で三幅対をなすものであった可能性が高いが、中国製の円覚寺本が日本へ請来された後、それに合わせた法量と構図とで日本で描かれたのが建長寺本とみられる。建長寺本にみられる牧谿画への再現性の希求は、室町期以降の足利将軍家周辺における文化事象とは異なるものであり、そこに、鎌倉禅林における舶載中国画に対するまなざしが反映していることを論じた。

推測を重ねた粗い考察だが、ほかにも、建長寺本の画中に捺された「牧谿」印の問題や、円覚寺本と建長寺本とが分離された時期や要因など、本稿でふれ得なかった課題も多く残されている。とりわけ、中国と日本双方における「異種配合」の問題、観音図に猿猴図を組み合わせる宗教的位置付けの探索については、大徳寺本「観音猿鶴図」の読み解きとも絡む重要な議論といえる。今後も引き続きこれらの問題について追求を重ねていきたい。

図版出典

図1・2 『世界遺産登録推進三館連携特別展　武家の古都・鎌倉』図録（神奈川県立歴史博物館・神奈川県立金沢文庫・鎌倉国宝館、二〇一二年）、**図3・5・6・7・9（左）** 稿者撮影、**図4** 『花鳥画――中国・韓国と日本』図録（奈良県立美術館、二〇一〇年）、**図8・9（右）** 『日本美術全集　第十二巻　水墨画と中世絵巻』（講談社、一九九二年）。

注

（1）牧谿に関する論考は枚挙に暇がないが、ここでは、牧谿研究の集大成ともいうべき『牧谿――憧憬の水墨画』図録（五島美術館、一九九六年）の「牧谿関連主要参考文献目録」（荏開津通彦編）、および牧谿研究の最新成果といえるユキオ・リピット「牧谿筆《観音猿鶴図》論」（『アジア仏教美術論集　東アジアⅣ　南宋・大理・金』中央公論美術出版、二〇二〇年）の参考文献リストを挙げるに留める。ただし、両者から漏れた論考として、荏開津通彦「牧溪の尊重」（『アジア遊学』一四二〈古代中世日本の内なる「禅」〉、二〇一一年）も挙げておく。また、姜希姸『牧谿絵画の受容様相に関する研究――〈観音猿鶴図〉と〈栗柿図〉を中心に』（牧谿 繪畫 受容 樣相 研究：〈觀音猿鶴圖〉와〈栗柿圖〉를 中心으로、ソウル大学校人文大学大学院、二〇一九年。https://s-space.snu.ac.kr/handle/10371/161574）も参照（二〇二二年五月閲覧。日本語抄出部分のみ既読）。

（2）牧谿を無準の弟子と記す史料の初出は、日本で刊行された永徳二年（一三八二）『仏祖正伝宗派図』（大東急記念文庫）である（前掲注1『牧谿』図録にモノクロ写真掲出）。戸田禎佑「牧谿序説」（同『水墨美術大系　第三巻　牧谿・玉澗』講談社、一九七三年）では、牧谿について、「その禅の師は、仏鑑禅師・無準師範であるとは海老根聰郎氏の宗派図の検索で確実になった」とし、日中で刊行された宗派図を挙げ、「日本と中国の両者の間に交流はないものと思える。よって牧谿無準法嗣説は宗派図でみるかぎり両国の共通に存するものと考えられる」と記している。ただし、戸田の挙げる中国刊行の『禅灯世譜』は崇禎四年（一六三一）まで下る。これらの宗派図については、須山長治「宋末における禅僧たちの交流――無準師範の弟子たち」（『宗学研究』四四、二〇〇二年）も参照。

（3）法量は『世界遺産登録推進三館連携特別展　武家の古都・鎌倉』図録（神奈川県立歴史博物館・神奈川県立金沢文庫・鎌倉国宝館、二〇一二年）の表記に従う。

（4）玉村竹二・井上禅定『円覚寺史』（春秋社、一九六四年）。

（5）『鎌倉の文化財』一九（鎌倉市教育委員会、二〇〇〇年）。

（6）板倉聖哲「元時代・伝牧谿筆　白衣観音図」（『國華』一五一九〈特輯：円覚寺の美術 書画篇〉、二〇二二年）。

（7）宮崎法子「元代の花鳥画と墨竹画」（『世界美術大全集　東洋編　第七巻　元』小学館、一九九九年）。林宛儒「遊走於文士與皇族之間――李衎畫竹與四季平安墨竹軸」（『故宮文物月刊』四〇三、二〇一六年）。小林宏光「画譜の誕生と初期の発達――南宋『梅花喜神譜』から明代『高松画譜』まで」（同『中国版画史論』勉誠出版、二〇一七年）。

（8）絹本の大幅であることは、大勢の観者を対象とする場や、何かしらの儀礼的用途のために制作された可能性も考えられる。水墨で描かれた観音図を用いる儀礼として想起されるのは、観音を本尊として罪障を懺悔する「観音懺法」である。時代の下る日本の事例であるが、『薩戒記』応永三十二年（一四二五）四月十一日条に次の記載がある。

十一日、辛亥、天晴、申剋小雨、晩来陰気也、今日於院被行観音懺法、是又御園（円）融上皇御追福也、雑具等悉自相国寺維那僧持参也、講堂荘厳、於泉殿東面有此事、西押板上中央奉懸本尊一幅、〈墨絵、観音一尊、馬遠筆也〉（略）

すなわち、後円融上皇三十三回忌追善において、七日間にわたる法華懺法の翌日、仙洞御所内にて観音懺法が営まれ、相国寺維那僧が持参した馬遠筆の水墨観音図一幅が本尊として使用されていることがわかる。ほかに、『夢窓国師語録』年譜（正安三年（一三〇一）条）においても、「水墨観音」が「円通懺摩之法」に用いられている。このように観音懺法においては、一幅の水墨観音図が儀礼の本尊たりうることが見て取れる。

仮に円覚寺本が観音懺法のような儀礼に使用され、またそうした儀礼を挙行する意図をもった主体によって日本にもたらされたと想定するならば、嘉暦元年（一三二六）に来日した清拙正澄（一二七四～一三三九）は、請来候補者の有力な一人として挙げられるだろう。清拙は日本に清規を広めたことでも知られるが、来日後は嘉暦二年（一三二七）に建長寺、元徳二年（一三三〇）に円覚寺に住している。『鹿苑日録』明応八年（一四九九）五月十六日条には、「興雲石梁者一山俗姪也。而嗣于一山。甫来于本朝。與清拙夢窓定観音懺摩之引曲者也。今之所講者原乎三大老也」とあり、日本における観音懺法の曲調を定めた人物として、一山一寧の甥である石梁仁恭と夢窓疎石とともに清拙正澄の名が挙げられており、清拙と観音懺法との結び付きが強く見られる。

ただし、もし円覚寺本が観音懺法儀礼の本尊画であったとみる場合、後述のとおり建長寺本が早々に三幅対として追加されたのだとすれば、観音図と猿猴図とを組み合わせる宗教的必然性が問われなくてはならない。この点については前掲注1リピット論文が大きな示唆を与えるかと思われるが、本稿ではそれについて語る準備はない。

(9) 法量は前掲注3『武家の古都・鎌倉』図録の表記に従う。

(10) 箱書は次の通り。なお、蓋裏には元禄八年（一六九五）時における書付（建長寺本内墨書の写し）が書写されている。蓋表「三幅対　中釈迦思恭筆　左右猿猴牧渓筆　建長寺」、蓋裏「安永五丙申歳三月新造　牧渓猿猴画朱印一有箱之内書付之写　一幅之内右福山聴松軒公用左応卯卅暦夷則廿日住持等梵　一幅之内左聴松軒公用　為後末写置　元禄八年夷則廿日」、銘札「安永五丙申歳三月新造　奉行　春窓宋温　禅提首座　都寺碩縁首座」。

(11) この住持等梵は建長寺第一三二世竺西等梵と考えられる。なお、右幅右下墨書銘部分は、より外側に書されていたものが、修理時に現在の位置に差し込まれたものとみられる。

(12) 『鎌倉の文化財』一五（鎌倉市教育委員会、一九九〇年）では「室町時代」とのみ表記しているが、解説文の文意からすれば、墨書銘を制作年と捉えているとみられる。また、岩橋春樹『中世鎌倉美術館』（有隣堂、二〇〇九年）でも同様の見解が取られている。

(13) 『鎌倉――禅の源流』図録（東京国立博物館、二〇〇三年）、「猿猴図」（救仁郷秀明解説）。

(14) なお、次の論考でも多数の牧谿猿作例が掲出されている。ただし建長寺本に関する言及部分については同意しがたい。藤島幸彦「日本における牧谿風猿猴図の展開――猿猴の姿態を中心として」（『美術史研究』二一、早稲田大学美術史学会、一九八四年）。

(15) 泉武夫「素材への視線――仏画の絵絹」（『学叢』三四、京都国立博物館、二〇一二年）。

(16) ちなみに円覚寺本と建長寺本の絵絹はかなり近しい質感を

示すが、円覚寺本のほうが建長寺本に比べて緯糸が細く、同一組成とはみなし得ない。

(17) 『真美大観』九（一九〇三年）所収の「猿猴図双幅（絹本墨画）伝黙庵筆」は、モノクロ図版を確認する限り、建長寺本とかなり近しい描法を示していることがわかる。また『花鳥画——中国・韓国と日本』図録（奈良県立美術館、二〇一〇年）所収の個人蔵「猿猴図」(№27)も、猿や樹木の描写に建長寺本と共通点が見られる。ただし、現時点では実作品未見のため、本稿ではこれ以上追求しない。

(18) 黙庵については下記を参照。佐賀東周「六通寺派の画家」(『支那学』一―一、一九二〇年)。渡辺一「黙庵霊淵」(『美術研究』七〇、一九三七年。同『東山水墨画の研究〔増補版〕』〔中央公論美術出版、一九八五年〕に再録)。衛藤駿「入元禅僧画家 黙庵霊淵」(『大和文華』三一、一九五九年)。蓮実重康「黙庵筆平石賛白衣観音図を中心として（上・下）」(『國華』八〇五・八〇六、一九五九年)。海老根聰郎A「黙庵とその時代」(田中一松『水墨美術大系　第五巻　可翁・黙庵・明兆』講談社、一九七四年)。海老根聰郎B『日本の美術№三三三　水墨画——黙庵から明兆へ』(至文堂、一九九四年)。ユキオ・リピット「黙庵霊淵筆《四睡図》小考」(『美術フォーラム21』三八、二〇一八年)。板倉聖哲「伝黙庵「布袋図」をめぐって」(『國華』一五〇〇、二〇二〇年)。

(19) 黙庵の入元時期について、前掲注18海老根A論文では、「その時期は明らかではないが、元徳（一三二九～三二）、あるいは、正慶（一三三二～三三）年中と推定しても、現存画賛に付された、中国禅僧の著賛時期とも矛盾しない」と述べる。同じく前掲注18リピット論文では、「一三二〇年代から三〇年代初め」の入元と述べる。さらにこれらを敷衍して、前掲注18板倉論文では「一三三〇年前後」に入元したと述べる。

(20) 島尾新「十五世紀における中国絵画趣味」(『MUSEUM』四六三、一九八九年)。

(21) 舘隆志「鎌倉期の禅林における中国語と日本語」(『駒沢大学仏教学部論集』四五、二〇一四年)。

(22) 玉村竹二による『空華日用工夫集別抄』(両足院本) 翻刻から引用する。玉村竹二「空華日工集考——別抄本及び略集異本について」(同『日本禅宗史論集』下之一、思文閣出版、一九七九年)。本史料は前掲注18佐賀論文で初めて提示されたが、その後の複雑な経緯については玉村論文の「補説」で詳述されている。また下記についても参照。伊藤東慎「瑞渓周鳳の『刻楮集』について」(『禅学研究』五六、一九六九年)。榎本渉「鈍夫快禅師行状（鈍夫全快）」(同『南宋・元代日中渡航僧伝記集成　附：江戸時代における僧伝集積過程の研究』勉誠出版、二〇一三年)。榎本渉「日記と僧伝の間——『空華日用工夫略集』の周辺」(『空華日用工夫略集の周辺』義堂の会、二〇一七年)。

(23) 文化庁本との岩描の近さを考慮するならば、建長寺本が入元前の黙庵の筆であることも一考に値する。

付記　本稿を成すにあたり、円覚寺・建長寺両当局ならびに鎌倉国宝館の皆様に多大なるご便宜を賜りました。この場を借りて御礼申し上げます。なお、本稿はJSPS科学研究費補助金20K00203の研究成果の一部です。

［コラム］

花道史における中国瓶花と唐物

井上　治

いのうえ・おさむ——京都芸術大学准教授。専門は伝統文化論。主な著書に『花道の思想』（思文閣出版、二〇一六年）、『歌・花・香と茶道』（淡交社、二〇一七年）、『茶と花』（共著、山川出版社、二〇二〇年）などがある。

一、花道と大陸文化

（1）古代の花文化と唐物

花道文化の源流にはいくつかの要素が考えられるが、大陸から伝わった仏教に関わる花文化である供花《くげ》の影響はとくに大きい。花道に不可欠の要素である花器もまた、供花に付随して伝わった。また仏教的な花にとどまらず、たとえば平安時代の随筆『枕草子』に大きな青い瓶に桜を挿したという描写があるが、このような瓶も唐物であろう。日本の挿花文化は、唐物に花を挿すことから始まったと言える。

（2）中世の花伝書と大陸文化

室町時代におけるもっとも重要な花伝書のひとつに、『池坊専応口伝《いけのぼうせんのうくでん》』というものがある。いくつか伝わる写本のうち享禄三年（一五三〇）本ではその序文に、「瓶《かめ》ニ花ヲサス事、唐《もろこ》シ日本ニモ古ヨリ有トハ聞侍《ききはべれ》ド、其《そ》レハ美花ヲ耳賞《のみ》シテ、草木ノ風興ヲモワキマヱズ、只サシ生タル斗也《ばかり》」と記されており、中国の挿花を意識していたことが分かる。

また『池坊専応口伝』の序文では、名所や絵画と比較して花道文化を称揚している。つまり風光明媚な名所に赴くのは容易ではないが、かといって絵画を飾っても実物ではないので物足りないということで、自然を室内に表現できる花道の利点を主張しているのである（同伝書ではそれを「仙家ノ妙術」と表現している）。ここでも名所の例として「廬山《ろざん》」と「瀟《しょう》湘《しょう》」が、絵画の例として王摩詰《おうまきつ》（王維）の「輞川図《もうせんず》」と銭舜挙《せんしゅんきょ》（銭選）の「草花ノ軸」が挙げられているように、中国的イメージが大きく作用していたことが分かる。

もう一つ例を挙げると、『道閑花伝書《どうかん》』という花伝書ではいくつかの漢詩が引用されている。たとえば「林間煖酒、焼紅葉、石上題詩、掃緑苔」という白居易

図1　「祭礼草紙」（前田育徳会蔵、『いけばな美術全集』第2巻、集英社、1982年）

の漢詩が挙げられ、「何にても、白花か き（黄）なる花かを中にたて丶、そのあたりに紅葉か、又はわくら葉かを面白 立。よそのあたりにひつきりのかぶをたて丶、其水際に青き苔の心をさすべし」というように、漢詩のイメージで花を生ける手法が記されている。また同伝書には、「唐絵《からえ》を見るがごとく」花を生けるといったことも記されている。

（3）花道における唐物

このように、今日代表的な日本の伝統文化として数えられる花道であるが、その形成期から大陸のイメージが及ぼす影響はかなり強かった。したがって花道における道具に関しても、そこに唐物が用いられるのは自然なことであったと言える。

二、中世の花文化と唐物

（1）花会と唐物

唐物の花器が大きく注目されたのは、足利義満の時代である。この時期にはしばしば花会が催されたが、その主役は挿花そのものというより唐物花瓶であったようである。「花会（花勝負）」についての記述がある東坊城秀長《ひがしぼうじょうひでなが》の日記『迎陽《こうよう》記《き》』によると、たとえば康暦《こうりゃく》二年（一三八〇）六月九日の花会では、「るり」、「ことう」、「ちやはん」、「ついこう」といった花瓶や花台が記録されている。

「るり（瑠璃）」は、東京国立博物館蔵「十六羅漢像」の供花に用いられているようなガラス花瓶とも考えられるが、『文阿弥《もんあみ》花伝書』に「青いろの瑠璃をかけたる」とある七宝瑠璃のような工芸品とも考えられる。「ことう（胡銅）」は胡銅製の金属器である。室町時代の辞書『下学集《かがくしゅう》』にも「コトウノクワヒン（花瓶）」という言葉が見られる。「ちやはん（茶埦）」は、座敷飾りに関する書である『君台観左右帳記《くんだいかんそうちょうき》』が青磁を「青きちやはん」白磁を「白きちやはん」と記しているように、磁器であろう。『宣阿弥《せんあみ》花伝書』（一五五二）には「ちやわん」と記された花器が描かれている。「ついこう（堆紅）」は花瓶を載せる花台であろう。これらはいずれも唐物と考えられる。前田育徳会所蔵「祭礼草紙」は室町期の制作とされているが、ここには室内に並べられた胡銅の花器や堆紅の花台が描かれている（図1）。

（2）室内装飾と花道文化

中世後期になると、室内飾りの一環と

しての挿花の形式が整えられてくる。観応二年（一三五二）成立の本願寺覚如の伝記である「慕帰絵詞《ぼきえことば》」は、文明十四年（一四八二）の増補との比較で床の間の前身の一つである押板《おしいた》が作り付けとなってゆく過程を示すものとして注目されているが、唐物であろう青磁花瓶がいくつか

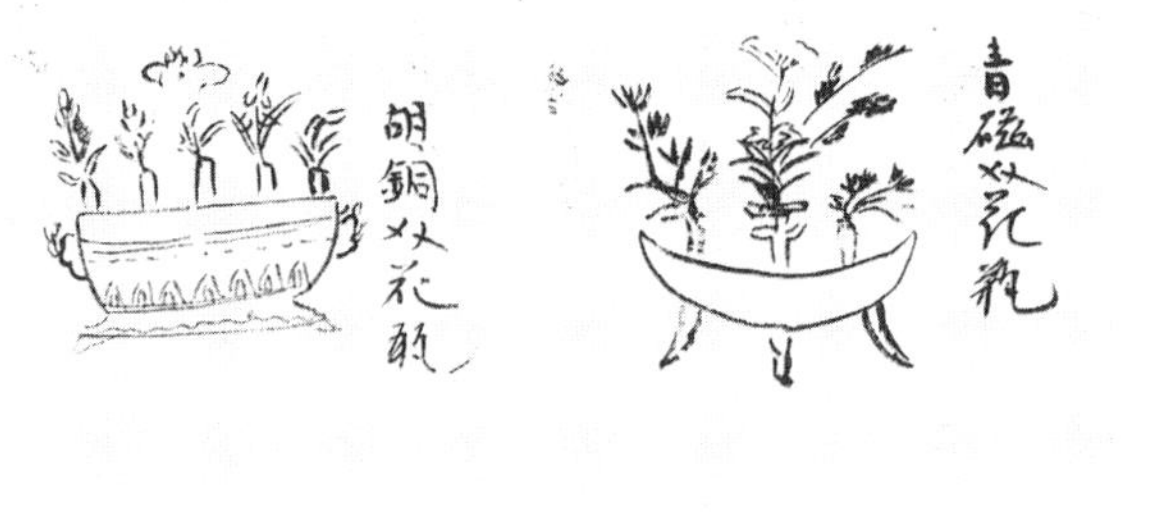

図2　『淳盛花伝書』より「胡銅双花瓶」「青磁双花瓶」（『いけばな美術全集』第2巻、集英社、1982年）

描かれている。

また『君台観左右帳記』を著した同朋衆らによって室内飾りが整えられると、そこにおける挿花のルールも規定されるようになる。

「慕帰絵詞」あたりから見られ始める室内装飾の典型が、軸の前に燭台、香炉、花瓶を飾る三具足《みつぐそく》である。『東山殿御飾書』に「三具足は胡銅にて香匙《きょうじ》の台ばかり茶碗のものにてもくるしからず」とあるように、ここでは胡銅製が多く用いられた。花器も胡銅製の土拍子口《どびょうしぐち》と呼ばれる花瓶が用いられ、そこに花が立てられた（したがって、立て花と呼ばれる）。もちろん「慕帰絵詞」に描かれるように青磁が用いられる場合もあったし、「つちの物は上、胡銅は下也」『文阿弥花伝書』とする伝書もある。国内で制作されたと思われる三具足も存在するが、もとは大陸から渡来したものであるので、それらも広義の唐物飾りと言える。

（3）草花瓶

このような座敷飾りにおける花瓶の中で特徴的なのは、おもに棚に置かれた草《そう》花瓶《かびん》である。草花瓶の草については真・行・草の草とされることが多いが、双花瓶と書いてならべ花瓶と呼んでいる例もあり、並べるように生けるからという解釈もある。また『文阿弥花伝書』では、「万《よろず》の草木を生置《いかしおく》」ので草花瓶と言うとしている。

『君台観左右帳記』に描かれている草花瓶は、今日にいう水盤のような広口底浅の花器に見えるが、『専順花伝書』などに描かれているものは細い口がいくつか付いており、『道閑花伝書』も「草花瓶」について「つゝ五の口」と記している。『淳盛花伝書』（一五五四）には「胡銅双花瓶」と「青磁双花瓶」が描かれているが、いずれも筒が見られる（**図2**）。このような筒がついた器については、大陸に多嘴壺《たしこ》あるいは徳利状の瓶が何本か入っている器があるので、そのような器

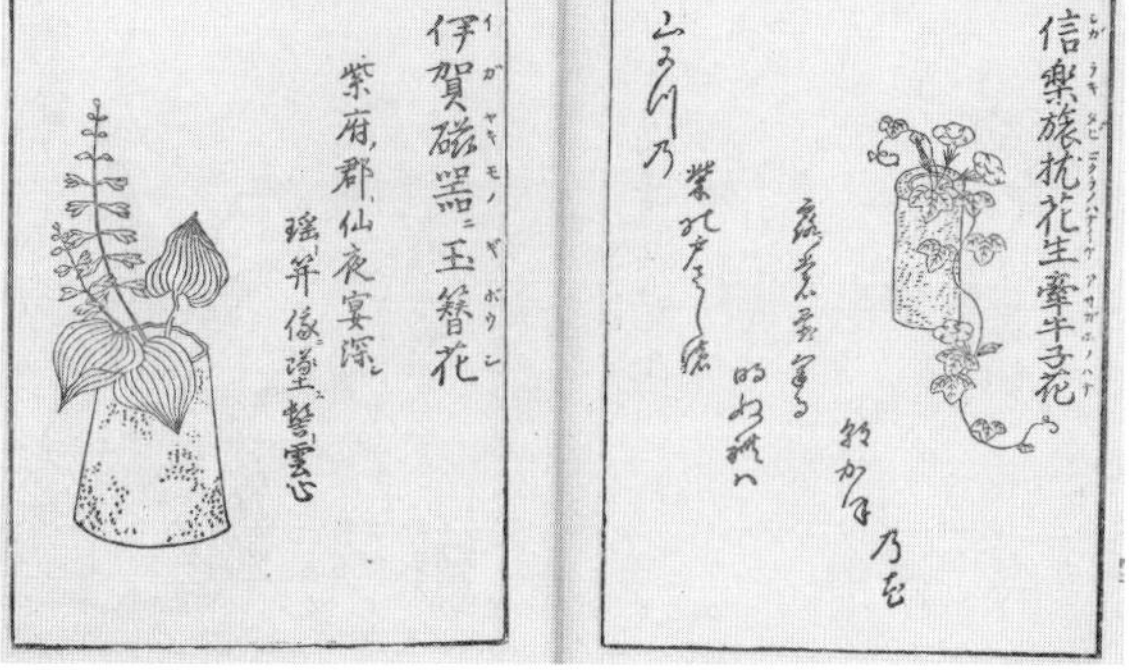

図3　『本朝瓶史抛入岸之波』より「信楽旅枕花生牽牛子花」「伊賀磁器玉簪花」（『花道古書集成』第3巻、国立国会図書館デジタルコレクション）

物が伝来したのであろう。

三、抛入花と唐物

(1) 明代文人と抛入花

中世の立て花は、近世に入って立華《りっか》様式として確立された。立華の花器としては薄端《うすばた》型などの立華瓶が一般化する。基本的には、三具足の土拍子口を大型化したような形状である。

近世花道史において、立華と並ぶ系統が抛入花《なげいればな》であった。この抛入花の発展には侘茶《わびちゃ》における茶花とともに中国瓶花の影響があった。中国の瓶花書としては、高濂《こうれん》の『遵生八牋《じゅんせいはっせん》』（一五九一）や張謙徳（張丑）の『瓶花譜《へいかふ》』（一五九五）、そして日本の花道に大きな影響を与えた袁宏道《えんこうどう》の『瓶史《へいし》』（一六〇〇）などがよく知られている。『瓶花譜』には花器について述べた「品瓶」という段があり、冬春は銅器を夏秋は磁器を用いること、対をなすのは神祠に似るので忌むなどと記されている。『瓶史』にも「器具」という項目があり、楊貴妃が粗末な場所に居てはならないように、花を生ける瓶は特別良いものを用いなければならない、といったことが書かれている。

(2)『抛入岸之波』

十八世紀中ごろ、日本では釣雪野叟《ちょうせつやそう》によって『本朝瓶史抛入岸之波《ほんちょうへいしなげいれきしのなみ》』（一七五〇）が刊行された。その題が示すようにおおむね『瓶史』を参照しているが、花器について述べた「品具」ではかなり異なることが書かれている。たとえば、「すべてさびたる花生に鮮なる花を生れば花の色弥《いよいよ》うるはしく見えて興有《きょうある》ものなり。美しき花生に生れば花の見所かへつて少くぬるく見ゆるなれば雅人こゝに意ありて殊にさびたるを好の旨趣なるべきか」とあるように、日本的な、とくに寂《さ》びた要素を取り入れている。『抛入岸之波』の後半は作品集になっており、そこでは夏菊が挿された「唐物銅瓶」などの唐物花器も描かれているが、信楽《しがらき》焼や伊賀《いが》焼、行基《ぎょうき》焼といった和物の花器も数多く掲載されている（図3）。

『抛入岸之波』は、型を有しない自由な中国瓶花の理念を用いつつ、定型化した立華様式を批判している。一方で、花器に関しては立華が唐物系統の花器を用いたこともあってか、和物を積極的に使っている。袁宏道の理念に関しては、その影響を強く受けて日本でも宏道流という流派が生まれたが、同流の『瓶《へい》史述要《しじゅつよう》』という書物は『瓶史』の序文以外は「日本ノ挿花家ニ於テ無用ナル事多シ」と述べている。釣雪の『抛入岸之波』も『瓶史』の理念を用いつつ、道具に関しては別の基準を用いていたと言える。

四、生花様式と中国瓶花

(1) 生花様式の形成

江戸時代の後期になると、生花《せいか・しょうか》様式が生まれた。『挿花秘伝図式《そうかひでんずしき》』(一八〇〇)には、生花は立華と抛入の間をとって生まれたとある。正月の床の間に飾られる若松や祇園祭《ぎおんまつり》に生けられる檜扇《ひおうぎ》など、生花様式はいかにも和風のイメージがある。しかしながら、その構成要素である三本の役枝が天地人という三才説で説明されるように、ここでも大陸文化の影響が根本にあった。

(2) 和国の風

生花様式の先駆けである源氏流の千葉《ちば》龍卜《りゅうぼく》は『生花枝折抄《いけばなしおりしょう》』(一七七三)において「袁宏道が瓶史、張謙徳が瓶花譜などにも花のたもつことのみを記して挿花の法式見えず」と述べている。確かに彼らの花書は花の養生について詳細に記されている一方で、「挿花の法式」、つまり型についてはほとんど言及していない。養生に関して「日本にては一日半日の床かざりゆへ久しくたもつに及ばず」と言う龍卜にとって、型こそが花道の必要条件であった。この点では十七世紀の立華書『立華時勢粧《りっかいまようすがた》』(一六八八)もその序文において「凡《およそ》瓶に花を立て楽となす業《わざ》もろこしにもありと聞ど、法を定掟《さだめ》を守りて指事《さすこと》なし」と述べている。「生花の作法といふは相公の定め給ひし源氏の花論、書院粧《しょいんかざり》の花こそ誠に我朝の花道たり」と言うように、龍卜にとって生花様式の根拠は彼が源氏流の流祖と位置づける相公、足利義政であった。

千葉龍卜はまた「我朝にては和国の風を専《もっぱら》とする事道ならんや。殊《こと》に生花の作法といふも和国の床かざりなれば漢土の礼にあらず」と記している。これは逆に言えば、生花といえば日本のものと当然には思われておらず、「漢土の礼」が行われていたことを示しており、当時の中国瓶花の影響力の大きさが分かる。龍卜自身が足利義政が記したという花道書を「瓶花譜《いけはなほん》」と表記しているのにも中国瓶花の影響が伺える。

(3) 生花の花器

源氏流において、花器は足利義政以来の伝統の象徴として非常に重視されている。その銘も「秋篠《あきしの》」、「紅葉賀《もみじのが》」、など和風であるし、楽焼の花器なども用いている。龍卜は生花では立華瓶を用いないと述べているが、その一方で生花は型を志向するという点で抛入花から立華への揺り戻しという性格を有しており、釣雪が言う「さびたる花生」とは異なる志向を持っていた。龍卜は『百器図解《ひゃっきずかい》』(一

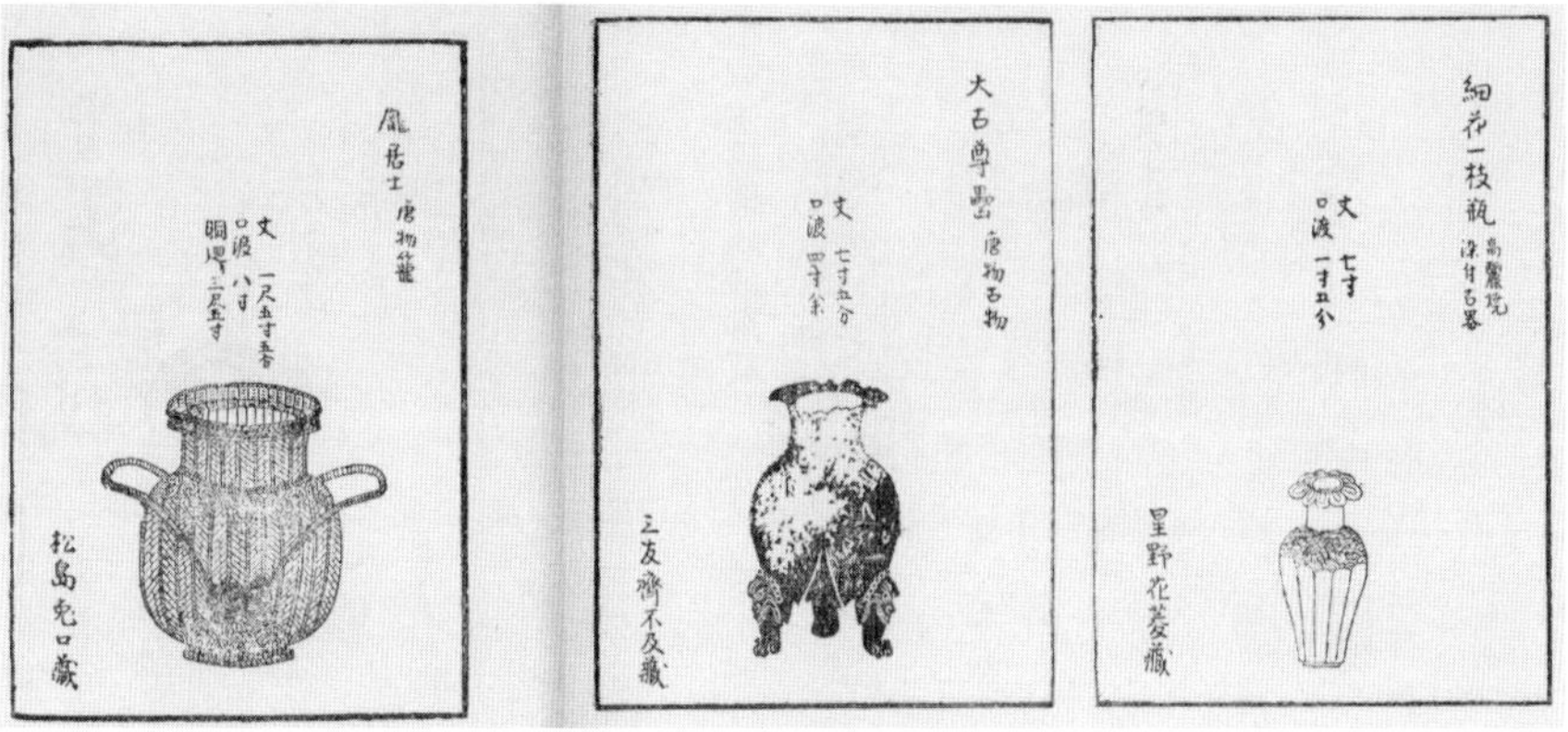

図4 『百器図解』より「細花一枝瓶　高麗焼　染付古器」「大古尊罍　唐物古物」「龐居士　唐物篭」（『花道古書集成』第3巻、国立国会図書館デジタルコレクション）

七七三）という花器集を刊行しているが、ここでは唐物古物、高麗焼、南京古渡、あるいは龐居士《ほうこじ》や霊照女《れいしょうじょ》といった籠花生など、唐物花器が数多く載せられている（図4）。明の宣徳銅器を模した真鍮宣徳色龍頸釣花器などは山城国藤江流年の造とあるので国産であるが、これらも広義の唐物に含められるであろう

近世後期以降、生花様式では竹花器が盛んに用いられる。花道書『挿花故実集《そうかこじつしゅう》』（一七九三）は、「本形《ほんぎょう》の花器は皆彼地より送りたるを我朝にて是をうつし、鋳物磁物籠等に至るまで数多の花器を作る」としつつも、「竹の花器は我朝の花器なり」と言う。もっとも『允中挿花鑑《いんちゅういけばなかがみ》』（一八四一）には「唐山《もろこし》も竹筒を用《もちう》ること諸書にみえたり」とあるが、利休の伝説なども有り竹花器が唐物として意識されることはあまりなかったようである。

おわりに

本稿では、釣雪野叟と千葉龍卜という近世の花道家を取り上げた。抛入花、生花様式の代表的な唱道者である彼らは、いずれも中国瓶花を強く意識していた。釣雪は袁宏道の『瓶史』の理念を用いつつ立華様式を批判し、千葉龍卜は中国瓶花とは異なる挿花の日本性を強調して生花様式を提唱した。花道史における様式の変遷には、中国瓶花が大きく作用していたのである。

一方で花器に関しては、中国瓶花の理念との距離感とは逆に、釣雪は和物を多用し、龍卜は唐物花器を盛んに用いている。その背景には、中世の唐物愛好や座敷飾りにおける唐物尊重の伝統があった。中国瓶花が型を持たない自由な花の理想とされる一方で、唐物花器は格式が高い（花道においては型を持つことにつながる）というねじれが存在していたと言える。このねじれから自由であったのはいわゆる文人花であるが、これについては稿を改めて論じたい。

参考文献

華道沿革研究会編『花道古書集成』（思文閣、一九七〇年）
川端康成・谷川徹三・細川護貞監修『図説いけばな大系』（角川書店、一九七〇〜七二年）
佐藤武敏編訳『中国の花譜』（平凡社、二〇〇九年）
細川護貞・林屋辰三郎・山根有三編集『いけばな美術全集』（集英社、一九八二年）

［コラム］

近世の文人と唐物

高松亮太

たかまつ・りょうた――東洋大学文学部准教授。専門は日本近世文学。主な著書に『秋成論攷――学問・文芸・交流――』（笠間書院、二〇一七年）、論文に「賀茂真淵と田安宗武――有職故実研究をめぐって」（『近世文藝』第一一四号、二〇二一年七月）、「揺れ動く『春雨物語』――和歌的・学問的要素を中心に」（『アナホリッシュ國文學』第一〇号、二〇二一年十一月）などがある。

一、江戸文化のなかの唐物

古来、中国からの舶来品を意味する言葉であった唐物は、時代が下るに連れて朝鮮や琉球からの舶来品も含むようになり、近世に至ってヨーロッパから輸入される品々を包摂した、異国からの舶来品全般にまでその指示範囲を拡大していった。元禄三年（一六九〇）に大坂で刊行された風俗事典『人倫訓蒙図彙』には、主人と客が煙草盆を挟んで会話をしている「唐物屋」店頭の様子に、次のような解説が添えられている。

器物《うつわ》・香具・革・紙・墨・筆等、万《よろづ》長崎着岸の物をかいとりてこれをあきなふ。所々《しょしょ》にあり。

このように長崎に舶載される品々が広く唐物と称されており、それを売買する唐物屋が近世前期の大坂には既に点在していたのだった。浮世草子作家として知られる井原西鶴が『好色一代男』や『日本永代蔵』など多くの作品で唐物（唐物屋）を登場させていることについてはすでに河添房江に紹介が備わるが(1)、同じ浮世草子作品からは他にも唐物（唐物屋）に関する描写を数多く拾うことができるし、近松門左衛門「博多小女郎波枕」「卯月紅葉」といった浄瑠璃作品にも舶来品を扱う唐物屋や唐物取引の様子が活写されているなど、近世前期にはすでに唐物が広く流通していたこと、またそのバラエティに富んだ品々の実態を、文学作品から掬い上げることができるのである。

また、時代の下った寛政八年（一七九六）に刊行された『摂津名所図会』（**図1**）には、「異国新渡奇品珍物類」「唐高麗物品」と看板の掲げられた大坂伏見町の蝙蝠堂疋田屋杢兵衛の店頭が描かれており、平賀源内が復元したことで知られるエレキテルを実演する様子が写されるとともに、グラスや花瓶、椅子などの舶来品が数多く陳列されていることが確認できる。さらに、幕末の弘化三年（一八四六）刊行の『大坂商工銘家集』にも舶来品を扱う伏見町の唐物店が六軒掲出されており、こうした事例からも大坂における唐物の浸透ぶりを見て取ることができよう。

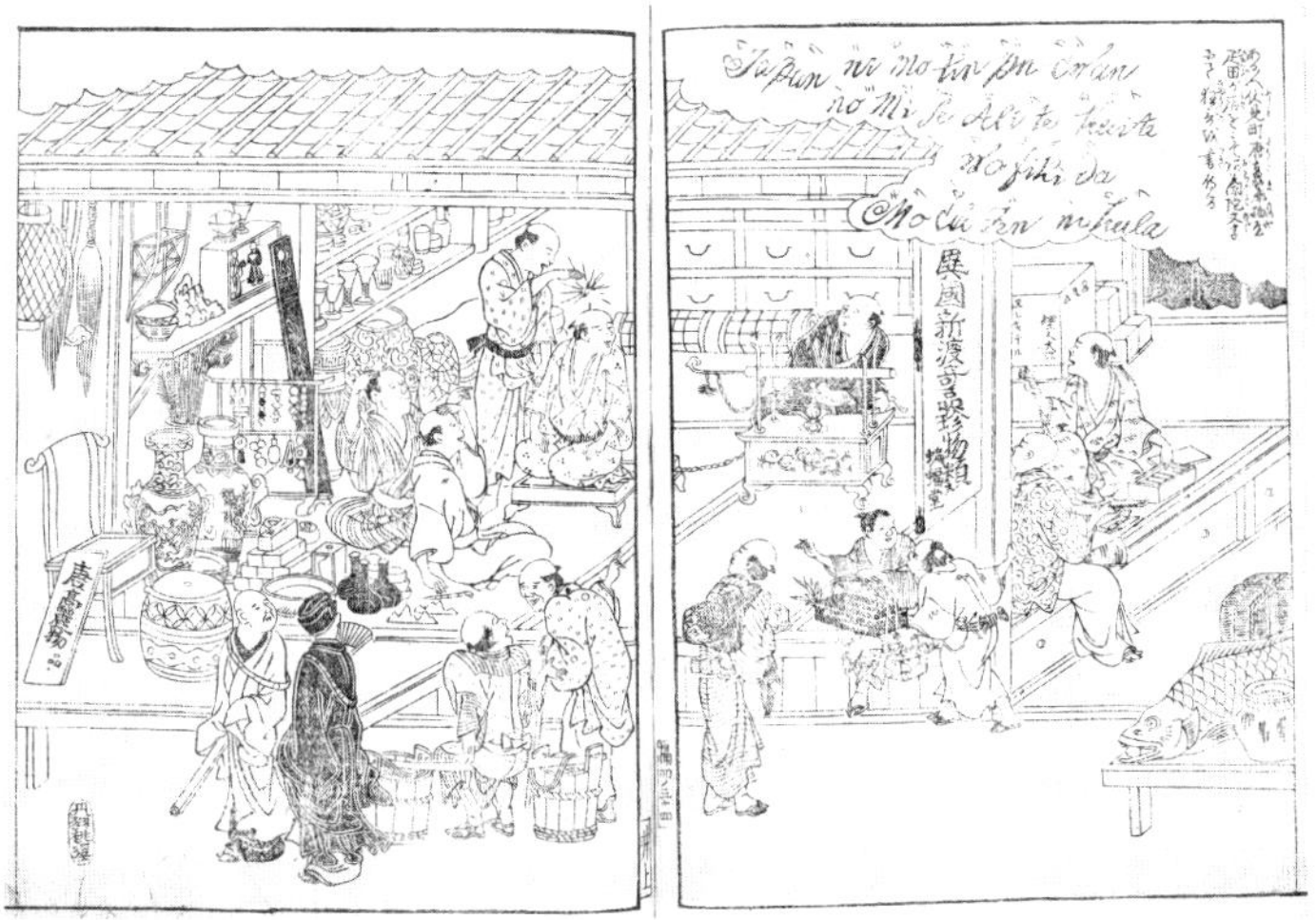

図1　摂津名所図会（国文学研究資料館三井文庫蔵本）

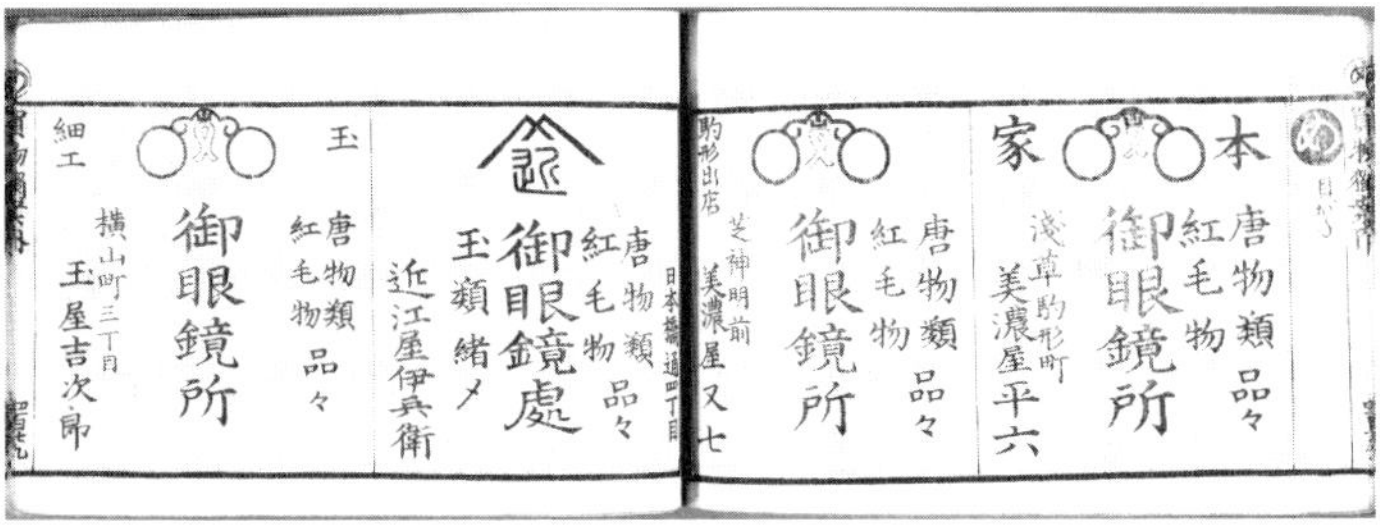

図2　江戸買物独案内（国立国会図書館蔵）

一方、江戸の地においても、『江戸買物独案内』（文政七年〈一八二四〉序刊）に唐革・唐更紗・唐羅紗を素材として扱う袋物屋や、中国やヨーロッパから輸入された眼鏡を扱う御眼鏡所などが掲載されており（**図2**）、品物別の専門店の一角を唐物が占めていることが分かり、当然のことながら江戸でも唐物が広く流通していたことが知られるのである。

こうした市中における舶来品の流通を背景に、近世の文人たちもその珍奇な文物を蒐集し、鑑賞し、伝達するという消費行動に魅せられていくこととなる。

二、大田南畝と舶来品

近世中後期の江戸を代表する文人大田南畝《なんぽ》もそのひとりであった。南畝は、漢詩や狂詩、狂歌を能くし、黄表紙や洒落本などの戯作も書いた多芸多才の文人として知られるが、寛政六年（一七九四）には学問吟味に及第し、大坂銅座出役や長崎奉行所出役を歴任した有能な幕臣でもあった。

この南畝が長崎奉行所出役を勤めたのは文化元年（一八〇四）九月から翌年十月までの約一年間であったが、彼は滞在中に舶来品への関心を高めていったようである。南畝が馬蘭亭（山道高彦）に宛てた文化二年（一八〇五）八月二十四日付の書簡（大妻女子大学図書館蔵）に、

唐本もあまりめづらしきもの無之、書画は少々めづらしきもの得申候。此地入津之もの何かめつたにうれしがり候へども、第一に時計きらいにて一つも買不申、袂時計、ヘルヘトワン、呉羅ふくれん、羅沙、トロメン、てぐす、かんらん、茶香、テリアカ、サフラン等、見るもうるさく候へども、無拠たのまれ候は求メ申候。(2)

とあるなど、親族や雅友らから所望されたこともあって、彼が数々の舶来品を購入し、長崎土産として江戸へ持参しようとしていたことが、複数の書簡から確認できる。

こうした長崎赴任の経験も手伝ってか、帰府後、彼は当時の江戸の考証家や好事家などの文化人たちとともに、舶来品を鑑賞する集いを繰り返していた。文化三年（一八〇六）九月七日村上如登宛南畝書簡には、

十五夜

本庄中之郷大沢右京兆之別荘に近藤重蔵正斎寓居、庭の広き事二三町余、一町余の池あり。蓮葉生ひしげれり。池中に四阿あり。是又唐蛮の器物に蝦夷雑り。客は前方より触置候御出席之面々。

京伝　馬琴　焉馬　飯盛　馬蘭亭
唐画人芙蓉〈阿波／ノ臣〉　柳橋
歌妓　義太夫ぶし手妻遣も有之、
中村勘三郎座へ出候歌うたひ等来。(3)

とあって、近藤重蔵の寓居において珍奇な舶来品を鑑賞する会が催されていたことが知られ、山東京伝や曲亭馬琴、烏亭焉馬、石川雅望、山道高彦、鈴木芙蓉といった文人画人らが集っていた。(4)

さらに、舶来品の浸透は文学作品にも反映されていく。『南畝集』所収の七律を引こう。

二州橋畔起狂風　一葉飄然巨浪中
忽見白沙連翠竹　更侵昏黒入青叢
蓬門有客談愈劇　隣並過墻酒不空
坐待芰荷池上月　杯如象鼻巻為筒(5)

結句「杯如象鼻巻為筒」は前掲の浜田論文が指摘するように、オランダに由来するガラス製の筒形のコップであり、この漢詩は舶来品を用いた酒席の様子が漢詩に詠み込まれたものだった。

このように、ヨーロッパからの舶来品を含めた広義の唐物は、唐物屋の存在も手伝って市中に広く浸透し、江戸の文化

人たちを魅了していったのである。鈴木重三や有澤知世、神谷勝広らが明らかにしている、読本や合巻の口絵や挿絵、飾り枠への異国意匠・中国意匠の利用も、こうした唐物への関心の高まりを反映したものであった(6)。

三、木村蒹葭堂の茶道具

一方、上方にも近世を代表する文人に木村蒹葭堂《けんかどう》という人物がいた。先の南畝が「謙虚退然、博学方無シ。最モ地理ニ精シク、能ク物産ヲ弁ズ。其ノ風韻蕭灑、啻ニ一好事家ニアラズ」（南畝問・蒹葭堂答『遡遊従之』序、原漢文(7)）と評した彼もまた多芸多才の文人で、本草学を津島桂庵や小野蘭山に、漢詩文を片山北海に、画を大岡春卜や鶴亭、さらには池大雅にも学び、また書や篆刻も能くした。さらに当代随一の蒐集家でもあり、その名声は中国・朝鮮にまで届いていたという。彼は自らの蒐集癖について、『蒹葭堂雑録』所収「巽斎《そんさい》翁遺筆」で次のような述懐を残している。

余嗜好ノ事専ラ奇書ニアリ。名物多識ノ学、其他書画碑帖ノ事、余微力トイヘドモ、数年来百費ヲ省キ、収ル所書籍ニ不足ナシ。過分ト云ベシ。其外収蔵ノモノ、本邦唐山金石碑本　本邦古人書画　近代儒家文人詩文　唐山人真蹟書画　本邦諸国地図　草木金石珠玉虫魚介鳥獣　古銭　古器物　唐山器具〈奇ヲ愛スルニ非ズ。専ラ考察ノ用トス〉　蛮方異産(8)

自ら百費を省いて蒐集された物品は、和漢の書籍・書画・地図・器物など、舶来品を含めた膨大な奇書珍品に及んでいたという。こうして蒐集された佳品を求めて、多くの文化人たちが蒹葭堂のもとを訪れ、彼もまたその品々を自ら清玩《せいがん》するとともに、社交の具として、あるいは商売の種として扱い、当代の文人たちと広く雅交を結んでいった。その交友関係を物語る一等資料『蒹葭堂日記』からは約四万人の人々との交流が知られるが、いま任意に近世文学界隈の一部の著名な人物を摘記するだけでも、上田秋成、大田南畝、柴野栗山、伴蒿蹊、本居宣長、与謝蕪村といった人物の名を挙げることができる。

その蒹葭堂の最大の趣味が煎茶であった。再び「巽斎翁遺筆」を引く。

余平生茶ヲ好ム。酒ヲ用イズ。烹茶ハ京師売茶翁親友タリ。故ニ其烹茶ヲ用ユ。老翁ガ茶具、余ガ家ニアリ。

ここに出てくる「売茶翁」とは煎茶の中興の祖とされる近世中期を生きた僧で、京都東山に茶店通仙亭を構え、諸所に茶具を担い、路傍に茶を売るなどして生活を送った人物である。蒹葭堂とも親しく、自ら「老翁ノ茶具、余ガ家ニアリ」と述べるように、売茶翁の歿後、遺愛の茶道具のほとんどを蒹葭堂が譲り受け、後に

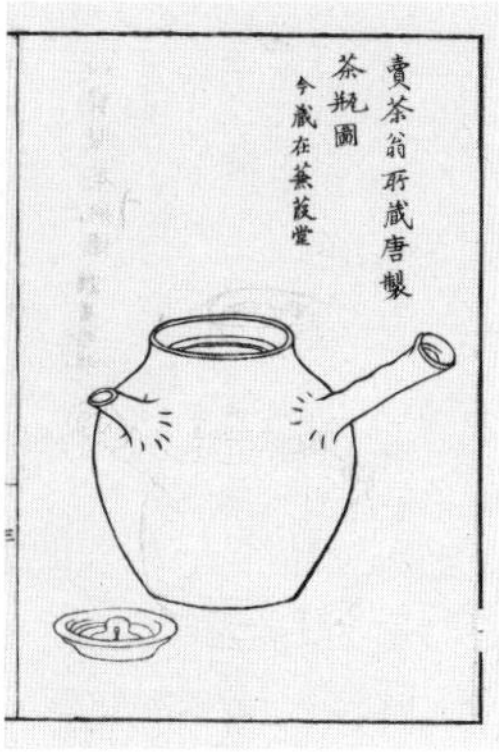

図3　清風瑣言（稿者架蔵）

図4　急尾焼（『売茶翁集成――遺品・遺墨・偈語・伝記』主婦の友社、1975年より）

『売茶翁茶具図』を描いている（のち文政六年〈一八二三〉に『売茶翁茶器図』として刊行）。蒹葭堂にとって、売茶翁の茶道具や煎茶の作法は、その道の範とすべきものであったのだろう。

こうして、売茶翁の遺愛品をはじめ、広く蒐集された蒹葭堂の茶道具は、やはり同好の士の知るところとなり、煎茶を通じた交流や茶道具の模造依頼などが相次いでいくのである。例えば、この蒹葭堂と交誼を結んだ人物に『雨月物語』の作者として有名な上田秋成がいる。秋成は早くから蒹葭堂と親しく、安永三年（一七七四）には「あしかびのこと葉」という蒹葭堂の賛文を認めている。その冒頭付近に、

あるじれいのまめ《実》だちて、茶くだ物なンどすゝめらる。いともきよらなりや。唐くだものはもろこし人の伝へ委しくて、手つから造りなせしなり。茶は竜井とかや。其名西湖のながめとともにたかく聞えあげて（中略）其香と味ひは、けふなんこゝろむるなりけり。[9]

とあることからも窺えるように、両者は煎茶を共通の趣味としていた。その秋成が著した煎茶書『清風瑣言』（寛政六年〈一七九四〉刊）には、「売茶翁所蔵唐製茶瓶図／今蔵在蒹葭堂」と記された唐製の急尾焼図（**図3**）が描かれているが、同じ図は『売茶翁茶具図』にも『近世畸人伝』にも描かれ、現在にまで伝存してもいる（**図4**）。蒹葭堂所蔵の売茶翁遺品としてよく知られたものだったのだろう。

ちなみに、秋成は晩年に執筆した煎茶書『茶瘕酔言《ちゃかすいげん》』（大阪府立中之島図書館蔵本）で、「遊外翁の晩に謁して、器を摸し、且遺物をも乞て蔵め、世に衒売す。本性茶瘕を病るにあらず。たゞ客を迎へて、品をかへ、煎てすゝむ。到る者水厄と云べし」や「席上茶具の位致乱れて、清韻を失ふ」などと手厳しい批評を加えているが、これは額面通り受け取るべきではなく、両者が昵懇の間柄であったがゆえの物言いと捉えるべきものかと思われる。

四、唐物の広がり

もうひとつ、茶道具の流通に関する例を挙げよう。近世中後期の尾張では煎茶に対する関心が高まっており、尾張の文人たちは大坂の文人たちと雅交を持ち、茶書や茶道具、詩書画などの雅文化を尾張へと招来していた。(10) その際大坂の窓口となっていたのが蒹葭堂と親しく交際していた南画家の十時梅厓《とときばいがい》であった。尾張の豪商内田蘭渚《うちだらんしょ》に宛てた梅厓の寛政十一年(一七九九)十二月十七付の書簡(11)では、蒹葭堂を中心とした煎茶会が隆盛を極めている現況や、茶会の様子を絵入りで伝えたうえで、「茶道具御誂之品々、木世粛相談の上、此間取揃差上申候。定而此節達可申と奉存候」と、蘭渚からの依頼を受けた梅厓と蒹葭堂が茶道具を送っていることが記されている。また、別の書簡には「売茶翁茶具遺品模造之儀、度々世粛へ懸合申候」とあって、蘭渚が梅厓を通して蒹葭堂が所持していた売茶翁の遺品の模造を依頼していたことも知られる。

蘭渚の『享和元辛酉歳日次記』(12)には、このようにして届けられた茶道具の中身を伝える記事がある。七月三十日条には「蒹葭堂茶道具弐櫃の内壹櫃着」とあり、具体的に竹炉・炉盤・錫茶注・団・小急焼・広口・文字入懸り・長大・朝鮮水注・小文筆・茶膏・唐山鈴・唐山板画・清水焼茶注・黒沈金茶入・釜敷という、唐物を含めた茶道具が並んでいる。さらに、蘭渚はそれらの一部をさらに尾張の同士へ遣わしており、蘭渚を通して大坂の茶書や茶道具が尾張に伝播していく様子が見て取れるのである。

なお、煎茶趣味を持つ尾張の人々は、大坂からだけではなく、京からも茶書や茶道具、茶掛としての詩書画を調達しており、その仲介には書肆佐々木竹苞楼や大通寺の塔頭のひとつであった実法院の住僧たちが当たっていた。(13) こうした事実からは、尾張の煎茶に対する関心の高まりを背景として、文人たちの間で地域を越えた茶道具の伝達・流通が行われていたことが知られるのである。

唐物は煎茶趣味を持つ文人たちの間で、地域を越えた広がりを見せており、近世中後期の日本において確かなムーヴメントを巻き起こしていたのであった。

注

(1) 河添房江『唐物の文化史——舶来品からみた日本』(岩波新書、二〇一四年)。

(2) 『大田南畝全集』第十九巻(岩波書店、一九八九年)一八四頁。

(3) 前掲注2『大田南畝全集』、一九八頁。

(4) 浜田義一郎「江戸文人の歳月——蜀山人大田南畝に於ける」(『大妻女子大学文学部紀要』第一五号、一九八三年三月)。

(5) 『大田南畝全集』第五巻(岩波書店、一九八七年)二六頁。

(6) 鈴木重三「近世小説の造本美術とその性格——読本・合巻の挿絵・表紙絵を中心に」(『改訂増補　絵本と浮世絵——江戸出版文化の考察』、ぺりかん社、二〇一七年)、有澤知世「京伝作品における異国意匠の取材源――京伝の交遊に注目して」(『近世文藝』第一〇四号、二〇一六年七月)、神谷勝広「戯作の飾り枠」(『近世文芸とその周縁――江戸編』、若草書房、二〇二一年)。

(7) 国立国会図書館蔵本(特一―二〇五一、国立国会図書館デジタルコレクションで披見)による。

(8) 国文学研究資料館鵜飼文庫蔵本(九六―三九九、新日本古典籍総合データベースで披見)による。ただし、傍訓は省いた。

(9) 『上田秋成全集』第十一巻(中央公論社、一九九四年)二六頁。ただし、傍訓は省いた。

(10) 岸野俊彦「寛政・享和期の名古屋・大坂文化交流――内田蘭渚と十時梅厓・木村蒹葭堂の交流を中心に」(『尾張藩社会の総合研究』第二篇、清文堂出版、二〇〇四年)に詳しい。

(11) 名古屋市鶴舞中央図書館蔵『名家書翰集』(市一〇―二二)所収。

(12) 名古屋市鶴舞中央図書館蔵(市九―四二)。なごやコレクションで披見。

(13) 拙稿「文化ノードとしての実法院――京と尾張の文化交流の一面」(『日本文学』第七一巻第七号、二〇二二年七月)。

付記 貴重な資料の利用に際し、ご高配を賜った関係機関に感謝申し上げます。なお、本研究はJSPS科研費22K00349の助成を受けたものです。

〔コラム〕

近代文化と「唐物」

山本真紗子

やまもと・まさこ——日本学術振興会特別研究員（RPD）。専門は日本文化史。主な著書に『唐物屋から美術商へ——京都における美術市場を中心に』（晃洋書房、二〇一〇年）、編著に『花街と芸妓・舞妓の世界——継がれゆく全国各地の芸と美と技』（松田有紀子・田中圭子・片山詩音と共編、誠文堂新光社、二〇二〇年）、『MADE IN JAPAN 京都の匠——世界を変える日本の伝統工芸』（前﨑信也と共編、IBCパブリッシング、二〇二〇年）などがある。

はじめに

このたびの「唐物と文化」特集に「近代文化と唐物」というテーマで原稿依頼をいただき名誉なことだとお受けしたものの、次第にこれはとんでもない安請け合いをしてしまったと冷や汗をかくことになった。「唐物」をめぐる論点については本書の中でも各論考によりさまざまに指摘されていることと思うが、これまでの「唐物」研究の中心は古代から中世を対象におこなわれている。それ以降の時代、とくに近代において「唐物」という切り口で論じるとすればどのようなことが可能だろうか。

本書の先駆けとなる河添房江・皆川雅樹編『唐物と東アジア』(1)で指摘されているように、現在の「唐物」研究は、中国産品の我が国への移動・交易といった狭い範囲にとどまらず、東アジアをはじめとする諸外国との交流や、唐物を通じて生成される社会的関係や文化などを様々な観点からとらえようとするものである。一方、近代における「唐物」を考えるためには、前近代とは異なった条件があることを考慮する必要がある。一番の違いは、中国・朝鮮との関係性や日本側の東アジア認識が大きく変化したことだろう。近代の「唐物」には近代以前とはまた違った多様で複雑な論点があり、とても筆者の力量ではそのすべてをカバーし論じることはできない。また、近代には欧米の「美術」概念が導入され、近代以前の「唐物」が指し示していたものは絵画・陶磁器・漆器や典籍といったそれぞれの種別に分類され取り扱われるようになり、研究も各分野ですすめられている。本稿では紙幅の余裕もないためこの点の議論には立ち入らないものとし、かなり乱暴なまとめかたではあるが「唐物」＝「中国の（古）美術工芸品」として話を進めたい。また本稿では、筆者の関心から「美術商」、具体的には近代に国内外で名をはせた東洋美術商・山中商会を例にとりあげ、近代の「唐物」をめぐる事象のいくつかを紹介したいと考える。

一、中国大陸からの美術工芸品の「流出」と日本

近代に欧米で中国美術への関心が高まった二つの「事件」があるという。一つは一九一三年清国の恭親王のコレクションのオークション、もう一つは一九三五年～一九三六年のロンドン王立美術院開催「大中国美術展」(International Exhibition of Chinese Art held at the Royal Academy of Arts in Burlington House, London, from November 1935 to March 1936) である。この二つに深くかかわった日本の美術商がいた。それが山中商会、山中定次郎である。

山中家は大阪で茶道具商「山中箺篁堂」として知られていたが、明治維新時に当主であった山中吉郎兵衛が今後は海外進出を積極的に推し進めるべきだと考え、明治二十七(一八九四)年娘婿である山中定次郎らをニューヨークに派遣し店舗を開かせる。その後ロンドンやボストン・北京等に拠点を築き、英国のヴィクトリア女王らの「Royal Warrant」の用命を受け、アメリカのロックフェラー等名だたる欧米のコレクターを顧客にもつにいたった。[2] この山中商会が欧米で東洋美術商として名をはせたきっかけが、恭親王のコレクションのオークションである。

中国大陸は一九一一年の辛亥革命による混乱から元政府高官や貴族階級が貴重な美術品を売却する動きが盛んになった。そのようななか山中定次郎は清国の恭親王のコレクションを購入することに成功、一九一三年二月二十七日・二十八日・三月一日の三日間、アメリカン・アート・ギャラリーズで「The Remarkable Collection of the Imperial Price Kung of Chine」が開催された。これは当時、質・量ともに最上級のオークションであった。欧米でアジア美術に対する研究が進み中国美術の重要性が認識されるようになっていたこともあり、落札合計額は合計二十七万九八〇五ドル、その後ロンドンでも小規模な競売が行われ、約六一六七ポンドで落札されたという。

恭親王のコレクションは質・量ともに別格であっただろうが、清朝末の混乱から日清戦争、清の滅亡にいたるまでのあいだには中国から古美術品や典籍類が海外への市場へと大量に「流出」した。[3] この状況を商機ととらえ大陸に進出した美術商には、ほかに林忠正、[4] 繭山龍泉堂・繭山松太郎、[5] 壺中居・広田松繁(不孤斎)、[6] や中村作次郎[7] などがいる。

欧米に対し、日本ではもともと中国古美術受容の素地があることに加え、第一次世界大戦の好景気などが後押ししたこともあり、財界人や実業家らがコレクションを形成していく。[8] 大倉集古館を設立した大倉喜八郎や、青銅器収集などで

知られる住友春翠[9]らが有名だが、その収集の背景には自身の趣味やステータスのためというだけでなく、文化財を破壊や流出から守り保護するという一種の使命感もあった[10]。

また、こうしたコレクション形成には、原三渓（富太郎）と矢代幸雄のように漢学者や考古学者、美術史家といった研究者が収集のブレーンや仲介者として加わった。横河民輔[11]のように、理系の研究者でコレクターとして著名な人物もいる。中国古美術の愛好が多様な立場の人々を結びつけ鑑賞や研究を進展させた。そのなかで美術商は、現地で直接美術品を「発見」して買い付けをすることから、コレクターへの助言のほかに研究者への情報提供なども行い、研究の成果の発表にも助力している。

例えば、山中定次郎は中国・朝鮮の古建築や天龍山石窟の研究で知られる関野貞と関係があり、定次郎自身も天龍山石窟等を訪問し昭和三年（一九二八）に『天竜山石窟踏査記』と写真集『天竜山石仏集』を刊行した。ほかにも京都帝国大学の考古学者・梅原末治による『欧米《おうべい》蒐儲支那古銅精華《しゅうちょしなこどうせいか》』（一九三三年）などを出版、昭和初期には日本各地の大学・美術館にガンダーラ仏等の東洋古美術品と書籍類を寄贈したという。中国の政治的混乱や法の未整備のなかでの入手・売買の是非や考古遺物の採取方法については批判もある[12]。当時の実態については今後も調査が必要である。

二、文人趣味・煎茶への関心

近代の中国美術への関心の背景には、江戸期から続く文人趣味と煎茶の流行がある[13]。近代以前では、茶会は「唐物」を実見できる貴重な機会であり、茶会記はその記録として重宝された。山中商会を創設した山中吉郎兵衛は茶道具商としては戸田彌七・晴海藤次郎と大阪道具界の三傑とも称された業界の重鎮で、煎茶にもかかわりが深く『青湾茗讌図誌《せいわんめいえんずし》』（一八七六年）や『澱江茗讌図録《でんこうめいえんずろく》』（一九〇九年）、『角山《かくやま》箺篁《しゅんこう》翁《おう》薦事《せんじ》図録《ずろく》』（一九二二年）が残されている。近代には煎茶会での書画・道具・盆栽などの展観・陳列は茶事のみならず博覧会的な側面を持っていたと考えられ、茶会記も道具商らの介入により、道具の目録が記録されるだけでなく席の挿図（明治末期以降は写真）がつけられカタログ的な形式となったという[14]。

煎茶が流行し煎茶道具も求められるようになると、やがて中国製品だけでは需要を賄いきれず、中国製品を模したものが日本でも作られるようになった。江戸中期以降の京焼の陶工は青木木米に代表されるように中国古陶磁の写しや煎茶器の制作を行ったが、その傾向は明治期にも続いた。京都市立陶磁器試験所が職員を中国に派遣し中国陶磁を参考品として収集し陳列所で常設公開するなど、中国陶磁器は京焼の陶工たちの手本であり続け、三代清風与平や河井寛次郎などが中国陶磁器の研究に取り組み自身の表現へと昇華させていった。[15] また、茶道具以外の美術のさまざまなジャンルで、近代には中国製品の写しや研究だけでなく実際に中国を訪問するなどして新たな作品が生み出されており、近代特有の東アジアへの関心や憧憬を示すものとして研究上の関心を集めている。[16]

三、中国美術に関する展覧会の開催

近代の美術受容において、近代以前との違いの一つが「展覧会」という制度が成立したことだろう。この展覧会にも山中商会は深くかかわっている。

先述した一九三五年ロンドン王立美術院の「大中国美術展」は、もともと日本の中国大陸進出に対し、中国を支援する目的で開催された。中国政府の積極的協力もあり、最高峰の中国美術約四千点が出品された盛大なものであった。当時の緊迫したアジア情勢のなかでは国内外の外交上の思惑が錯綜する政治的イベントでもあり、またこの展覧会を境に欧米の日本美術熱は一気に中国美術にとってかわられたとされる。開催にあたり、中国磁器の世界的コレクターで山中の顧客であるパーシヴァル・デーヴィット卿らが出品の委員会を務めていたため、山中商会も開催に協力した。出品された中国美術のいくつかは、山中商会が販売したものであり、ロンドンの委員が日本で所蔵されている中国美術の重要作品の調査のため来日したが、所蔵機関やコレクターたちとの間をとりもったのも山中商会だった。[17]

この「大中国美術展」は国家的な大イベントであったが、山中商会は国内外で日本美術や東洋美術に関する展観を主催している。山中の展観で陳列された品物は後日販売もされたため営業や販売活動に直結するものであるが、同時に欧米の人々に東洋古美術を幅広く紹介する啓蒙活動でもあった。国外では「Chinese, Corean（原文ママ） and Japanese Potteries」（一九一四年、New York Japan society）、国内では大正十二年（一九二三）「東洋古美術展」（大阪美術倶楽部）などを開催している。山中商会が発刊した展覧会図録掲載の中国美術品は金立言編・山中商会監修『山中商会経手中国芸術品資料匯編』（上海书画出版社、二〇二〇年）として発刊されたため、今後さらに研究も進むと思われる。

山中商会以外にも、大正～昭和初期にはさまざまな場所で、コレクターの所蔵品公開など中国古美術の展示が企画・実施されていた。例えば陶磁器研究会・彩壺会主催の中国・朝鮮・外国陶器などの展覧会が大正十二年（一九二三）九月一日日本橋三越で予定されていたがおしくも関東度大震災で出品作のほとんどが焼失してしまったという。[18] そのほか美術展覧会開催情報データベース（東京文化財研究所）で検索してみると「第二回南宋画幅展」（一九一六年・髙島屋心斎橋店）、「東洋古画特別展覧会」（一九二六年・東京帝室博物館）、「唐宋元明名画展覧会」（一九二八年・東京府美術館）などが見える。博物館・美術館以外にもこうした百貨店や画廊などで開催された会や、コレクター・愛好家の所蔵品展示、彩壺会のような研究団体による展観は、近代の中国古美術への関心や受容を示すものとして、さまざまなことが読み取れるのではないだろうか。

おわりに

本稿では山中商会を例に近代特有の「唐物」＝「中国の（古）美術工芸品」をめぐる事象をいくつか紹介した。このほかにも例えば陶磁器であれば、考古学との関係や「鑑賞陶器」、「民藝」などについても言及する必要があるであろうが、筆者の力量不足もあり十分な言及ができなかった。本稿が「近代文化と唐物」というテーマにいささかの貢献ができれば幸いである。

注

（1）新装版、勉誠出版、二〇一六年。

（2）故山中定次郎翁伝編纂会編『山中定次郎伝』（故山中定次郎翁伝編纂会、一九三九年）、山本真紗子「美術商山中商会――海外進出以前の活動をめぐって」（『Core Ethics』四、二〇〇八年）、朽木ゆり子『ハウス・オブ・ヤマナカ――東洋の至宝を欧米に売った美術商』（新潮社、二〇一一年）ほか。

（3）冨田昇「中国近代における文物流出と日本　貿易資料にみる文物流出」（『東北学院大学論集　人間・言語・情報』一〇九号、一九九四年）、同「中国近代における文物流出と日本　文物流出の背景と諸相」（『東北学院大学論集　人間・言語・情報』一一〇号、一九九五年）、同「大正期を中心とする先駆的中国鑑賞陶磁器コレクションの形成と特性――近代中国鑑賞美術成立史の視座から」（一）～（五）（『陶説』五五五・五五六・五五八・五五九・五六〇、一九九九年）、同『流転清朝秘宝』（日本放送出版協会、二〇〇二年）、小田部英勝「中国史における「文物」――その受容と展開」（『佛教大学大学院紀要』三六、二〇〇八年）ほか。

（4）中村作次郎『好古堂一家言』（中村作次郎、一九二七年）一三五頁。

（5）冨田昇「日本人骨董商の動向――繭山龍泉堂一括資料の分析を中心に」（『東北学院大学論集　人間・言語・情報』一一二、一九九五年）。川島公之「東洋陶磁を愛した人たち（一）～（三）美術商繭山松太郎（上）（中）（下）」（『陶説』六二九～六三一、二〇〇五年）ほか。

（6）広田不孤斎『骨董裏おもて』（国書刊行会、二〇〇七年）、『広田不孤斎コレクション』（東京国立博物館、二〇〇六年）ほか。

（7）中村作次郎「支那漫遊談」（小島晋治監修『幕末明治中国見聞録集成』巻三、ゆまに書房、一九九七年）。

（8）『近代日本における中国書画コレクションの形成に関する研究』平成一七～一九年度科学研究費補助金（基盤研究B）研究成果報告書』（研究代表者・宮崎法子）、二〇〇九年。「特集　中国と東アジア――近代のコレクション形成と研究の背景」（『美術フォーラム二一』二六、二〇一二年）ほか。

（9）樋口隆康「住友コレクションの中国古銅器」（『泉屋博古館紀要』一九、二〇〇三年）、実方葉子「住友コレクションにみる中国絵画鑑賞と収集の歴史（資料編）」（『泉屋博古館紀要』二三、二〇〇七年）、同「住友コレクションにみる中国絵画鑑賞と収集の歴史（本文編上）」（泉屋博古館紀要二八、二〇一二年）ほか。

(10) 高橋裕次「大倉コレクションの概要」（『オークラコレクション』図録、九州国立博物館、二〇一八年）、田中知佐子「大倉集古館のコレクション――東洋へのまなざし」（アジア遊学九三号、勉誠出版、二〇〇六年）ほか。

(11) 三笠景子「横河民輔博士寄贈の東洋陶磁コレクション」（『博物館研究』五六（八）、二〇二一年）、同「稀代の中国陶磁コレクション――欧米に向いた横河民輔の眼」（『陶説』七四三、二〇一五年）ほか。

(12) 石守謙（飛田優樹訳）「二十世紀前期の文物調査と中国美術史の発展」（板倉聖哲・塚本麿充編『コレクションとアーカイヴ』勉誠出版、二〇二一年）。

(13) 成田山書道美術館監修『近代文人のいとなみ』（淡交社、二〇〇六年）ほか。

(14) 麓和善・櫃本聡子・濱田晋一「煎茶会図録の書誌的考察――煎茶会図録による煎茶席の空間特性に関する研究 その一」（『日本建築学会計画系論文集』八四巻七五五号、二〇一九年）。

(15) 中ノ堂一信『京焼　伝統と革新』（淡交社、二〇一八年）。

(16) 稲賀繁美『絵画の臨界　近代東アジア美術史の桎梏と命運』（名古屋大学出版会、二〇一四年）、樋田豊次郎監修・東京都庭園美術館編『アジアン・インパクト――日本近代美術の「乙用憧憬」』（東京都庭園美術館、二〇一九年）ほか。

(17) 安松みゆき「転機としての一九三五年ロンドン「中国芸術国際展覧会」：一九三九年の「伯林日本古美術展覧会」の開催経緯をめぐって」（『別府大学紀要』五五、二〇一四年）、前﨑信也「中国芸術国際展覧会への日本の参加と国際文化振興会――重要美術品保護と美術を用いた文化外交との対立の視点」（『民族藝術』三二号、二〇一六年）ほか。

(18) 川島公之「中国鑑賞陶器の成立と変遷」（六）（『陶説』五三四、一九九七年）。

執筆者一覧（掲載順）

河添房江	皆川雅樹	河内春人	菅波正人
大塚紀弘	梅沢　恵	松永和浩	川本慎自
関屋俊彦	川戸貴史	髙島裕之	山崎覚士
関　周一	蓑島栄紀	向　正樹	塚本麿充
久保智康	河野貴美子	田中圭子	小山順子
西谷　功	荒木　浩	堀川貴司	高橋真作
井上　治	高松亮太	山本真紗子	

【アジア遊学 275】
「唐物《からもの》」とは何《なに》か
舶載品《はくさいひん》をめぐる文化《ぶんか》形成《けいせい》と交流《こうりゅう》

2022年10月17日　初版発行

編　者　河添房江・皆川雅樹
制　作　株式会社勉誠社
発　売　勉誠出版株式会社
〒101-0061　東京都千代田区神田三崎町 2-18-4
TEL：(03)5215-9021(代)　FAX：(03)5215-9025
〈出版詳細情報〉http://bensei.jp/

印刷・製本　㈱太平印刷社
組版　デザインオフィス・イメディア（服部隆広）
ISBN978-4-585-32520-8　C1321

271 儒教思想と絵画—東アジアの勧戒画

水野裕史　編

アジア遊学既刊紹介

274 呉越国 10世紀東アジアに華開いた文化国家

瀧朝子　編

カラー口絵
［はじめに］呉越国の文化と美術　瀧朝子
杭州の呉越国関連地図

第一部　呉越国と東アジア諸国

東アジアのなかの呉越国　山崎覚士
藤原実頼・師輔の呉越王への書　後藤昭雄
呉越・宋・高麗への返書・返牒と自讃―大江家伝来の外交文書と対外意識　吉原浩人
呉越と平安朝の漢学　後藤昭雄
【コラム】呉越研究と金石文　森田憲司
江浙地方と日本におけるボタン栽培の始まり―呉越国からの伝来の可能性　久保輝幸
『呉越銭氏』の現代的意義について　池澤滋子

第二部　呉越国王銭氏の信仰

呉越国の道教信仰―投龍簡と聖地ネットワーク　酒井規史
呉越国銀簡・金龍考釈　王宣艶（瀧朝子訳）
呉越国と韓半島における仏教文化交流新論　周炅美（李鉉淑訳）
呉越における菩薩戒―銭弘俶の受戒を中心に　河上麻由子
【コラム】初唐道宣の『集神州三宝感通録』と呉越　肥田路美

第三部　呉越国の考古・美術と交流関係

五代・呉越国時期の銅鏡―五代の銅鏡に関する問題とともに　王牧（瀧朝子訳）
五代宋初の呉越国における仏教金銅像概観　黎毓馨（田林啓訳）
呉越国をめぐる南北文化交流　向井佑介
天台山石橋五百羅漢と賛寧―中国における羅漢信仰のひろがり　西谷功
呉越国の絵画と日本―「応現観音図」を中心に　増記隆介
呉越国将来『往生西方浄土瑞応刪伝』の古代・中世における受容　崔鵬偉
あとがき　瀧朝子

273 日本の中世貨幣と東アジア

中島圭一　編

序言　中島圭一

第一部　中世貨幣の成立と展開

渡来銭流通の開始と確立をめぐって　中島圭一
中世手形の信用とその決済システムについて　伊藤啓介
割符のしくみの応用技術　井上正夫
中世日本に銭は足りていたか　高木久史

第二部　貨幣をめぐる明と日本

永樂通寳日本流入経路の検討―東南アジア経路説の提唱　古澤義久
永楽銭の流通　川戸貴史
中世後期日本の貨幣流通と東アジア　大田由紀夫
撰銭と東アジア銭貨流通　中島楽章

第三部　出土銭からみた貨幣流通

個別出土銭からみた銭貨流通の地域差―東国を中心に　石神裕之
出土銭貨研究の諸相―近年の動向から　櫻木晋一
琉球列島の出土銭貨　宮城弘樹
東ユーラシアの銭貨流通モデル　三宅俊彦

第四部　中世から近世へ

南京銭と鍛（ちゃん）再考　本多博之
織田信長の撰銭令をめぐって　平井上総
十六～十七世紀伊勢神宮地域をめぐる信用と金融の実像　千枝大志

272 対馬の渡来版経―護り伝える東アジアの至宝

横内裕人　編

カラー口絵
序言　横内裕人
総論　対馬に残る渡来経巻の世界　横内裕人
1　対馬渡来版経のすべて
長松寺所蔵 高麗版初雕本『大般若経』　横内裕人